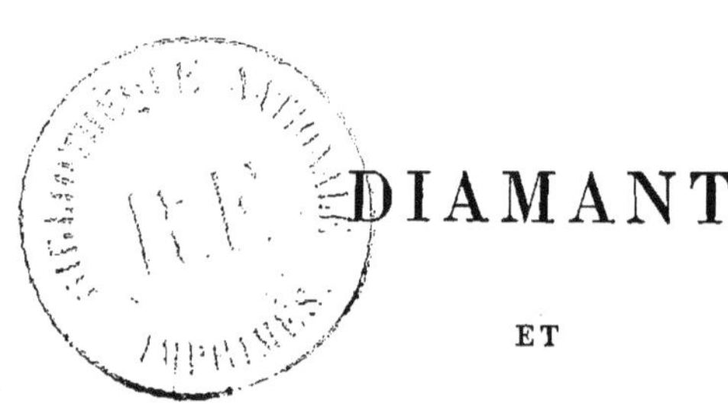

DIAMANT

ET

PIERRES PRÉCIEUSES

PARIS

TYPOGRAPHIE GEORGES CHAMEROT

19, rue des Saints-Pères, 19

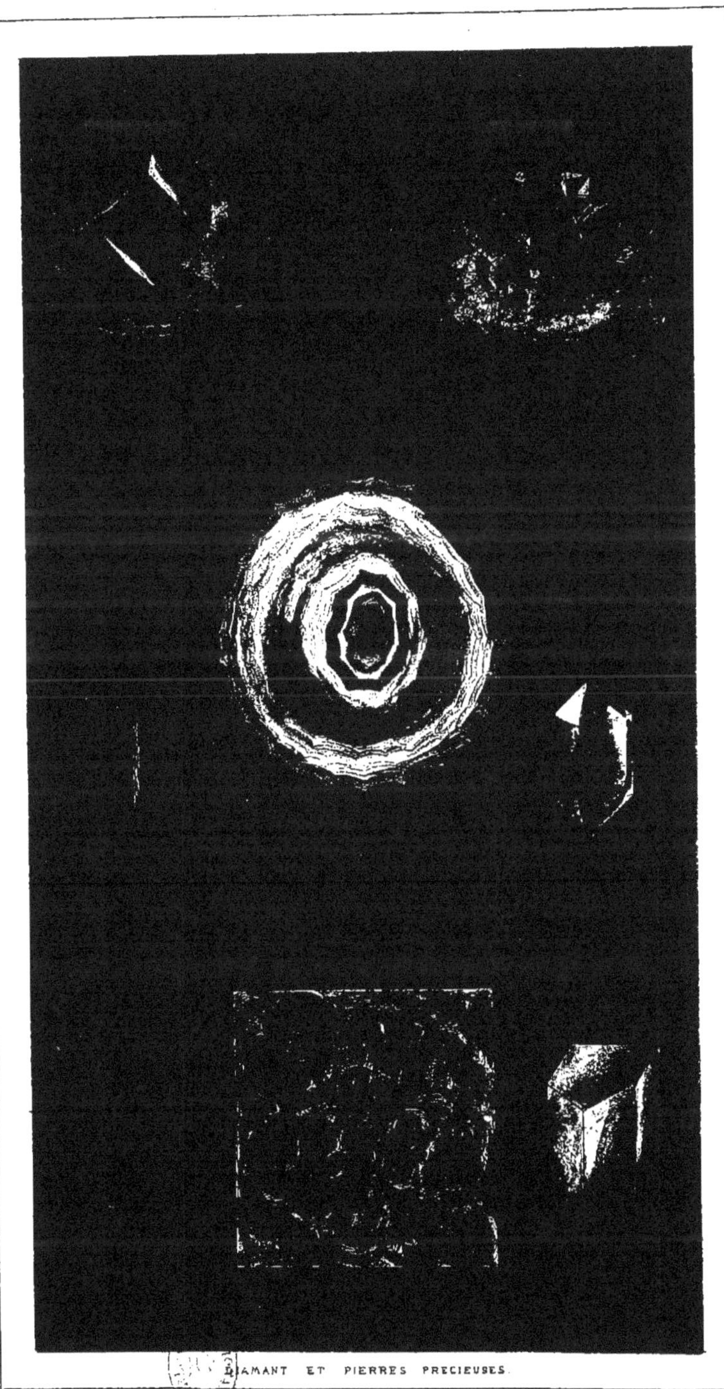

DIAMANT ET PIERRES PRÉCIEUSES.

LÉGENDE DE LA PLANCHE

1. — ÉMERAUDE.
2. — SAPHIR.
3. — AMÉTHYSTE.
4. — LAPIS-LAZULI.
5. — GRENAT.
6. — QUARTZ VERDATRE CHATOYANT.
7. — AGATE ONYX.
8. — TOPAZE.
9. — RUBIS.
10. — MALACHITE.
11. — AMAZONITE.

DIAMANT

ET

PIERRES PRÉCIEUSES

CRISTALLOGRAPHIE — DESCRIPTIONS — EMPLOIS
ÉVALUATION — COMMERCE

BIJOUX - JOYAUX - ORFÉVRERIES

AU POINT DE VUE DE LEUR HISTOIRE ET DE LEUR TRAVAIL

Ouvrage orné de 350 Vignettes et d'une Planche en Couleur

PAR

Ed. JANNETTAZ
Maître de Conférences à la Faculté des Sciences
Aide-Naturaliste au Muséum

Em. VANDERHEYM
Président de la Chambre syndicale des Diamants et des Pierres précieuses

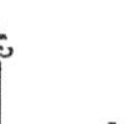

E. FONTENAY
Joaillier-bijoutier
Membre de la Chambre de Commerce de Paris

A. COUTANCE
Professeur de Sciences naturelles aux Écoles de Médecine de la Marine

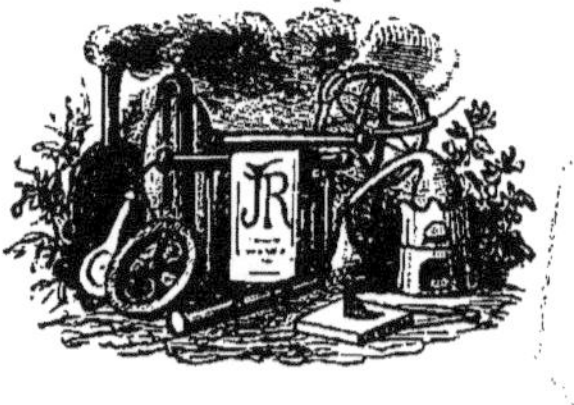

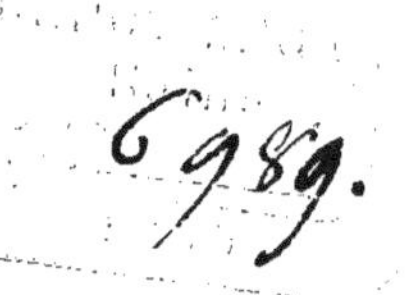

PARIS

J. ROTHSCHILD, ÉDITEUR

13, RUE DES SAINTS-PÈRES, 13

1881

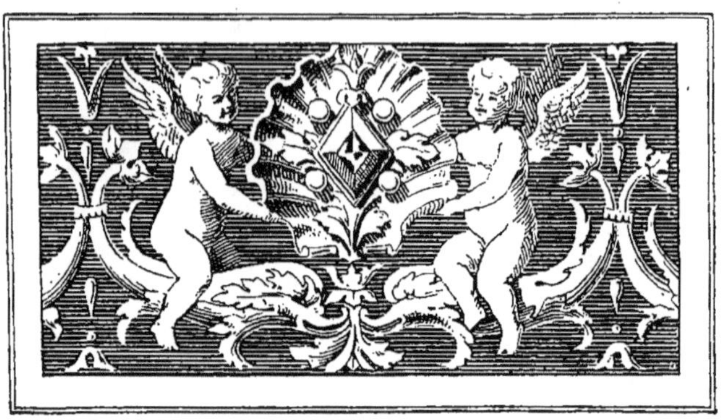

AVANT-PROPOS

Depuis bientôt huit ans que nous avons fondé le Journal Le Bijou, *on nous réclame sans cesse un livre sur les* Pierres précieuses.

Si l'on excepte le Traité scientifique d'Haüy, il n'existe pas, en effet, d'ouvrage complet sur la matière; on ne saurait évidemment donner ce nom à quelques publications modernes, qui sont des Livres de vulgarisation ou des Précis de Minéralogie pure.

Le traité d'Haüy lui-même, qui a été tant de fois utilisé par les auteurs, n'est plus aujourd'hui au niveau des progrès de la science.

D'autre part, la découverte des Mines du Cap a modifié les conditions du marché; le grand nombre de diamants envoyés en Europe, leur qualité, leur couleur, font l'objet des préoccupations des intéressés.

Il devenait donc utile de fixer l'opinion sur l'influence de ce nouveau gisement.

Enfin, l'histoire et la fabrication du Bijou se rattachent naturellement à la Monographie des Pierres précieuses et en forment comme le Complément indispensable.

Ce programme exigeait des connaissances profondes et multiples, et nous avons été heureux d'obtenir le Concours de quatre spécialistes éminents.

La partie scientifique a été rédigée par M. Jannettaz, qui l'enseigne comme Maître de conférences à la Sorbonne, et qui, depuis vingt ans, s'occupe des riches collections minéralogiques du Muséum.

Elle contient les principes de la Cristallographie, des Propriétés chimiques et physiques des Gemmes, ainsi que l'Historique de la nomenclature, dont les résultats ont de l'importance même au point de vue de l'Art technique. Une description complète des Pierres précieuses avec des tableaux pour faciliter leur détermination, et un chapitre sur les principales Imitations des pierres et sur les procédés de reproduction, forment la première partie du livre. L'auteur a eu soin de vérifier tout ce qui pouvait être sujet à discussion et il a contrôlé lui-même les Données numériques.

Après l'origine, la composition, les caractères des gemmes, venaient naturellement leur mise en œuvre, leur estimation, enfin le côté technique dont a bien voulu se charger M. Émile Vanderheym, Expert des Tribunaux et Président de la Chambre des diamants et pierres précieuses.

M. Fontenay, Membre de la Chambre de Commerce de Paris, a développé, dans un chapitre, orné de nombreuses gravures, l'histoire de l'Art du Bijoutier.

Prenant le Métal à son point de départ, il fait suivre au lecteur toutes les phases de la Fabrication d'un bijou ou d'un joyau.

Vice-président du Jury de la classe 39 (Joaillerie, Bijouterie), à l'Exposition universelle de Paris, et délégué à celle de Vienne, il pouvait mieux que tout autre présenter le tableau complet des Progrès accomplis jusqu'à nos jours.

Il ne fallait pas omettre, dans ce livre, le Corail et les Perles, ces jolies productions inséparables des Pierres précieuses.

Nous devons à M. Coutance, Professeur à l'École de Médecine à Brest, un résumé de documents peu connus sur le corail et les perles fines, et des observations inédites, rassemblées dans ses nombreux voyages.

Tel est, succinctement, dans ses grandes lignes, la publication nouvelle sur les Pierres précieuses.

On le voit, nous avons pu réunir ainsi à la fois des renseignements de valeur pour les personnes du métier, et de nombreux éléments de curiosité et d'instruction pour la généralité des lecteurs.

Nous ne doutons pas, qu'ainsi compris, cet ouvrage ne puisse rendre des services aux joailliers et aux bijoutiers, et même être consulté avec profit par les artistes et par le public.

L'ÉDITEUR.

ERRATA

P. 23, ligne 7 en remontant, *au lieu de :* huit faces, *lisez* : six faces.

P. 40, ligne 6 en remontant, *au lieu de* : égaux, *lisez* : égaux à 90°.

P. 43, ligne 1 en remontant, *au lieu de* : à six faces, *lisez* : à quatre faces.

P. 45, ligne 9 en remontant *au lieu de :* et supplémentaires des premiers, *lisez :* et aux dièdres latéraux du rhomboèdre primitif.

P. 58, ligne 2, *au lieu de :* s'accollent, *lisez :* s'accolent.

P. 68, ligne 6, au lieu de : IR, *lisez :* IB.

Id, ligne 11, *au lieu de :* r, *lisez :* r'.

P. 75, ligne 17, après : doué de la double réfraction, *lisez :* tel que le spath d'Islande.

P. 84, ligne 2, en remontant, *au lieu de :* la lumière sort en faisceaux parallèles, *lisez :* la lumière émanée de l'objet forme à son entrée dans l'objectif des faisceaux presque parallèles.

P. 228, ligne 14, *au lieu de* Bootius, *lisez :* Boëtius.

P. 233 lignes 16 et 17, *au lieu de :* Vagra, *lisez :* Vajra.

P. 238, ligne 2, et ligne 11 en remontant, *au lieu de :* bruteur et brutage, nous préférons dire : ébruteur, ébrutage.

P. 240, ligne 4, *au lieu de :* brutage, *lisez :* de même : ébrutage.

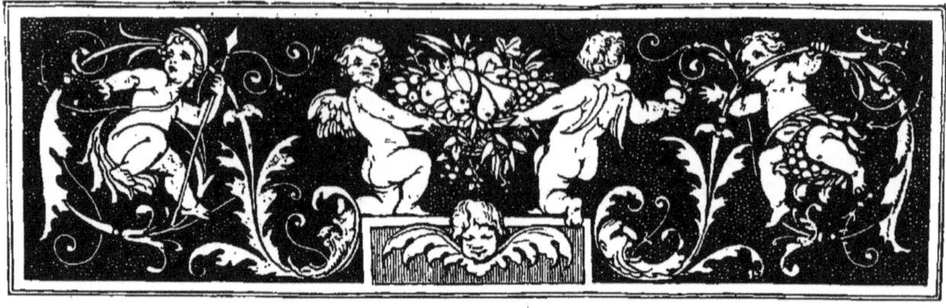

TABLE DES MATIÈRES

DEUXIÈME PARTIE — PREMIÈRE SECTION

DEUXIÈME PARTIE. — DEUXIÈME SECTION

Pierres d'un Rang inférieur

BIJOUX, JOYAUX ET ORFÈVRERIES

EXPOSITION UNIVERSELLE DE 1878 A PARIS

LA PERLE

LE CORAIL

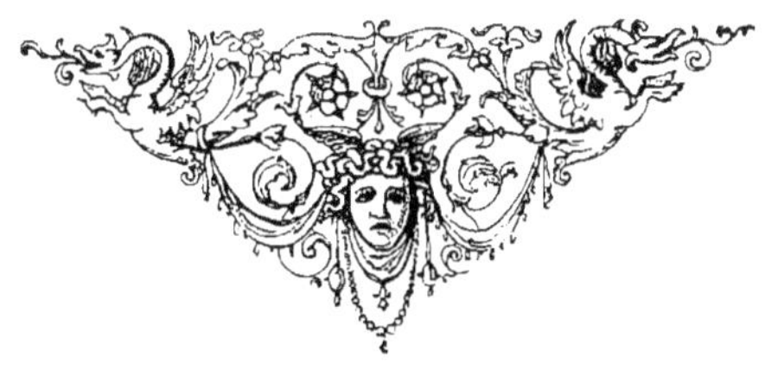

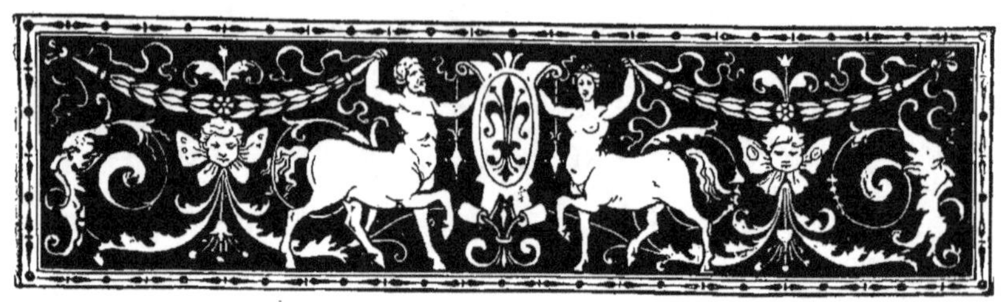

INTRODUCTION

Dans les temps les plus reculés dont l'histoire nous ait conservé le souvenir, les peuples de l'Orient utilisaient déjà les pierres précieuses dans leurs parures.

Les Chinois les ont recherchées de bonne heure. Plus de dix siècles avant l'ère chrétienne, leurs géographes parlaient des tributs en pierres taillées ou naturelles que les peuples de l'Asie payaient à l'empereur.

Les poètes hindous ont souvent comparé les qualités des héros qu'ils célèbrent à celles des pierres nobles. Les Égyptiens ont travaillé avec beaucoup d'art un assez grand nombre de pierres. La robe du grand prêtre des Israélites était ornée de gemmes aux épaules et sur la poitrine.

Les Phéniciens apportèrent en Europe ces jolies

1

œuvres de la nature en même temps que les produits de l'industrie de l'antique Orient. Les chants d'Homère célèbrent déjà des pierres brillantes comme le soleil.

Quelles doivent être les qualités d'une pierre précieuse? A la transparence du verre, qu'on nomme *une belle eau*, elle doit réunir un éclat particulier, ce que les anciens appelaient une splendeur quelquefois semblable à celle de la flamme, et que nous désignons par le mot *feu;* elle doit, en outre, posséder une dureté qui conserve à ses faces leur poli naturel ou acquis par les procédés de la taille; si elle est colorée, elle doit offrir des couleurs franches et vives.

Étudier ces propriétés en elles-mêmes, leurs causes, leurs connexions, leur utilité pour la connaissance et la détermination des pierres précieuses, leur usage et leur valeur commerciale, tel est le but des deux premières parties de cet ouvrage.

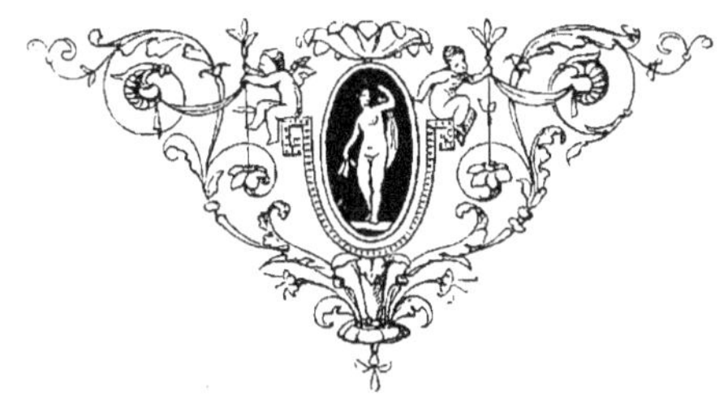

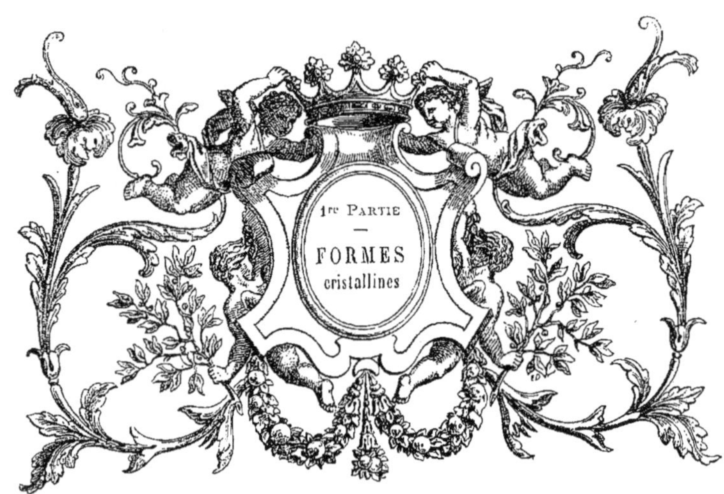
1re PARTIE
FORMES
cristallines

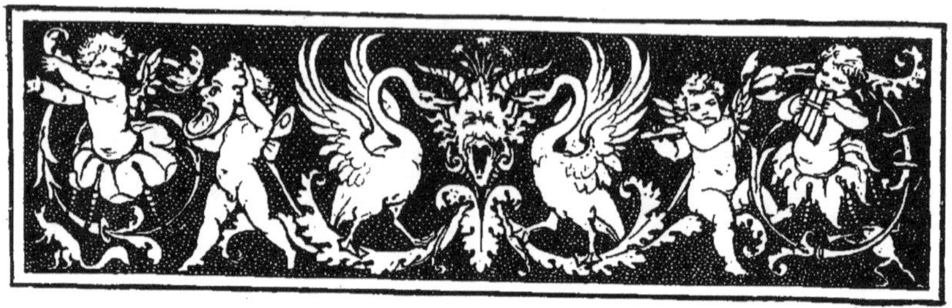

FORMES CRISTALLINES

PROPRIÉTÉS PHYSIQUES ET CHIMIQUES

CHAPITRE PREMIER

DES FORMES CRISTALLINES

§ 1. — **Cristallographie théorique**

Nous décrirons théoriquement les formes cristallines dans ce paragraphe. Dans le suivant, nous expliquerons les moyens pratiques de les distinguer les unes des autres.

Les pierres employées en joaillerie sont, en général, cristallisées. On ne connaît le diamant, le rubis, le saphir, l'émeraude, les grenats et la topaze qu'à l'état de cristaux; et cet état est celui sous lequel les corps réunissent le mieux les propriétés de transparence et d'éclat qui les distinguent. C'est celui vers lequel tendent toutes les matières qui ne doivent pas concourir à la constitution des organes des êtres vivants, lorsque rien ne les gêne pendant leur formation.

On appelle souvent cristaux des morceaux de verre taillés à facettes; mais le verre ainsi travaillé n'est qu'une imitation des cristaux naturels; il n'offre avec eux aucune autre analogie que la régularité de sa forme extérieure; cette régularité, qui n'est que superficielle, lui est imposée; elle varie au gré de l'artiste; elle n'a aucune relation avec la matière du verre qui ne change pas, tandis que dans les cristaux qui prennent d'eux-mêmes une forme régulière, cette forme change avec leur composition, et se trouve toujours en rapport avec une disposition relative de toutes les parties dont le cristal est composé; en sorte que non seulement un cristal est revêtu extérieurement d'une forme régulière, mais présente, même lorsqu'il a perdu ses facettes extérieures par accident, une structure interne parfaitement régulière, comme nous le verrons en étudiant les propriétés physiques des minéraux.

On s'en rend bien compte en faisant cristalliser un corps. Pour qu'une substance cristallise, il faut qu'elle soit divisée en parcelles d'une extrême ténuité. Le sel gemme et les substances solubles dans l'eau cristallisent facilement, parce qu'elles se divisent à l'infini en se dissolvant, et qu'au moment où l'eau s'évapore, leurs particules, grâce à la mobilité due à leur état liquide, glissent facilement les unes sur les autres; aussi, lorsqu'elles s'agrègent les unes aux autres pour constituer un ensemble solide, elles prennent des orientations relatives particulières, qui caractérisent l'état cristallin, qui déterminent ce qu'on nomme la structure cristalline. Le sel gemme se dépose en cubes dans les mines, et, lorsqu'on divise ces cubes en fragments plus petits, au moyen du marteau, on voit que tous les fragments sont aussi des parallélipipèdes terminés par des faces rectangulaires entre elles.

Les faces, il est vrai, ne sont pas toujours d'égale étendue; on en conçoit facilement la raison. Les éléments dont se composent ces masses cristallines sont bien des petits cubes; mais le morceau, se cassant là où on le frappe, ne présente pas des faces égales. Deux faces adjacentes n'en restent pas moins perpendiculaires l'une sur l'autre.

Une substance peut acquérir aussi par voie de fusion cette mobilité qui permet à ses plus petites particules de prendre les positions nécessaires à la cristallisation. Il se produit quelquefois dans les scories des hauts fourneaux un silicate de fer de même composition et de même forme que la fayalite naturelle des roches volcaniques de l'île Fayal, une des Açores.

Enfin, la volatilisation d'une substance qui vient se condenser dans un espace froid la fait encore passer à l'état cristallin. C'est ainsi que le chlorhydrate d'ammoniaque s'est déposé sur les parois des cratères de l'Etna, du Vésuve, de Stromboli, etc.

Lorsqu'on observe les roches au microscope, on voit que leurs éléments ont le plus souvent, avec des contours réguliers, toutes les propriétés qui caractérisent les matières cristallisées. Certaines, cependant, sont composées de particules orientées irrégulièrement et indistinctes les unes des autres; elles ressemblent au verre.

En résumé, le verre ne peut offrir par lui-même des contours réguliers; les cristaux ont, au contraire, une structure intérieurement régulière, et cette structure interne se manifeste au dehors par des formes polyédriques.

Les cristaux sont des polyèdres, c'est-à-dire des corps terminés par des plans; on a remarqué de bonne heure la disposition symétrique de ces plans. Haüy a découvert les relations harmoniques des différentes formes qui en résultent dans une même substance; il a montré que le nombre et les inclinaisons de leurs faces planes obéissent à des règles appelées *lois de symétrie*.

DÉFINITIONS

Avant de les exposer, pour en faciliter l'intelligence, nous rappellerons d'abord la définition de quelques termes de géométrie utiles à connaître. Les faces des polyèdres sont des polygones ayant pour côtés des lignes droites. Lorsque deux droites ne sont pas parallèles, elle se rencontrent en formant un *angle;* leur intersection est appelée *sommet de l'angle* (fig. 5). Supposons deux droites AD, AC, couchées l'une sur l'autre (fig. 6); la droite AD tournant autour du point A, dans le sens CDB, s'écarte peu à peu de AC, et se rapproche de AB. L'écart DAC est appelé *distance angulaire* de DA et de AC; l'écart DAB, distance angulaire de DA et de AB.

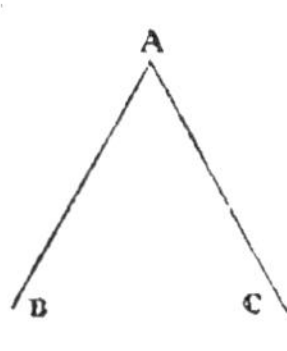

Figure 5.

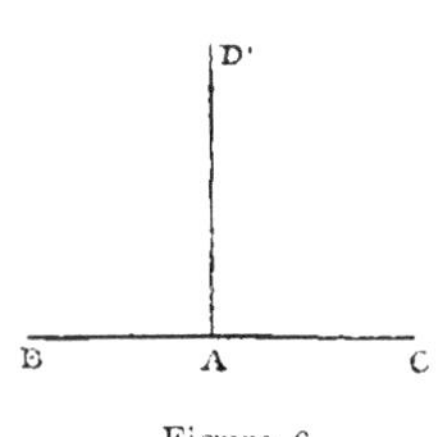

Figure 6.

Pour une certaine position de DA; par exemple pour la position AD', les deux écarts ou distances angulaires CAD', BAD', sont égaux, et la ligne AD' ne penche pas plus à droite qu'à gauche sur la ligne BC. On dit que les deux droites AD', BC, sont *perpendiculaires* l'une sur l'autre, ou *rectangulaires* entre elles. Les angles D'AC, D'AB, sont alors appelés *angles droits*. Dans toute autre position DA (fig. 7), l'un des angles DAC est plus petit, l'autre DAB plus grand que l'angle droit. Le premier est appelé *aigu*, le second *obtus*. Il y a donc des angles *droits*, *aigus*, *obtus*.

Il faut apprécier un angle aigu ou obtus moins grossièrement. Pour cela, on mène par le sommet A une circonférence d'un rayon quelconque (fig. 8). On divise la circonférence en 360 parties égales, qu'on appelle *degrés*. Si l'on mène du point A à ces divisions des lignes droites, on

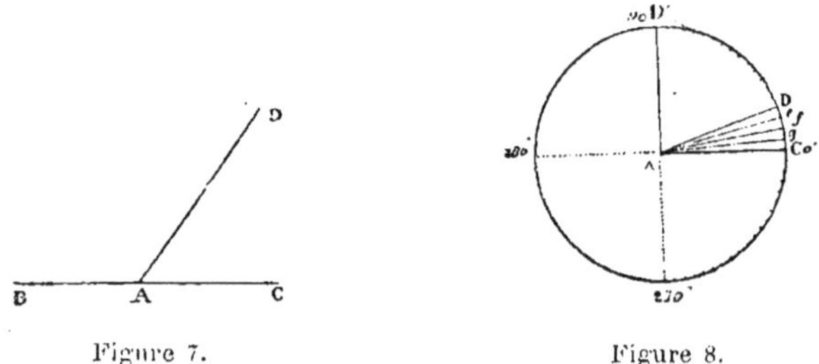

Figure 7. Figure 8.

partage tout l'espace qui entoure le point A en autant d'angles qu'il y a de degrés. On démontre en géométrie que les arcs D*e*, *ef*, *fg*... étant égaux, les angles DA*e*, *e*A*f*, *f*A*g*, le sont aussi. Et par conséquent, autant de fois l'arc DC compris entre les côtés de l'angle DAC contiendra l'arc de 1°, autant de fois l'angle DAC contiendra l'angle DA*e*, qui correspond à l'arc de 1°, et qu'on peut prendre pour unité d'angle. On divise l'arc de 1° en 60 parties, qu'on appelle *minutes*, et chacune des minutes, en 60 parties, appelées *secondes*. A chaque minute correspondrait un angle égal au $\frac{1}{60}$ de l'angle DA*e*, à chaque seconde, un angle égal au $\frac{1}{60}$ du précédent. L'angle droit D'AC, égal au quart de la circonférence, vaut 90°; cela veut dire que l'angle D'AC comprend 90 angles, tous égaux à l'angle DA*e*, lequel correspond à l'arc de 1°, pris comme unité.

Et de même un angle de 32° contient 32 angles égaux à celui qui correspond à l'arc de 1°.

Formes des Faces. — Les faces peuvent être des triangles et avoir leurs trois côtés égaux (triangles équiangles, fig. 9); ou deux côtés seulement qui soient égaux (trian-

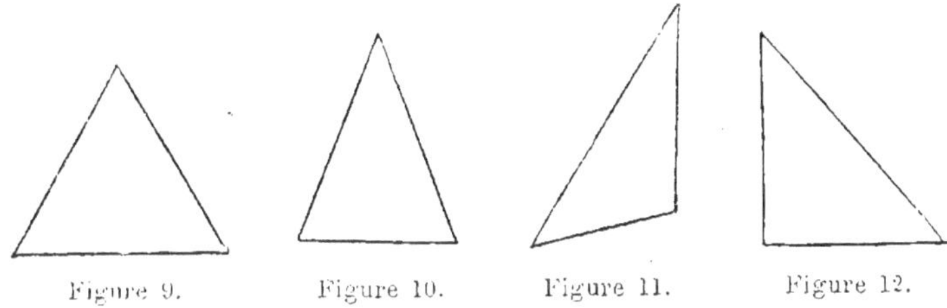

Figure 9. Figure 10. Figure 11. Figure 12.

gles isocèles, fig. 10); ou leurs trois côtés différents (triangles scalènes, fig. 11). Les triangles peuvent avoir deux côtés perpendiculaires l'un à l'autre (triangles rectangles, fig. 12), ou leurs trois côtés obliques (fig. 11).

Lorsque les faces ont quatre côtés (*faces quadrilatères*,

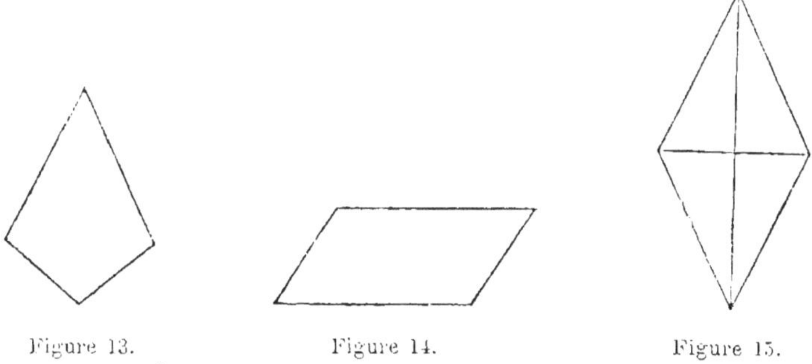

Figure 13. Figure 14. Figure 15.

fig. 13), ces côtés peuvent devenir parallèles, ou égaux, deux à deux, l'une de ces conditions entraînant l'autre (*parallélogrammes*, fig. 14). Ou bien, les quatre côtés sont parallèles deux à deux, et tous égaux entre eux (*rhombes* ou *losanges*, fig. 15). Dans ce cas, les diagonales AD et BC sont rectangulaires entre elles, et partagent chacune le rhombe en deux moitiés égales, et symétriquement placées à droite et à gauche de la diagonale considérée. Si les côtés du quadrilatère sont simplement égaux deux à deux, mais perpendiculaires l'un sur l'autre, la figure est un *rectangle* (fig. 16). Si les côtés sont à la fois égaux et

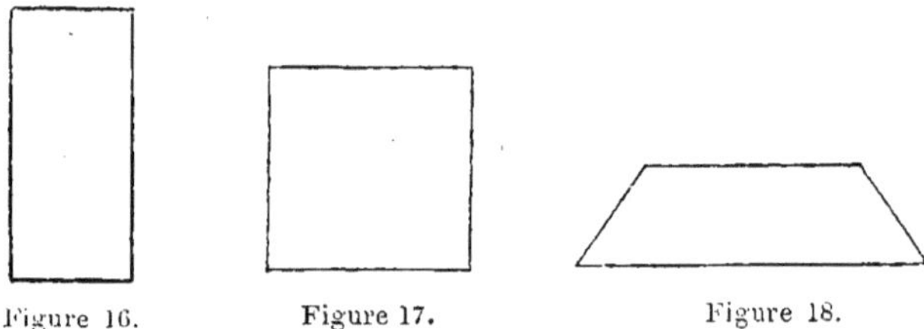

Figure 16. Figure 17. Figure 18.

rectangulaires entre eux, le quadrilatère est appelé *carré* (fig. 17). Deux côtés seulement peuvent être parallèles, les deux autres restant obliques l'un sur l'autre (*trapèze*, fig. 18). Dans le cas où les deux côtés obliques du trapèze sont égaux, une ligne qui joint les milieux des deux côtés

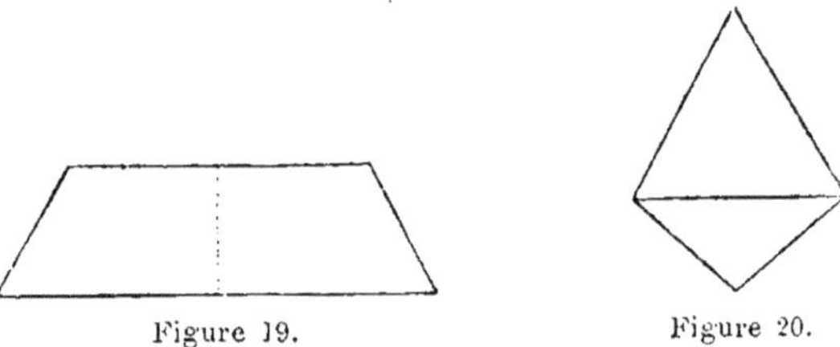

Figure 19. Figure 20.

parallèles divise la figure en deux moitiés symétriques (fig. 19).

Dans certains quadrilatères on voit que, si l'on mène une des diagonales, qui le divisent en deux triangles, un de ces triangles est isocèle. On appelle ce quadrilatère un *trapézoïde* (fig. 20).

Lorsque les deux triangles sont isocèles chacun de leur

côté, sans être nécessairement égaux, le *trapézoïde* est dit *symétrique,* et se divise en deux moitiés égales semblablement placées par rapport à la bissectrice des angles aux sommets des triangles isocèles (fig. 21).

Les faces des cristaux peuvent avoir cinq côtés; on les nomme *pentagones* (fig. 22). Souvent le pentagone peut être décomposé en deux moitiés symétriques par une perpendiculaire, menée d'un sommet au milieu du côté opposé (fig. 23).

On appelle *hexagones,* les faces qui ont six côtés; *hexa-*

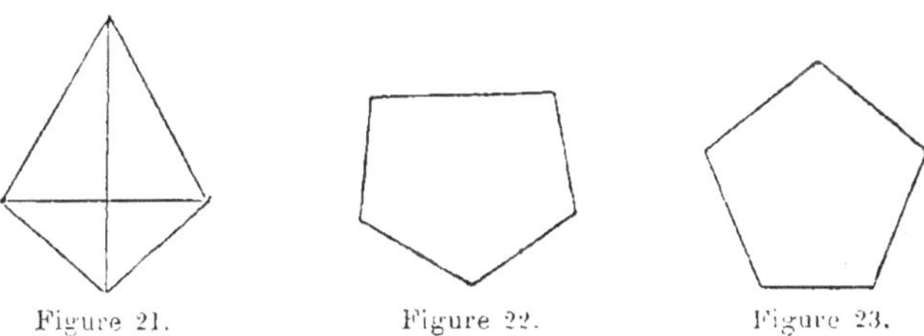

Figure 21. Figure 22. Figure 23.

gones réguliers, celles dont les côtés sont égaux, et font entre eux des angles de 120°.

Les *octogones* sont des faces à huit côtés; les *décagones* en ont dix; les *dodécagones,* douze, etc.

Angles dièdres. — Deux faces qui se rencontrent forment les angles saillants ou angles dièdres des cristaux; les lignes suivant lesquelles se coupent les deux faces sont appelées *arêtes.* En cristallographie, le mot arète est souvent accompagné d'un adjectif, qui détermine le genre de dièdre auquel elle correspond. Ainsi, l'on dit d'une arète qu'elle est aiguë ou obtuse, suivant qu'elle appartient à un angle dièdre de même genre.

L'angle dièdre est donc l'espace compris entre deux plans qui se coupent. Mesurer un angle dièdre, c'est chercher l'écart des deux plans qui le renferment entre eux.

Mesurons le dièdre formé par les deux plans *a*NP, RAP ; pour cela, par un point A de l'arête, menons-lui deux perpendiculaires, l'une AM, dans le plan *a*NP, l'autre AM′, dans le plan RAP (fig. 24). L'angle MAM′ est le plus petit des angles que forment deux droites menées par un même point de l'arête, l'une dans le plan *a*NP, l'autre dans le plan RAP, mais inclinées d'une manière quelconque sur l'arête.

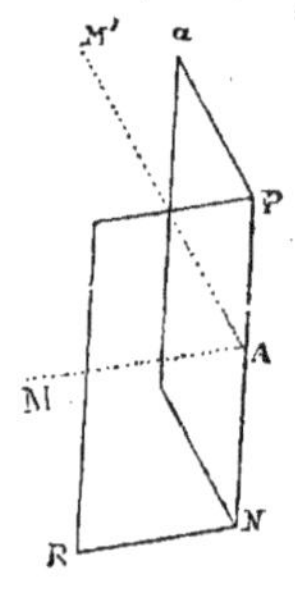

Figure 24.

Mesure des Angles dièdres. — Le moyen le plus simple consiste à appliquer en un point quelconque de l'arête, sur les deux faces du cristal, deux règles d'acier, mobiles autour d'un axe perpendiculaire à leur plan. Il faut maintenir les deux règles, appelées *alidades*, bien perpendiculaires à l'arête. L'axe de rotation autour duquel tournent les alidades est un bouton saillant (fig. 25).

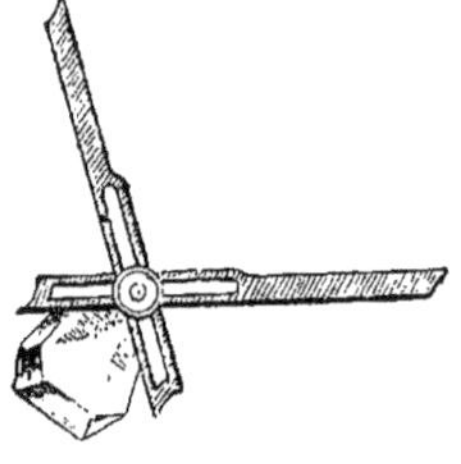
Figure 25.

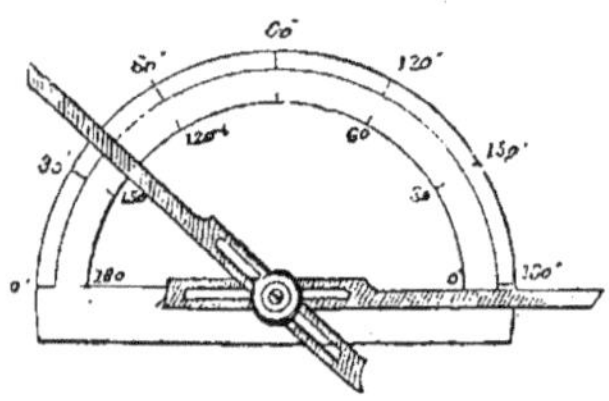
Figure 26.

Le bouton se place dans un trou percé au centre d'un cercle divisé, sur lequel on lit l'angle formé par les deux alidades, l'une d'elles passant par le zéro (fig. 26).

L'angle dièdre formé par deux faces qui occupent la même position dans des cristaux de même forme, est toujours le même, lorsque ces cristaux appartiennent à la même espèce, quelle que soit leur provenance.

Prenons, par exemple, le cristal de roche. Il a la forme de prismes à six pans, terminés par des pyramides à six faces. L'angle d'une face de pyramide avec la face située au-dessous dans le prisme est toujours de 141° 47', qu'on le mesure dans les variétés incolores, dans les violettes (améthyste), ou dans les brunes (quartz enfumé), La mesure de ces angles est souvent utile dans la pratique, lorsqu'on veut déterminer une substance cristallisée.

L'instrument que nous venons de décrire est appelé *goniomètre d'application*. C'est le plus simple des goniomètres, appareils destinés à la mesure des angles.

On a souvent besoin d'une plus grande précision. Dans ce cas on a recours à des instruments fondés sur la réflexion de la lumière. On reçoit sur une face du cristal l'image d'une mire éloignée, celle de l'arête d'un toit par exemple, qui se détache nettement sur le ciel, ou celle d'une flamme, quand on opère dans un lieu peu éclairé. On fait coïncider l'image de la mire avec une seconde mire parallèle à la première. On fait tourner le cristal autour de son arête, jusqu'à ce que la seconde face de l'angle dièdre prenne exactement la position de la face précédente; on voit à quelles divisions du cercle correspond un point de repère fixe pour les deux positions du cristal. Un système de petites pièces articulées permet de placer l'arête du cristal bien perpendiculaire au cercle divisé. Le point de repère, c'est le zéro d'un vernier au trentième, et comme le cercle est divisé en demi-degrés, le vernier permet d'apprécier des trentièmes de demi-degré, c'est-à-dire des minutes.

Le goniomètre à réflexion le plus usité en minéralogie est celui de Wollaston.

Coins ou Angles solides. — Ils peuvent être formés de trois faces.

Angles trièdres. L'angle trièdre ABCD est la portion de l'espace comprise entre les faces ABD, ABC, ACD (fig. 27).

Si les trois angles BAD, CAD, BAC, sont égaux, on peut mener par les trois arêtes BA, AC, AD, des plans de symétrie, et les trois plans se coupent suivant une droite par rapport à laquelle les faces du cristal et ses angles dièdres sont disposés symétriquement. La ligne d'intersection est appelée *axe de symétrie* AO (fig. 28).

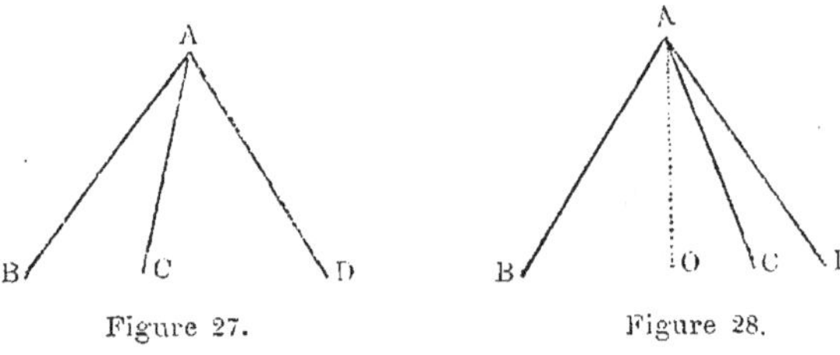

Figure 27. Figure 28.

Un angle solide peut provenir du concours de 4, de 6, de 8, de 12, ou même d'un plus grand nombre de faces en cristallographie.

Types cristallins. — Les formes des cristaux peuvent être rapportées toutes à six *types différents*, au moyen des *lois de symétrie.*

L'ensemble d'un type et les formes qu'on peut en déduire constitue un *système cristallin.*

Comme types des formes des différents systèmes, on adopte en France des parallélipipèdes, solides composés de quatre faces à forme de parallélogrammes, parallèles deux à deux, et comprises entre deux autres faces qui sont aussi des parallélogrammes. Les quatre premières, appelées *pans,* ou *faces latérales*, se coupent suivant des lignes parallèles ; les deux autres faces sont des *bases.*

Étant donné un prisme (fig. 27), on peut mener trois droites allant chacune du milieu d'une face du prisme au milieu de la face opposée. Ces trois droites sont appelées des *axes*, elles passent par le centre *m* du cristal. Leurs longueurs et leurs inclinaisons relatives restent les mêmes dans la même espèce cristalline, tout en variant d'une espèce à l'autre; elles peuvent donc être utilisées comme caractéristiques des espèces. De plus, comme les arêtes sont égales aux axes en longueurs, et comme elles font entre elles des angles qui sont aussi égaux à ceux des axes, on peut, au lieu des axes, considérer les arêtes, ce qui est souvent commode (fig. 29).

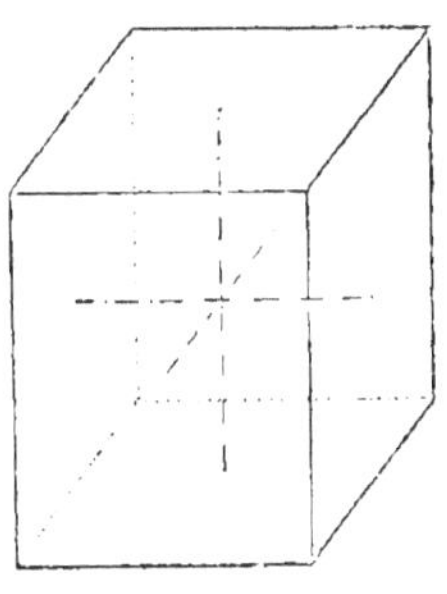

Figure 29.

1er *Système* : CUBIQUE. — Type. — *Le cube*, parallélipipède, dont les faces sont toutes égales, et perpendiculaires l'une sur l'autre.

Axes. — Trois axes rectangulaires et égaux.

2me *système* : QUADRATIQUE. — Type. Le *prisme droit à base carrée*; quatre faces latérales, qui sont des rectangles; les deux bases perpendiculaires sur les pans sont des carrés.

Axes. — Trois axes rectangulaires, dont deux, parallèles aux côtés de la base, sont égaux, et dont le troisième, parallèle aux pans, est différent des deux autres.

3me *système* : ORTHORHOMBIQUE. — Type. Le *prisme droit à base rhombe*. Quatre faces latérales, qui sont des rectangles; les deux bases perpendiculaires sur les pans sont des *rhombes* ou *losanges*.

Axes. — Trois axes rectangulaires, inégaux; l'un des axes est parallèle aux pans; les deux autres axes sont parallèles, l'un à la petite, l'autre à la grande diagonale du rhombe.

4me *système* : RHOMBOÉDRIQUE. — Type. Le *rhomboèdre*, parallélipipède, dont les faces, toutes égales, et obliques entre elles, ont toutes la forme de *rhombes*.

Axes. — Trois axes égaux, parallèles aux trois directions des arêtes, et obliques entre eux.

5me *système* : KLINORHOMBIQUE. — Quatre faces latérales qui sont des parallélogrammes ; les deux bases ont la forme de *rhombes*.

Axes. — Trois axes inégaux, dont deux sont obliques entre eux, et le troisième perpendiculaire au plan des deux autres. Nous verrons que la base est aussi perpendiculaire au plan de ces deux derniers axes.

6me *système* : Type. Le *prisme bioblique*. Quatre faces latérales, en forme de parallélogrammes ; deux bases.

Axes. — Trois axes inégaux, inégalement inclinés l'un sur l'autre ; deux axes peuvent être rectangulaires entre eux ; mais aucun ne l'est au plan des deux autres, c'est-à-dire aux deux autres axes à la fois.

Il n'y a plus de plan perpendiculaire au plan de ces deux axes.

Lois de Symétrie. — Pour passer d'une forme typique à toutes celles du même système, il suffit de remplacer les éléments d'une forme, faces, angles solides, ou arêtes, par d'autres éléments de nature analogue ou différente, en se conformant aux lois suivantes appelées *lois de symétrie* :

1° *Tous les éléments identiques doivent être remplacés à la fois.*

2° *Un élément, qui en remplace un autre, doit reproduire la symétrie de celui qu'il remplace.*

Faces identiques. — Elles doivent avoir la même forme et la même étendue.

Arêtes identiques. — Elles doivent avoir la même longueur; elles doivent être les intersections d'angles dièdres égaux.

Angles solides identiques. — Ils doivent être composés du même nombre d'angles dièdres égaux et semblablement disposés.

Telle a été longtemps la définition de l'identité cristallographique. Elle était, comme on le voit, purement géométrique.

Exemple d'une application de ces lois. Dans un cube les éléments de même nature sont tous identiques; les *angles solides* ou *coins* de ce cube ne diffèrent en rien les uns des autres.

On ne peut donc pas s'étonner de voir dans la même substance minérale, dans la fluorine ou fluorure de calcium (fig. 26), des cristaux qui ont la forme de cubes, d'autres qui sont évidemment des cubes, dont tous les coins sont remplacés par des faces (fig. 26); d'autres enfin, où ces faces, substituées aux coins se sont assez développées pour faire disparaître celles du cube. Cette substance se prête merveilleusement à la reproduction artificielle de ces modifications. Car il suffit de donner un léger coup de marteau sur un angle d'un de ses cubes, pour y faire apparaître une petite facette également inclinée sur les trois faces du cube. Jamais, dans la nature, un des angles solides d'un cube n'est ainsi remplacé par un plan, sans que les sept autres le soient. Quand on fait sauter les uns après

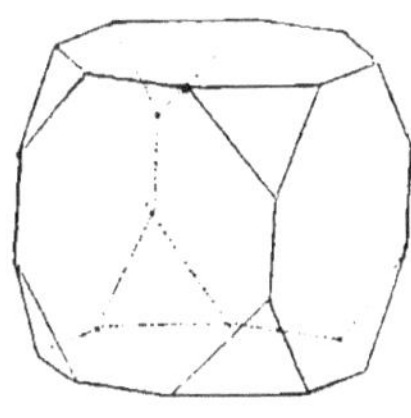

Figure 30.

les autres les huit angles, et qu'on frappe peu à peu, jusqu'à ce que les huit plans substitués aux angles, se rencontrent, on obtient l'octaèdre régulier, une seconde forme du système cubique (voy. p. 22, fig. 33).

De l'Hémiédrie. — Dans certaines substances, dans la boracite, borate de magnésie naturel, par exemple, on voit quelquefois des cubes dont les angles ne sont remplacés par des facettes planes, que de deux en deux, en sorte que, sur les huit, il y en a quatre qui ne sont pas modifiés, ceux qui sont modifiés alternant avec ceux qui ne le sont pas. Les quatre plans substitués aux angles, étant prolongés jusqu'à ce qu'ils se rencontrent, donnent lieu par leur ensemble à un polyèdre à quatre faces, à une pyramide triangulaire, dont les trois faces et la base sont toutes des triangles équilatéraux de même forme et de même étendue. Cette forme est le trétraèdre régulier. Elle n'a que la moitié des faces qu'elle aurait, si tous les angles avaient été remplacés. On l'appelle forme *hémiédrique*.

Quoique étant une forme hémiédrique, le tétraèdre n'en est pas moins une des formes du système cubique; car en joignant deux à deux les milieux de ses six arêtes, qui se dirigent perpendiculairement l'une à l'autre dans des plans différents, on retrouve les trois axes égaux et rectangulaires du cube. Et de plus, en remplaçant les six arêtes par des plans également inclinés sur les faces du tétraèdre, on revient au cube.

Le nom d'*hémiédriques* distingue les formes qui le portent de celles qui, ayant leurs faces au complet, sont dites *holoédriques*, et auxquelles les lois de symétrie conviennent dans toute leur extension géométrique. On peut, en appliquant ces lois, passer du cube à l'octaèdre, en tronquant les angles, c'est-à-dire en remplaçant les angles du cube par des plans, et de l'octaèdre régulier au cube, en tronquant aussi les angles de l'octaèdre. On peut passer du tétraèdre régulier au cube en remplaçant par des faces les arêtes du tétraèdre; mais on ne peut passer du cube au tétraèdre, qu'en laissant intacts la moitié des angles de ce cube, et en tronquant seulement l'autre moitié.

Appliquons maintenant les lois de symétrie à l'étude des formes principales des différents systèmes.

1er SYSTÈME. — SYSTÈME CUBIQUE

Nous avons déjà défini le cube. C'est un parallélipipède, dont les six faces sont toutes égales, et font deux à deux des angles dièdres de 90°. Si, après avoir posé un cube sur une de ses faces prise pour base, on le retourne, et qu'on prenne pour base inférieure une quelconque des cinq autres faces, on n'observe aucune différence. On ne pourrait distinguer les unes des autres les faces d'un dé à jouer, si elles ne portaient pas des inscriptions différentes.

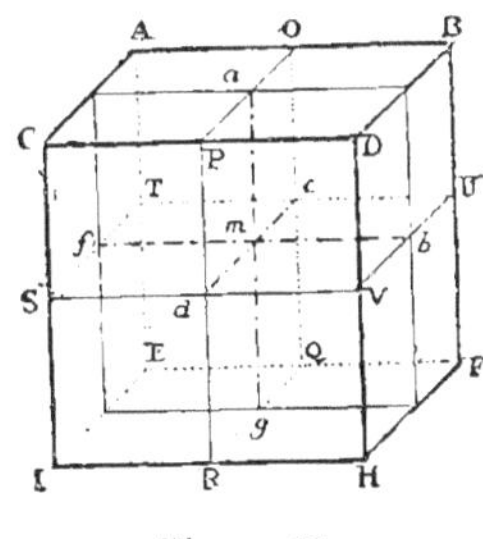

Figure 31.

Cube. — Soit un cube (fig. 31). Prenons pour base : ABCD face supérieure, EFHI face inférieure. Nous aurons pour faces latérales : CDHI face antérieure, ABEF face postérieure, BDFH face latérale de gauche, ACEI face latérale de droite. AB, CD, EF, HI arêtes horizontales allant de droite à gauche; AC, BD, FH, EI, arêtes horizontales allant d'avant en arrière; AE, BF, DH, CI, arêtes verticales.

Par les milieux O, P, Q, R, des arêtes AB, CD, EF, HI, je mène un plan OPQR; ce plan divise le cube en deux moitiés égales, symétriquement disposées à droite et à gauche; c'est un *plan de symétrie*. Le second plan vertical *afgb*, mené par les milieux des arêtes antéro-postérieures, est aussi un plan de symétrie, qui divise le cube en deux moitiés égales, semblablement placées, l'une en avant, l'autre en arrière. Enfin, le plan horizontal mené par les milieux S, T, U, V, des arêtes verticales, divise encore le cube en deux moitiés égales, symétriques, l'une au-dessus, l'autre au-dessous de ce plan.

Il y a donc dans le cube trois plans de symétrie perpendiculaire, entre eux, et de même symétrie; car rien ne distingue les uns des autres les demi-cubes qu'ils découpent dans le solide primitif. Ces trois plans se coupent suivant trois droites *ag*, *bf*, *ed*, qui se rencontrent au centre *m*, et qui sont parallèles aux arêtes du cristal. On appelle *axes*, ces trois droites. Si l'on se place dans la direction d'une de ces droites, de *am*, par exemple, on observe autour de soi quatre arêtes horizontales supérieures, et quatre arêtes horizontales inférieures, identiques entre elles; huit angles solides A, B, C, D, E, F, H, I, également identiques entre eux; enfin quatre arêtes verticales, placées symétriquement, ayant la même longueur que les arêtes horizontales, et formées comme elles par des plans qui se coupent à angle droit. Ici, comme on voit, *les trois axes sont égaux et rectangulaires entre eux. Les faces sont identiques entre elles; il en est de même des arêtes et des angles.*

Les angles dièdres sont tous égaux à 90°.

Exemple de cristaux qui présentent la forme de cubes. *Diamant.*

Octaèdre. — Soient trois axes *ag*, *bf*, *ed*, égaux et rectangulaires entre eux, se coupant en *m* (fig. 32) ; menons des plans par leurs extrémités, prises trois à trois ; et, par exemple : par les points *a*, *f*, *d*, faisons passer un plan ; menons un second plan par les points opposés *g*, *b*, *e* ; un troisième par *a*, *b*, *d*, etc. ; la figure montre qu'on peut avoir huit de ces plans ; ces huit plans forment en se coupant un solide à huit faces triangulaires, appelé *octaèdre*. L'octaèdre ci-dessus inscrit dans le cube est appelé octaèdre régulier. Les trois plans de symétrie du cube se retrou-

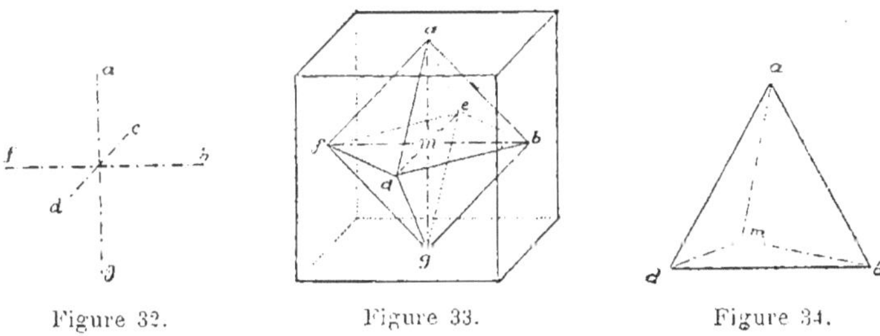

Figure 32. Figure 33. Figure 34.

vent dans l'octaèdre (plan *fabg*, des fig. 31 et 33 ; plan *adge* (fig. 33) ou OPQR, (fig. 31) ; plan *febd* ou STUV). Ces trois plans divisent l'octaèdre en huit pyramides triangulaires : *amfd* ; *mgfd* ; *mgbd* ; *mald*, et en arrière leurs opposées. Ce sont ces huit pyramides qui remplacent les huit régions cubiques AOT *ed*S ; T*ed* SIR ; OBU*ed*V ; U*ed* VHR, etc. A chaque angle solide du cube se trouve donc ainsi substituée une face qui est cristallographiquement équivalente.

Hexoctaèdre. — *Formes à quarante-huit faces.* C'est un exemple du cas le plus général de remplacement.

Soit AA', AA'', AA''' trois arêtes du cube concourant au sommet de l'angle A (fig. 31).

Une facette A''QR, du système qui remplacera l'angle A, enlève, sur une arête AA'', une longueur égale à cette arête entière; sur l'arête AA', une longueur AM égale à la moitié de AA'; sur l'arête AA''', une longueur AN égale au quart de AA'''. Comme l'arête AA' ne diffère pas de l'arête AA'' il faut à gauche de AA'' une facette A''QR qui coupe l'arête AA' au quart et l'arête AA''' à la moitié de leur longueur; la symétrie est ainsi rétablie pour l'arête AA''; il y a sur cette arête une paire de faces.

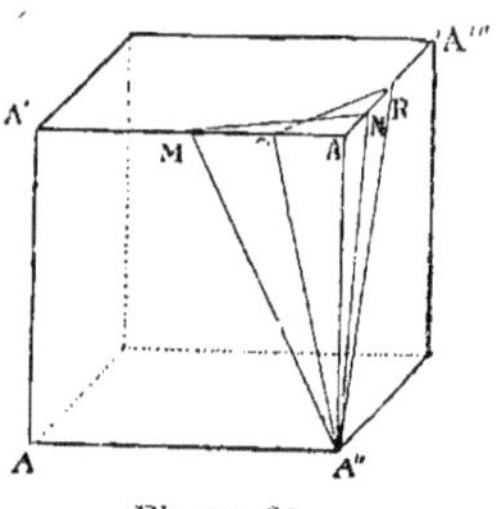

Figure 35.

Mais les trois arêtes AA', AA''', étant identiques à l'arête AA'', réclament chacune de leur côté une paire de faces analogues à A''MN, A''QR. Il y aura donc, sur l'angle A,

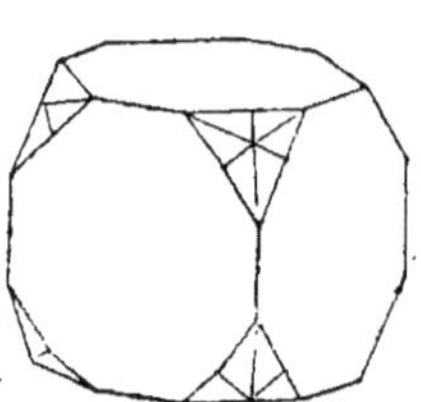
Figure 36.

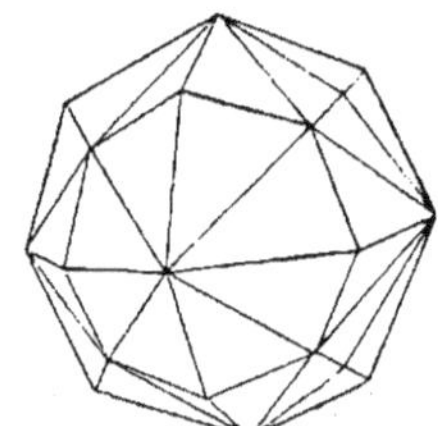
Figure 37.

six facettes (fig. 36), et sur les huit angles quarante-huit facettes, qui pourront se développer de plus en plus dans certains cristaux, y faire disparaître le cube, et donner une forme à quarante-huit faces appelée hexakisoctaèdre (fig. 33). On voit comment les angles solides à huit faces remplacent les angles solides à trois faces, sans que la symétrie de ce coin du cube primitif en soit le moins du monde altérée. Et il en sera de même pour les huit coins ou angles solides du cube qui sont identiques.

On comprend maintenant que chaque angle solide du cube ne soit remplacé que par trois facettes. Les solides formés par ces trois facettes substituées à chacun des angles se composeront ainsi de vingt-quatre faces.

Formes à vingt-quatre Faces. — Les huit cubes élémentaires OBPD*de*VU, OPCA*e*TS*d*, etc., qui composent

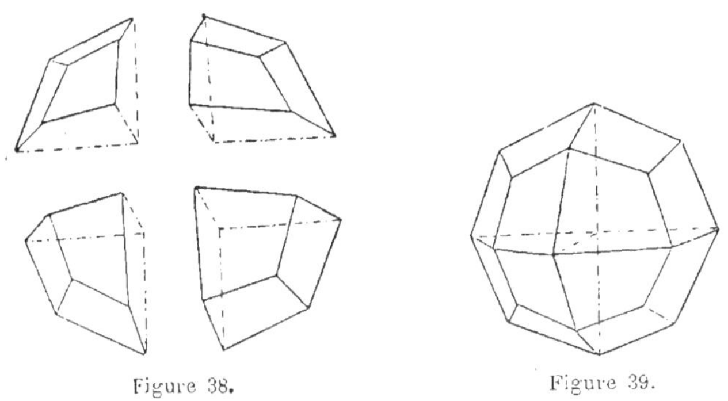

Figure 38. Figure 39.

le cube total (fig. 31), sont remplacés chacun par un des solides de la figure 38.

Ces quatre solides et leurs opposés composent ensemble l'icositétraèdre ou trapézoèdre (fig. 35). Dans un autre

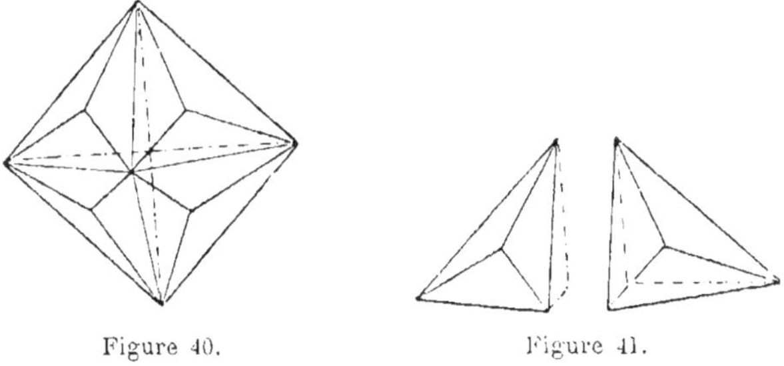

Figure 40. Figure 41.

genre de formes (fig. 36), les huit régions sont remplacées par des pyramides trièdres (fig. 37).

On conçoit que chaque face du cube puisse être surmontée d'une pyramide à quatre faces; ce *cube* est dit alors *pyramidé* (fig. 42).

Les six pyramides ont chacune pour base une face du cube et leurs faces sont des triangles isocèles.

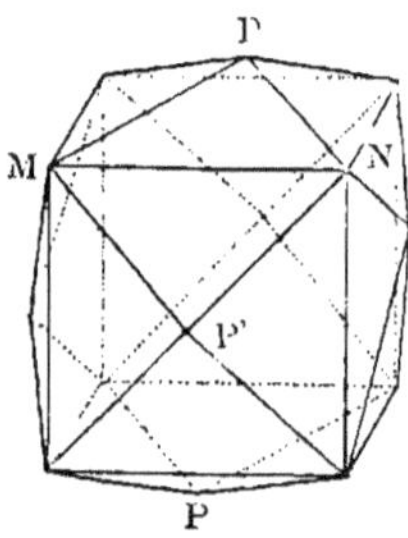

Figure 42.

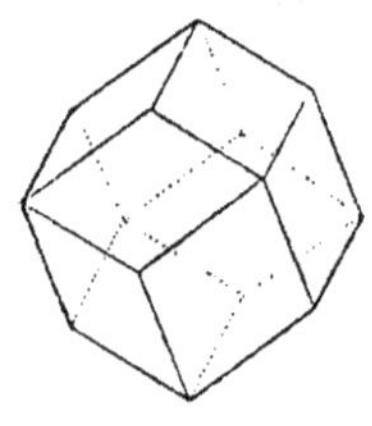

Figure 43.

Forme à douze Faces. — Soit PM, PN, côtés d'une face, égaux entre eux et aux côtés MP', NP' de la face adjacente, à cause de la symétrie de ces faces par rapport à l'axe PP; supposons que les deux triangles PMN, P'MN, tournent autour de MN comme charnière, de façon à ne plus former qu'un plan, les côtés MP, NP, MP', NP' restent égaux et deviennent ceux d'un rhombe. Les vingt-quatre triangles se réduisent donc à douze faces qui sont toutes des rhombes ou losanges, et le solide est appelé *dodécaèdre rhomboïdal* (fig. 43).

2° SYSTÈME. — PRISME DROIT A BASE CARRÉE

C'est un cube, ou allongé, ou aplati, mais dont l'arête verticale, dans le cas de l'allongement, comme dans celui de l'aplatissement, n'a plus la même longueur que les arêtes des bases (fig. 44).

Ici nous retrouvons encore nos trois plans de symétrie. Deux sont verticaux : OPQR donne deux moitiés égales, l'une à droite, l'autre à gauche; KLMN, deux moitiés identiques entre elles et aux deux précédentes, l'une en avant, l'autre en arrière; STUV donne aussi deux demi-prismes, l'un en dessus, l'autre en dessous; ceux-ci sont égaux entre eux, mais ils diffèrent de ceux qui donnent les deux autres plans de symétrie. Les trois plans OPQR, KLMN, STVU, se coupent suivant trois axes *amg*, *fmb*, *dme*, et ceux-ci se rencontrent au centre, en *m*. *Les trois axes sont parallèles aux arêtes du prisme, et perpendiculaires l'un sur l'autre. Deux sont égaux; de = fb. Le troisième ag, celui de la hauteur, diffère des deux autres.* Les faces latérales sont égales; il en est de même des arêtes verticales; les arêtes des bases sont identiques entre elles, mais différentes des verticales. Les angles solides sont identiques. Les dièdres sont tous égaux à 90°.

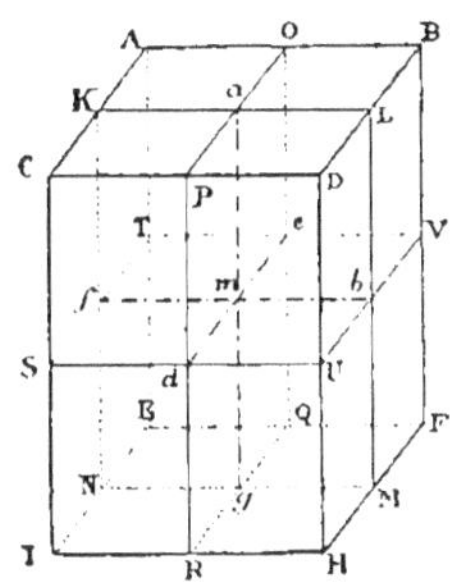

Figure 41.

Octaèdre. — Chacun des huit prismes dans lesquels on a décomposé le prisme total peut être remplacé par une pyramide triangulaire. Par exemple, le prisme *a*PDBUV*de* est remplacé par la pyramide *amdb*, dont la face *adb* peut être prise comme base, et dont les trois faces sont *amd*, *amb*, *dmb*, rectangulaires entre elles, ainsi que leurs arêtes d'intersection *am*, *md*, *mb*. Autour de l'axe vertical *og*, il y a la même symétrie qu'autour d'un des trois axes rectangulaires du cube; mais, tandis que dans le cube cette symétrie se répète pour les trois axes, elle n'existe ici que pour l'axe *og* (fig. 45). Cet octaèdre est placé dans le prisme primitif, comme l'octaèdre régulier dans le cube (voy. fig. 33).

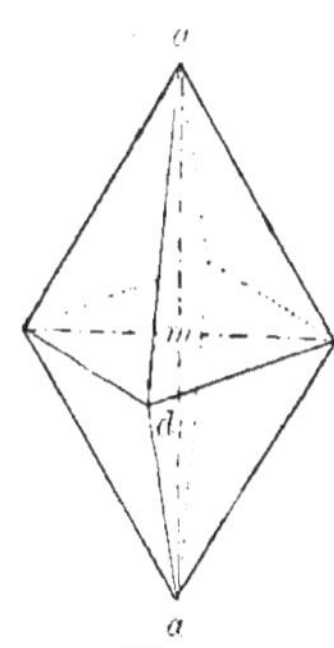
Figure 45.

Dioctaèdre. — Au lieu d'une seule face *adb*, il peut y

en avoir deux dans chaque région (fig. 46), et la forme devient une double pyramide à huit faces (dioctaèdre) (fig. 47).

Prismes dérivés. — Puisque dans ce système les arêtes verticales n'ont pas la même longueur que celles des bases, les unes peuvent être remplacées par des faces, sans que les autres le soient. Les arêtes verticales étant modifiées par des plans, ces plans devront être également inclinés sur les faces adjacentes *m* du prisme (on les ap-

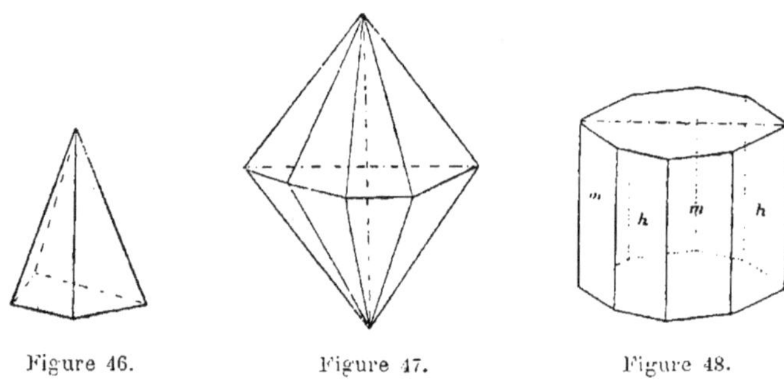

Figure 46. Figure 47. Figure 48.

pelle *h'*, parce qu'elles rencontrent les deux arêtes de la base à la même distance du sommet de l'angle (fig. 46). Si le plan penche plus à droite qu'à gauche de l'arête qu'il remplace, la symétrie propre à cette arête n'est rétablie que par un second plan incliné à droite, comme le premier l'est à gauche, et réciproquement, c'est-à-dire par un ensemble de deux plans symétriquement placés par rapport à l'arête, dont les deux côtés, le droit et le gauche, sont et doivent rester identiques. De là résulte un *prisme à huit faces*, ou *octogonal*. Il diffère du précédent en ce que les dièdres verticaux ne sont plus égaux que deux à deux.

Arêtes basiques. — Les arêtes des bases peuvent être remplacées, au contraire, par un seul plan, quelles que soient ses inclinaisons sur la base et sur les pans du prisme, parce que la base et les pans n'ont ni la même forme, ni la même étendue (fig. 49). Comme il y a huit arêtes basiques identiques, la forme mène à un octaèdre à

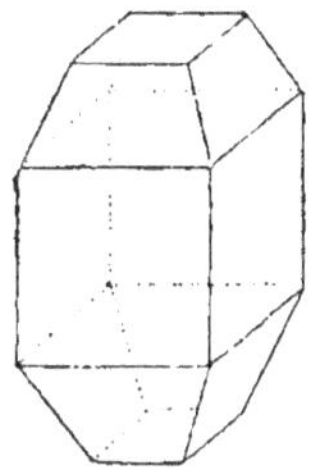
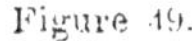

Figure 49.

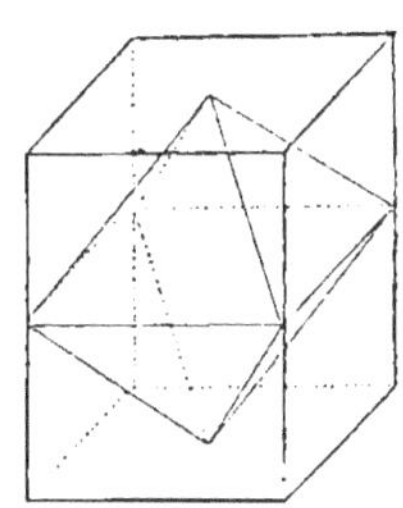

Figure 50.

base carrée, ensemble de deux pyramides quadrangulaires, ayant pour base commune un carré mené par le centre du prisme parallèlement à ses deux bases (fig. 50).

3e SYSTÈME. — PRISME DROIT A BASE RECTANGLE OU RHOMBIQUE

1° La base ou section droite est un rectangle; les trois faces qui concourent vers un même angle solide ont des dimensions différentes. On en prend deux quelconques pour bases; des quatre qui restent, on place les deux plus étendues, l'une en avant, l'autre en arrière; les deux autres se placent l'une à droite, l'autre à gauche. (Il n'est pas nécessaire de rappeler que les six faces sont égales deux à deux.)

Si nous considérons les cristaux du sulfate de baryte (*spath pesant* des minéralogistes), nous en verrons dont la forme est un prisme droit à base rectangle (fig. 51). D'autres se présentent en prismes droits à base rhombe (fig. 52); d'autres enfin ont huit faces latérales (fig. 53). En mesurant les huit angles dièdres de ces dernières, on voit que les faces g^1 et h^1 font entre elles des angles droits et forment ensemble un prisme à section droite rectangulaire; les quatre autres forment aussi un prisme, mais

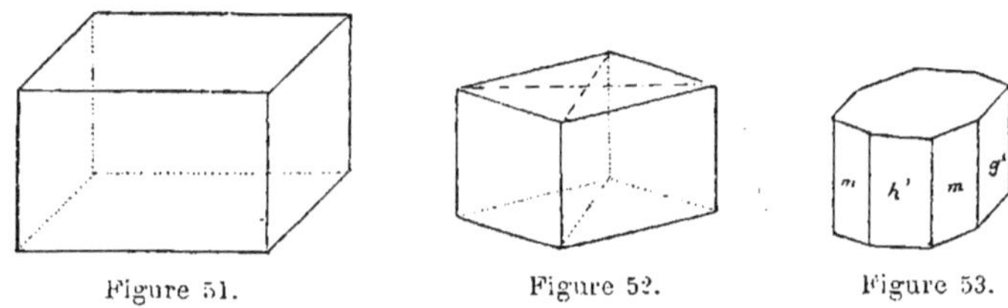

Figure 51. Figure 52. Figure 53.

la section droite de ce prisme est un rhombe, dont les diagonales perpendiculaires entre elles sont parallèles aux faces du prisme à section de rectangle.

La figure 54 représente le prisme droit à base rhombe ou orthorhombique inscrit dans le prisme droit à base rectangle.

Le plan de symétrie KLMN, parallèle à la grande diagonale de la base *rhombe*, laisse en avant le demi-prisme rectangle KLCDIHMN, ou le demi-prisme rhombique KPLNRM, en arrière le demi-prisme rectangle ABKLNMEF, et le demi-prisme rhombique KOLMNQ. A droite du plan de symétrie OPQR, parallèle à la petite diagonale, se trouve le demi-prisme rhombique OLPRMQ; à sa gauche, le demi-prisme rhombique OPKNRQ. De même le plan STUV, parallèle aux deux bases, divise le prisme rhombique, aussi bien que le prisme rectangulaire, en deux moitiés symétriques. Ainsi, trois plans perpendi-

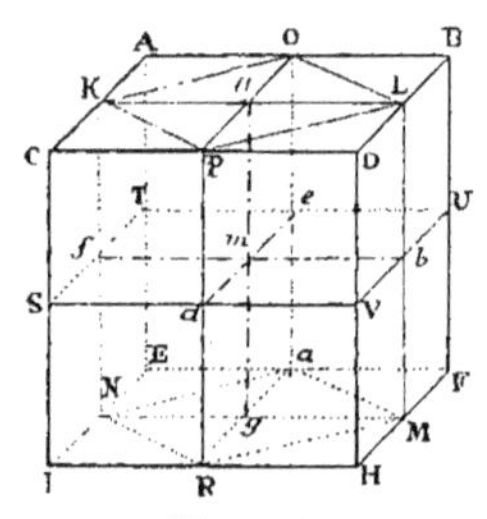

Figure 54.

culaires entre eux partagent chacun le prisme orthorhombique en deux moitiés égales. Les intersections *ag*, *de*, *fb*, de ces trois plans passent par le centre, et forment les trois axes rectangulaires et inégaux.

Ce système a donc pour type, soit un prisme droit à base rectangle, soit un prisme droit à base rhombe; on le reconnaît aux caractères suivants :

1° Trois plans de symétrie différente, rectangulaires; 2° trois axes inégaux, et perpendiculaires aussi l'un sur l'autre.

Octaèdre droit à base rhombe.—Soit un prisme droit à base rhombe; je puis mener les trois plans de symétrie rectangulaires. Ces trois plans se coupent deux à deux suivant les trois axes du prisme (*ag*, *bf*, *de*), et au centre *m* (fig. 54). Joignons deux à deux les extrémités des axes, nous aurons deux pyramides à quatre faces, ayant pour base commune la section droite menée par le centre. Les huit régions dans lesquelles se décompose le prisme primitif sont occupées chacune par une pyramide ayant pour base la face de l'octaèdre, et pour faces les trois plans rectangulaires entre eux (fig. 51). On voit que les faces de l'octaèdre sont symétriquement placées quatre à quatre par rapport aux trois plans.

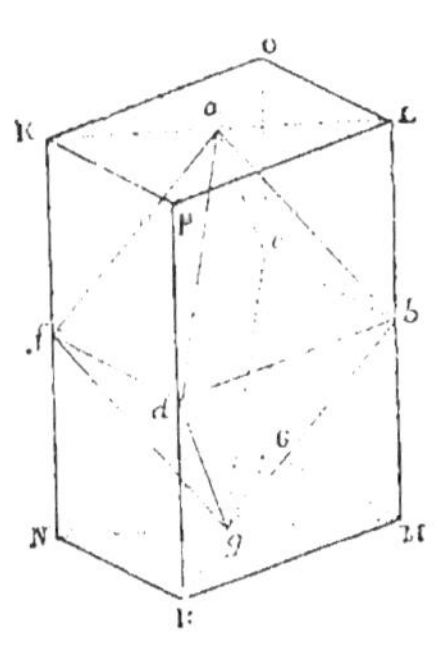

Figure 55.

4e SYSTÈME. — SYSTÈME RHOMBOÉDRIQUE

Le *Rhomboèdre* (fig. 56) est un parallélipipède dont les quatre pans forment un prisme, et sont, comme les deux bases, des rhombes égaux. Les douze arêtes ont donc la même longueur, comme dans le cube; mais elles correspondent à deux sortes d'angles dièdres. Les deux bases sont inclinées sur les pans, mais dans une seule direction, et dans celle d'une de leurs diagonales, de BC, par exemple. Elles restent également penchées à droite et à gauche du plan BCIF, qui demeure par conséquent un plan de symétrie.

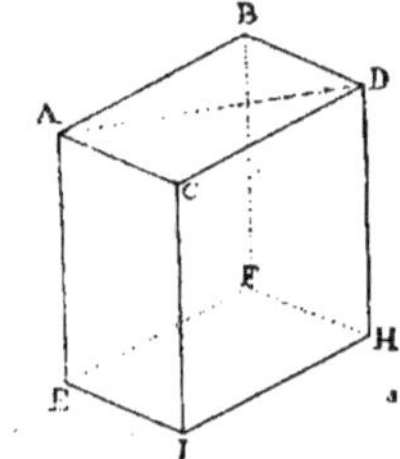

Figure 56.

Dans chaque rhombe et, par exemple, dans la base ABCD, il y a deux angles plans obtus, ACD, ABD, égaux; deux angles plans aigus, supplémentaires des premiers, égaux aussi entre eux, BDC, BAC. Comme les six faces du rhomboèdre sont égales, il y a en tout douze angles obtus de même valeur, et douze angles aigus d'une valeur supplémentaire. Ces vingt-quatre angles plans se répartissent trois par trois entre les huit angles solides A, B, C, D, E, F, H, I. Il n'y a que deux modes de répartition possibles :

1° Deux angles solides B, T, comprennent chacun trois angles plans obtus; les six autres étant formés d'un angle plan obtus et de deux aigus;

2° Deux angles solides sont composés chacun de trois angles plans aigus; les six autres, d'un aigu et de deux obtus.

Quel que soit le mode suivi, deux angles solides présentent une seule espèce d'angles, obtus dans le premier cas; aigus, dans le second; on peut les appeler *homogènes*. Six angles solides, au contraire, montrent deux espèces d'angles plans, et sont à ce point de vue *hétérogènes*.

Ainsi, dans la figure 57, l'angle solide CADI est composé d'angles plans égaux ACI, DCI, ACD; son opposé, FEHB, est de même formé de trois angles plans égaux EFH, EFB, HFB. On démontre, en géométrie, que les trois angles plans d'un angle solide trièdre étant égaux, les angles dièdres le sont aussi. Les angles dièdres AC, CD, CI, sont égaux entre eux et aux dièdres EF, FH, FB. Aussi la ligne CF, qui joint les deux angles solides homogènes opposés, CF, se distingue-t-elle des autres diagonales AH, DE, BI, du parallélipipède, en ce sens qu'autour de cette ligne, on observe trois angles dièdres égaux, trois angles plans égaux.

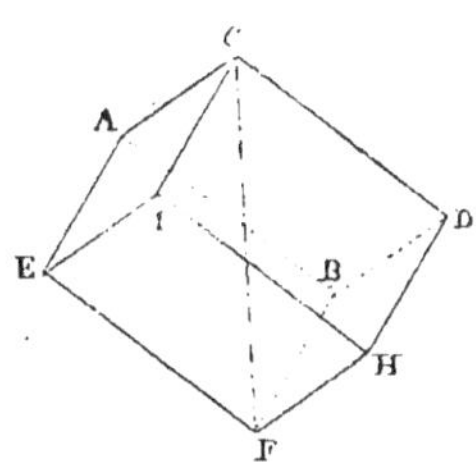

Figure 57.

La symétrie particulière à cet axe le fait placer verticalement. On voit alors qu'autour de l'axe CF, et autour de lui seulement, les arêtes, les faces ou les angles plans, sont disposés symétriquement par trois. Les angles solides C, F, sont identiques; ils sont, en effet, composés des mêmes angles dièdres, et d'angles plans égaux, semblablement disposés. Les angles A, D, B, I, E, H, sont aussi semblables, comme composés d'angles plans ou d'angles dièdres, de deux sortes il est vrai, mais respectivement égaux, et semblablement placés.

Notre plan de symétrie CBFI est resté vertical; on voit facilement que les angles dièdres CD, AC, ne se distinguant pas du dièdre CI, ni les angles dièdres EF, FH, du dièdre BF, on voit qu'on peut mener par les arêtes CD, EF, un plan de symétrie CDEF, et par les arêtes AC, FH, un troisième plan de symétrie ACFH. Les trois plans de symétrie se coupent suivant l'axe CF, et sous des angles de 60°.

Notre figure 57 représente un rhomboèdre dont les angles solides homogènes C, F, sont composés d'angles dièdres et d'angles plans obtus. Dans ce cas, le rhomboèdre est appelé *obtus*. La figure 58 montre un *rhomboèdre aigu,* c'est-à-dire ayant ses deux angles solides C, F, composés d'angles plans aigus. L'angle dièdre, qui se répète trois fois autour de l'axe CF, caractérise une substance de ce système. Dans le saphir, par exemple, cet angle est de 86°4′.

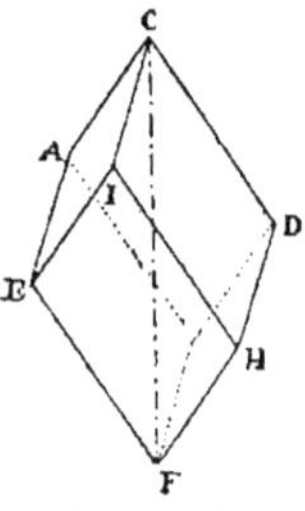

Figure 58.

Dans la position que nous avons donnée au rhomboèdre (fig. 57), l'axe CF est vertical; de l'angle C partent les trois arêtes identiques CA, CI, CD; de l'angle F, les trois arètes FH, FB, FE. On appelle *culminantes* ces six arêtes. Les six arêtes AE, EI, IH, HD, DB, BA, se développent en zigzag autour de l'axe CF. On les nomme *latérales*.

Un plan mené par le milieu *m* de CF (fig. 50) passe par les milieux des arêtes en zigzag; à cause de la position

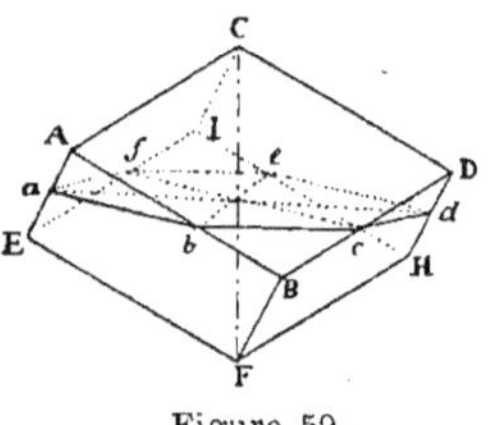

Figure 59.

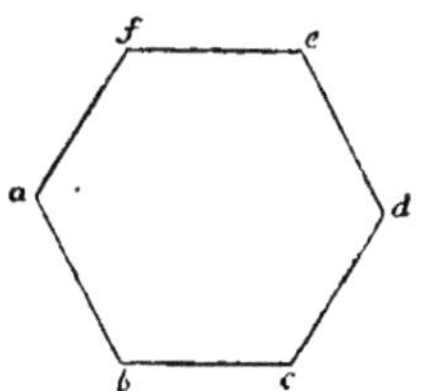

Figure 60.

symétrique de ces arêtes, la section du solide par le plan a la forme d'un hexagone régulier *a b c d e f* (fig. 60).

Les diagonales *ad, cf, eb* de cet hexagone peuvent être regardées comme des axes. Le système rhomboédrique est alors caractérisé par *quatre axes, un vertical, et trois axes horizontaux, qui se coupent sous des angles de* 60°.

5ᵉ SYSTÈME. — SYSTÈME KLINORHOMBIQUE

Ici, le prisme à quatre pans a encore pour section droite un rhombe; la base est inclinée sur les pans suivant la direction d'une seule diagonale, de la diagonale BC, que l'on place devant soi, montant d'avant en arrière; elle reste également inclinée à droite et à gauche, en sorte que le plan BCFI, perpendiculaire à la base, est un plan de symétrie (fig. 61). Ce qui distingue ce système du rhomboèdre, c'est que les pans CDHI, ...ABFE, sont des parallélogrammes à côtés inégaux. Les dièdres AC, CD, sont égaux entre eux; mais le dièdre CI diffère des deux précédents. Le plan BCFI est le seul qui divise le solide en deux demi-prismes ayant leurs éléments égaux symétriquement placés à droite et à gauche du plan sécant. Aussi le moyen pratique de reconnaître ce prisme consiste-t-il à constater l'égalité des dièdres AC. CD, et de leurs opposés FH, EH; ou celle des dièdres AB, BD, et de leurs opposés; cela signifie qu'en appliquant les deux alidades du goniomètre sur la base et la face antérieure située à gauche, puis sur la base et la face antérieure de droite, on constate l'égalité de ces deux angles: on constate de même l'égalité de l'angle que la base forme en arrière avec la face ABFE, et de celui qu'elle fait en arrière également avec la face BDFH; ces deux derniers angles sont égaux entre eux; ils diffèrent des précédents, sans quoi les uns et les autres seraient égaux à 90°, et le prisme serait orthorhombique.

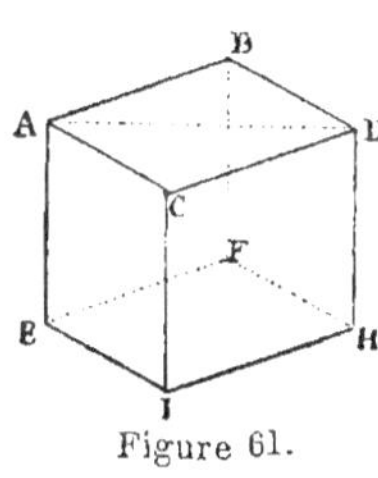

Figure 61.

Dans ce système comme dans le troisième, à un prisme

oblique à base rhombe correspond un prisme oblique à base rectangle, qui lui est circonscrit. Des trois arêtes de ce dernier, l'une est verticale; la seconde est la diagonale BC de la base qui s'incline d'arrière en avant, c'est la ligne de plus grande pente; la troisième, parallèle à la ligne AD, reste horizontale, puisque la base ne penche pas plus à droite qu'à gauche; elle est perpendiculaire à la diagonale BC, puisqu'elle fait partie du même rhombe, elle est donc perpendiculaire à la fois aux deux lignes BC, CI, c'est-à-dire à leur plan. C'est pourquoi on définit souvent ce système en disant qu'il présente trois axes, dont *deux sont obliques entre eux,* et dont le *troisième est perpendiculaire au plan des deux autres.* Le caractère pratique des formes qui s'y rapportent est de posséder *un plan de symétrie, et un seul,* à droite et à gauche duquel se trouvent les dièdres égaux.

Les dièdres AC, CD, étant égaux entre eux et aux dièdres opposés EF, FH; les arêtes AC, CD, EF, FH, corres-

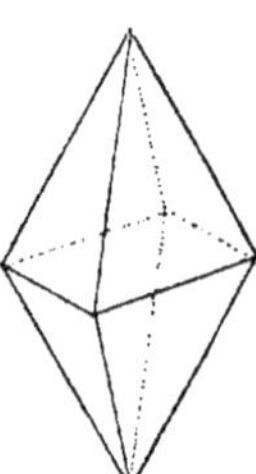

Figure 62.

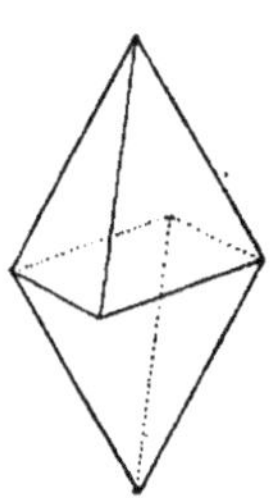

Figure 62 *bis.*

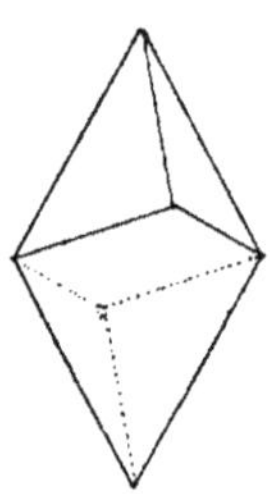

Figure 62 *ter.*

pondent à ces dièdres égaux, et elles ont de plus la même longueur; elles peuvent donc être remplacées toutes les quatre par des plans, ce qui donne la moitié d'un octaèdre à base rhombe. L'autre moitié de ce solide serait engendrée par quatre faces qui remplaceraient les arêtes AB, BD, EI, IH, qui forment un second groupe (fig. 62, 62 *bis* et *ter*).

6e SYSTÈME. — PRISME DOUBLEMENT OBLIQUE

La section droite du prisme peut être rhombique, tout en étant, il est vrai, le plus souvent un parallélogramme; mais ce qui le caractérise, c'est que les bases, parallèles entre elles, sont toujours obliques : 1° d'arrière en avant, et, 2° de droite à gauche, ou de gauche à droite (fig. 63).

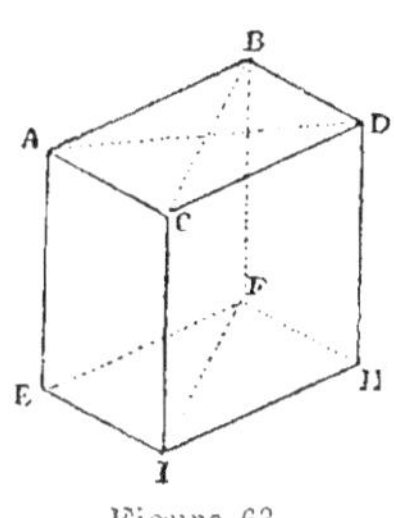

Figure 63.

On peut y observer des octaèdres, des polyèdres à faces très nombreuses ; mais il n'y a plus de plan de symétrie, à droite et à gauche duquel on observe des angles dièdres égaux, semblablement placés.

§ 2. — **Détermination pratique des Formes cristallines.**

Nous ne croyons pas utile au sujet principal de cet ouvrage, de donner de plus amples développements à l'exposition théorique des systèmes cristallins.

Nous pensons qu'il est indispensable, au contraire, de montrer comment on peut rapidement distinguer les unes des autres les diverses matières minérales d'après leurs formes. En nous plaçant à ce point de vue exclusivement pratique, nous diviserons les formes en trois grands groupes, où elles se trouveront réunies, non plus d'après leurs analogies naturelles, mais d'après leurs ressemblances extérieures, et nous indiquerons les caractères distinctifs de chacune d'elles, et les moyens de les rapporter à leur véritable système.

Ces trois groupes sont : 1° celui des *prismes;* 2° celui des *pyramides;* 3° celui des *prismes pyramidés,* solides formés d'un prisme combiné à des pyramides.

Le procédé général de distinction consiste à chercher, au moyen du goniomètre, quels sont les angles dièdres égaux, et comment ces dièdres sont placés par rapport à des plans ou à des lignes.

Observation. — Nous décrirons successivement les formes importantes de chacun de ces trois groupes; dans les figures qui représenteront les formes d'un même groupe, nous désignerons toujours par la même lettre les parties semblables. On pourra donc toujours embrasser d'un coup d'œil sur chaque figure les angles solides, ou les dièdres cristallographiquement identiques; cette remarque est importante surtout pour les dièdres; car ce sont, comme nous l'avons dit, les seuls éléments du cristal qu'on puisse mesurer avec précision, et c'est en étudiant la disposition des dièdres égaux, qu'on parvient à bien comprendre la vraie symétrie, et, par suite, à connaître le système du cristal.

Prismes. — PRISMES A QUATRE PANS OU PARALLÉLIPIPÈDES. — Dans les figures ci-contre, nous avons adopté les lettres conventionnelles employées en France pour désigner les éléments de ces prismes, les mêmes lettres convenant, comme nous venons de le dire, aux parties semblables.

PRISME DOUBLEMENT OBLIQUE.

— *p, m, t,* premières lettres des trois syllabes du mot *primitif*, s'appliquent aux trois faces du prisme (fig. 64); *a, e, i, o,* les premières voyelles, aux quatre angles de la base supérieure, et à leurs opposés de la base inférieure; *b*, *c*, *d*, *f*, *g*, *h*, les consonnes écrites dans leur ordre naturel, chacune à deux arêtes opposées du cristal.

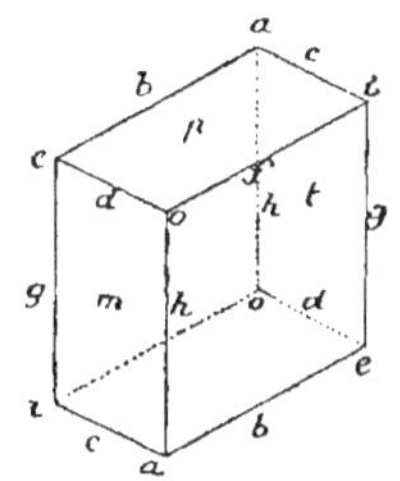

Figure 64.

On place ces lettres, comme on écrit; les deux arêtes supérieures étant regardées comme formant une première ligne, celle de gauche est notée *b*, celle de droite *c*; les deux arêtes inférieures de la base forment la seconde ligne, et sont notées *d*, *f*; on note *g*, *h*, les arêtes verticales, qui forment une troisième ligne. On écrit les voyelles d'après la même convention.

Dans ce système, une même lettre ne se répète que sur deux éléments opposés de la forme (faces, angles ou arêtes); les deux dièdres opposés seuls sont égaux; il n'y a pas de plan de symétrie.

PRISME KLINORHOMBIQUE (5e *système*)

Deux bases *p*. — quatre pans *m* (fig. 65).

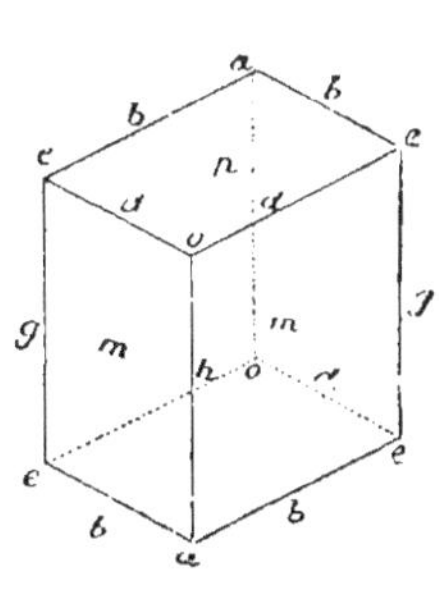

Figure 65.

Angles solides de trois sortes : deux angles *a*, quatre angles *e*, deux angles *o*.

Les angles *a* et *o* restent différents, parce que la base reste inclinée d'arrière en avant; mais, comme elle n'est pas plus inclinée à droite qu'à gauche, *i* ne diffère plus de *e*: par convention encore, on désigne deux parties devenues semblables par la lettre la plus élevée dans l'ordre alphabétique.

Arêtes. — Pour les bases, quatre arêtes *b* postérieures; *c* devient semblable à *b;* quatre arêtes *d; f* est semblable à *d.*

Arêtes verticales : deux arêtes *g;* deux arêtes *h.*

RHOMBOÈDRE (4e *système*)

1° Six faces identiques *p* (fig. 66);
2° Angles solides : deux au sommet, ou *culminants*, *a;*
six angles *latéraux e;*
3° Six arêtes *culminantes b*, six arêtes *latérales* en zigzag *d.*

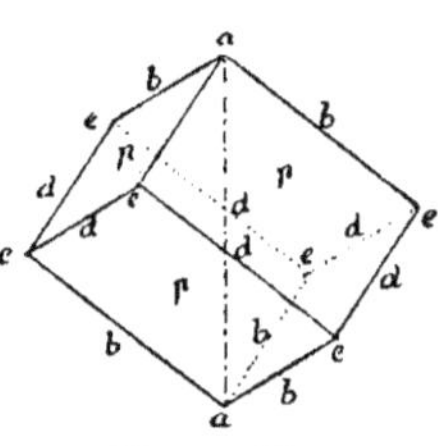
Figure 66.

ORTHORHOMBIQUE (3e *système*)

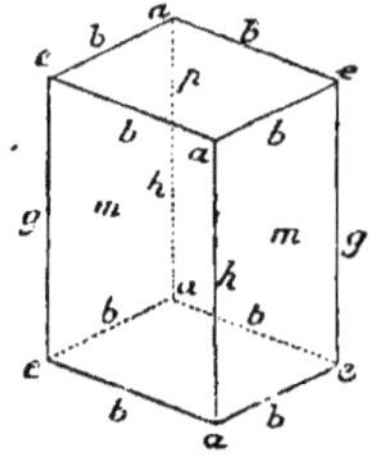
Figure 67.

Deux bases *p;* quatre pans *m* (fig. 67).
Quatre angles *a;* quatre angles *e.*
Huit arêtes basiques *b.*
Deux arêtes latérales *g.*
Deux arêtes latérales *h.*

QUADRATIQUE (2e *système*)

Deux bases *p;* quatre pans *m* (fig. 68).
Huit angles *a.*
Huit arêtes basiques *b.*
Quatre arêtes verticales *m.*

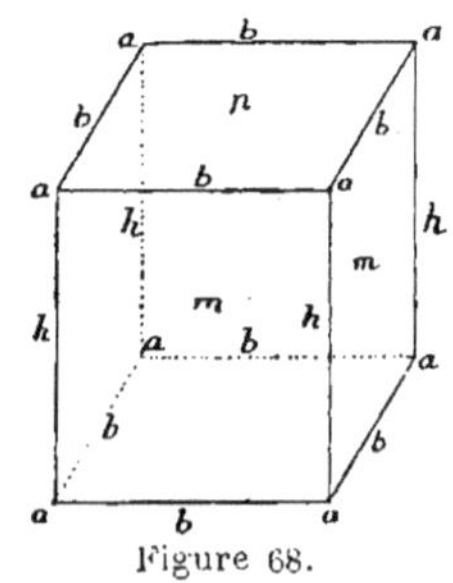
Figure 68.

CUBE (1er *système*)

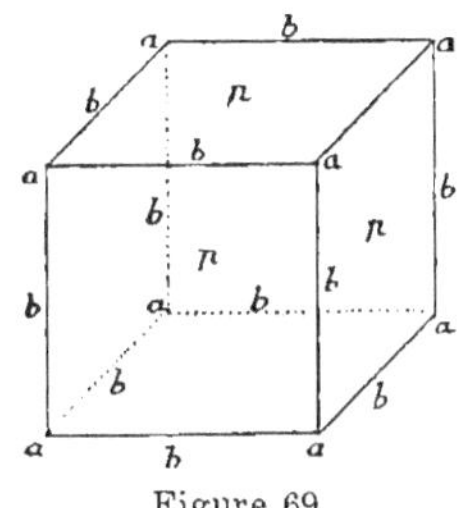

Figure 69.

Six faces p (fig. 69).
Huit angles solides a.
Douze arêtes b.

Prismes à six Pans. — Prismes à six faces terminés par deux bases.

ORTHORHOMBIQUE (3e *système*)

A droite et à gauche du plan de symétrie (fig. 70), on observe quatre dièdres E, égaux à 90°, angles des bases p et des faces latérales appelées g^1 par les cristallographes, parce qu'elles remplacent les arêtes g du prisme primitif, et parce qu'elles rencontrent les arêtes b à des distances égales à partir du sommet e du prisme primitif. *Les huit dièdres* b, b... b, b, formés par les quatre faces m du prisme, et par les deux bases p, sont égaux.

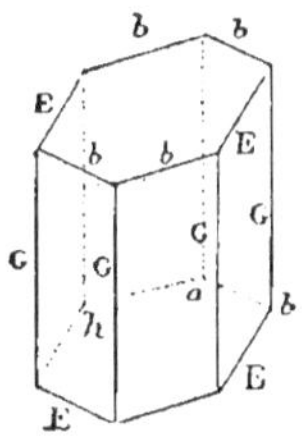

Figure 70.

Quatre dièdres verticaux égaux G, deux à droite, et deux à gauche du plan de symétrie; deux dièdres verticaux égaux h. (Ex. : *Saphir d'eau.*)

HEXAGONAL (4e *système*)

Le prisme hexagonal (fig. 71) se rattache au système rhomboédrique, parce qu'il a, comme lui, un axe vertical $a^1 a^1$ et trois axes horizontaux inclinés l'un sur l'autre à 60°; et aussi parce qu'il peut provenir d'un rhomboèdre dont on remplace les arêtes en zigzag *d* ou les angles latéraux *e* (fig. 67) par des plans parallèles à l'axe *aa*, et les angles culminants *a* par des faces perpendiculaires à cet axe. (Ex. : *Émeraude.*)

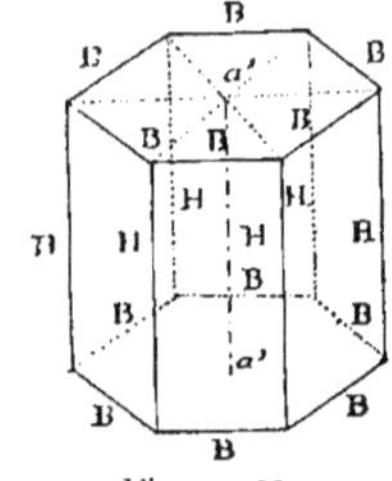
Figure 71.

KLINORHOMBIQUE (5ᵉ *système*)

Comme dans le 3ᵉ système (fig. 64), on trouve ici un plan de symétrie *aoao*. Aussi les dièdres EE...E sont-ils tous les quatre égaux à 90° (fig. 72). Les dièdres formés par des faces parallèles à l'axe vertical se groupent aussi de la même façon : quatre dièdres égaux G. Mais le groupe des huit angles égaux *b*, formés par la base avec les pans du prisme orthorhombique, se dédouble pour le klinorhombique en quatre angles *b* et quatre angles *d*. (Ex. : *Feldspath.*)

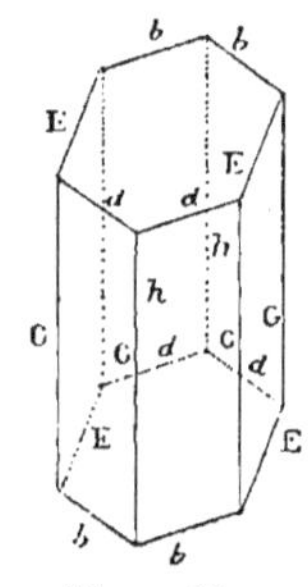
Figure 72.

Le prisme klinorhombique, modifié sur ses angles *a* ou sur ses angles *o*, donne un solide à huit faces. (V. *Octaèdres.*)

KLINOÉDRIQUE (6ᵉ *système*)

Le prisme (fig. 64) dont deux arêtes opposées sont remplacées par des plans. (Ex. : *Feldspaths du 6ᵉ système.*)

Prismes à huit Pans. — SYSTÈME QUADRATIQUE. — 1° Les

huit dièdres verticaux sont tous égaux à 135°; les seize dièdres A, quoique n'ayant pas la même composition, sont tous égaux à 90° (fig. 73). Cette forme provient d'un prisme à base carrée, dont les arêtes latérales sont remplacées par des faces également inclinées à droite et à gauche de ces arêtes.

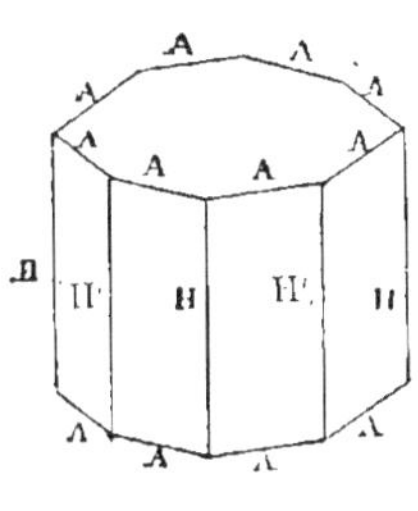

Figure 73.

2° Les arêtes H se subdivisent en deux groupes; mais chacun de ces groupes se compose de quatre dièdres égaux, les dièdres de l'un des groupes alternant avec ceux de l'autre. Les dièdres de la base restent tous égaux à 90°. (Ex. : *Idocrase.*) Cette forme provient du remplacement de chaque arête verticale du prisme primitif (fig. 68) par une paire de plans verticaux.

Système orthorhombique. — Les prismes à huit faces de ce système sont composés de deux prismes élémentaires, qui ont, pour section droite, le premier, un rhombe, et le second, un autre rhombe ou un rectangle.

En mesurant un nombre suffisant d'angles dièdres, il est toujours facile de trouver deux plans perpendiculaires entre eux, passant par l'axe, à droite et à gauche desquels sont placés symétriquement des dièdres égaux. (Ex. : *La partie prismatique des cristaux de topaze.*)

Système klinorhombique. — Un plan montre des dièdres égaux à sa droite et à sa gauche. On le dirige d'avant en arrière. Le plan perpendiculaire au précédent n'est plus un plan de symétrie. (Ex. : *Beaucoup de pyroxènes dans leur partie prismatique*).

Système doublememt oblique. — Il n'y a plus de plan de symétrie.

Prismes à neuf Pans. — Ils ne se rencontrent que

dans les cristaux de tourmaline, où l'on voit souvent combinés un prisme hexagonal et un prisme à trois faces. On y observe alternativement deux angles dièdres à arête verticale de 150°, puis un angle de 120°.

Les prismes qui ont un plus grand nombre de faces résultent de la combinaison de plusieurs prismes plus simples. La mesure de leurs dièdres verticaux permet toujours de trouver, soit trois plans de même symétrie, faisant entre eux un angle de 120° (*système rhomboédrique*), soit deux plans ayant la même symétrie et rectangulaires entre eux (*système quadratique*); ou bien, deux plans de symétrie rectangulaires entre eux, mais offrant des symétries différentes (*système orthorhombique*); ou un seul plan de symétrie (*système klinorhombique*); ou enfin, aucun plan de symétrie (*système à base doublement oblique*).

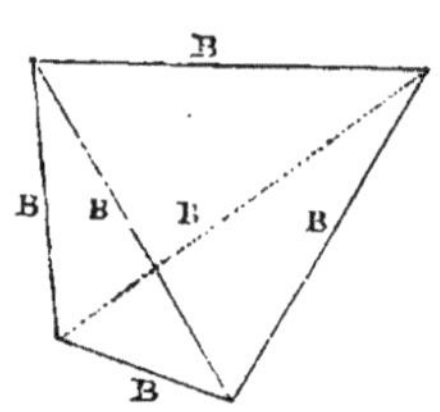

Figure 74.

Formes pyramidales. — TÉTRAÈDRES. — Pyramides composées d'une base triangulaire et de trois faces de forme également triangulaire, qui se coupent en un sommet commun.

TÉTRAÈDRE RÉGULIER. — Six arêtes B semblables. Les dièdres B sont égaux à 70°32′ (fig. 74).

TÉTRAÈDRE A SECTION DROITE CARRÉE. — Deux dièdres B, égaux, correspondant à deux diagonales ou à deux arêtes croisées des bases du prisme quadratique primitif; quatre dièdres D autour d'une droite BB, perpendiculaire aux arêtes B, et qui est l'axe vertical du prisme primitif (fig. 75).

Il y a d'autres tétraèdres à considérer en cristallographie, mais ils ne se rencontrent pas parmi les formes des pierres précieuses.

Doubles Pyramides à six Faces, OCTAÈDRES. Ce sont

deux pyramides accolées l'une à l'autre suivant leur base quadrangulaire.

OCTAÈDRE RÉGULIER (fig. 76) (*système cubique*). — Tous les angles dièdres sont égaux à 109°28′.

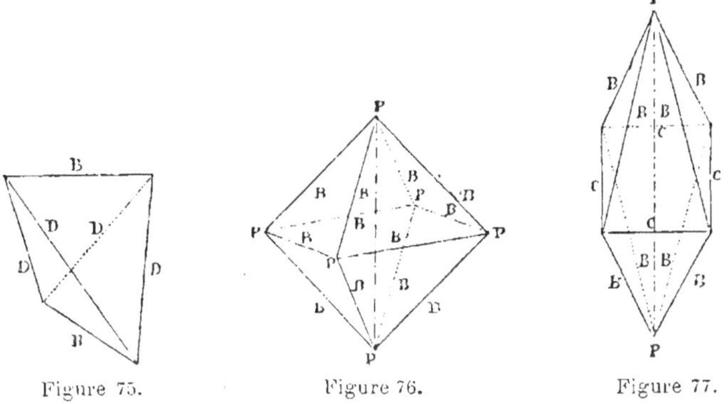

Figure 75. Figure 76. Figure 77.

OCTAÈDRES A BASE CARRÉE (2me *système*) (fig. 73). — Les huit faces sont semblables ; les angles solides sont de deux espèces : deux angles culminants P ; quatre basiques.

Caractéristique pratique. — Les angles dièdres se divisent en deux groupes : Quatre dièdres C, correspondant aux arêtes basiques, sont égaux. — Huit dièdres B, correspondant aux arêtes des deux pyramides, le sont aussi. Autour de l'axe PP, on voit ces huit arêtes B distribuées symétriquement. L'axe PP est appelé l'*axe de figure,* ou de *principale symétrie.*

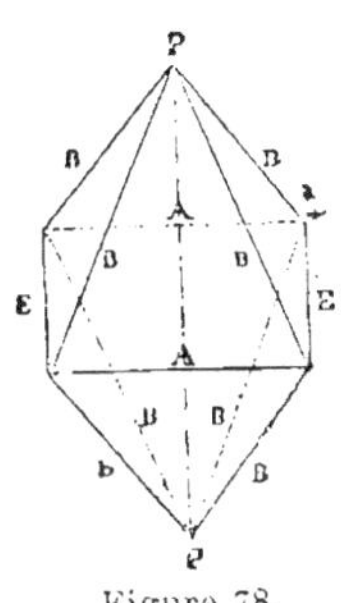

Figure 78.

1° OCTAÈDRES DROITS A BASE RECTAÈGLE (3me *système*) (fig. 78). — *Caractéristique pratique.* — Huit dièdres égaux B,B,....B, appartenant à deux pyramides accolées par leur base qui est rectangulaire. A la base, deux dièdres A ayant la même valeur, et différents des deux dièdres E, qui sont aussi égaux entre eux.

2° OCTAÈDRES DROITS A BASE RHOMBE. — *Caractéristique pratique.* — Quatre dièdres égaux D,...D.— Quatre dièdres égaux *c...c.* — Quatre dièdres égaux F...F. Les arêtes correspondant à ces angles dièdres dessinent nettement les intersections du cristal et de ses trois plans de symétrie.

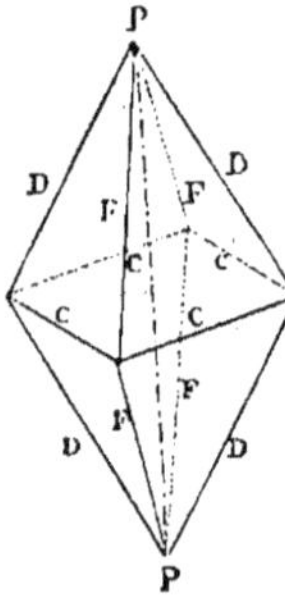

Figure 79.

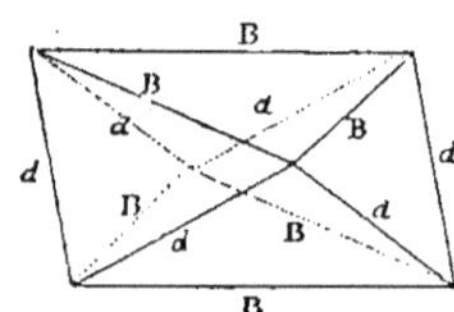

Figure 80.

RHOMBOÉDRIQUE (4me *système*) (fig. 80). — On voit quelquefois les deux angles *a* du rhomboèdre remplacés chacun par un plan horizontal. Ces deux faces, que les cristallographes notent a^1, et les six faces *p* du rhomboèdre, forment en se combinant un octaèdre, qu'on reconnaît facilement à ce qu'autour de l'axe vertical on a *trois dièdres égaux B, B, B, au sommet supérieur,* et *trois dièdres égaux de même notation au sommet inférieur. Les six autres dièdres d sont aussi égaux entre eux, et supplémentaires des premiers.*

KLINORHOMBIQUE (5me *système*).

1° *Octaèdre oblique à base rectangle* (fig. 81).

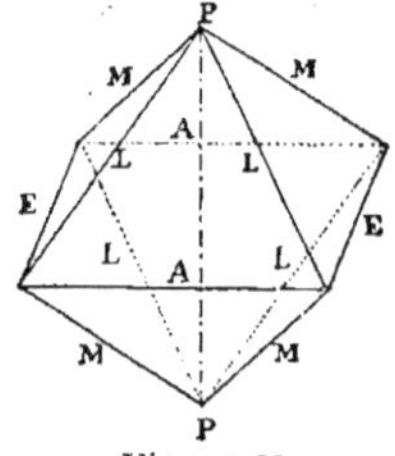

Figure 81.

Caractéristique pratique. — Dièdres de quatre espèces : (α) Quatre dièdres égaux L, L (arêtes montantes en avant et en dessus), et leurs opposés en arrière et en bas. — (β) Quatre dièdres M, M, deux en arrière et en haut, et leurs opposés F_3, F_4 en avant et en bas. — (γ) Deux dièdres égaux A, A, dièdres de la base, horizontaux, allant de droite à gauche. — (δ) Deux dièdres égaux E, E, dièdres de la base, descendant d'arrière en avant.

2° *Octaèdre oblique à base rhombe* (fig. 82).

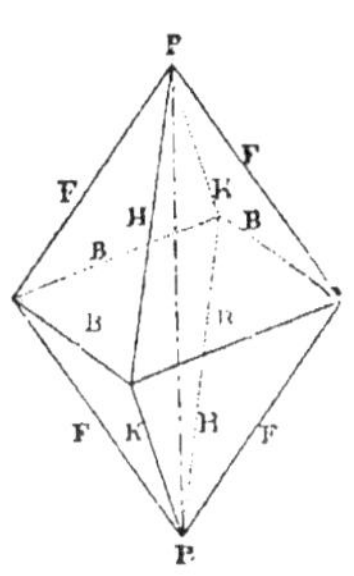

Figure 82.

Caractères pratiques. — Quatre sortes de dièdres.—(α) Quatre dièdres F dans le plan vertical mené de droite à gauche. — (β) Deux dièdres H, l'un en avant et en dessus, l'autre opposé. — (γ) Deux dièdres K, l'un en dessus et en arrière, l'autre opposé. — (δ) quatre dièdres B, B, égaux à la base; deux en arrière: deux en avant de la base. Les arêtes H, K, H, K, montrent bien la position du plan qui divise le cristal en deux moitiés symétriques.

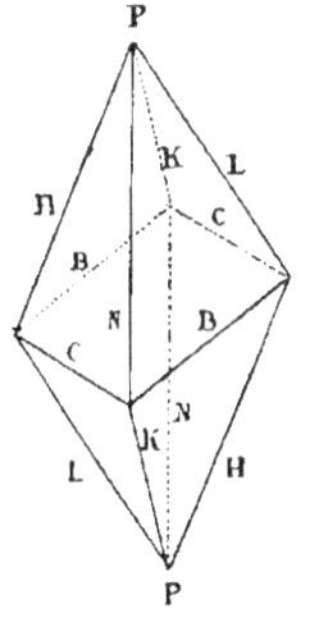

Figure 83.

Doublement oblique (6me *système*) (fig. 83). — Il n'y a plus de plan de symétrie, analogue à PAP de la figure précédente, ni d'angles dièdres égaux situés à droite et à gauche de ce plan.

Les seuls dièdres qu'on peut trouver égaux sont opposés.

Doubles pyramides a six faces. — Système hexagonal ou rhomboédrique (4me *système*).

2° *Les dihexaèdres.* — Deux pyramides à six faces sont accolées par leur base, qui est un hexagone régulier. Les faces sont des triangles isocèles égaux (fig. 84).

L'axe PP est entouré de six dièdres égaux F, F... F, correspondant aux arêtes basiques, celles qui dessinent l'hexagone régulier. Il est entouré encore de douze dièdres égaux B, B.... B, dont six montent des angles de la base vers le sommet P supérieur, et six descendent des mêmes angles vers le sommet P inférieur.

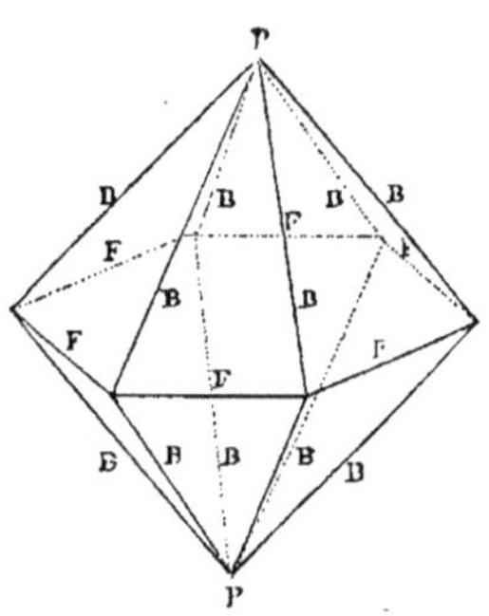
Figure 84.

En cristallographie, on divise les dihexaèdres en deux groupes appelés les uns *isocéloèdres*, dont les faces appartiennent tous à la même forme, et les autres *pseudoisocéloèdres*, dont les faces appartiennent à deux rhomboèdres de même angle, tournés à 60° l'un de l'autre. Si nous ne craignions pas de dépasser les limites et le but de ce chapitre, nous démontrerions que beaucoup de dihexaèdres, celui du cristal de roche, par exemple, doivent être considérés comme formés d'un rhomboèdre appelé primitif, et d'un autre rhomboèdre dont les faces alternent avec celles du primitif.

Exemples de dihexaèdres : *Corindon*, *Émeraude*.

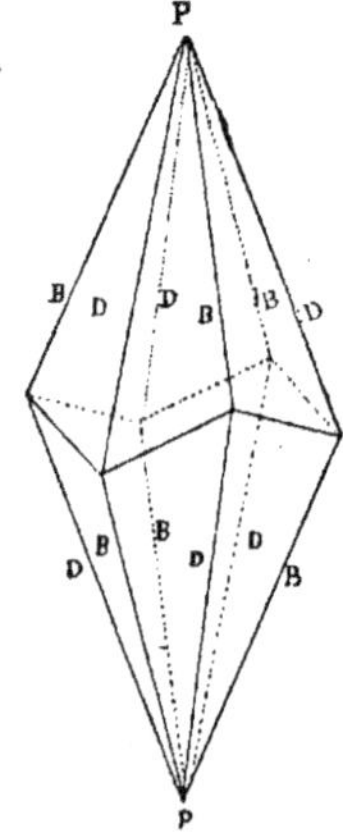
Figure 85.

Scalénoèdres (fig. 85). — Doubles pyramides formées chacune de six triangles scalènes. Dans chacune d'elles, les faces vont se rencontrer à l'une des extrémités d'un axe vertical; mais, leurs faces étant placées de biais par rapport au plan horizontal, elles se croisent et ont pour surface d'intersection un polygone gauche, à contour en zigzag.

Un scalénoèdre comprend : douze triangles scalènes disposés symétriquement autour d'un axe PP. Autour de cet axe on trouve à chaque extrémité deux systèmes de dièdres différents entre eux (B et D); mais les dièdres égaux d'un système alternent avec ceux de l'autre. En outre, il y a six dièdres égaux correspondant aux arêtes en zigzag. Ex. Le *calcaire* ou carbonate de chaux rhomboédrique; certains cristaux de tourmaline.

Didodécaèdres ou doubles pyramides a douze faces (*Système hexagonal*). — Douze dièdres aux arêtes horizontales.

Vingt-quatre dièdres égaux, douze à chaque pyramide Ces solides sont des combinaisons de deux dihexaèdres.

Dans d'autres didodécaèdres du même système les an-

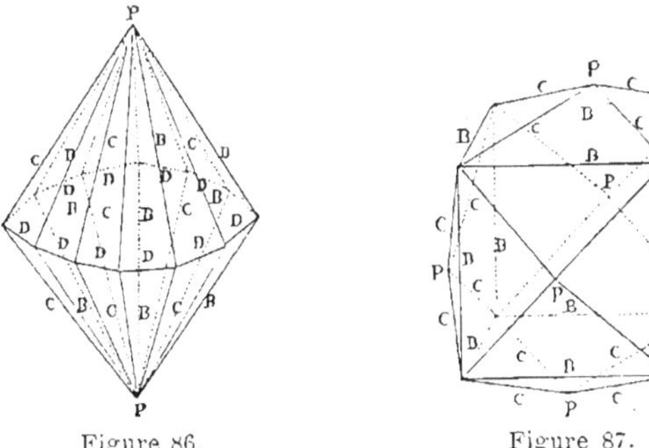

Figure 86. Figure 87.

gles C se dédoublent en deux groupes de dièdre C et B a. ternes les uns avec les autres (fig. 86).

Cube pyramidé. — Cube dont toutes les faces sont surmontées chacune d'une pyramide quadrangulaire.

Vingt-quatre dièdres C aux arêtes des faces montantes des pyramides, douze dièdres B aux arêtes des bases des pyramides (fig. 87). Ex. : Le *Diamant*.

Octotrièdre ou Octaèdre pyramidé : — Chaque face de l'octaèdre régulier est surmontée d'une pyramide triangulaire (fig. 88).

Chacune des extrémités des trois axes PP est entourée de quatre dièdres égaux B, correspondant aux arètes de l'octaèdre régulier, et de quatre dièdres égaux D alternes : Ex. *Diamant*.

ICOSITÉTRAÈDRE OU TRAPÉZOÈDRE (*Système cubique*). — Autour de chaque extrémité des trois axes P rectangulaires et

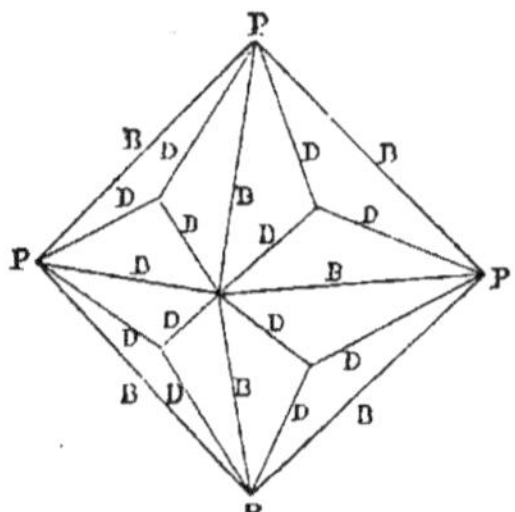

Figure 88.

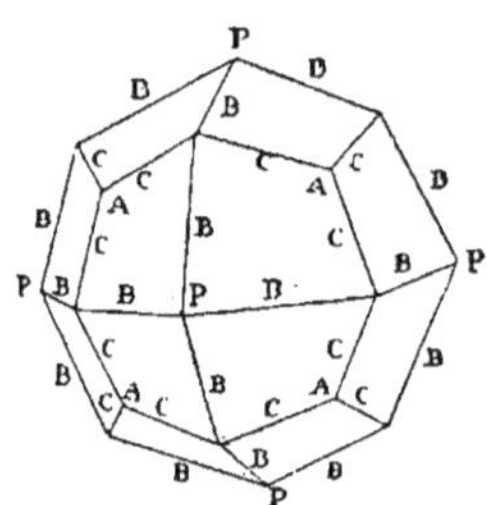

Figure 89.

égaux, on observe quatre angles dièdres égaux B ; ils forment les sommets P à quatre faces. Les sommets A trièdres correspondant aux coins du cube sont formés chacun de trois dièdres égaux C : Ex. *Grenat* (fig. 89).

SOLIDES A QUARANTE-HUIT FACES. — Le genre le plus intéressant est celui que donne le système cubique. Autour des deux extrémités opposées P de trois axes perpendiculaires entre eux, on observe un angle solide à huit faces, où l'on peut constater l'égalité de quatre angles dièdres B, B, B, formant un système, et d'un second système de quatre dièdres D, ... D, alternes avec les premiers (fig. 90). Ex. : *Diamant*.

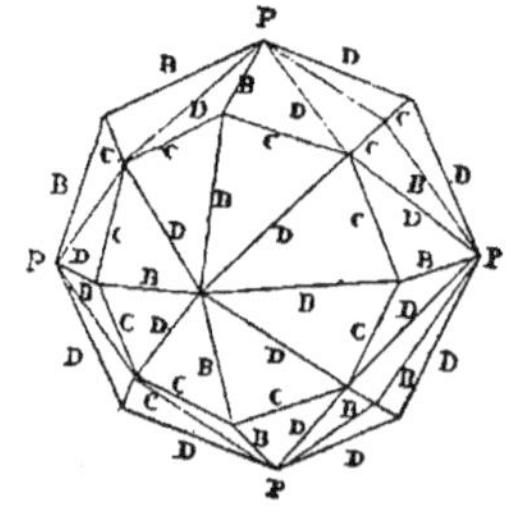

Figure 90.

PRISMES PYRAMIDÉS

PREMIÈRE SECTION

Les faces du prisme gardent leur forme de parallélogramme, et celles de la pyramide leur forme triangulaire.

Prismes et Pyramides à quatre Faces. — SYSTÈME QUADRATIQUE. — Prisme à base carrée, portant à ses deux extrémités des pyramides quadrangulaires de section droite semblable.

Vingt angles dièdres ainsi partagés : huit dièdres égaux

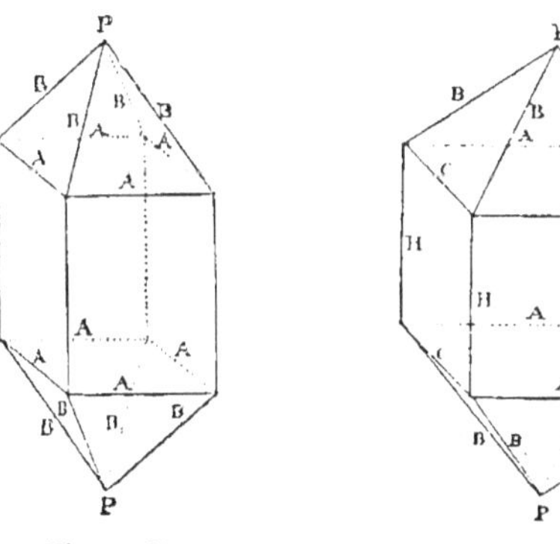

Figure 91. Figure 92.

B...B, quatre à chaque pyramide ; huit dièdres égaux A...A aux arêtes horizontales ; quatre dièdres de 90°, aux arêtes verticales (fig. 91).

SYSTÈME DU PRISME DROIT A BASE RECTANGULAIRE OU RHOMBIQUE : — 1° *Prisme à section rectangulaire,* portant à ses deux extrémités des pyramides quadrangulaires de section droite semblable (fig. 92).

Les huit dièdres aux arêtes horizontales se dédoublent en deux groupes ; quatre dièdres C...C, situés deux à deux à droite et à gauche d'un plan vertical de symétrie perpendiculaire au papier (en tenant le papier verticalement devant soi) ; quatre dièdres A...A, situés deux en avant, deux en arrière d'un plan de symétrie parallèle au plan du papier. Il y a symétrie également, comme on voit, par rapport au plan horizontal TUVS (fig. 54, p. 29), perpendiculaire à celui du papier.

2° *Prisme droit à section droite rhombique,* combiné à un octaèdre de section également rhombique.

Les trois plans de symétrie sont déterminés : 1° par les quatre arètes D...D dont les dièdres sont égaux; 2° par

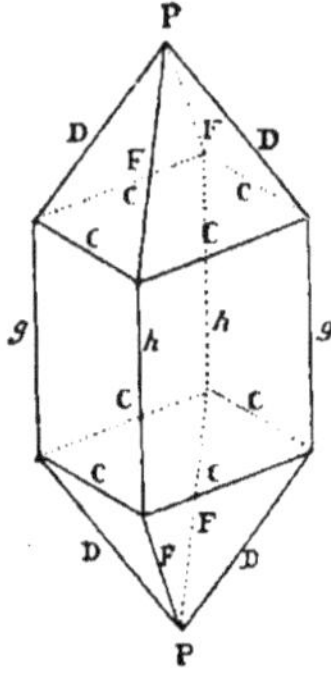

Figure 93.

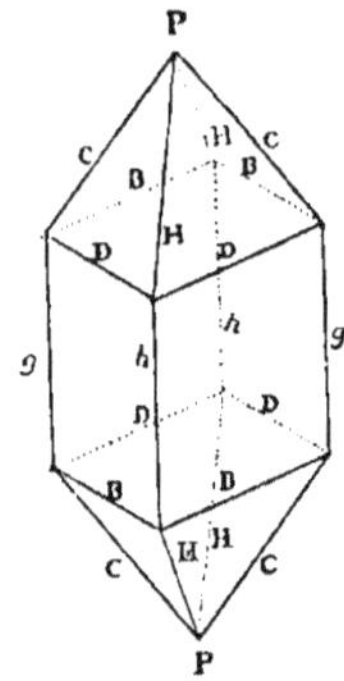

Figure 94.

les quatre arêtes à dièdres égaux F...F; 3° le troisième plan de symétrie, horizontal, est parallèle aux deux sections droites C...C. Les huit dièdres C...C sont égaux (fig. 93).

SYSTÈME KLINORHOMBIQUE. — 1° Combinaison du prisme rhombique et d'un octaèdre ayant une section de même forme (fig. 94).

A droite et à gauche du plan de symétrie on observe :

Quatre dièdres C aux arêtes des pyramides; deux dièdres B en arrière et en haut; deux dièdres égaux B, opposés, en avant et en bas; puis, un second système de quatre dièdres égaux D, deux en haut et en avant, deux en bas et en arrière; quatre dièdres H...H dans la section P H...P.

Deux dièdres verticaux *g*, deux dièdres verticaux *h*.

Le plan de symétrie qui passe par les arêtes F, K, est le seul que présentent les formes de ce système; aussi les arêtes basiques, B, D, sont-elles dissemblables ; car elles ne sont plus symétriques par rapport au plan formé par les arêtes C, C, C, C, comme dans le système précédent.

2° Combinaison du prisme rectangulaire et d'un octaèdre de section droite semblable (fig. 95).

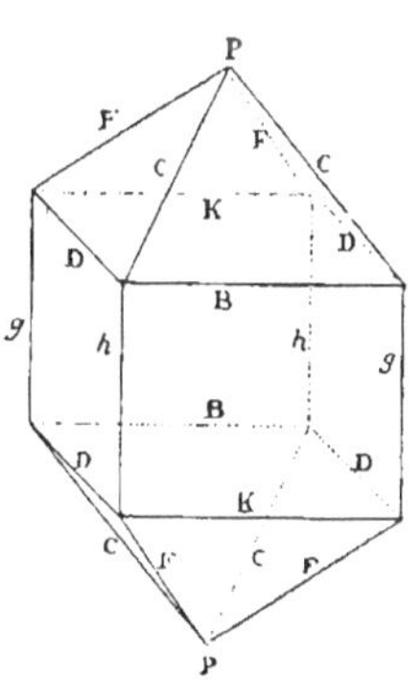

Figure 95.

Symétrie à droite et à gauche du plan vertical perpendiculaire au papier tenu verticalement et à la face PAA'; mais il n'y a pas symétrie par rapport au plan du papier. Aussi, quatre dièdres égaux F, F, quatre dièdres égaux C, C, aux pyramides; quatre dièdres égaux D, D, deux à droite et deux à gauche du plan de symétrie. Les dièdres aux arêtes horizontales sont un dièdre B, un dièdre K, et deux dièdres D, différents des premiers, parce qu'il n'y a pas dans ce système un second plan de symétrie.

Système du prisme doublement oblique. — Les vingt dièdres d'une forme analogue à celles qui précèdent n'y sont égaux que deux à deux (dièdres opposés), et forment dix groupes différents.

Combinaison d'un prisme et d'une seule pyramide. — Dans certaines espèces minérales, dans le silicate de zinc (calamine), par exemple, le prisme ne porte une pyramide qu'à une seule extrémité. Il y a ce qu'on appelle hémimorphisme; mais cette substance n'entre pas dans le groupe des pierres précieuses.

Prismes à six Faces combinés à des Pyramides également à six Faces. — Système hexagonal. — Douze dièdres égaux B, six à chaque pyramide.

Douze dièdres égaux F, aux arêtes horizontales (fig. 96).

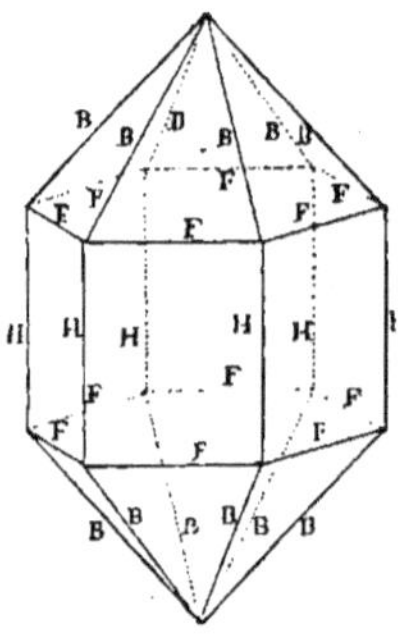
Figure 96.

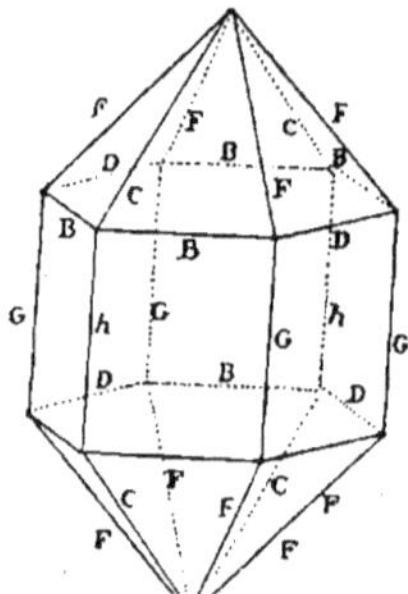
Figure 97.

Système orthorhombique. — Forme complexe résultant de la combinaison : 1° d'un prisme orthorhombique dont les deux arêtes verticales sont remplacées par des plans parallèles au plan de symétrie antéro-postérieur, 2° d'un octaèdre à base rhombe combiné à deux faces obliques placées sur les angles latéraux du prisme. Les lettres qui se répètent indiquent les dièdres égaux (fig. 97).

On peut trouver des formes analogues dans les deux derniers systèmes; l'observation des angles dièdres égaux permettra toujours de trouver un plan de symétrie, et un seul (système klinorhombique); ou bien l'on se convaincra de l'absence d'un plan de symétrie (système doublement oblique).

Combinaison d'un prisme et d'une double pyramide a

DOUZE FACES. — Elle n'a guère chance d'être observée que dans le système hexagonal. (Ex. : *Émeraude.*) Ordinairement, la double pyramide n'est accusée que par des facettes naissantes placées de biais, deux par deux, sur chacun des angles du prisme hexagonal.

PRISMES PYRAMIDÉS

DEUXIÈME SECTION

Les faces de la pyramide rencontrant la base du prisme obliquement par rapport aux intersections de la base et des pans, les faces du prisme et celles de la pyramide ne sont plus parallèles à leurs intersections, et les faces de la combinaison ne renferment plus de triangles; ce sont des polygones en général quadrilatères, et quelquefois d'un plus grand nombre de côtés.

Prismes à quatre Pans combinés à des Octaèdres, ou doubles Pyramides à quatre Faces placées de biais. — Posons un cube sur une de ses faces *p* prise comme base inférieure; la face opposée sera la base supérieure; les quatre autres faces semblables seront les pans. Remplaçons les quatre arêtes *b* verticales par des pans également inclinés à droite et à gauche sur les faces adjacentes de ces arêtes. Nous aurons quatre faces que les cristallographes appellent b^1. Comme les huit arêtes des bases sont semblables aux verticales, il faut les remplacer aussi par des faces posées symétriquement comme les précédentes par rapport à ces arêtes. On a donc douze faces qui se coupent trois par trois vis-à-vis des angles solides du cube, aux points A (fig. 98).

D'une part, les quatre faces placées sur les quatre

arêtes d'une même face vont se couper en formant un angle solide à quatre faces sur les axes du cube prolongés *pp*. D'autre part, à cause de la symétrie propre au système cubique, les trois dièdres correspondant aux trois arêtes qui forment les angles solides A sont égaux entre eux. Lorsque les faces *b'* sont assez étendues pour envelopper le cube primitif, les facettes *b'* prennent la forme de quadrilatères; les quatre arêtes qui en constituent les côtés restent égales; on a douze facettes en forme de losanges; le solide est appelé à cause de cela dodécaèdre rhomboïdal. Les vingt-quatre angles dièdres B sont égaux à 120° (fig. 99).

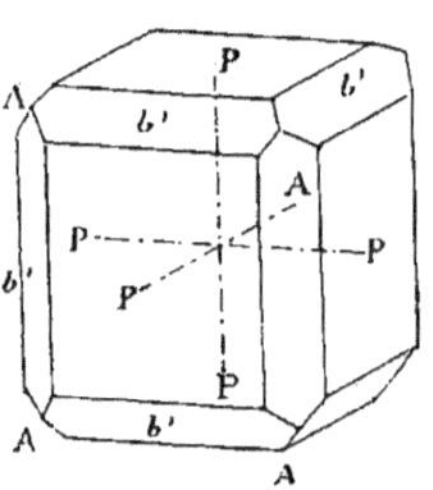
Figure 98.

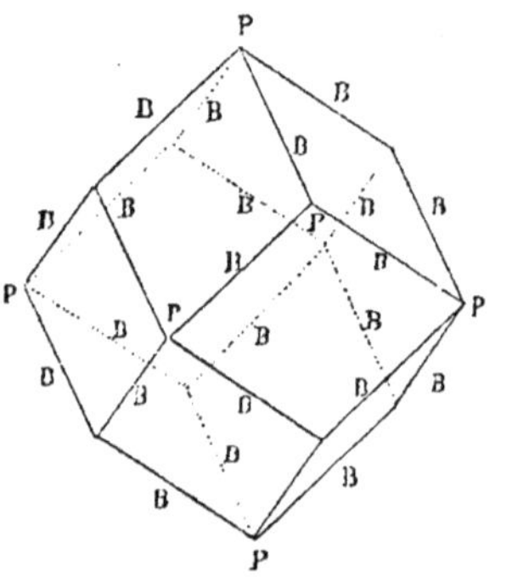
Figure 99.

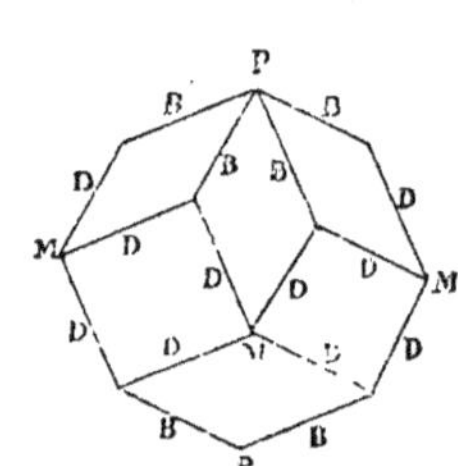
Figure 100.

SYSTÈME QUADRATIQUE (fig. 100). — Quatre dièdres égaux à l'extrémité supérieure; quatre dièdres de même valeur à l'extrémité inférieure; ils entourent comme les précédents l'axe de symétrie PP; seize dièdres D intermédiaires entre les systèmes supérieur et inférieur des dièdres B.

Dodécaèdre pentagonal (fig. 101). — Douze faces en forme de pentagones, six angles dièdres P ; vingt-quatre angles dièdres B égaux entre eux.

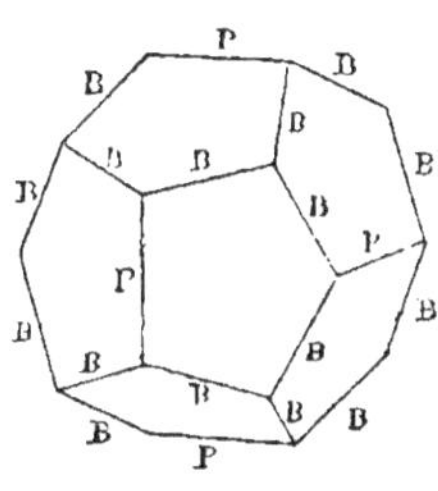

Figure 101.

Cette forme provient d'un cube pyramidé, où douze faces se développeraient assez pour faire disparaître les douze autres. Les faces qui persistent alternent avec celles qui disparaissent. Les angles dièdres P correspondent à des droites menées parallèlement aux trois arêtes du cube ; à chaque face du cube correspond une seule de ces arêtes P.

Nous n'étudierons pas un plus grand nombre de formes ; nous avons montré leurs combinaisons les plus ordinaires ; il y en a de bien plus compliquées ; mais les nombreux exemples que nous venons d'analyser suffiront pour mettre le lecteur au courant de la méthode à suivre pour la détermination du système cristallin des espèces minérales. Cette méthode se résume ainsi :

1° Observer les angles dièdres égaux ; 2° chercher les plans par rapport auxquels ces angles se trouvent symétriquement placés ; constater les inclinaisons relatives et le nombre de ces plans.

Premier Groupe. — On trouve *trois plans de symétrie rectangulaires :* 1° la symétrie, c'est-à-dire le nombre et la disposition des angles dièdres égaux, ne change pas d'un plan à l'autre ; le cristal appartient au système *cubique*. 2° la symétrie est la même pour deux seulement de ces plans, le cristal appartient au système *quadratique*. 3° la symétrie est différente pour les trois plans, la forme est *orthorhombique*.

Deuxième Groupe. — Il n'y a qu'un plan de symétrie, le système cristallin de la substance est le *klinorhombique.*

Troisième Groupe. — Le système est celui du *prisme doublement oblique,* s'il n'y a pas de plan de symétrie du tout.

Quatrième Groupe. — Enfin, si l'on découvre dans le cristal trois plans verticaux de symétrie qui se coupent suivant une même droite, et un plan de symétrie horizontal, perpendiculaire aux trois qui précèdent, on a affaire au système *hexagonal* ou *rhomboédrique.* Il est plus commode dans ce cas, d'observer la symétrie par trois ou par six, c'est-à-dire la répétition des angles dièdres égaux, par trois ou par un multiple de trois, autour d'un axe, c'est-à-dire autour de l'intersection des trois plans verticaux. On peut aussi résoudre le même problème par l'examen des axes de symétrie. Un axe autour duquel les parties semblables se reproduisent symétriquement par trois ou par six, conduit au système *rhomboédrique*, quand il est unique. Si l'on observe quatre de ces axes, qui ne sont autre chose que les quatre grandes diagonales du cube, joignant les angles solides opposés *a,* on est dans le système *cubique.* Il n'y a pas d'axe ayant ce degré de symétrie dans les autres systèmes.

Le système *cubique* présente, comme nous l'avons vu, trois axes rectangulaires entre eux, autour desquels les arêtes semblables sont au nombre de quatre.

APPENDICE

GROUPEMENT DES CRISTAUX

Des cristaux qui se forment les uns auprès des autres se touchent et s'accolent souvent d'une manière quelconque. Dans un assez grand nombre de cas, cependant, on observe que deux ou plusieurs cristaux se touchent par une face plane, tantôt par une des faces qu'ils présentent d'habitude, et tantôt par une des faces qu'ils pourraient offrir, et que le calcul permet de prévoir, sans qu'on l'ait observée. Nous ne donnerons qu'un exemple de groupement régulier; il se rencontre dans certains cristaux de rubis spinelle. Deux cristaux de cette substance de forme octaédrique se touchent par une de leurs faces au moment de leur formation; ils sont l'un par rapport à l'autre dans la même position qu'un objet et son image vue dans un miroir. Les secondes faces du dièdre, dont les deux premières sont au contact, forment entre elles un angle rentrant. Cet octaèdre est appelé *transposé* (fig. 102).

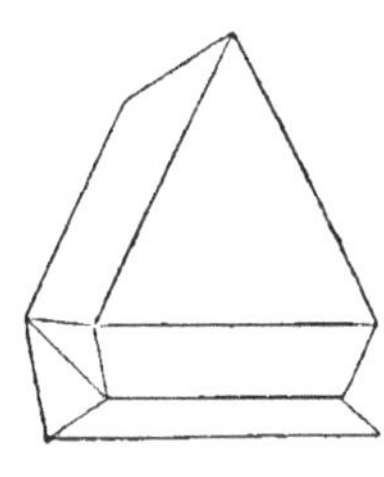

Figure 102.

DÉFORMATIONS

Un cristal est l'assemblage d'un grand nombre d'individus élémentaires juxtaposés. Pendant cette formation de la masse cristalline, beaucoup de causes extérieures, l'action des parois, celle du milieu dissolvant et d'autres auxquelles il serait difficile de faire leur part, font souvent déposer les matériaux du petit édifice sur un point plutôt que sur un autre. Il en résulte que les cubes et les prismes à base carrée prennent l'apparence de prismes droits à base rectangle, que les dodécaèdres rhomboïdaux s'allongent dans une direction, que les octaèdres réguliers cessent d'avoir des points pour sommets. Quelquefois quatre faces opposées deux à deux de l'octaèdre régulier sont plus développées que les autres faces, et se rencontrent suivant une ligne droite (octaèdre cunéiforme. Ou ce seront des cristaux de quartz, dans lesquels se développeront aux dépens des autres une ou plusieurs des faces de la pyramide hexagonale qui les terminent. La mesure des angles dièdres redresse les erreurs où pourraient entraîner ces irrégularités de développement des faces ou des arêtes. Dans l'octaèdre régulier, l'angle dièdre des deux faces adjacentes est toujours de 109°28′, quelle que soit leur étendue relative.

STRIES

Les faces de certains cristaux portent des sillons, des lignes creuses, tantôt assez larges, tantôt très fines. Ces lignes indiquent ordinairement des cristaux fibreux, c'est-à-dire composés d'éléments très étroits, allongés dans une direction et accolés suivant cette même direction. L'observation des stries aide quelquefois à la détermination des espèces minérales. Les prismes hexagonaux de cristal de roche ont fréquemment leurs faces marquées de stries fines perpendiculaires à leurs arêtes. Le tourmaline est souvent fibreuse, et les stries qui résultent de cette texture sont parallèles aux arêtes du prisme. Il en est de même dans l'émeraude, et surtout dans le béryl ou aigue-marine.

CHAPITRE II

DU CLIVAGE

Quelques espèces minérales, comme le jade, présentent une grande résistance à la rupture, et se cassent difficilement, même sous le choc violent d'un marteau. On appelle cette résistance de la *ténacité*. Un grand nombre de pierres sont assez faciles à broyer. On les appelle *friables*.

Souvent la surface de cassure est inégale; tantôt elle est arrondie, plus ou moins conique, ressemblant à certaines coquilles, ce qui la fait appeler conchoïdale; telle est celle du verre. Tantôt la cassure offre l'aspect du bois mal raboté plus ou moins hérissé d'échardes; telle est celle qu'on nomme *esquilleuse* dans beaucoup d'agates.

Beaucoup de matières cristallisées ont une cassure très régulière. Que l'on frappe avec un marteau sur un cristal de calcaire, quelle qu'en soit la forme extérieure, on le voit se casser en prismes, dont les six faces sont inclinées l'une sur l'autre d'un angle constamment égal à 105° 5', ou à son supplément. On connaît des cristaux de calcaire des formes les plus variées; tous peuvent être rattachés, au moyen des lois cristallographiques, à un rhomboèdre, dont l'angle culminant est de 105° 5'. C'est ce rhomboèdre qu'on obtient par le choc. Toutes les faces des fragments sont planes, lisses, souvent plus brillantes que celles qu'on pourrait produire par un poli artificiel. C'est à cette opération qu'on donne le nom de *clivage*.

Les cristaux de fluorine se clivent tous aussi, à quelque forme qu'ils appartiennent, en octaèdres, dont les faces font deux à deux l'angle de 109° 28′ 30″, celui de l'octaèdre régulier. Il en est de même de ceux de diamant. Le *sel gemme, sel marin,* se clive en prismes à faces rectangulaires conduisant à un cube.

Les cristaux de *saphir,* de *rubis,* se divisent assez nettement, parallèlement aux faces d'un rhomboèdre de 86° 5′; ceux de *topaze,* suivant une face qu'on a prise pour base de leurs formes prismatiques.

Ces exemples montrent que la résistance à la séparation varie avec la direction dans les cristaux. On produit des clivages autrement que par le choc, en y faisant pénétrer, par exemple, une lame tranchante dans la direction de certains plans indiqués à l'avance par les formes habituelles de la matière. Souvent on pose dans la direction voulue le tranchant d'une lame, dont on frappe le dos à l'aide d'un marteau. C'est ainsi qu'on obtient des octaèdres réguliers dans les cristaux de diamant; cette propriété a été mise à profit dans la préparation qu'on fait subir à cette pierre pour la tailler.

Quelquefois on obtient plusieurs fentes qui révèlent des clivages, en appliquant la pointe d'une aiguille sur la face d'un cristal, et en frappant sur la tête de l'aiguille. Reusch a observé de cette façon plusieurs directions de cassure régulière sur des cristaux de gypse.

Cette propriété du clivage tient évidemment à la différence de cohésion des éléments du cristal dans les différentes directions. Un cristal est comme un réseau, dont la maille plus serrée dans une direction que dans une autre, s'y déchire aussi plus facilement.

On a pu démontrer cette variation de la cohésion par une expérience bien simple. Les clivages des cristaux du gypse permettent d'en faire des prismes obliques à base rectangle ; le clivage le plus facile est parallèle au plan de symétrie ; perpendiculairement à ce plan, il y a deux autres cassures faciles, quoique moins nettes, dont l'une à l'aspect vitreux, l'autre l'aspect fibreux ou soyeux. En enfonçant une aiguille fixée au bout d'un manche, et maintenue bien perpendiculaire à la lame de gypse, de manière à percer un trou dans une partie de son épaisseur, en tournant bien légèrement, pour éviter les fentes, on parvient à écarter l'un de l'autre deux feuillets situés à une plus ou moins grande profondeur dans la masse. Il se développe entre ces feuillets des courbes colorées analogues à celles qu'on nomme *anneaux colorés de Newton ;* ces courbes ont la forme d'ellipses, dont le grand axe est situé à 17° du clivage vitreux, à 49° du clivage fibreux ; le rapport des deux axes de l'ellipse est de 1,247. Ce décollement inégal des lames autour du point où s'exerce l'action mécanique prouve bien la variation de la cohésion suivant les différentes directions (1).

Les chapitres suivants vont montrer l'influence que ces variations exercent sur toutes les propriétés physiques des cristaux.

(1) JANNETTAZ, *Bulletin soc. minéralogique de France*, t. II, n° 1. — *Annales de physique et de chimie*, 4e série, t. XXIX, p. 69.

CHAPITRE III

PROPRIÉTÉS OPTIQUES

§ 1. — **Propriétés générales.**

Les propriétés les plus faciles à constater, celles qui fournissent le plus vite des renseignements, ce sont les propriétés optiques, et au premier rang parmi elles se place évidemment la couleur des corps, ces colorations qu'ils présentent, soit lorsqu'ils réfléchissent, soit lorsqu'ils transmettent la lumière qu'ils reçoivent.

La lumière est produite par les mouvements d'un fluide appelé *éther*. L'éther remplit non seulement le vide céleste, c'est-à-dire les espaces qui séparent les astres les uns des autres, mais le vide moléculaire, c'est-à-dire les interstices que laissent entre elles les parties matérielles constituantes des corps. La matière est divisible ; on peut poursuivre par la pensée la division d'un corps bien au-delà de ce que les instruments les plus délicats permettent de réaliser; mais on conçoit en même temps qu'il existe une limite à cette divisibilité. On appelle *atomes* les parties matérielles, indivisibles par aucun moyen que ce soit, qui sont les premiers éléments d'un corps. Ces atomes se groupent pour former des éléments appelés molécules.

Les atomes, les molécules ne sont pas immédiatement en contact, et leurs formes, sans doute, ne leur permettraient pas de combler sans lacune l'espace occupé par les corps qu'ils composent. Admettons que d'un corps éclairant, de l'éther qu'il renferme, partent des mouvements vibratoires. Ce mouvement se transmet de proche en proche dans l'éther de l'espace, suivant toutes les directions possibles autour de son point de départ. Au bout d'un certain temps il est parvenu, sur chaque direction, en un point situé à une certaine distance de l'origine. Tous ces points atteints par le même mouvement au même moment forment la *surface d'onde*. Ce nom de surface d'onde rappelle les ondes analogues qui se forment sur l'eau, quand on l'agite en un point quelconque.

La théorie de l'optique amène à regarder le mouvement lumineux comme ayant lieu perpendiculairement au rayon suivant lequel il se propage.

De la lumière qui tombe sur un corps, une partie est renvoyée ou réfléchie par ce corps; le reste y pénètre, et s'y éteint, ou le traverse. Lorsque toute la lumière s'y éteint, le corps est dit *opaque*. Un corps est appelé *transparent,* s'il permet de voir distinctement au travers de sa masse les contours des objets; *translucide*, s'il ne les laisse apercevoir que vaguement, si, par exemple, tout en laissant tamiser la lumière, il ne permet pas de lire les caractères d'un livre placé par derrière.

L'opacité absolue est rare; la plupart des corps opaques deviennent transparents, ou au moins translucides, lorsqu'ils sont vus en lames très minces.

Pour faciliter l'intelligence de ce qui va suivre, nous rappellerons encore les lois fondamentales de la lumière :

Lois de la réflexion. — Si un rayon lumineux tombe sur

un miroir, et en général sur une surface polie, il fait avec la perpendiculaire à cette surface un certain angle qui peut avoir toutes les valeurs comprises entre 0° et 90°, et qu'on appelle angle d'*incidence;* la partie de ce rayon qui est renvoyée par le corps, forme un nouveau rayon, qui fait avec la perpendiculaire à sa surface un angle appelé de *réflexion.* Les lois sont les plus simples possibles : 1° *Les deux angles d'incidence et de réflexion sont dans le même plan;* 2° *ils sont égaux.*

Des couleurs simples. — La lumière du jour, appelée blanche, est composée de lumières de différentes couleurs, dont l'ensemble produit du blanc. Si on lui fait traverser un prisme de verre, elle s'étale au sortir de ce prisme, et se divise en lumières différemment colorées.

ab (fig, 103), faisceau de lumière qui tombe sur un prisme ABC. Le faisceau est décomposé au sortir du prisme et donne le spectre *wibvjovr.*

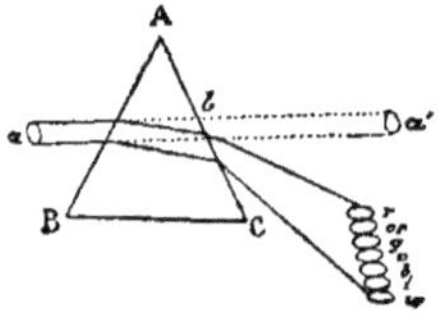

Figure 103.

La lumière la plus éloignée de la direction primitive du faisceau *aba'* est violette; la moins déviée est rouge. Entre ces deux couleurs extrêmes, il y en a une infinité d'autres. Toutes ont été ramenées à sept types principaux, qu'on appelle :

Violet, indigo, bleu, vert, jaune, orangé, rouge.

Le violet est plus dévié que le rouge; on le dit plus *réfrangible.*

Lorsqu'on les écrit dans l'ordre de réfrangibilité des couleurs qu'ils représentent, ces noms forment un vers alexandrin.

Si on reçoit sur un second prisme la portion rouge et la violette du faisceau décomposé par le premier en interceptant la partie médiane au moyen d'un écran, on les voit déviées de nouveau ; mais elles ne se prêtent plus à aucune nouvelle décomposition. Elles méritent donc le nom de *couleurs simples*.

Si on les reçoit tous ensemble sur un prisme A′ B′ C′ de même angle que le premier, mais inversement placé, de façon que les côtés A′ C′, B′ A′, soient parallèles aux côtés AC, BA, ils reprennent leurs directions primitives, et sortent parallèles ; leur superposition redonne de la lumière blanche (fig. 104).

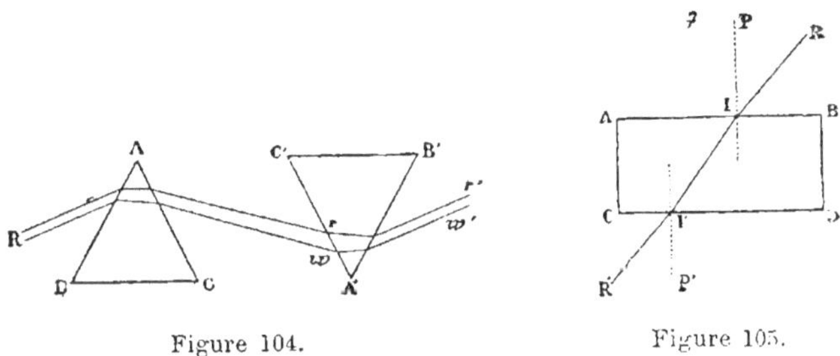

Figure 104. Figure 105.

Ils sortent parallèles ; car la lumière qui traverse un corps transparent y change de direction. Soit une plaque de diamant à faces parallèles (fig. 105) ; AB, CD, intersections de cette plaque avec le plan du papier, sont parallèles. Un rayon de lumière RI tombe sur AB. Menons PI perpendiculaire à AB (fig. 106). RIP est l'angle d'incidence. Le rayon entre par AB dans le cristal ; il s'y rapproche de la perpendiculaire PI (c'est une loi constante dans tous les cristaux) ; il prend à la sortie la direction I'R', et fait avec la perpendiculaire I'P′ un angle P'I'R′ appelé *angle de réfraction*, égal à celui d'incidence.

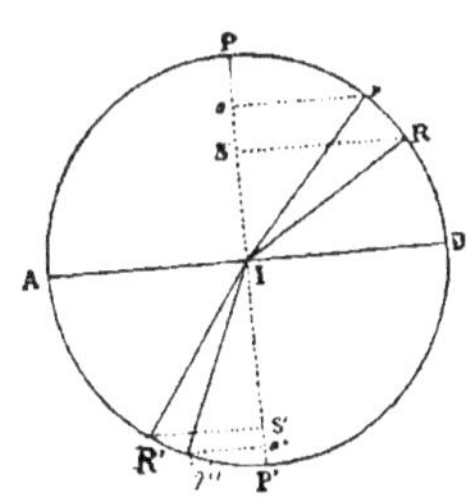

Figure 106.

Lois de la réfraction. — 1° L'angle d'incidence et l'angle de réfraction sont dans un même plan.

2° Le sinus de l'angle d'incidence et le sinus de l'angle de réfraction sont dans un rapport constant. Le sinus de l'angle RIP, c'est RS, perpendiculaire abaissée de l'extrémité R de l'arc RP, qui mesure l'angle PIR, sur le diamètre P'IP qui passe par l'autre extrémité du même arc. Le sinus de l'angle de réfraction P'IR' est de même R'S'. Dans le diamant, le rapport de RS à R'S' est de 2,419 pour les rayons jaunes; si le rayon, au lieu d'avoir la direction RI, se dirigeait suivant rI, il se réfracterait en Ir', et l'on aurait rs environ deux fois et demie plus grand que $r's'$.

Ce rapport constant des lignes $\frac{\mathrm{RS}}{\mathrm{R'S'}} = \frac{rs}{r's'} = 2{,}42$ environ est ce qu'on nomme l'*indice de réfraction* du diamant. Il varie d'une couleur à l'autre. M. Descloizeaux a trouvé $n = 2{,}4135$ pour les rayons rouges; 2,4278 pour les rayons verts dans cette matière (on représente l'indice par la lettre n).

Étant connu cet indice dans une matière, il est facile de trouver la direction que doit y suivre après sa réfraction un rayon de lumière arrivé à la surface dans une direction connue.

Soit RI le rayon incident; AB la surface du corps. Avec I comme centre, et une longueur IB quelconque comme rayon, je mène un cercle. La perpendiculaire PR, abaissée de R sur IP, est le sinus de l'angle d'incidence (fig. 107).

On a $\frac{\mathrm{Sin}\ i}{\mathrm{Sin}\ r} = n$ d'où $\mathrm{Sin}\ r = \frac{\sin i}{n}$.

On connaît sin i; c'est PR.

Supposons $n = 2{,}4$, indice approché du diamant; on

prendra $KI = \frac{PR}{2,4}$; on mènera Kr perpendiculaire à AB. On joindra Ir; ce sera la direction du rayon réfracté.

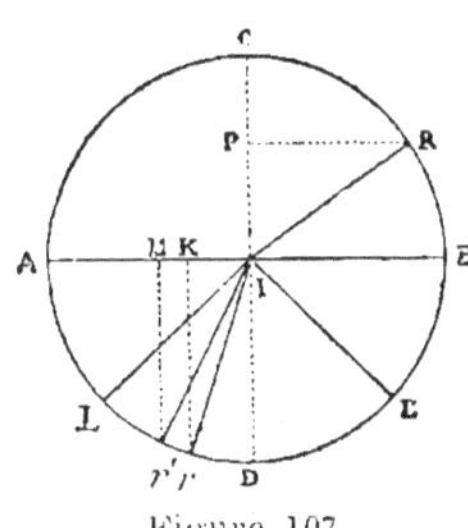

Figure 107.

Supposons que l'angle PIR augmente et devienne même égal à 90°, PR à cette limite devient le rayon IR ; pour une substance où $n = 2,4$, IK devient égal au rayon divisé par 2,4, c'est-à-dire à IM.

Menons par le point M une perpendiculaire à AI, laquelle rencontre la circonférence en r, Ir est le rayon réfracté.

Réflexion totale. — Supposons maintenant que le rayon, au lieu de passer de l'air dans un cristal, suive une marche inverse. Ayant par exemple dans le cristal une direction rI, il sort suivant RI ; à mesure que l'angle rID augmente, l'angle extérieur RIP augmente aussi, et celui-ci est toujours plus grand que l'intérieur ; il arrive un moment où l'angle intérieur prend le nom d'*angle limite ;* à ce moment il est tel que l'angle extérieur devient égal à 90°, à BIP. Si l'angle intérieur continue à croître et devient plus grand que l'angle limite, le rayon ne sort plus du cristal, il se réfléchit suivant les lois ordinaires de la réflexion ; IL, dans notre figure, représente un rayon de ce genre qui se réfléchit en IL', au lieu de sortir du cristal (fig. 103).

Comme toute la lumière du rayon IL se réfléchit au lieu de se réfracter partiellement, c'est-à-dire de sortir en partie du cristal, on dit qu'il y a *réflexion totale.*

Plus l'indice de réfraction est considérable, et plus est petit l'angle de réflexion totale, celui que la lumière ne doit pas dépasser dans son incidence sur la face intérieure du cristal, pour en pouvoir sortir. La taille des pierres a pour but précisément d'amener le plus grand nombre possible de leurs facettes à la direction où elles font subir à la lumière cette réflexion totale.

	Indices de réfraction.
Crown-glass.	1.5
Cornaline	1.534
Strass incolore	1.58
Flint-glass ordinaire	1.576
Flint-glass, jaune, de Guinaud, avec acide borique.	1.777
Verre composé de 1 p. plomb, 1 p. silice	1.724
— 1 — 1 —	1.787
— 2 — 1 —	1.987
— 3 — 1 —	2.028
Borate de plomb.	1.825
Silicate de plomb.	2.123
Diamant . . . . environ	2.42

Ces indices correspondent aux rayons jaunes. L'indice de réfraction est un caractère sinon très pratique, au moins très certain. La mesure ne peut en être obtenue que par des procédés fort délicats. Comme elle peut rendre des services dans la détermination des pierres taillées, nous allons en indiquer le principe.

Soit un prisme taillé dans une matière quelconque transparente ; de la lumière jaune de direction RI tombe dans la section droite ABC de ce prisme sur sa face AB. Cette lumière est fournie par une fente éclairée par une lampe à alcool salé. La lumière RI traverse le prisme et sort en R'I'. La direction R'I' change en même temps que la direction RI. Lorsqu'on fait tourner le prisme ABC autour de l'arête qui passe en A, on voit la lumière réfractée I'R' changer de place. On remarque que pendant quelques instants, à mesure qu'on tourne le prisme, cette lumière réfractée semble marcher dans un certain sens; puis, qu'elle reste stationnaire, et finit même par rétrograder, par s'en aller dans un sens contraire de celui qu'elle avait suivi d'abord, bien qu'on garde le même sens pour la rotation du prisme. On voit qu'au moment où elle demeure stationnaire, la déviation de la lumière réfractée atteint sa plus petite valeur, et qu'en même temps les angles d'incidence (RIP) et d'émergence (R'IP') sont égaux (fig. 108).

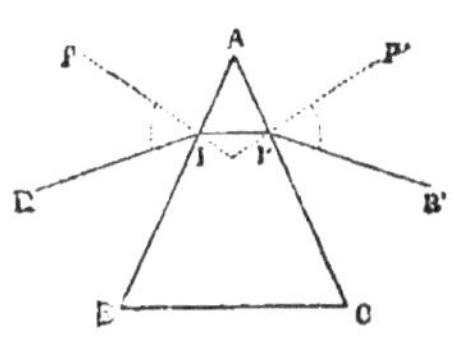

Figure 108.

On mesure l'angle de la normale à la face avec le rayon incident pour cette déviation minimum; soit D cet angle.

On mesure l'angle dièdre A du prisme. On introduit ces valeurs dans la formule :

$$n = \frac{\text{Sin} \frac{A + D}{2}}{\text{Sin} \frac{A}{2}}$$

Le calcul du second membre de cette équation fait connaître la valeur de l'indice de réfraction n.

L'indice de réfraction est constant pour la même couleur dans la même espèce. Il varie légèrement pour les couleurs différentes.

On appelle *coefficient de dispersion* la différence des indices extrêmes correspondant au violet et au rouge; plus cette différence est grande, plus le spectre est long, plus les couleurs sont étalées. Le diamant est une des substances qui possèdent le plus fort coefficient de dispersion.

SUBSTANCES		Coefficients de dispersion.
Diamant	environ	0.044
Flint-glass, jaune, de Guinaud avec acide borique		0.049
Flint-glass ordinaire		0.036
Saphir, corindon bleu		0.029
Grenat		0.027
Tourmaline		0.019
Crown-glass		0.019
Émeraude		0.015
Cristal de roche		0.014

§ 2. — Double Réfraction et Lumière polarisée.

DOUBLE RÉFRACTION. — Lorsqu'un rayon d'une couleur quelconque passe au travers d'un prisme de verre, il sort dévié, comme nous l'avons dit précédemment; mais il reste simple. Il en est de même lorsqu'il traverse un cristal du système cubique, un octaèdre de spinelle, par exemple, où les particules constituantes sont disposées symétriquement autour d'un point, où les axes géométriques sont tous entourés de facettes ou d'arêtes de même longueur, de même inclinaison, et de position semblable. Dans l'éther des cristaux cubiques, aucune direction ne se distingue des autres. On les appelle *isotropes*.

Mais lorsqu'un rayon de lumière pénètre dans les substances où les distances des particules élémentaires changent d'une direction à l'autre, au moment où il entre dans le cristal, le mouvement vibratoire trouve deux directions rectangulaires, où l'éther offre des différences extrêmes de constitution; il se décompose suivant ces deux directions, et donne lieu à deux rayons réfractés. En regardant par exemple un objet au travers d'un rhomboèdre de spath (variété pure de calcaire) obtenu par clivage, on voit cet objet double (fig. 109).

On appelle ce phénomène la double *réfraction*, et *biréfringentes* les substances qui peuvent y donner lieu.

Il est souvent utile de savoir si une substance est biréfringente ou non ; cela peut servir en particulier à distinguer un grand nombre de pierres précieuses naturelles d'avec leurs imitations ; celles-ci sont des verres plus ou moins durs, et ne possèdent que la réfraction simple. Voici un des moyens les plus commodes et les plus pratiques de faire cette observation. Il suffit de prendre un prisme formé

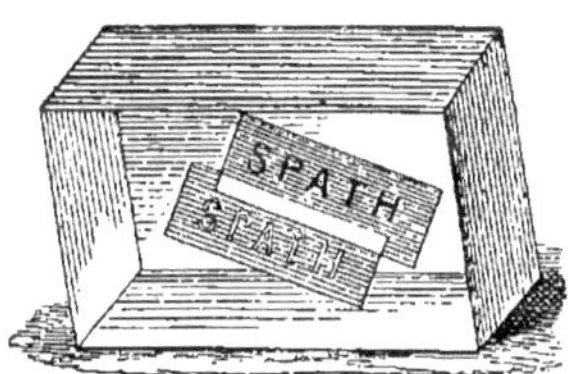

Figure 109.

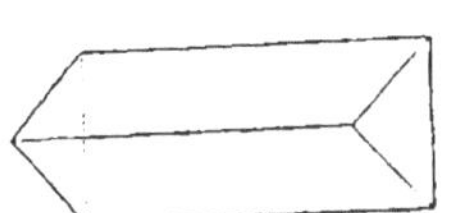

Figure 110.

de la matière soumise à l'examen (fig. 110). Les cristaux naturels, les pierres taillées, offrent des faces qui se rencontrent de manière que leur arête d'intersection peut fonctionner comme une arête de prisme. On regarde un objet au travers d'une des faces ; on le voit double derrière l'autre face, lorsque le cristal est doué de la double réfraction. Il faut choisir un objet éclairé, fin, éloigné. On peut viser pour cela l'extrémité de la flamme d'une bougie placée à une assez grande distance, à quatre ou cinq mètres. Cette flamme, en général, est rejetée un peu loin sur le côté ; mais elle se termine par deux pointes, si le prisme est biréfringent. Lorsque la matière présente un grand nombre de faces, on voit un grand nombre d'images, mais les plus vives sont dédoublées vers la pointe ; les autres, plus pâles, proviennent de réflexions intérieures. On peut couvrir de cire toutes les facettes à l'exception de deux formant prisme. Quelquefois, outre une image transmise à travers deux faces obliques entre elles, dans une substance uniréfringente, on en aperçoit une seconde réfléchie intérieurement par la seconde face, et l'on peut croire que la substance est douée de la double réfraction; mais, en regardant ces deux images à travers une tourmaline parallèle à l'axe, ou à travers un nicol, on voit que les deux images conservent la même intensité, lorsqu'on tourne la tourmaline sur elle-même, tandis qu'en opérant de la même façon sur une substance biréfringente, on voit les deux images provenant de la double réfraction s'éteindre ou du moins diminuer d'intensité tour à tour, et au contraire briller l'une après l'autre d'un éclat maximum, et cela quatre fois pour une rotation de la tourmaline égale à un tour entier. Pour le comprendre, étudions de plus près ce phénomène de la double réfraction.

1° Un rayon RI entre dans un spath (fig. 111), dont l'axe

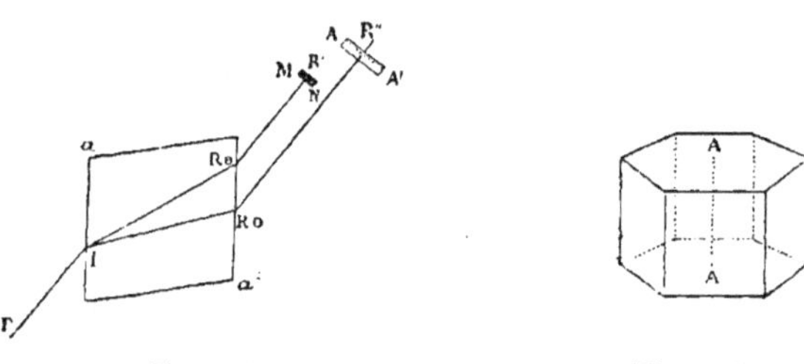

Figure 111. Figure 112.

principal est *aa'*; il donne à la sortie deux rayons R_eR' et R_0R''.

2° Ces deux rayons ont acquis des propriétés particulières.

Prenons, en effet, une tourmaline. La tourmaline est un silicoborate d'alumine, de magnésie, et de quelques autres bases, qui cristallise dans le système hexagonal (fig. 112).

Taillons dans un cristal de cette matière une plaque ayant la forme d'un rectangle, dont les deux longs côtés sont parallèles à l'axe de principale symétrie cristallographique AA'. Les deux faces de la plaque sont aussi parallèles à cet axe.

Au moyen d'un écran, M, nous interceptons le rayon R_eR' sorti du spath *aa'* (fig. 107); nous mettons maintenant la tourmaline en travers du rayon R_oR''; si l'axe AA' est dans le plan de la feuille de papier, qui contient les deux rayons R_oR'', R_eR', le rayon R_oR'' ne traverse pas la tourmaline; il s'y éteint. Si nous tournons la tourmaline dans un plan perpendiculaire au rayon R_oR'', nous verrons peu à peu la lumière passer de nouveau, et acquérir son maximum d'intensité, lorsque l'axe de la tourmaline AA' sera perpendiculaire au plan du papier.

Interceptons à son tour le rayon R_oR'' au moyen de l'écran M, et recevons le rayon R_eR' sur notre tourmaline. Lorsque celle-ci est dans la position de la figure, lorsque son axe est dans le plan du papier, le rayon passe. Il s'éteint peu à peu, lorsqu'on tourne la tourmaline dans le plan perpendiculaire au rayon R_eR'; et lorsque l'axe AA de cette dernière fait un angle droit avec le plan du papier, il ne la traverse plus.

Si l'on place enfin la tourmaline sur le trajet du rayon RI avant son passage dans le spath, quelle que soit la position de la tourmaline, le rayon RI ne s'éteint pas. Les deux rayons de lumière qui sortent du spath ne sont donc pas identiques au rayon incident. Leur lumière est dite *polarisée*.

La théorie de l'optique supérieure explique aujourd'hui tous ces faits.

Dans le cas d'un rayon de lumière naturelle, les oscillations exécutées par l'éther prennent indistinctement et tour à tour toutes les directions perpendiculaires à celle de ce rayon. Dans le cas d'un rayon de lumière polarisée, toutes les oscillations s'effectuent à droite et à gauche du rayon dans un plan toujours le même, et suivent constamment cette direction unique. De plus, lorsqu'un rayon de lumière naturelle ou polarisée traverse soit un milieu transparent, dépourvu de structure cristalline, tel que le verre, soit un cristal du système cubique, tel que le grenat, il y garde une vitesse constante de propagation, quelle qu'y soit sa direction.

Or, dans les cristaux biréfringents, la distance des particules matérielles variant avec la direction qu'on envisage, les vibrations de l'éther s'y propagent aussi avec des vitesses variables.

Lorsqu'un rayon de lumière naturelle pénètre dans un cristal doué de la double réfraction, toutes ses oscillations fournissent chacune deux composantes suivant deux directions.

1° *Rayon ordinaire.* — L'une des directions dont nous venons de parler est perpendiculaire à l'axe optique et au plan d'incidence; les mouvements vibratoires qui leur sont parallèles s'effectuant dans un plan perpendiculaire à l'axe *aa'* même figure, autour duquel tout est symétrique, donnent lieu à un rayon qui se propage avec une vitesse constante, quelle que soit la direction des vibrations dans le plan perpendiculaire. Le rayon R_0R'' engendré par ces mouvements est appelé *ordinaire*, parce qu'ayant toujours la même vitesse, il suit toujours les lois de la réfraction.

2° *Rayon extraordinaire.* — Les vibrations de la seconde série sont perpendiculaires aussi au rayon, mais elles le sont en même temps aux précédentes; elles fournissent un rayon qu'on appelle *extraordinaire,* parce que ses vibrations étant plus ou moins obliques par rapport à l'axe de principale symétrie, le rayon auquel elles donnent lieu se propage avec plus ou moins de vitesse, tantôt quand il se rapproche, tantôt lorsqu'il s'éloigne de l'axe : sa vitesse changeant, il n'obéit plus aux lois de réfraction.

Ainsi prennent naissance deux rayons R_0R'', R_eR', qui suivent des chemins différents. On dit qu'ils sont *polarisés à angle droit*, parce que leurs vibrations sont rectangulaires.

CAS OU LE RAYON RESTE SIMPLE DANS LE CRISTAL BIRÉFRINGENT

1° **Axe optique ; Cristaux uniaxes.** — *Un rayon de lumière naturelle* ne se décompose pas toujours ainsi en deux polarisés à angle droit, même dans les cristaux biréfringents des systèmes hexagonaux et quadratiques. Car, dans ces cristaux, l'axe de principale symétrie, et celui-là seulement, il est vrai, se retrouve dans les mêmes conditions que les différents axes du système cubique ; le rayon de lumière naturelle qui lui est parallèle ne se dédouble pas, et reste ce qu'il était avant de pénétrer dans la masse cristalline.

Rayon de lumière polarisé. — Si un rayon de ce genre entre dans un cristal à un axe optique, il s'y décompose comme un rayon de lumière naturelle en deux réfractés, lorsque ses vibrations sont obliques sur cet axe ; mais, si la direction unique de ses vibrations est parallèle à l'axe, le mouvement, comme on le démontre en mécanique, ne peut se décomposer suivant sa direction et celle qui lui serait perpendiculaire : il reste simple ; il n'y a qu'un rayon réfracté. Il en serait de même, si les vibrations étaient perpendiculaires au lieu d'être parallèles à l'axe optique.

Nous sommes en mesure maintenant de comprendre le rôle et l'usage des instruments de polarisation.

Tourmaline. — Nous avons dit plus haut que cette matière cristallise dans le système rhomboédrique; elle se comporte donc comme le spath, et divise chaque rayon de lumière qui la traverse en deux autres, qui ont des vitesses différentes, qui vibrent dans des plans rectangulaires; elle exerce en même temps sur ces rayons des absorptions très inégales. Prenons, par exemple, une lame de tourmaline verte du Brésil, parallèle à l'axe de principale symétrie AA′ (fig. 113). Un rayon de lumière tombe sur cette lame perpendiculairement à sa face BCDE, en un point quelconque. Tous les mouvements vibratoires de l'éther, qui ont lieu, comme nous l'avons dit, dans tous les sens autour de ce rayon, et dans le plan perpendiculaire à sa direction, par conséquent dans le plan BCDE lui-même, tous ces mouvements se rassemblent en deux groupes, les uns parallèles, et les autres perpendiculaires à l'axe AA′. Les mouvements AA′ parallèles à l'axe, passent, ils donnent lieu au rayon $R_\varepsilon R'$; les vibrations HH′, perpendiculaires, qui produisent le rayon $R_\omega R''$, sont éteintes.

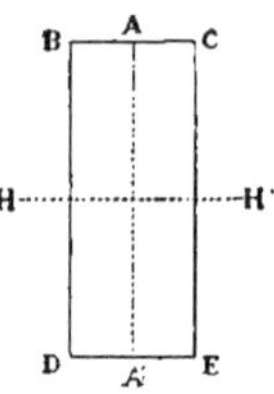

Figure 113.

Pince à tourmalines. — Il résulte de ce qui précède, que, si nous croisons deux tourmalines taillées parallèlement à leurs axes optiques, AA′, BB′, il y aura obscurité dans la région où elles se recouvrent (fig. 114); car les vibrations qui sortent de la première sont parallèles à son axe AA′;

quand elles entrent dans la seconde, elles sont perpendiculaires à l'axe BB' de celle-ci; elles sont donc éteintes. Si on applique l'axe BB' sur l'axe AA', les vibrations sorties de la première étant parallèles à l'axe de la seconde, la traversent; l'obscurité est dissipée.

Ordinairement, les deux tourmalines sont enchâssées dans des disques de liège, et ceux-ci dans des anneaux de laiton. Ces derniers à leur tour sont entourés à frottement doux par les extrémités façonnées convenablement d'un

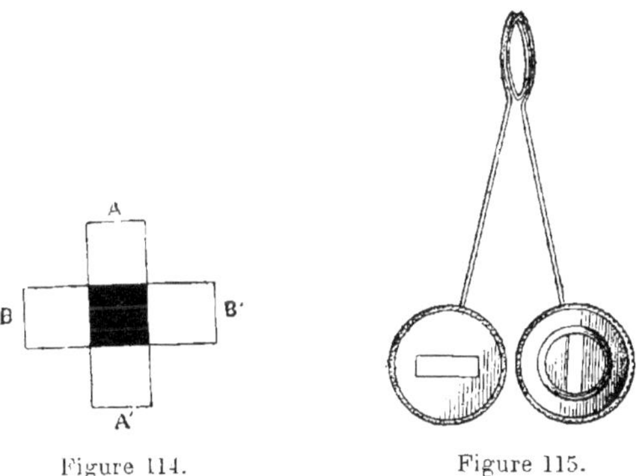

Figure 114. Figure 115.

fil de laiton un peu fort qui se contourne en 8 (fig. 115). La boucle inférieure plus petite se tient avec la main gauche, celle-ci en pressant un peu sur les deux branches de la boucle supérieure en rapproche les extrémités, de manière à placer les deux tourmalines en regard l'une de l'autre. Avec la main droite on fait tourner l'une des tourmalines sur elle-même, pour lui donner une position voulue par rapport à la seconde.

Si entre les deux tourmalines croisées, comme le montre la figure 110, on interpose une lame cristalline du système cubique, l'obscurité persiste; mais une lame d'un système cristallin biréfringent, placée dans les mêmes conditions, dissipe l'obscurité; car les vibrations sorties de la première tourmaline sont parallèles à son axe AA'; cela posé, soit AA' la direction de ces vibrations; *aa'*, celle de l'axe optique de la lame; les vibrations AA' se décomposent dans cette lame et donnent des composantes, les unes parallèles, les autres perpendiculaires à *aa'*. Ces deux groupes de vibrations pénètrent dans la seconde tourmaline à axe BB'; ils y donnent chacun deux nouveaux groupes de mouvements vibratoires, les uns parallèles et les autres perpendiculaires à BB' (fig. 116). Les derniers sont annihilés. Les premiers parallèles à BB' subsistent, et se propagent hors de la tourmaline, après avoir rétabli la lumière dans la région du croisement.

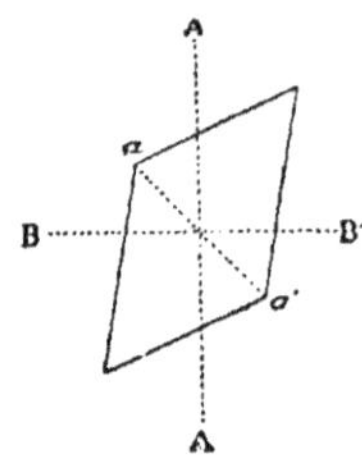

Figure 116.

Ligne d'Extinction. — Axes d'Élasticité optique. — Lorsqu'on fait tourner sur elle-même la lame entre les deux tourmalines, on voit que l'obscurité se reproduit pour deux positions rectangulaires de cette lame. Cette observation est de la plus grande importance au point de vue pratique. Nous insisterons sur ce point.

Supposons notre lame ou plaque taillée à faces parallèles entre elles et à l'axe optique *aa'*, nous l'interposons entre les deux tourmalines croisées AA', BB'.

Les vibrations sorties de la première tourmaline parallèlement à son axe AA', pénètrent dans la plaque et s'y décomposent, avons-nous dit, en vibrations, les unes parallèles à *aa'*, les autres perpendiculaires à cet axe. Mais, si cet axe *aa'* a la même direction que les vibrations lumineuses AA', celles-ci ne peuvent plus donner de composantes perpendiculaires à leur propre direction; elles restent simples, et quand elles entrent dans la seconde tourmaline, elles sont perpendiculaires à son axe BB′, et s'éteignent.

L'axe que nous avons appelé axe optique est donc une direction d'extinction. Mais ce n'est pas la seule. Dans un cristal quadratique ou hexagonal (fig. 117), menons par le centre *o* du cristal un plan perpendiculaire à l'axe *aa′*. Les lignes de ce plan sont toutes perpendiculaires à l'axe *aa′*, toutes horizontales, si *aa′* est vertical (fig. 118). Si l'on taille une plaque, de manière que ses deux faces soient

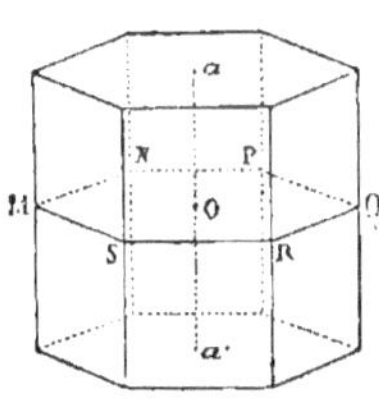

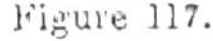
Figure 117.

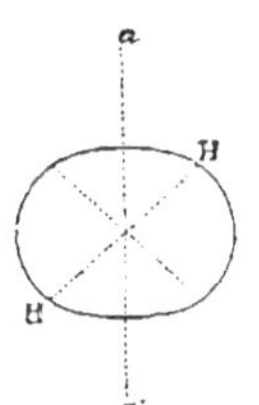

Figure 118.

parallèles à l'axe *aa′*, et à l'une quelconque des lignes horizontales HH′, une vibration parallèle à cette horizontale ne se décompose pas plus qu'une parallèle à l'axe *aa′*. La différence entre l'axe *aa′* et la direction HH′, c'est qu'un rayon de lumière naturelle, parallèle au premier, ne se divise pas, tandis que, s'il est parallèle à la seconde, il se divise, mais en deux rayons, qui, malgré la différence de leurs vitesses de propagation, restent superposés dans le cristal. On appelle *axes d'élasticité optique*, ces directions où se propagent deux rayons de vitesses différentes provenant du même rayon incident. Elles ont pour caractères de rétablir l'obscurité, lorsqu'elles sont parallèles à l'axe d'une des tourmalines.

En résumé, *toute substance biréfringente dissipe l'obscurité lorsqu'on la place entre deux tourmalines croisées; mais elle la rétablit, lorsqu'elle occupe deux positions déterminées par le moment où l'axe d'élasticité optique qu'elle contient, passe devant l'une des deux tourmalines.*

Anneaux colorés des Cristaux à un Axe optique. — Lorsqu'on interpose entre les deux tourmalines croisées une plaque, non plus parallèle ou oblique, mais perpendiculaire à son axe *aa'*, on observe un phénomène aussi joli qu'important (fig. 119). Autour du centre de la région obscure, on aperçoit des anneaux circulaires irisés comme l'arc-en-ciel, traversés par une croix noire, dont les branches rectangulaires se coupent en leur centre commun, et sont parallèles, l'une à l'axe AA', l'autre à l'axe BB' des tourmalines. Si, au lieu de mettre les tourmalines à angle droit, on les place parallèlement, des anneaux irisés se montrent encore, mais leurs couleurs et celle des précédents sont complémentaires ; le vert, par exemple, s'y est échangé contre du rose ; la croix noire est remplacée par une blanche. L'axe *aa'* est appelé *axe optique*.

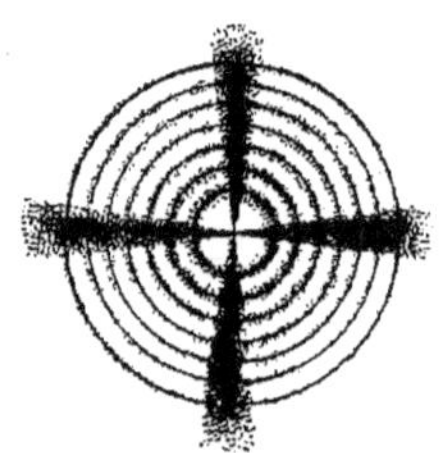

Figure 119.

Avant d'étudier les systèmes cristallins suivants au point de vue optique, nous devons décrire, au moins en quelques mots, les instruments dont on se sert, la pince à tourmalines ne pouvant plus y suffire.

Spath. — Prismes de Nicol. — La tourmaline rend de grands services, mais elle a besoin d'être colorée pour exercer sur la lumière l'absorption qui la rend précisément utile, et par conséquent elle jette sur les phénomènes sa propre couleur, ce qui est quelquefois un inconvénient grave.

On peut, il est vrai, à une tourmaline brune en marier

une de couleur différente, et obtenir, lorsqu'elles sont accouplées, un système qui colore très peu, tout en absorbant beaucoup. Mais, ce que la tourmaline donne, après tout, c'est de la lumière polarisée. On peut se la procurer de bien des manières.

On emploie souvent un simple rhomboèdre de spath d'Islande provenant du clivage, comme nous l'avons fait dans l'expérience décrite plus haut (fig. 107).

Il donne deux rayons, mais on n'en laisse passer qu'un, en interceptant l'autre au moyen d'un écran.

On emploie aussi un spath en lui faisant subir la préparation suivante : on le taille en rhomboèdre un peu al-

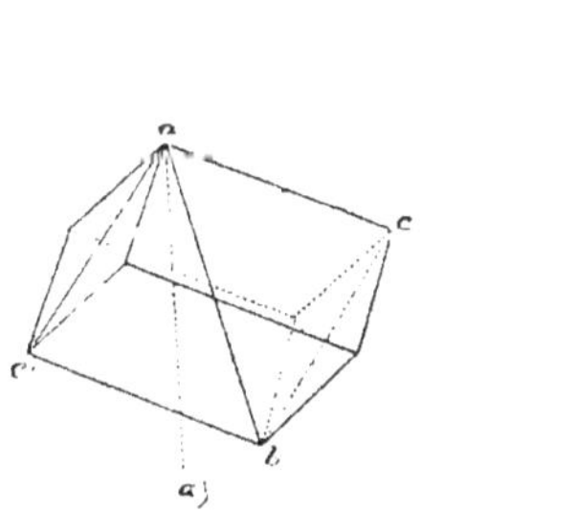

Figure 120.

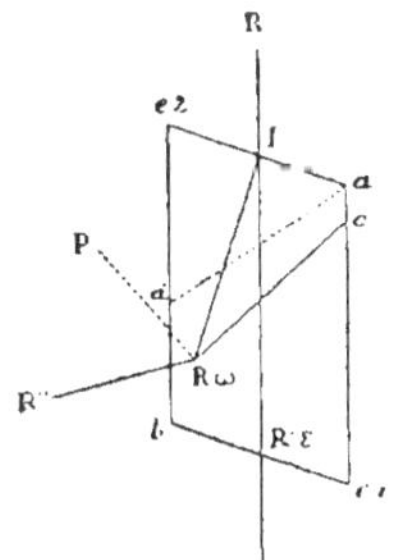

Figure 121.

longé. On le coupe en deux moitiés par un plan *ab* mené de l'un de ses angles obtus à l'autre, légèrement incliné sur son axe *aa'*, et perpendiculaire à la section qui passe par cet axe et par la diagonale inclinée *ae* des faces du rhomboèdre. On colle sur les deux faces obtenues par le sciage, après les avoir dressées et polies, un peu de baume du Canada ; puis on les remet au contact, et on les enveloppe dans une monture. On a ce qu'on appelle un *prisme de Nicol*, du nom de son inventeur (fig. 120).

Soit (fig. 121) $a\ e^2\ b\ e^1$ la section du prisme de la fig. 120

par le plan du papier, parallèlement à l'axe *ab* et aux diagonales *a e' e b,* des de deux faces opposées Si un rayon tombe sur la face $a\ e_2$ suivant RI, il se divise en deux dans le cristal; l'un, IRε, rayon extraordinaire qui suit à l'émergence la direction $R_\varepsilon R'$, parallèle à RI; l'autre, $I\,R_\omega$, rayon ordinaire qui tombe sur le baume de Canada sous un angle supérieur à l'angle de réflexion totale, et qui est renvoyé suivant $R_\omega R''$; il y a, en effet, assez de différence entre les deux indices de réfraction des rayons ordinaire et extraordinaire, pour que l'un subisse avant l'autre la réflexion totale. C'est le rayon extraordinaire qui passe; il vibre dans le plan e_2e_1ba, appelé *section principale.* Si on place un second nicol, de façon que sa section principale soit en croix avec la précédente, la région où ces deux sections se croisent est obscure, comme dans le système des deux tourmalines. En interposant les plaques cristallines entre les nicols, on observe les mêmes phénomènes qu'avec les tourmalines; il suffit de mettre partout à la place des axes des tourmalines AA', BB' (fig. 110), le plan ou section principale e_2abe_1 de l'un des nicols, et la section principale analogue de l'autre. Ce sont ces deux sections qu'il faut placer en croix, l'une par rapport à l'autre pour avoir l'obscurité, etc.

Glace noire. — On peut encore obtenir de la lumière polarisée en faisant réfléchir de la lumière naturelle sur une glace noire, sous un angle de 35° 25' avec sa surface.

Microscope polarisant à lumière convergente. — Le défaut de tous ces appareils et surtout des prismes de Nicol, c'est d'avoir peu de champ. Amici a inventé des combinaisons de lentilles qui remédient à cela; voici en quelques mots la description de son instrument appelé *microscope d'Amici* (fig. 122).

Une glace noire AB reçoit de la lumière sous l'angle de polarisation; elle est inclinée de façon qu'elle renvoie cette lumière une fois polarisée sur des lentilles qui la rassemblent et l'amènent au porte-objet CD. Un corps de microscope renferme un système de lentilles très convergentes, dont le champ a une envergure de plus de 120°. Les rayons sortis de ce système traversent ensuite un nicol et arrivent enfin à l'œil de l'observateur placé près du nicol. On peut tourner le nicol sur lui-même, de façon à amener sa section principale soit perpendiculaire, soit parallèle au plan d'incidence formé par les rayons R et la perpendiculaire PI au miroir AB. C'est un instrument à lumière convergente. Quand la section principale du nicol est parallèle au plan d'incidence PRI, l'instrument ne laisse plus passer de lumière. Le microscope primitif d'Amici a reçu de M. Des Cloizeaux, et plus tard de MM. Nodot et Em. Bertrand, des modifications importantes. Notre dessin représente un modèle courant de M. Bertrand.

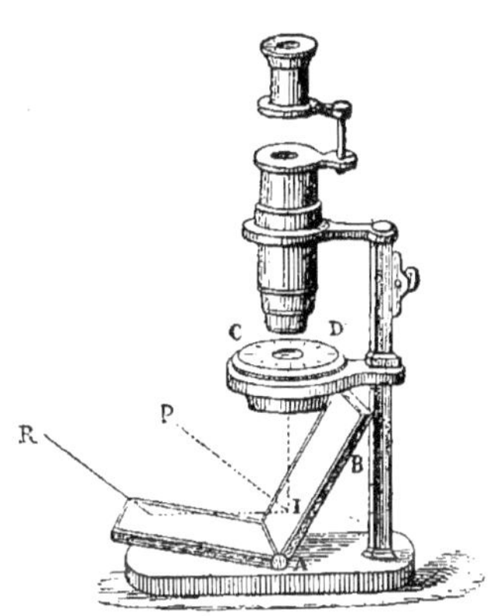

Figure 122.

Microscope polarisant, à lumière parallèle. — On peut munir un microscope proprement dit de deux nicols ou de deux autres appareils de polarisation. C'est un moyen de voir les phénomènes propres à la lumière polarisée dans les très petits objets, ou bien un moyen de grossir les phénomènes dans des objets de grandeur ordinaire. On sait que dans les microscopes, la lumière sort en faisceaux parallèles. Au moyen de ces divers instruments, on observe des faits qui aident beaucoup à la détermination des substances cristallines. Un cristal d'un système quelconque autre que le cubique, placé sur le porte-objet d'un microscope polarisant à lumière parallèle, rétablit la lumière, lorsqu'on l'éteint, en mettant des nicols en croix; si, en posant le cristal observé sur une face, on voit l'obscurité persister, il est bon de le poser sur une seconde face non perpendiculaire à la première; si l'obscurité cesse, la matière n'est pas cubique.

Cristaux à un Axe optique. — Lorsque les cristaux des systèmes rhomboédriques ou quadratique sont taillés en plaques à faces perpendiculaires à leur axe de symétrie, et qu'on les place sur le porte-objet du microscope d'Amici, on voit les anneaux colorés de la fig. 119 et les mêmes phénomènes qu'avec la pince à tourmalines.

Cristaux à deux Axes optiques. — Dans les cristaux des systèmes orthorhombique, klinorhombique et du prisme doublement oblique, on retrouve des faits du même genre.

Il y avait, dans les cristaux biréfringents des systèmes quadratique et rhomboédrique, une infinité de lignes d'extinction situées dans un même plan, et un axe optique *aa'*, perpendiculaire à ce plan, qui était aussi une ligne d'extinction, mais qui en même temps ne dédoublait pas les rayons parallèles à sa propre direction.

Ici, l'on trouve trois axes d'élasticité optique, trois directions rectangulaires entre elles, où les deux rayons réfractés issus d'un même incident marchent côte à côte avec des vitesses différentes, et ce sont trois lignes d'extinction. Si une plaque d'un de ces cristaux contient une de ces lignes, en la plaçant entre deux tourmalines croisées, on voit qu'elle rétablit la lumière en général, excepté lorsque son axe d'élasticité optique est parallèle à l'une des tourmalines. Sur une plaque d'une orientation quelconque ces axes se projettent suivant deux directions rectangulaires entre elles qui laissent persister l'obscurité de la région où les tourmalines se croisent.

Cristaux orthorhombiques. — Ils possèdent trois axes rectangulaires par rapport auxquels les facettes cristallines sont orientées avec une symétrie spéciale; ces trois lignes sont les axes d'élasticité optique ou d'extinction. Taillons trois plaques perpendiculaires chacune à un de ces trois axes et contenant, par conséquent, chacune les deux autres axes (fig. 123). Mettons-les l'une après l'autre entre deux tourmalines en croix, ou mieux sur le porte-objet du microscope d'Amici, en amenant le nicol supérieur à la position d'obscurité; l'une d'entre elles au moins montrera toujours les phénomènes suivants: les deux axes d'élasticité optique que renferme le plan de la plaque étant, l'un parallèle, l'autre perpendiculaire à l'axe de la tourmaline placée près de l'œil, ou à la section principale du nicol, on observe parallèlement à ces axes deux lignes noires, bb', cc'; une de ces lignes, cc', sert de diamètre à des courbes analogues à celles qu'on appelle *lemniscates.* (fig. 124). Les lignes noires bb', cc' divisent l'ensemble de la figure en quatre quadrants, entièrement symétriques.

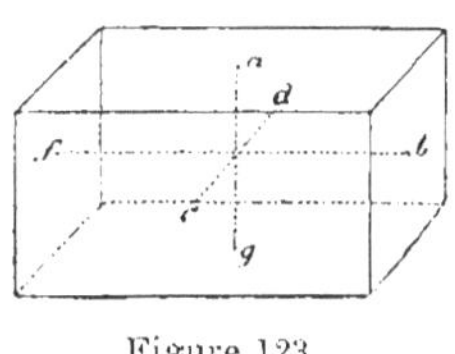

Figure 123.

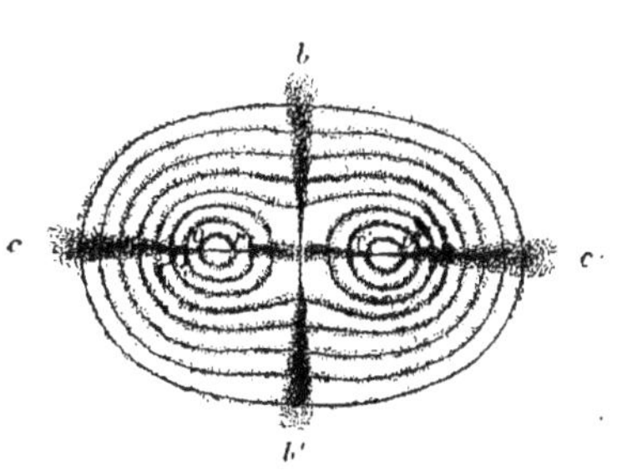

Figure 124.

Examinons, par exemple, les anneaux les plus intérieurs *rb*. Ils sont très symétriques par rapport à *bb'* et à *cc'*, non seulement au point de vue de leur forme, mais encore à celui des couleurs qui les composent; par exemple, les deux couleurs rouges en *r* et *r'*, les deux violettes en *v*, *v'*, sont très symétriques par rapport à *bb'*. La position des couleurs, rouge et bleue ou violette, par rapport au point de croisement des lignes noires, ou centre de la figure, n'est pas la même pour toutes les espèces minérales à deux axes optiques. Dans le Péridot, le rouge est plus près, le bleu plus loin du centre, comme sur la figure. Dans la topaze, le bleu est en dedans, le rouge en dehors. Dans ce cas, l'angle des axes optiques (voir page suivante, ligne 14) est plus grand pour le rouge que pour le bleu. On écrit $r > v$. Dans le premier cas, on écrit $r < v$.

Si l'on tourne la plaque cristalline de 45° sur le porte-objet, on voit la figure se modifier considérablement. En effet la ligne *cc'* qui passait par les centres ou foyers de chaque courbe a tourné de 45°, comme l'indiquent les couleurs *r*, *r'*, *v*, *v'*, qui subsistent, mais qui ont changé de distances par rapport au centre de la figure; les couleurs *v* et *v'* sont ici plus rapprochées; les *r* et *r'*, plus éloignées. Les deux lignes noires qui occupaient les positions *a* et *a'*, *b* et *b'*, ont disparu; mais les foyers des courbes sont les sommets de branches d'hyperbole *hh'*, *hh'*, qui sont bordées en dedans par du violet ou du bleu, en dehors par du rouge. Les courbes, d'ailleurs, sont toujours ana-

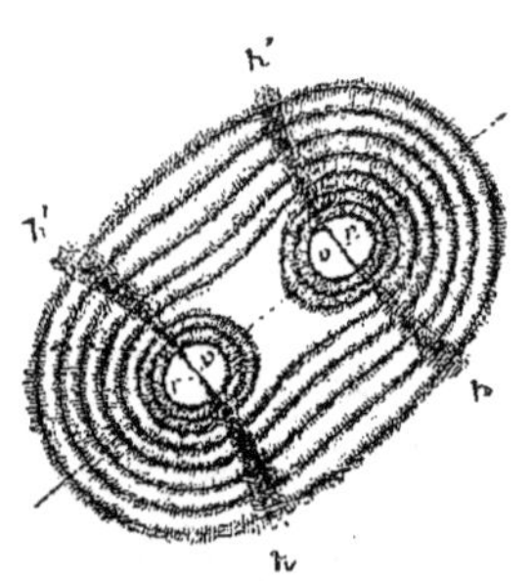

Figure 125.

logues aux précédentes et irisées, quand on éclaire l'instrument avec de la lumière blanche, telle que celle du jour.

Joignons les foyers des courbes au centre du cristal, par des droites $o\omega$, $o\omega'$ (fig. 126), on voit que ces lignes jouent chacune, par rapport à un des systèmes des anneaux ovales, le même rôle que l'axe optique par rapport aux anneaux circulaires irisés dans les systèmes quadratique et hexagonal. Nous avons appelé ces derniers cristaux à un axe.

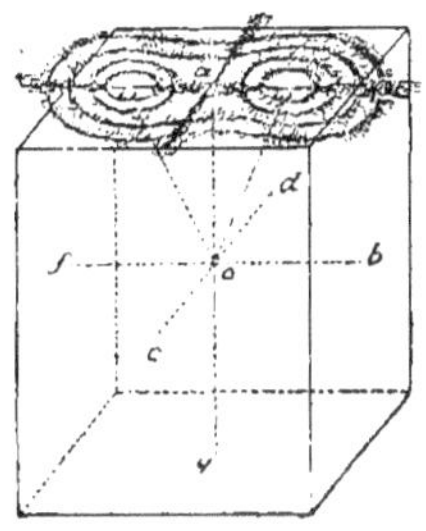

Figure 126.

Par analogie, nous appellerons *axes optiques proprement dits*, les lignes $o\omega$, $o\omega'$, et nous dirons que les cristaux du système orthorhombique *sont à deux axes*, quand on les considère à ce point de vue. Le plan des deux axes optiques est un des plans de symétrie du cristal. Les deux axes font l'un avec l'autre dans ce plan un angle aigu, et un angle obtus supplémentaire. Les bissectrices de ces deux angles Oa et Ob, sont rectangulaires entre elles. La bissectrice de l'angle aigu est appelée *bissectrice aiguë*. C'est perpendiculairement à cette ligne Oa que doit être taillée la plaque pour montrer les anneaux colorés caractéristiques. Quant à l'angle des axes, il varie beaucoup d'une espèce minérale à une autre.

Les trois axes d'élasticité optique sont la bissectrice de l'angle aigu ag, celle de l'angle obtus des axes optiques bf, et la ligne perpendiculaire aux deux autres, ligne cd. Elles sont parallèles aux trois axes cristallographiques. Nous en avons défini plus haut le caractère.

Système klinorhombique. — On y retrouve ces lignes,

deux axes optiques proprement dits, trois d'élasticité optique. Les trois axes d'élasticité optique sont : l'un parallèle à la diagonale horizontale *ee* (fig. 65, p. 39), les deux autres dans le plan de symétrie *aoao*, perpendiculaire à cette ligne. Ces deux derniers, *bb'*, *cc'* (fig. 127), sont perpendiculaires l'un à l'autre en même temps qu'à la droite *ee'*; mais ils occupent, dans le plan de symétrie, des positions que rien n'indique à l'avance. Aussi, le plus souvent font-ils avec les arêtes verticales *oa*, *a*, du prisme, des angles plus ou moins considérables, tandis que, dans le système orthorhombique, ils étaient parallèles à ces arêtes. C'est là un des meilleurs caractères qu'on possède pour distinguer optiquement une espèce minérale klinorhombique d'une orthorhombique. On place sur le porte-objet d'un microscope polarisant la plaque à examiner. On dispose le microscope, on tourne son nicol, de façon à produire l'obscurité; on interpose la plaque, on la tourne sur elle-même, jusqu'à ce que l'obscurité soit rétablie. A ce moment, la plaque a un de ses axes d'élasticité optique parallèle à la section principale du nicol. On regarde si cette dernière est parallèle ou non à l'arête verticale du prisme qu'on a marquée sur la plaque. Dans les microscopes modernes, la platine (porte-objet) est divisée en degrés, qui permettent d'évaluer la rotation. Si, par exemple, on met le diamètre 0°—180° parallèle à la section principale du nicol, au moment où l'obscurité est établie, et qu'ensuite on place dans cette même direction l'arête verticale d'un prisme, on voit ou non la lumière passer. Si l'obscurité persiste, on a probablement affaire à un cristal orthorhombique; sinon, il faut la rétablir en tour-

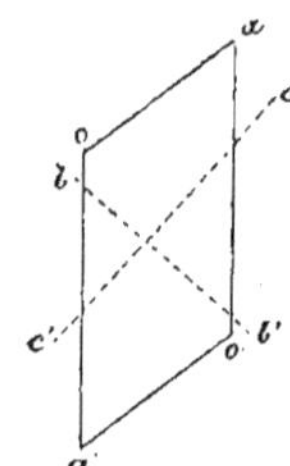
Figure 127.

nant la platine qui emporte la plaque avec elle ; on lit sur cette platine la division correspondante au diamètre parallèle à la section principale du nicol ; l'angle de rotation aide souvent à reconnaître une espèce.

Quant aux axes optiques proprement dits, on les trouve tantôt dans le plan de symétrie, tantôt dans un plan perpendiculaire. Ils sont entourés de courbes irisées analogues à celles du système orthorhombique ; mais les quatre quadrants ne sont plus symétriques que deux par deux par rapport à l'une des lignes *bb'*, *cc'* de la figure 120). La dissymétrie se manifeste par des formes différentes dans les deux systèmes de courbes, ou par des grandeurs inégales de leurs anneaux, par des différences dans leur éclat, dans leurs couleurs à droite et à gauche de l'un des axes *bb'*, ou *cc'*.

Nous ne nous étendrons pas davantage sur la recherche de la position de ces axes.

Système klinoédrique. — On y retrouve des lignes optiques analogues ; mais la distribution des couleurs y varie généralement d'un quadrant à l'autre, comme l'ont montré les observations de M. Des Cloizeaux.

En résumé, les caractères optiques permettent d'établir les divisions suivantes dans les systèmes cristallins :

I. Cristaux isotropes, a réfraction simple. — Ils agissent de la même façon dans tous les sens possibles sur la lumière. Ils ont la réfraction simple, et ne modifient pas la direction des vibrations lumineuses. Ils comprennent les cristaux du système *cubique*.

II. Cristaux anisotropes, a réfraction double. — Ils ramènent les vibrations lumineuses à deux directions rectangulaires entre elles, et donnent naissance à deux rayons réfractés et polarisés à angle droit. Ils se subdivisent en :

1° *Cristaux à un axe optique.* — Ceux-ci possèdent un axe autour duquel on observe des anneaux irisés traversés par une croix noire dans la lumière polarisée convergente (microscope d'Amici), et parallèlement auquel le rayon réfracté reste simple; une infinité d'axes d'élasticité optique. Ce groupe comprend le système *quadratique* et le système *rhomboédrique* ou *hexagonal.*)

2° *Cristaux à deux axes optiques.* — On y trouve deux axes, autour de chacun desquels on observe des anneaux irisés de forme ovale traversés par une bande noire dans la lumière polarisée convergente ; trois axes d'élasticité optique rectangulaires. (Systèmes *orthorhombique, klinorhombique, du prisme doublement oblique.*

Remarques sur l'emploi de la Lumière polarisée parallèle. — L'emploi de la lumière polarisée rend comme on voit de grands services pour la détermination des systèmes cristallins, d'autant mieux qu'il ne faut pas un long apprentissage pour manier un microscope composé ordinaire, ou microscope proprement dit, à lumière parallèle, même lorsqu'il est muni de deux nicols. On met la pierre qu'on examine sur le porte-objet; au moyen du bouton indiqué par le constructeur, on élève on l'on abaisse le corps de l'instrument, jusqu'à ce que la pierre soit au foyer, c'est-à-dire jusqu'à ce qu'on la voie le plus nettement possible. Quelquefois les nicols gênent pour bien mettre au foyer; on retire l'un des deux, et on le replace une fois la mise au foyer obtenue; ou bien l'on peut introduire le nicol inférieur dans une monture qui tourne autour d'un axe excentrique, de façon à être éloignée momentanément du champ de vision, et à être ramenée ensuite dans l'axe optique de la lunette. Ou enfin on tourne simplement un des nicols sur lui-même, sans le changer de place, jusqu'à ce qu'il laisse passer le plus de lumière possible. Quand on a bien mis au point, on retire ordinairement la plaque ; on tourne le nicol de nouveau sur lui-même, jusqu'à ce qu'on obtienne la plus grande obscurité possible. On remet la plaque ; on voit qu'elle ne diminue pas l'obscurité, si elle est cubique. On peut ainsi distinguer le grenat almandin du rubis oriental, dont il a souvent la couleur et la densité.

Souvent la lumière polarisée colore les lames très minces ; à cause de cela elle est fort utile pour distinguer les impuretés dans une pierre.

Exceptions importantes. — Un assez grand nombre de substances cubiques, et par conséquent isotropes, se colorent dans la lumière polarisée, ou dissipent l'obscurité produite par deux nicols en croix ; elles présentent même, comme les substances réfringentes, des directions qui laissent passer, d'autres qui éteignent la lumière quand on les tourne sur elles-mêmes entre les nicols. On a imaginé plusieurs hypothèses pour expliquer ce fait. Quelle qu'en soit la cause, il est bon d'en être prévenu. Certains grenats, par exemple, agissent avec énergie dans ce sens ; l'almandin est inerte. Le diamant agit souvent, tout en étant quelquefois inactif. Nos observations nous portent à croire que cette action tient le plus généralement à des matières étrangères incluses, qui exercent une tension intérieure sur les lamelles composantes des cristaux, et qui leur donnent accidentellement les propriétés biréfringentes. Mais, le plus ordinairement, ce pouvoir de la pierre est très local ; avec de l'habitude, on distingue en général facilement cette double réfraction très faible, ou locale, produite par des mélanges, par des tensions intérieures, par la trempe, ou même par des pressions, en dernière analyse par un dérangement intérieur, de la double réfraction ordinairement beaucoup plus énergique, dont les pierres biréfringentes par leur essence même sont douées dans leur masse tout entière. Heureusement, les pierres précieuses isotropes n'agissent que par accident, à la manière des substances biréfringentes.

§ 3. — **Polarisation rotatoire.**

On appelle ainsi une action particulière que certaines substances exercent sur la lumière polarisée. Le cristal de roche, qui appartient au système hexagonal, lorsqu'il est traversé par des rayons parallèles à son axe, change la direction de leurs vibrations. L'angle dont ces vibrations tournent dans le plan perpendiculaire à l'axe, varie avec la couleur, et il est proportionnel à l'épaisseur de quartz traversée. Le résultat de cette action, lorsqu'on observe une plaque de cette substance, taillée perpendiculairement à son axe, est de faire disparaître la croix noire au milieu des anneaux colorés, lorsqu'on se sert de lumière blanche, et que l'épaisseur de la lame est suffisante. Les cristaux de quartz portent sur leurs angles des facettes dont l'ensemble mène à des formes dépourvues de plan de symétrie; ces facettes dissymétriques sont en relation avec le phénomène dont nous parlons.

§ 4. — **Couleur des Pierres.**

En général, les corps ne renvoient pas ou ne laissent

pas passer indistinctement toutes les lumières, des diverses couleurs.

Couleurs essentielles. — La malachite (hydrocarbonate de cuivre) est verte, et cette couleur lui appartient en propre. La moindre parcelle, et surtout lorsqu'elle est pure, est colorée en vert. Une couleur qui provient ainsi dans un corps de la matière même qui le constitue est appelée couleur *propre* ou *essentielle*.

Assez souvent une matière minérale est colorée de nuances assez différentes, suivant qu'on la regarde en masse cristalline ou réduite en poussière. Ce sont autant de caractères différentiels. La pierre d'aimant (fer oxydulé), par exemple, est noire et a une poussière franchement noire aussi. Le fer oligiste (sesquioxyde de fer) est noir en cristaux ; mais la poussière en est d'un rouge violacé. La couleur de la poussière s'observe surtout par réflexion.

On en tient grand compte dans la détermination des minerais. On a plus rarement à l'observer dans les pierres précieuses.

Couleurs accidentelles. — La plupart des pierres précieuses ne doivent leur couleur qu'à des matières étrangères, dont elles sont teintes, pour ainsi dire. On le voit bien dans le quartz, dont les cristaux quelquefois incolores et transparents (variété dite *cristal de roche*) sont colorés, tantôt en rouge par du peroxyde de fer (*Q. hyacinthe de Compostelle*), ou en jaune par du sesquioxyde de fer hydraté (*Q. rubigineux*) ; en violet par une substance manganésifère (*Q. améthyste*) ; en brun plus ou moins clair, par des matières charbonneuses (*Q. enfumé*), etc. Ces couleurs sont appelées *accidentelles*.

Elles sont du plus haut intérêt pour le commerce des

pierres précieuses, car les noms des pierres y désignent plutôt leur couleur que leur nature.

Le tableau suivant indique les noms principaux adoptés pour les différentes couleurs :

Noms des couleurs.	Noms des pierres.
Violet.	Améthyste.
Bleu.	Saphir.
Vert.	Émeraude.
Jaune.	Topaze.
Rouge orangé.	Hyacinthe.
Rouge.	Rubis.

On est obligé d'ajouter une épithète à ces noms pour distinguer les pierres les plus estimées de celles qui ont une moindre valeur. Celle d'orientale représente, en général, les variétés que le corindon fournit à tous ces groupes. Le corindon violet est appelé améthyste orientale; le jaune, topaze orientale, etc.

Un tableau plus général à la fin de ce livre fera mieux comprendre et l'importance du caractère de la couleur, et les méprises auxquelles on serait cependant entraîné si on ne consultait que ce caractère.

Dichroïsme. — Un certain nombre des pierres cristallisées dans un des systèmes autres que le *cubique* montrent différentes couleurs qui varient principalement avec les directions où elles sont vues. La cordiérite ou saphir d'eau offre un type bien net de pierre *dichroïque*. La cordiérite, appelée d'abord iolithe, a reçu de Cordier le nom de dichroïte, parce qu'il y avait observé deux couleurs différentes suivant la direction où il la regardait. Plus tard on a vu qu'en réalité elle en offre trois, et l'on a changé le nom de dichroïte en l'honneur du professeur du Muséum qui avait découvert ce remarquable phénomène. La cordiérite, comme nous le dirons plus tard, est un silicate d'alumine, de magnésie et de fer, contenant souvent un peu d'oxyde manganeux; ses formes cristallines peuvent être rapportées à un prisme droit à base rectangle ayant, par conséquent, trois plans de symétrie rectangulaires, et trois axes inégaux qui sont aussi perpendiculaires l'un sur l'autre.

Certaines variétés paraissent d'un bleu foncé, lorsqu'on les regarde le long d'un axe *ag*, d'un blanc jaunâtre, le long d'un axe *bf*, et d'un blanc grisâtre, le long de l'axe *de* (fig. 123).

On s'explique facilement ce fait. Les trois axes du cristal étant trois axes d'élasticité optique, où la vitesse de propagation de la lumière atteint ses deux valeurs extrêmes et la valeur intermédiaire, il n'est pas étonnant que les lumières des différentes couleurs y subissent aussi des absorptions ou extinctions inégales. La lumière bleue, par exemple, y passe de préférence aux autres dans la direction *ag*.

Loupe dichroscopique. — Souvent les pierres ne sont pas taillées dans la direction de ces axes d'élasticité; on y observe alors un mélange des différentes couleurs qui caractérisent chacune de ces directions en particulier. On doit à Haidinger un instrument qui permet d'analyser ce mélange (fig. 128). En interposant entre l'œil et la pierre un rhomboèdre de spath S produit par clivage, et dont on a poli la face tournée vers l'œil et la face opposée, on voit deux images de la lumière qui traverse la pierre P soumise à l'examen;

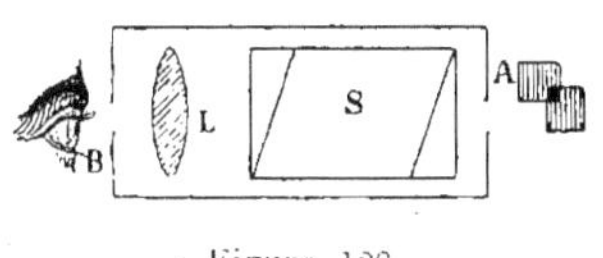

Figure 128.

ou plutôt, comme le spath est enchâssé dans un petit tube de laiton percé à un bout A d'une petite ouverture carrée, on reçoit dans l'œil placé à l'autre bout B, deux images de l'ouverture A, éclairée par la lumière qui a traversé le cristal P. Ces deux images sont teintes des deux couleurs propres à deux axes différents du cristal P. Elles empiètent en un coin un peu l'une sur l'autre, pour montrer la couleur qui résulte de leur mélange.

Le spath S est ramené à la forme d'un parallélipipède rectangle au moyen de deux prismes de verre d'environ 18°.

En L est une petite lentille qui fonctionne comme loupe. Nous indiquerons, dans le tableau général des couleurs, les variations que cet instrument leur fait subir dans les principales pierres précieuses.

Irisations. — Parmi les couleurs accidentelles, on range encore celles qui sont dues à des accidents de texture. Les belles irisations de l'*opale* proviennent de jeux de lumière déterminés par des vides capillaires alternes avec des parties pleines très fines, plus petites que les plus petits fragments qu'on puisse obtenir en broyant la pierre. Ce sont des phénomènes du genre de ceux que les physiciens appellent des *réseaux*, et qu'on observe, lorsqu'on regarde une vive lumière au travers d'un corps formé de fibres très peu espacées, tel que le tissu d'un rideau à mailles fines ou celui de la soie d'un parapluie. Dans certaines variétés de cristal de roche on observe des fissures assez étendues, qui donnent lieu à des irisations analogues à celles que les physiciens appellent *anneaux colorés de Newton*. On explique de même les couleurs changeantes du *feldspath Labrador*. Le chatoiement de la variété de quartz appelée *œil de chat* tient à ce que la matière siliceuse est comme imprégnée de fibres d'asbeste.

§ 5. — **Éclat.**

Les expressions éclat soyeux, nacré, se définissent d'elles-mêmes. L'éclat adamantin caractérise le diamant, et se retrouve au plus haut degré dans le zircon, à un degré moindre dans le corindon, etc. Il provient du grand pouvoir réflecteur de ces corps, qui donne à leur éclat quelque chose de métallique sous certaines incidences. On appelle éclat vitreux celui du verre, qui ne parvient pas à celui du diamant. Les différents genres d'éclats des pierres peuvent être vifs ou ternes.

CHAPITRE IV

PROPRIÉTÉS THERMIQUES ET ÉLECTRIQUES DES CRISTAUX

La lumière n'est pas la seule force de la nature qui puisse être utilisée pour l'étude des espèces minérales cristallisées. La chaleur donne également lieu dans les masses cristallines à des observations d'une haute importance.

On voit, par exemple, que dans les cristaux cubiques, les dimensions varient de la même quantité dans tous les sens pour la même élévation ou le même abaissement de température; que dans les cristaux du système quadratique et des systèmes hexagonaux, cette variation est constante aussi dans le plan perpendiculaire à l'axe de principale symétrie, mais prend une valeur différente suivant cet axe, lorsque la température du cristal change du même nombre de degrés dans toute sa masse; que dans les cristaux du prisme droit à base rhombe, la variation change d'une direction à une autre; mais que l'arête verticale du prisme et les deux diagonales de sa base forment trois axes, dont deux sont toujours parallèles aux directions de plus grande et de plus petite variation linéaire; qu'enfin, dans les cristaux des deux derniers systèmes, il reste encore trois directions rectangulaires où les variations de longueur atteignent la plus grande, la plus petite valeur et une valeur intermédiaire. Le vrai caractère de ces directions, c'est que, si on joint un de leurs points à la source de chaleur, par une ligne droite, le déplacement produit par la dilatation a lieu sur cette droite. Le procédé de constatation est très délicat; aussi les résultats obtenus par Mitscherlich, Neumann, et par M. Fizeau, tout en étant classés parmi les plus intéressants au point de vue scientifique, ont-ils peu d'applications pour la détermination pratique des espèces minérales.

La recherche de la manière dont la chaleur se propage au travers des masses cristallines peut, dans certains cas, donner des renseignements utiles même aux praticiens.

En recouvrant de graisse, à la manière de de Senarmont, une face naturelle ou artificielle d'un cristal (1), en appliquant sur cette face (2), une petite sphère, un petit cône de platine, auxquels sont soudées les deux extrémités de deux fils du même métal, reliés par leurs deux autres bouts aux conducteurs d'une pile électrique, on voit, si l'on ferme le courant de la pile, la petite sphère ou le petit cône de platine s'échauffer, rougir, et faire fondre la graisse autour d'eux. Lorsqu'on est parvenu à faire fondre la graisse à une certaine distance autour du point échauffé, on ouvre le courant; toute action calorifique cesse; la graisse refroidit, mais sur le contour de la région où elle avait fondu, elle laisse un bourrelet

(1) 1° De Senarmont : *Mémoires sur la conductibilité des corps cristallisés pour la chaleur.* (Ann. Ch. et Phys., 3e série, tomes XXI, XXII et XXIII.)

2° Jannettaz, *Mémoires sur la propagation de la chaleur dans les corps cristallisés* (Ann. Ch. et Ph., 4e série, t. XXIX, p. 5; et Bulletin Société géologique de France, 3e série, t. 1er et suiv.).

saillant, même quand elle est figée. Si le bourrelet saillant est circulaire, c'est que la température nécessaire à la fusion de la graisse est parvenue au bout d'un même temps à des distances égales de la source de chaleur, et que toutes les directions de la face conduisent la chaleur avec la même facilité. Lorsque le contour n'est pas circulaire, il est elliptique; le grand axe de l'ellipse montre la direction où la chaleur se propage le plus facilement.

On peut constater ainsi que toutes les directions d'une masse ayant la symétrie cristalline du cube conduisent également la chaleur; que toutes celles d'un plan perpendiculaire à l'axe principal des cristaux appartenant aux systèmes quadratique et hexagonal (cristaux à un axe optique) conduisent aussi la chaleur de la même façon; mais que, suivant l'axe, une température déterminée parvient à une distance différente de celle qu'elle atteint dans le même temps sur le plan perpendiculaire. En résumé, la graisse figée dessine un cercle sur la base des prismes, une ellipse dans les autres directions. Dans les cristaux des derniers systèmes, les courbes de fusion de la matière grasse sont, en général, des ellipses, dont l'ensemble, si on pouvait le voir d'un seul coup d'œil dans le cristal, y formerait une surface appelée ellipsoïde. Le plus grand et le plus petit diamètre de cette surface sont parallèles à deux axes cristallographiques des formes qui appartiennent au système orthorhombique. M. Jannettaz a montré que la chaleur se propage plus facilement suivant un plan de clivage que perpendiculairement à ce plan; que, d'une manière générale, elle se propage le mieux suivant les directions de plus grande élasticité. (Voy. *Mém.* cité plus haut.)

Supposons maintenant qu'on hésite sur la nature d'une pierre rouge. Si par un des procédés indiqués ci-dessus, on obtient pour courbe de fusion une ellipse, on est certain que ce n'est ni un spinelle ni un grenat.

Une propriété qui se rattache à la conductibilité des corps pour la chaleur est celle de paraître plus ou moins froids, lorsqu'on les tient à la main. Le cristal de roche paraît dans ces circonstances plus froid que le verre.

Électricité — L'électricité peut être invoquée quelquefois avec fruit. Nous ne parlerons ici que des faits capables de fournir des distinctions rapides entre des matières semblables au premier abord.

Nous avons dit, dans notre chapitre sur les formes des cristaux, que certains d'entre eux ont des extrémités dissemblables, et qu'on a donné à ce phénomène le nom d'*hémiédrie polaire*. Ce nom vient précisément des propriétés qu'ils présentent lorsqu'on les chauffe. La tourmaline en offre le type le plus célèbre. Elle cristallise en prismes hexagonaux, dont les sommets opposés sont chargés de facettes différentes. Lorsqu'un de ces cristaux, allongés d'habitude en forme de baguettes, est abandonné au refroidissement, après avoir été porté à une température un peu élevée, les extrémités en deviennent électriques et offrent des pôles contraires pendant le refroidissement. On le constate facilement, soit au moyen d'une aiguille aimantée, soit au moyen d'un autre cristal de tourmaline, qu'on laisse aussi refroidir après l'avoir chauffé. On pourrait faire une observation analogue pendant que les tourmalines s'échauffent; il est à noter toutefois que les pôles qui caractérisent le mouvement de la chaleur pendant l'élévation et pendant l'abaissement de la température sont inverses les uns des autres.

La topaze présente un phénomène analogue, comme l'a établi définitivement M. Friedel. Bien que ces observations exigent des moyens de mesure sensibles, on pourrait dans certains cas en tirer un bon parti.

On appelle *pyroélectricité* cette propriété que possèdent certains cristaux de montrer à deux extrémités d'une même direction passant par le centre, des pôles électriques contraires, lorsque la température de leur masse vient à changer.

Électricité par frottement. — Toutes les matières minérales s'électrisent par le frottement. On peut fixer au bout d'un bâton de résine ou de verre celles qui conduisent l'électricité. Comme les pierres conduisent généralement mal, on peut les tenir à la main. En les frottant sur du drap, on voit qu'elles acquièrent le pouvoir d'attirer les corps légers. L'ambre en est un exemple célèbre. Pour constater facilement l'électrisation d'une pierre, on la présente au moment où on vient de la frotter à un poil de chat fixé avec de la cire à cacheter sur un bâton de verre.

On a ainsi un petit *électroscope* aussi simple que sensible. En frottant légèrement entre les doigts le poil de chat, on l'électrise négativement. Vient-on à en approcher une pierre frottée avec du drap, on la voit en général attirer le poil de chat; on en conclut qu'elle est électrisée positivement, c'est-à-dire que son électricité est de sens contraire à celle du petit électroscope. Si la pierre repoussait le poil de chat, elle serait électrisée positivement.

Certaines pierres conservent leur électricité pendant un assez long temps. Pour mesurer ce temps, on les pose sur une lame métallique placée elle-même sur une table. La topaze donne encore des signes d'électricité 32 heures après qu'elle a été frottée. Le péridot frotté en étant tenu à la main ne donne pas signe d'électricité.

Magnétisme. — On peut aussi utiliser dans certains cas

l'action de quelques pierres sur l'aiguille aimantée (fig 125). Si on suspend à un fil de cocon, sans torsion, une paille bien droite, et qu'on passe au travers de la paille à une de ses extrémités deux aiguilles à coudre, ou deux fragments d'une aiguille à tricoter, après les avoir aimantées sur un aimant quelconque, et en opposant leurs pôles, puis qu'on place à l'autre extrémité de l'aiguille un peu de cire molle, pour que la paille reste en équilibre, on peut ensuite en approchant des aiguilles aimantées des grenats almandins, constater qu'ils exercent une action manifeste sur l'aiguille.

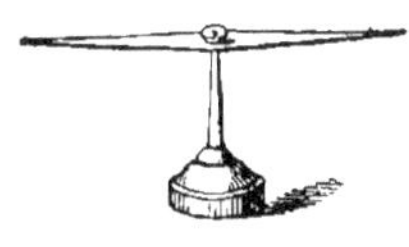

Figure 129.

CHAPITRE V

DURETÉ

On est porté à rejeter loin de soi ce caractère, quand il s'agit des pierres précieuses. Mais on ne peut hésiter à n'en faire usage que pour des pierres taillées; car on n'a pour l'étudier, ni à casser, ni à détruire.

Une pierre est dite plus dure qu'une autre, lorsqu'elle la raie, et qu'au contraire elle n'en est pas rayée. Le diamant est plus dur que la topaze. Pour le constater, on frotte un petite facette d'un diamant avec le sommet d'une des pyramides qui terminent les cristaux de topaze; on voit que ce sommet devient mousse, et, si la face de diamant se couvre d'une petite traînée blanchâtre, en passant le doigt sur cette poussière laissée par la topaze, on l'enlève. Vient-on à frotter au contraire une face d'un cristal de topaze avec la pointe d'un diamant, celle-ci entre dans le cristal, et y trace un sillon que le frottement du doigt ne fait plus disparaître. Il est facile d'effacer ce sillon en polissant de nouveau la face qui n'a pu résister à cette épreuve.

Mohs a choisi dix substances cristallisées, qu'il prend comme termes de comparaison, et dont l'ensemble a reçu le nom d'*échelle des duretés*. Voici cette échelle :

10 Diamant (carbone).
9 Corindon (alumine).
8 Topaze (silicofluate d'alumine).
7 Quartz hyalin ou cristal de roche (acide silicique).
6 Orthose (silicate d'alumine et de potasse).
5 Apatite (phosphate de chaux).
4 Fluorine (fluorure de calcium).
3 Calcaire (carbonate de chaux rhomboédrique).
2 Gypse (sulfate de chaux hydraté).
1 Graphite (carbone).

Le diamant et le graphite en occupent les deux degrés extrêmes. Ce n'est pas ici le moment de faire ressortir cette propriété singulière que possède la matière appelée carbone de se présenter avec des aspects et des caractères si distincts dans le graphite et dans le diamant. Nous appellerons plutôt l'attention sur ce fait que les degrés de l'échelle précédente ne sont pas proportionnels aux duretés; ils en indiquent simplement les dégradations successives.

Les pierres les plus précieuses, celles qui ont été de tout temps les plus estimées, le diamant, le corindon ou télésie, dont les variétés s'appellent rubis, saphir, émeraude orientale, améthyste orientale, sont les matières les plus dures qu'on connaisse.

Pour déterminer la dureté d'un corps, on frotte un point de sa surface avec une partie aiguë, telle que le sommet d'un angle solide, d'une des matières comprises dans l'échelle des duretés. Si l'on frotte ainsi la surface d'un cristal d'émeraude, successivement avec l'une des substances dont le rang va s'élevant de 2 à 7, on n'obtient aucune raie; si l'on prend pour corps frottant un cristal de topaze, il n'en est plus de même; on voit que la topaze raie nettement l'émeraude. Il faut avoir soin, comme nous l'avons dit plus haut, de passer le doigt, même légèrement mouillé, sur la raie, pour ne pas s'exposer à confondre la poussière abandonnée par un corps frottant avec la raie produite en réalité dans un corps frotté. L'émeraude est plus dure que le numéro 7; elle l'est moins que le numéro 8; on représente cette dureté intermédiaire entre les deux numéros 7 et 8 par le numéro 7,5. Ordinairement, au lieu d'essayer ainsi tous les termes de l'échelle, on fait un premier essai avec la pointe d'un burin, ou avec celle d'un canif. Tout ce qui est rayé par une pointe d'acier est au plus aussi dur que l'apatite (n° 5) et ne peut être rangé parmi les pierres précieuses. Puis on essaye d'une pointe de cristal de roche, du sommet d'un de ses cristaux; toutes les substances rayées par le quartz sont des gemmes demi-dures; à l'exception de l'opale, elles n'ont qu'une médiocre valeur.

L'emploi de ce caractère rencontre quelquefois des difficultés. Souvent il arrive que la dureté varie dans une pierre d'une direction à l'autre. Dans le disthène, ou sappare, elle ne dépasse pas celle de l'apatite sur la face de clivage facile; elle atteint celle du quartz dans d'autres directions. Il n'en est pas moins utile de chercher les différences que présentent au point du vue de la dureté deux pierres qui se ressembleraient à d'autres égards. Au moyen d'une simple pointe d'acier, par exemple, on distinguera immédiatement l'améthyste, variété violette du quartz, d'une variété de fluorine, qui a la même couleur, et cette même améthyste et celle qu'on nomme améthyste orientale, se confondent facilement l'une avec l'autre au premier abord; mais la première a pour dureté 7; la seconde, plus précieuse, comme le rappelle l'épithète *orientale,* est un corindon ; elle a 9 pour dureté.

La dureté peut encore être employée avec beaucoup d'avantage, quand il s'agit de savoir si une pierre est vraiment *fine,* ou, pour mieux dire, si elle n'est pas artificielle, si ce n'est pas un simple morceau de verre, coloré, puis taillé à facettes. Ces imitations, quelquefois fort habiles, sont, en général, faciles à rayer, au moins avec le cristal de roche. (Voyez à la fin du volume les Tableaux de détermination où la dureté joue un assez grand rôle.)

CHAPITRE VI

DENSITÉ OU POIDS SPÉCIFIQUE

On appelle poids spécifique d'une pierre le nombre qui exprime combien de fois le poids d'un certain volume de cette pierre contient celui d'un égal volume d'eau. Le mot densité convient plutôt au rapport des masses ou quantités de matière contenues dans la pierre et dans l'eau, considérées toutes les deux sous le même volume; mais, comme ces quantités de matière sont précisément mesurées par leurs poids, le même nombre exprime le poids spécifique et la densité.

Dans les ouvrages modernes, on emploie en général l'expression *densité.*

Détermination des densités. — On emploie pour cela un assez grand nombre de procédés. Nous laisserons aux livres assez étendus pour contenir l'histoire de la science, la description de ce vieil instrument, appelé *aréomètre,* qui fournit des évaluations trop grossières.

1. Méthode hydrostatique. — C'est le meilleur procédé. On se procure une bonne balance, qui n'a pas besoin d'être bien grande, mais qui doit être sensible au demi-milligramme. On peut donner à la colonne qui supporte le fléau une plus grande hauteur que dans les trébuchets ordinaires (fig. 130). On remplace l'un des plateaux par un petit disque plat et mince, A, muni en dessous d'un crochet. Dans ce crochet on passe la boucle d'un fil de platine *ab*, qu'on choisit aussi fin que possible, et dont l'extrémité inférieure est nouée à trois autres fils du même métal; ceux-ci s'attachent à un petit panier *c*, formé d'un treillis de platine ou d'un métal inaltérable et tenace, à mailles très étroites. On pose sur le disque A la pierre dont on cherche la densité. On plonge le panier qui est attaché au crochet *a*, dans un verre rempli aux deux tiers d'eau distillée.

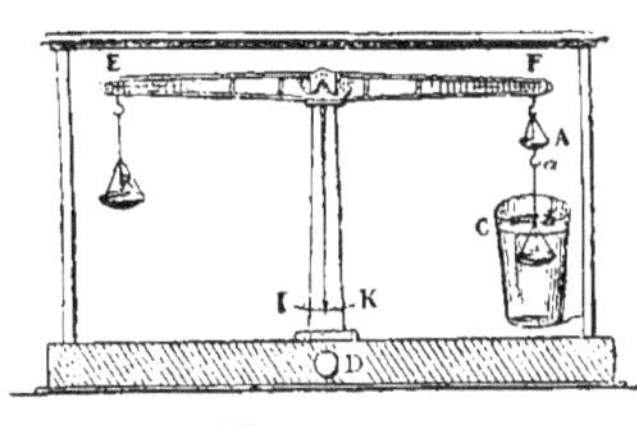

Figure 130.

Première opération. — Elle consiste à mettre la balance en équilibre. Pour y parvenir, on introduit dans le plateau B des poids ou de la grenaille de plomb, en quantité telle, que le fléau EF reste horizontal, lorsqu'on le soulève au moyen du bouton D. On voit que le fléau est horizontal, lorsque l'extrémité de l'aiguille, perpendiculaire au fléau, se trouve vis-à-vis du zéro d'un arc divisé IK.

Deuxième opération. — La pierre est retirée du disque A. Le fléau penche du côté B, quand on tourne le bouton D. On met sur le disque A des poids marqués, en quantité suffisante pour établir de nouveau l'équilibre. Ceux-ci se trouvent exactement dans les mêmes conditions que la pierre qu'ils remplacent, et ils en représentent rigoureusement le poids. Soit $1^{gr}048$, ce poids.

Troisième opération. — On enlève les poids du disque A. La pierre est remise dans la balance, mais cette fois dans le panier *c;* elle est par conséquent plongée dans l'eau. En vertu du principe d'Archimède, elle perd une partie de son poids égale au poids de l'eau déplacée; le fléau n'est donc plus horizontal; il incline du côté du plateau B, lorsqu'on tourne le bouton D. On remet sur le disque les poids marqués nécessaires au nouveau rétablissement de l'équilibre. Ces poids qu'on ajoute, c'est ce que la pierre a perdu dans l'eau.

Supposons qu'on ait été obligé de mettre sur le disque $0^{gr},298$; c'est le poids de l'eau déplacée, celui d'un volume d'eau égal à celui de la pierre; car il est évident que celle-ci déplace un volume d'eau égal au sien. On n'a donc plus qu'à diviser $1^{gr},05$ par $0^{gr},298$.

$$\frac{1,05}{0,298} = 3,52$$

En substituant au panier *c* un godet de platine, dont il chasse l'eau en le chauffant à siccité, M. Damour a fait de ce procédé un des plus exacts qu'on connaisse.

Deuxième Méthode du Flacon. — On peut aussi employer le procédé qu'on appelle méthode du flacon.

Le bouchon B d'un flacon de verre est lui-même en verre, et creux (fig. 131); il est soudé à un petit tube également en verre, qui est marqué en *t* d'un petit trait. On remplit d'eau le flacon, puis on le bouche, en s'arrangeant de façon que l'eau y monte jusqu'au point *t* du bouchon; on le pose bien essuyé dans l'un des plateaux d'une bonne balance de précision, ne différant de celle que nous venons de décrire qu'en ce qu'elle porte à droite comme à gauche un plateau proprement dit semblable au plateau B.

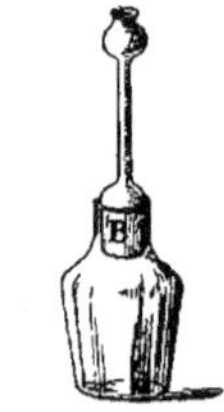

Figure 131.

Première opération. — On met à côté l'un de l'autre, dans le plateau de droite, le flacon et le corps dont on cherche la densité. On met le plateau de gauche en équilibre au moyen de poids, ou d'une tare quelconque.

Deuxième opération. — On retire le corps ; on rompt ainsi l'équilibre ; on le rétablit, en mettant à la place du corps des poids marqués.

Cette opération est précisément celle que nous avons appelée la deuxième dans l'expérience précédente. Soit, comme tout à l'heure, 1^{gr} 05, le poids du corps, celui qu'on ajoute.

Troisième opération. — Le flacon est retiré ; on le débouche ; on y introduit le corps, qui fait sortir un volume d'eau égal au sien. S'il est sorti trop d'eau, on en remet, de façon qu'elle reprenne son niveau t dans le tube. Le flacon essuyé avec un linge chaud est replacé dans le plateau de droite, et l'on y ajoute les poids marqués nécessaires au nouveau rétablissement de l'équilibre, soit $0^{gr},298$, le poids de l'eau déplacée. Comme précédemment,

$\frac{1,05}{0,298} = 3,52$, densité cherchée.

On peut avoir recours à des appareils moins coûteux, ou d'un transport plus facile qu'une balance de précision.

3. Balance hydrostatique de Brard. — L'un des bras du fléau porte deux godets superposés fixés à deux montants. Le godet inférieur plonge dans un verre. Sur l'autre bras du fléau, qui a la forme d'une règle, sont inscrites des divisions égales ; on y promène un curseur mobile :

Première opération. — Le curseur étant placé en regard du zéro de la règle, on met dans le verre la quantité d'eau nécessaire pour obtenir l'horizontalité du fléau, celle-ci étant indiquée comme toujours par un index, qui doit se placer vis-à-vis d'un point de repère fixe. Le godet inférieur plonge dans l'eau du verre.

Deuxième opération. — On met le corps dans le godet supérieur. On le pèse, non plus au moyen de poids, puisqu'il n'y a plus de plateau pour les recevoir, mais au moyen du curseur, qu'on met en mouvement, jusqu'à ce que le fléau reprenne son horizontalité. On sait, en effet, que les poids qui agissent à droite et à gauche sur le fléau pour le maintenir horizontal, sont en raison inverse des distances de leurs points d'application au point d'appui du fléau. Les divisions inscrites sur le fléau dispensent de tout calcul à cet égard. Supposons le curseur amené devant la division 90. Ce nombre signifie qu'il faut mettre 90 grammes dans le godet supérieur pour faire équilibre au poids de la règle de gauche augmenté de l'action du curseur, lorsqu'il se trouve devant la division que nous avons indiquée plus haut.

Troisième opération. — On retire le corps du godet supérieur ; on le met dans le godet inférieur ; il y déplace de l'eau ; il perd une partie de son poids égale à celui de l'eau qu'il chasse ; le fléau penche à droite du côté des divisions ; pour lui rendre son horizontalité, il faut reculer le curseur vers le point de suspension ; le curseur est amené, je suppose, devant la division 60 ; dans ce cas, la perte de poids subie par le corps, égale au poids de l'eau déplacée, correspond à la différence entre 90 et 60, c'est-à-dire à 30 grammes, si ces divisions mesurent des grammes. On a donc 30 grammes pour poids de l'eau déplacée.

Calcul. — Le corps pesait 90 grammes ; un égal volume d'eau pèse 30 grammes ; donc, $\frac{90}{30} = 3$, telle est la densité du corps.

3. Balance à spirale de Jolly. — Une spirale de laiton CD est suspendue en face d'une longue baguette AB de verre étamé, consolidée par un cadre de bois de dimensions convenables (fig. 132).

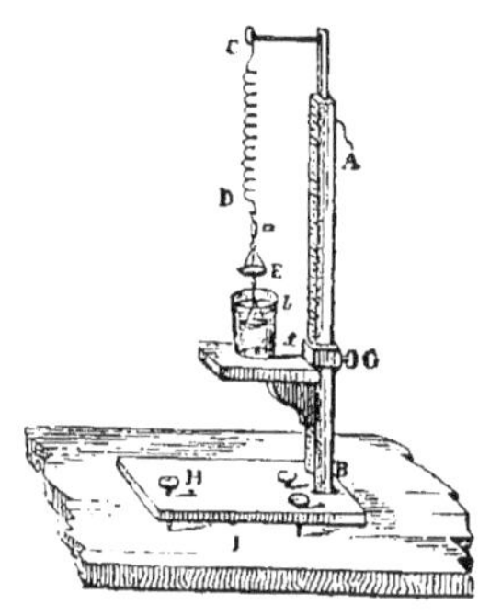

Figure 132.

Sur le verre sont inscrites des divisions de longueur égale.

A l'extrémité inférieure du fil de laiton s'attache un petit appareil composé de deux petits godets fort légers, l'un en fer-blanc, E, celui qui est en dessus, l'autre en verre, F, celui qui est en dessous. Comme dans les autres procédés, il faut mettre l'appareil en équilibre, et peser le corps dans l'air et dans l'eau.

Première opération. — Un curseur G, en bois, glisse le long de la règle. C'est un support sur lequel on place un verre ordinaire, un peu haut et cylindrique. On y met assez d'eau pour qu'elle s'arrête au niveau *b* du point de croisement des trois fils qui maintiennent suspendu le godet inférieur F. On regarde d'une certaine distance la règle de verre, en se mettant bien en face d'un point de repère, un trait au rouge, un anneau de papier placé en *a* (fig. 132 et 131). On vise l'image du point *a* dans cette règle qui, étant étamée, fonctionne comme miroir; on lit sur cette même règle, qui est divisée, la division par où passe le rayon visuel mené par le repère *a* et par son image. Nous serons, par exemple, entre les deux divisions 41 et 42, nous inscrirons 41,5.

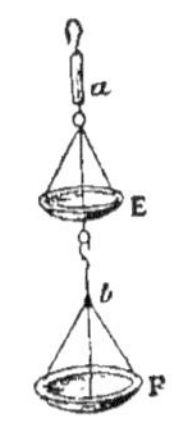

Figure 133.

N. B. — Il est facile de faire affleurer l'eau du verre exactement en *b*. On regarde en se baissant la surface de l'eau ; on voit d'en dessous l'image renversée du godet et de ses trois fils de suspension ; il suffit d'amener au contact le point de croisement de ces fils et son image.

Deuxième opération. — Nous mettons dans le godet E le corps dont nous cherchons la densité. Nous abaisserons le curseur, jusqu'à ce que l'eau affleure de nouveau en *b*. Nous viserons ensuite, comme précédemment, l'image du point *a*, et nous serons par exemple en face de la division 160.

Nous retrancherons 41,5 de 160 ; la différence, 118,5, mesure le poids du corps en divisions de la règle, qu'il est inutile d'évaluer en grammes, comme nous allons le voir.

Troisième opération. — Nous retirons le corps du godet E, nous le plaçons dans le godet F. Il y perd une partie de son poids égal au poids de l'eau qu'il déplace. Nous mettons le curseur en mouvement, pour ramener l'affleurement de l'eau en *b*, où notre petit appareil est remonté. Nous sommes en regard d'une certaine division qui tombe, je suppose, entre 113 et 114. Admettons 113,5. La différence entre 160 et 113,5 = 46,5, mesure toujours en divisions de la règle la perte de poids subie par le système, celle que subit le corps, quand il est plongé dans l'eau. Ce même nombre 46,5 mesure donc le poids d'un volume d'eau égal au volume du corps.

$$\text{Calcul : } \frac{118,5}{46,5} = 2,55$$

On trouve ainsi, sans se servir de balance, ni de poids, la densité d'une substance. Cet appareil est un peu encombrant, et doit être tenu dans un endroit sec ; mais il est commode à cause de la rapidité de ses indications ; avec de l'habitude, on est certain des dixièmes ; dans beaucoup de cas, c'est une approximation suffisante.

5. Balance de M. Pisani. — M. Pisani prend le poids du corps au moyen d'une bonne petite balance, facile à tenir à la main ; il mesure le volume de l'eau déplacée par le corps en centimètres cubes, et par conséquent son poids en grammes, au moyen d'un tube divisé, qui renferme une quantité d'eau, dont le volume est mesuré par la division du tube en regard de laquelle se trouve son niveau supérieur. Le corps étant introduit dans le tube fait remonter le niveau de l'eau. La nouvelle division indique le nombre de centimètres cubes occupés par l'eau que le corps a repoussée autour de lui. La balance et le tube gradué se logent ensemble dans une boîte qui permet d'emporter l'instrument avec soi en voyage.

On doit à M. Thoulet un procédé ingénieux de séparation de matières inégalement denses ; mais il intéresse plutôt l'analyse minérale que la mesure même des densités.

Remarques sur l'emploi du caractère de la densité.—Comme il faut souvent obtenir une densité avec une très grande approximation, les résultats fournis par les deux premières méthodes sont les seuls qui puissent faire foi. La première est la plus pratique des deux.

La densité est un des meilleurs caractères dont on puisse faire usage dans la détermination des pierres précieuses. Il n'exige aucune préparation de la matière qu'on essaye. Joint à la couleur, il peut rendre d'énormes services, comme le montrent les tables insérées à la fin de ce volume. Il n'est pourtant pas toujours suffisant. Car plusieurs pierres ont la même densité, tout en étant fort différentes l'une de l'autre. Plusieurs même ont à la fois la même couleur et la même densité. La topaze blanche a pour densité 3,54. Le diamant a une densité un peu variable, mais qui atteint quelquefois la valeur précédente.

Il serait difficile aussi de distinguer par leurs densités le rubis oriental et l'almandine ; mais le rubis a la réfraction double, et l'almandine la réfraction simple. On voit qu'il faut avoir recours au plus grand nombre de caractères possibles, les uns venant suppléer à l'insuffisance des autres, et tous donnant par leur ensemble plus de sécurité aux déterminations.

CHAPITRE VII

COMPOSITION CHIMIQUE DES PIERRES

On sait que les corps peuvent être divisés en *corps simples* et en *corps composés*. Les premiers sont ceux dont on n'a jamais rien pu extraire qui diffère d'eux-mêmes. Le diamant, qui ne renferme rien que du carbone, en est un exemple.

Les corps simples se subdivisent en 1° *métalloïdes*, qui sont souvent gazeux ou liquides (oxygène, azote, brome), souvent d'aspect pierreux (soufre), qui conduisent mal la chaleur et l'électricité ; 2° *métaux*, tous solides, excepté le mercure, qui est liquide, et l'hydrogène qu'on peut regarder maintenant comme un métal, et qui est gazeux ; tous ayant l'éclat métallique, excepté l'hydrogène ; tous conduisant assez ou très facilement la chaleur et l'électricité (argent, or, cuivre, fer, etc.).

Les corps composés se définissent d'eux-mêmes ; on peut en retirer deux ou plusieurs éléments chimiques différents.

Lorsque les corps simples s'unissent pour former un composé, ils le font suivant des proportions définies, c'est-à-dire constantes pour le même composé.

La silice, dont les variétés minérales s'appellent *cristal de roche, calcédoine,* etc., est toujours formée de 14 de silicium pour 16 d'oxygène, en poids. C'est une matière pierreuse, insoluble dans l'eau et dans tous les acides excepté dans l'acide fluorhydrique, fusible mais seulement à la température élevée d'un mélange d'oxygène et d'hydrogène, non volatile, même à cette température. La magnésie est composée de 12 de magnésium pour 8 d'oxygène.

La silice et la magnésie diffèrent soit du silicium ou du magnésium, soit de l'oxygène, aussi bien qu'entre elles par leurs propriétés. A ce point de vue encore, l'union du magnésium ou du silicium avec l'oxygène diffère du mélange du magnésium et du silicium, qui peut se faire en proportions quelconques, et sans que les éléments perdent aucune de leurs propriétés. Aussi la silice et la magnésie sont-elles appelées des *combinaisons.* L'argent, dont tout le monde connaît l'éclat métallique, la ténacité, la malléabilité, se transforme, quand on l'expose à des vapeurs contenant du soufre, telles que celle des œufs pourris, en une matière noire, le sulfure d'argent, qui renferme argent 108 et soufre 16.

Équivalents. — On sait que chacun des corps simples entre toujours dans une combinaison suivant une proportion constante, s'il n'y en a qu'une, ou suivant des proportions qui sont entre elles dans des rapports simples, s'il y en a plusieurs. 8 parties d'oxygène s'unissent, par exemple, à 1 partie d'hydrogène pour former de l'eau; à 35,5 de chlore sont associées 8 parties d'oxygène dans l'acide hypochloreux ; 24, dans l'acide chloreux ; 32, dans l'acide hypochlorique ; 40, dans l'acide chlorique; enfin, 56, dans l'acide perchlorique. Le chlore et l'hydrogène forment un composé appelé acide chlorhydrique, où ils entrent dans la proportion de 35,5 de chlore pour 1 d'hydrogène. Ainsi 35,5 de chlore ou 8 d'oxygène se combinent à 1 d'hydrogène; on dit qu'ils s'équivalent vis-à-vis de 1 d'hydrogène; de même ils s'équivalent entre eux, puisqu'ils se combinent ensemble. On appelle *équivalents* ces nombres qui représentent les proportions les plus simples d'un corps propres à entrer en combinaisons. On est convenu de représenter par un symbole unique le nom d'un corps simple et son équivalent; ce symbole est ordinairement la première lettre du nom du corps; quand il y a plusieurs corps dont les noms commencent par la même lettre, à la première on en ajoute une autre. Les exceptions ne sont qu'apparentes. Le symbole du potassium est K; celui du sodium, Na; mais ces lettres sont les premières des mots kalium et natrium, vieilles dénominations abandonnées maintenant.

Table des Équivalents. — Elle ne renferme que les corps simples qui entrent dans la composition des pierres précieuses ou passent quelquefois pour telles.

Éléments.	Symboles.	Équivalents.
Aluminium	Al	13,75
Baryum	Ba	68,5
Bore	Bo	11
Calcium	Ca	20
Carbone	C	6
Chlore	Cl	35,5
Chrome	Cr	26,24
Cobalt	Co	29,5
Cuivre	Cu	31,7
Fer	Fe	28
Fluor	Fl	19
Hydrogène	H	1
Magnésium	Mg	12,5
Manganèse	Mn	27,5
Nickel	Ni	29,5

Éléments.	Symboles.	Equivalents.
Oxygène	O	8
Potassium	K	39,11
Silicium	Si	14
Sodium	Na	23
Soufre	S	16

Cela posé, rien n'est plus facile que de représenter la composition d'un corps. Celle de l'eau, par exemple, s'écrira : HO ; celle de la potasse : KO; celle de la soude : NaO, celle de la magnésie : MgO.

De même que H signifie 1 partie d'hydrogène en poids; O représente 8 parties d'oxygène ; K, 39,1 de potassium; Na, 23 de sodium; Mg, 12,5 de magnésium ; de même HO équivaut en poids à 9 d'eau ; KO à 47,1 d'oxyde de potassium ou potasse ; NaO à 31 de soude, oxyde de sodium, etc.

TABLE DES ÉQUIVALENTS DES OXYDES
QUI ENTRENT DANS LA COMPOSITION DES PIERRES PRÉCIEUSES

Oxydes.	Symboles.	Équivalents.
Alumine	Al^2O^3	51,5
Acide borique	BoO^3	35
— carbonique	Co^2	22
Chaux	CaO	28
Acide chromique	CrO^3	50,24
Sesquioxyde de chrome	Cr^2O^3	76,48
Cobalt protoxyde	CoO	37,5
Cuivre (suboxyde)	Cu^2O	71,4
— (protoxyde)	CuO	39,7
Eau	HO	9
Fer (protoxyde)	FeO	36
— (sesquioxyde)	Fe^2O^3	80
Magnésie	MgO	20,5
Manganèse (protoxyde)	MnO	35,5
— (sesquioxyde)	Mn^2O^3	79

Oxydes.	Symboles.	Équivalents.
Nickel (protoxyde)	NiO	37,5
Potasse	KO	47,11
Silice	SiO^2	30
Soude	NaO	31
Acide sulfurique	SO^3	40

Les oxydes peuvent se combiner les uns aux autres pour former des composés plus complexes, qu'on nomme *sels*.

Les oxydes métalliques s'unissent aux oxydes produits par les métalloïdes. La potasse KO et la soude NaO, et l'oxyde principal du soufre SO^3, forment ensemble un sel $KOSO^3$. La potasse et la soude s'unissent de même à plusieurs oxydes du carbone, entre autres à ClO^5, pour donner les composés $NaO\ ClO^5$, $KO\ ClO^5$. La potasse et la soude ne se combinent pas ensemble, pas plus que les oxydes SO^3 et ClO^5. Il y a donc une différence essentielle entre ces deux ordres d'oxydes. D'un autre côté, si on fait passer le courant d'une pile électrique dans des dissolutions de $KO\ SO^3$, $NaOSO^3$, $KOClO^5$ $NaOClO^5$, qui sont solubles dans l'eau, on voit les sels se décomposer, K, Na, vont au pôle négatif; SO^3O, ClO^5O, au pôle positif. SO^3,ClO^5, dissous dans l'eau, rougissent le papier de tournesol, on lesappelle des *acides*. KO, NaO, ramènent au bleu le papier de tournesol rougi par les acides; on les appelle des *bases*, et l'on dit qu'un sel est *composé d'un acide et d'une base*. Les acides ClO^5, SO^3, ne sont pas les seuls qui s'unissent aux bases NaO, KO. On connaît des sels KOClO, $KOClO^3$, $KOClO^4$, $KOClO^5$, $KOClO^7$.

Les notations précédentes sont celles qu'emploient le plus grand nombre des auteurs. Mais une nouvelle école chimique réunit tous les équivalents d'oxygène, et les formules KOClO, $KOClO^3$, $KOClO^4$, $KOClO^5$, $KOCLO^7$, deviennent $KClO^2$, $KClO^4$, $KClO^5$, $KClO^6$, $KClO^8$. Nous ne pourrions discuter dans ce livre les avantages relatifs des deux théories. Nous emploierons la manière d'écrire qui est encore la plus habituelle.

On distingue les acides et les sels par des préfixes et des suffixes, comme il suit :

Acide	*hypo* chlor *eux*	ClO	*Hypo* chlor *ite* de	potasse	$KOClO$
—	chlor *eux*	ClO^3	Chlor *ite* de	—	$KOClO^3$
—	*hypo* chlor *ique*	ClO^4	*Hypo* chlor *ate* de	—	$KOClO^4$
—	chlor *ique*	ClO^5	Chlor *ate* de	—	$KOClO^5$
—	*per* chlor *ique*	ClO^7	*Per* chlor *ate* de	—	$KOClO^7$

Lorsqu'un corps ne forme qu'un acide avec l'oxygène, le nom de cet acide est terminé en *ique;* par exemple, l'acide *silicique*. Les combinaisons de cet acide et des bases sont des *silicates*. L'acide silicique est capable de se combiner avec des proportions différentes des mêmes bases.

Ces bases sont appelées oxyde ferreux ou protoxyde c'est-à-dire premier oxyde de fer, FeO; oxyde ferrique Fe^2O^3; celui-ci porte aussi le nom de sesquioxyde de fer (ce qui signifie 1 équivalent 1/2 d'oxygène pour 1 de métal).

On connaît, dans la série du manganèse, un oxyde manganeux MnO, un oxyde manganique Mn^2O^3. Il y a dans cette série des acides, et un bioxyde MnO^2; mais nous n'avons pas à nous en occuper. Il y a deux oxydes de cuivre, le cuivreux ou suboxyde, Cu^2O, et le cuivrique, ou protoxyde, CuO. Ce sont ces oxydes du chrome, du manganèse, du fer, du cuivre, qui jouent un si grand rôle dans la coloration des pierres. Quant aux bases énergiques, appelées potasse, soude, baryte, chaux, strontiane, magnésie, ce sont des protoxydes KO, NaO, BaO, CaO, SrO MgO.

Enfin, nous avons à mentionner l'oxyde unique formé par l'aluminium, Al^2O^3. En présence des acides, il joue le rôle de base; il donne avec la silice des silicates d'alumine; mais, en présence des bases, il se comporte comme un acide. Le spinelle est un aluminate de magnésie. $MgOAl^2O^3$.

Souvent un acide se combine avec plusieurs proportions différentes de bases; mais celles-ci sont en rapport simple entre elles. 2 équivalents de magnésie et 1 de silice donnent les *péridots* $(MgO)^2 Si O^2$; 1 de magnésie et de chaux, associé à 1 de silice, les *pyroxènes* $MgO SiO^2$.

Un équivalent de silice et deux équivalents d'une base protoxyde forment ce qu'on nomme les protosilicates. $(MgO)^2 SiO^2$; $(FeO)^2 SiO^2$. Dans ces silicates l'acide et la base contiennent des nombres égaux d'équivalents d'oxygène. Chez d'autres silicates, il y a deux fois plus d'équivalents d'oxygène dans l'acide que dans la base $MgO SiO^2$, $FeO SiO^2$, $MnO SiO^2$. On peut les appeler bisilicates. Il est souvent avantageux, surtout lorsqu'il s'agit des silicates, de comparer ainsi les nombres d'équivalents d'oxygènes contenus dans leurs deux éléments essentiels.

Les combinaisons de silice et d'alumine manifestent une autre loi de composition. $Al^2 O^3 SiO^2$, telle est la formule du disthène et de l'andalousite ; on y trouve 2 d'oxygène dans la silice et 3 dans l'alumine.

Les silicates sont souvent bien plus complexes que ces formules ne l'indiquent. Dans un grand nombre on trouve à la fois des bases protoxydes et des bases sesquioxydes. Dans le grenat grossulaire de Schischimskaja Gora, il y a, outre la silice, de l'alumine et de la chaux. Les nombres d'équivalents d'oxygène sont 6 dans la silice, 3 dans l'alumine, 3 dans la chaux. Dans les deux bases réunies, il y en a donc autant que dans l'acide silicique. Le type du feldspath orthose, ce serait $KO\,Al^2O^3\,6\,SiO^2$, c'est-à-dire en équivalents d'oxygène :

$$\begin{array}{ccccc} KO & : & Al^2O^3 & : & 6\,SiO^2 \\ 1 & : & 3 & : & 12 \end{array}$$

Ici la silice renferme quatre fois plus d'oxygène que les deux bases réunies. Souvent les formules des silicates seraient beaucoup plus complexes que les dernières elles-mêmes ne le montrent déjà, si on ne parvenait pas à les simplifier à l'aide d'un principe, qui a été découvert par Mitscherlich, et qu'on appelle *isomorphisme.*

On trouve dans un grenat noble de Zillerthal, pour 100 parties :

Silice	39,62
Alumine	19,30
Oxyde ferrique	1,5
Oxyde ferreux	33
Oxyde manganeux	0,85
Chaux	3,28
Magnésie	2
Total	99,55

En regardant l'alumine et l'oxyde ferrique comme équivalents et complétant ensemble un sesquioxyde M^2O^3, formé de 3 équivalents d'oxygène, et de 2 équivalents d'un métal quelconque ; en admettant de même que oxyde ferreux et oxyde manganeux puissent se remplacer pour donner ensemble un équivalent d'un protoxyde MO, la formule reste simple, elle devient :

$$3\,MO,\ M^2O^3,\ 3\,Si\,O^2$$

Quelle sera la preuve que cette hypothèse est admissible? Additionnons les proportions d'oxygène contenues dans les éléments du grenat noble.

39,62	silice	contiennent	18,489	oxygène.	Soit		18,489
19,30	alumine	—	8,994	—	}	—	9,194
1,5	oxyde ferrique	—	0,2	—			
33	oxyde ferreux	—	7,39	—	}	—	9,298
0,85	ox. manganeux	—	0,191	—			
3,28	chaux	—	0,937	—			
1	magnésie	—	0,78	—			

On voit qu'en réunissant les quantités d'oxygène des bases protoxydes, et celles des bases sesquioxydes, on obtient des sommes sensiblement égales : 9,194 et 9,298 ; et qu'enfin, chacune de ces sommes est, à peu de chose près, la moitié de l'oxygène de l'acide silicique.

Dans les silicates, l'alumine, $Al^2 O^3$, le sesquioxyde de fer $Fe^2 O^3$, celui de chrome, $Cr^2 O^3$, celui de manganèse, $Mn^2 O^3$, tiennent souvent ainsi la place les uns des autres, et se substituent l'un à l'autre, équivalents à équivalents ; il en est de même de beaucoup de protoxydes : potasse KO ; soude, NaO ; chaux, CaO, magnésie, MgO ; oxyde ferreux, FeO ; oxyde manganeux MnO, pour ne parler que des oxydes qu'on rencontre dans les pierres précieuses.

Analyse des pierres. — Ce n'est ordinairement pas au moyen de procédés chimiques qui les détruisent, qu'on détermine les pierres précieuses. Mais il a fallu les analyser pour en connaître une première fois la composition ; il est, en outre, tel cas litigieux où la composition chimique seule pourrait faire définitivement foi.

L'ambre est une combinaison de carbone avec l'hydrogène et l'oxygène (voir au chapitre de l'*Ambre*).

Le saphir et le rubis sont composés d'oxyde d'aluminium, ou alumine. Les spinelles renferment aussi de l'alumine, mais combinée à de la magnésie.

Silicates. — Les autres gemmes sont de la silice ou des silicates. La silice du cristal de roche, celle du jaspe, des agates, ne sont solubles que dans l'acide fluorhydrique, dans la potasse caustique fondue au creuset d'argent, et à une température beaucoup plus élevée, dans les carbonates alcalins, au creuset de platine, lorsqu'ils ont été très finement pulvérisés. La silice de l'opale est plus facilement soluble dans les carbonates alcalins; elle l'est même en partie dans les dissolutions alcalines bouillantes.

Le calcaire et ses variétés sont formés de carbonate de chaux; la fluorine, de fluor et de calcium. Nous indiquerons les caractères chimiques utiles à connaître pour chaque espèce, dans les divers chapitres de la IIe partie qui leur seront consacrés.

Le Chalumeau. — Il est un instrument qui rend de grands services pour des essais chimiques rapides, dont nous ne pouvons donner ici qu'une courte description; nous voulons parler du chalumeau. Il consiste en un tube conique de laiton, ou d'argentan, appelé *tuyère*, d'environ 20 centimètres de longueur. Il est muni à l'une de ses extrémités d'une embouchure en corne (*b*) de 10 à 12 millimètres de diamètre. A l'autre bout, le tube s'emboîte dans un *réservoir à air* (*c*). L'air insufflé par la tuyère sort par un ajutage latéral, dont l'extrémité est coiffé d'une pointe conique de platine (*e*). La pointe de platine est percée d'un orifice de 0,4 millimètres de large.

Pendant l'insufflation, il est bon de tenir solidement les deux doigts du milieu de la main, le médius et l'index, autour du réservoir à air, qui repose sur l'annulaire et le petit doigt, de facon que le pouce reste libre; la main doit être fixe et le coude lui offrir un point d'appui. L'on aspire l'air par le nez, on le comprime entre les muscles tendus de la bouche, et le palais sert de soupape (fig. 133).

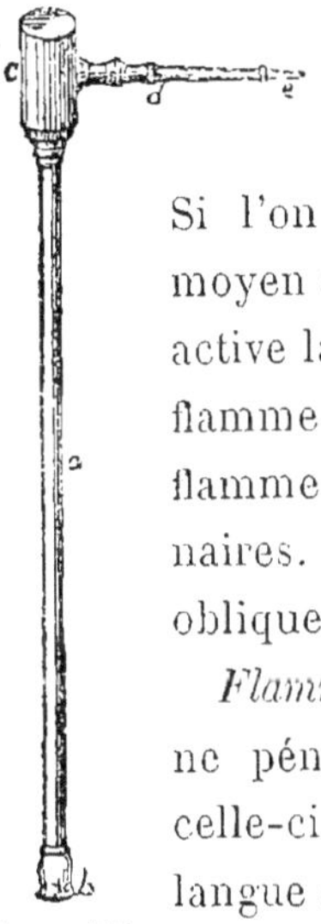

Figure 133.

Position de la flamme du chalumeau. — Si l'on insuffle de l'air dans une flamme au moyen du chalumeau tenu horizontalement, on active la combustion, et l'on détermine dans la flamme des réactions plus énergiques que si cette flamme était laissée dans des conditions ordinaires. En général, on dirige la flamme un peu obliquement vers le bas.

Flamme réductrice. — Si le cône de platine (*e*) ne pénètre que légèrement dans la flamme, celle-ci est enveloppée à son extrémité par une langue d'un jaune pâle, éclairante. C'est un peu en dedans de l'extrémité de cette région que l'on réduit les corps, c'est-à-dire qu'on fait apparaître sous leur forme de corps simples les métaux que les matières minérales renferment, surtout lorsqu'on mêle intimement à ces matières du carbonate de soude.

Flamme oxydante. — On enfonce le petit cône de platine (*e*) de façon que son extrémité parvienne au bord de la mèche; le cône bleu intérieur se rétrécit, mais il occupe à peu près toute la flamme à lui seul; c'est à une petite distance de son extrémité, mais en dehors, dans la région peu lumineuse, que la combustion est la plus vive; là on oxyde les métaux, ce qui est peu utile en général dans la détermination des pierres précieuses; mais on fond les corps qui peuvent être fondus au chalumeau, et ce caractère est d'un grand intérêt. C'est un moyen de reconnaître, par exemple, les grenats almandins.

Pour plus de détails, nous renverrons le lecteur au *Traité du Chalumeau, Analyses qualitatives et quantitatives, guide pratique,* traduction libre du *Traité de Kerl,* avec additions, etc. — 1 vol. in-18 jésus avec figures. Prix : 3 fr. 50. Paris, J. Rothschild, éditeur, 1876.

CHAPITRE VIII

DU GISEMENT DES PIERRES PRÉCIEUSES

Le globe terrestre provient de la condensation et du refroidissement d'une masse primitivement gazeuse, qui, en tournant sur elle-même, a pris la forme d'un sphéroïde aplati vers les pôles et renflé vers l'équateur. Il est composé d'une croûte solide et d'une partie centrale. La partie centrale ou noyau intérieur n'a pas encore acquis la consistance de son enveloppe.

Lorsqu'on examine cette enveloppe, on s'aperçoit que les masses nommées roches, dont elle est composée, peuvent être divisées en deux grands groupes. Les unes sont formées d'éléments qui brillent, qui ont des contours réguliers, l'aspect cristallin ; elles sont appelées *roches cristallines*. Les autres sont ternes, analogues à la terre de nos champs ; on les appelle terreuses ; elles sont ordinairement superposées en *strates*, ou couches ; dans ce cas elles sont dites *stratifiées;* ce sont généralement des argiles et des calcaires. On peut y joindre les sables, formés le plus souvent de petits grains arrondis.

Parmi les roches cristallines, les plus anciennes sont celles *de refroidissement*, produites dès le début par la consolidation des parties extérieures du globe. Ce sont les gneiss traversés par les granites.

Les gneiss sont enveloppés de roches plus extérieures, en partie contemporaines, qui ont souvent conservé quelques traces d'une origine aqueuse; celles-ci, au moment où elles étaient déposées par les eaux, subissaient encore l'influence d'une température élevée, celle de l'action chimique de matières minérales, celle d'actions mécaniques, qui leur ont imprimé, outre leur faciès cristallin, une texture schisteuse ou feuilletée. Les travaux anciens de Sorby, les études récentes de M. Daubrée sur la production de la schistosité par pression dans les matières pâteuses, ne permettent pas de douter que les roches appelées schistes, micacés, talqueux, salinés, luisants, et les ardoises proprement dites, soient devenues schisteuses, c'est-à-dire divisées en couches parallèles d'une ténuité plus que microscopique, souvent séparables, sous l'influence des pressions, des pincements, auxquels la matière qui les formait dans le principe a été soumise par les mouvements de l'écorce terrestre. Des expériences également nouvelles ont montré que les matières rendues schisteuses par des actions mécaniques et les roches naturellement schisteuses se comportent exactement de la même façon vis-à-vis de la chaleur (1). La chaleur s'y propage plus facilement dans les directions parallèles au plan de schistosité, celui de séparation facile, que suivant la direction perpendiculaire. La schistosité joue ici le même rôle que le clivage dans les minéraux (voy. plus haut, p. 101). On appelle ces roches *métamorphiques*, afin de rappeler les modifications

(1) Voir JANNETTAZ, *Bulletin Soc. géol. de France*, 3e série, t. I et suivants, *passim*.

qu'elles ont subies après leur formation. Les gneiss, les roches cristallines schisteuses, et les granites qui les percent, forment le *terrain primitif*.

Toutes les roches précédentes sont çà et là traversées par d'autres également cristallines, qui ont comblé de grandes crevasses de l'écorce produites par ses plissements, ses mouvements, et qu'on appelle roches *éruptives*, parce qu'elles sont sorties de l'intérieur du globe. Tels sont les porphyres, et, enfin, les roches volcaniques proprement dites : *laves, basaltes, trachytes*, etc.

Autour des roches éruptives on observe souvent des fentes plus ou moins étroites, appelées *filons* et remplies de matières minérales.

Ces matières sont de deux sortes ; les unes métalliques, constituant des minerais ; les autres pierreuses, formant ce qu'on nomme la gangue. Dans les filons d'étain, on trouve souvent de la topaze ; dans presque tous les filons, du cristal de roche, de la topaze, de la fluorine, etc.

Les principaux gisements des pierres précieuses appartiennent : 1° à l'époque des *roches métamorphiques*, 2° à celle du *diluvium*. Le diluvium consiste en grands dépôts de sable et de cailloux roulés, apportés par les eaux à l'époque quaternaire dans les vallées qui venaient d'acquérir leur relief définitif. Les matériaux dont se composent ces dépôts proviennent de la démolition des roches cristallines, primitives ou métamorphiques ; ils renferment souvent, triés et concentrés par des lavages naturels, en certains lieux vraiment favorisés, un plus ou moins grand nombre des pierres les plus recherchées. L'île de Ceylan est à ce point de vue en quelque sorte la plus riche contrée du monde. Ces masses de sable et de cailloux déposés en couches parallèles ne sont pourtant pas spéciales à cette époque diluvienne. Depuis les premiers temps de son évolution, jusqu'au jour où il a acquis définitivement son relief et son faciès actuel, le globe a été recouvert de dépôts, entraînés de ses cimes élevées vers ses parties plus basses par les eaux des torrents et des rivières.

On a pu raccorder les unes aux autres les roches ainsi formées par les océans, les lacs et les fleuves. On a constaté, ce qui est évident *à priori*, qu'à moins de bouleversements postérieurs, leur ordre de formation est indiqué par celui de leur superposition, les plus récentes étant au-dessus des plus anciennes. Les êtres animés qui ont vécu pendant qu'elles se déposaient, ont varié de forme d'une époque à l'autre; et leurs dépouilles, appelées *fossiles*, nous permettent de retrouver la date relative des couches qui les ont enfouies et conservées. On a pu, par ce moyen, établir, et la succession d'un nombre infini de dépôts, et leur synchronisme à la surface de la terre. On a pu ensuite en partager l'ensemble en plusieurs grands groupes appelés *primaires*, *secondaires*, *tertiaires*, *quaternaires*, et comprenant chacun plusieurs divisions, appelées *terrains*, qui se subdivisent elles-mêmes en *étages*.

Pour une étude plus détaillée des terrains et des roches, nous indiquerons au lecteur un traité spécial que nous avons publié à cet égard il y a très peu d'années (1), et les traités de géologie de MM. Stanislas Meunier, Contejean, Raulin, etc (2).

(1) *Les Roches*, guide pratique. — J. Rothschild, éditeur, 1874.

(2) *Géologie technologique* par Stanislas Meunier, 1877. — J. Rothschild, éditeur.

CHAPITRE IX

DE LA TAILLE DES PIERRES PRÉCIEUSES

Les pierres ne réunissent pas souvent les qualités d'éclat et de dureté, de transparence et d'uniformité dans la coloration, qui leur méritent le nom de précieuses. Aussi en est-il peu qui vaillent la peine d'être travaillées. La première opération consiste à leur enlever l'enduit terreux qui les ternit d'habitude.

Les peuples de l'Orient ont dû de bonne heure graver sur les pierres. Cet art, nommé la *glyptique*, paraît avoir été inventé par les Égyptiens.

Les musées et les collections modernes possèdent un assez grand nombre de pierres taillées, représentant un scarabée, animal sacré de l'Égypte, et couvertes d'hiéroglyphes. Les Éthiopiens gravaient aussi sur pierre. Chez les Israélites on a toujours cité les douze pierres qui ornaient le rational du grand-prêtre des Hébreux, et sur lesquelles étaient inscrits les noms des douze tribus. Les Babyloniens, les Persans, les Phéniciens, étaient habiles dans cet art. Comme les Égyptiens, les Étrusques ont taillé les pierres en forme de scarabées; mais les inscriptions y sont placées de droite à gauche, et, de plus, elles sont percées de part en part.

Les Grecs, ces inimitables sculpteurs, perfectionnèrent la glyptique; la plus ancienne pierre qu'on connaisse comme gravée par eux est une cornaline où l'artiste a représenté la mort d'Othryadès, héros spartiate du VIme siècle avant J.-C. Les collections des musées conservent des œuvres de ce genre d'autant plus remarquables que les anciens n'avaient pas nos connaissances scientifiques, et ne pouvaient disposer des mêmes moyens que nous. Sans décrire en détail tous les procédés mis en usage, nous dirons que l'artiste s'attache à faire tourner au profit de son ouvrage les divers accidents de couleur qui se rencontrent dans la pierre.

S'il a, par exemple, une onyx dont la première couche soit brune, la seconde blanche, et la troisième noire, il se servira de la couche brune pour faire les cheveux et les draperies; de la couche blanche, il tirera la figure, et le tout se détachera sur la couche noire qui formera le fond. Les Grecs savaient admirablement choisir des matières dont la couleur était d'accord avec le sujet qu'ils devaient y figurer; ils signaient leurs œuvres, ce qui nous a transmis les noms des Théodore de Samos, des Apollonide, etc. Les dames usaient avec profusion dans leurs parures de ces chefs-d'œuvre si recherchés aujourd'hui. Les belles pierres où sont gravées des figures romaines sont dues en grande partie à des artistes grecs, bien que plusieurs artistes romains aient laissé un nom honorable dans l'histoire de la lithoglyptique.

Après avoir longtemps langui pendant le moyen âge, l'art du camaïeu se ranima au XVIe siècle, sous deux maîtres, l'un qu'on appela *Jean des Cornalines*, et l'autre, *Dominique des Camées*. Depuis, un grand nombre d'hommes habiles s'y sont distingués à toutes les époques, en Italie, en Allemagne, en France, en Angleterre. A l'Exposition universelle de 1878, nous avons admiré les camées remarquables de M. Bissinger, aini que les coupes et les vases taillés par M. Gareau.

Pour graver sur pierre, l'artiste fait donner d'abord à la matière une forme ovale ou ronde. La pierre est appelée *intaille,* lorsqu'elle est gravée en creux, *camée* (autrefois *camaïeu*) lorsqu'elle l'est en relief. Un tour à pédale ou à archet imprime un rapide mouvement de rotation à de petits forets d'acier continuellement garnis de poudre de diamant détrempée dans de l'huile d'olive. La pierre est présentée à ce mordant selon les contours du dessin tracé à l'avance. On se sert également de tours à reproduire montés spécialement pour ce genre de gravure. Les outils principaux sont les *bouterolles*, terminées par une petite tête ronde, et les scies, qui ont à leur extrémité la forme d'une tête de clou tranchante sur les bords ; ils sont d'une petitesse extrême, et faits de laiton ou de fer non trempé. L'artiste applique sur l'outil avec la main gauche la pierre cimentée au moyen d'un mastic au bout d'une petite poignée de bois, dans la direction convenable, en ayant soin d'humecter l'outil avec la pâte d'égrisée, contenue dans une petite spatule qu'il tient avec la main droite.

Les anciens faisaient leur pâte avec de l'*émeri pulvérisé*, ou de la *poudre de grès du Levant.* Pour polir ils employaient de la poudre d'os de sèche (*ostracite*). Aujourd'hui on se sert de tripoli.

Les pierres gravées devaient leur valeur beaucoup plus au travail de l'artiste, au génie déployé dans son œuvre, qu'au prix de la matière elle-même. Les pierres employées pour cela étaient des béryls, des jaspes, des agates, différentes variétés de cristal de roche, du lapis, rarement le saphir ou le rubis.

Dans les temps modernes, bien qu'un camée d'un beau travail soit encore très estimé, c'est la matière elle-même qui sert de parure, et le prix de l'une fait celui de l'autre. La taille ajoute à ce prix, en tant qu'elle sert à faire ressortir toutes les qualités de la pierre. Cette opération peut être ramenée à un petit nombre de règles.

Formes principales données par la taille, ou *tailles principales*. — En règle générale, il faut toujours conserver des rapports déterminés entre l'épaisseur et la largeur dans les pierres incolores, limpides. A celles qui sont faiblement colorées on laisse plus d'épaisseur qu'à celles qui le sont fortement. L'ouvrier doit en examiner avec soin la nature, l'éclat, la dureté, la couleur. Il en est qu'on chauffe, et qu'on trempe dans l'eau froide, surtout parmi celles qui sont incolores, pour rendre plus apparents leurs défauts, et particulièrement leurs fentes intérieures. Le diamant, le corindon, le quartz, la topaze, résistent bien à cette épreuve. Souvent aussi on porte certaines substances colorées à une température plus ou moins élevée, pour en affaiblir la couleur, pour en changer quelquefois complètement la nuance (topaze brûlée, topaze d'Espagne, etc.). Toutes ces considérations, et d'autres encore, telles que la quantité de matière perdue dans la taille, le prix de revient du travail par rapport à celui du bijou, dirigent le choix qu'on fait des formes.

Ces formes peuvent être ramenées à deux groupes distincts.

Les *tailles à facettes*, en *brillants*, à *degrés*, en *tables*, en *roses*, et celles qui en dérivent, *brillonettes*, etc.; elles sont caractérisées par des facettes planes.

2° *Tailles à surfaces courbes*. — Elles varient à l'infini, si l'on tient compte du rayon de courbure, mais elles donnent lieu à des formes dont la partie supérieure en dehors de la monture, plus ou moins convexe, est toujours courbe.

TAILLES A FACETTES. *En brillants.* — Le nom de Mazarins donné aux douze premiers brillants en l'honneur de l'homme d'État célèbre qui les avait commandés, fixe l'époque où cette taille fut inventée. Elle est réservée aux pierres incolores d'un grand prix, et surtout au diamant. Le Régent en est un type parfait. Il pesait 410 karats avant la taille; il en pèse 136 3/4. Pour faire un brillant, on commence par donner au cristal, au moyen du clivage, s'il est clivable, en le sciant, s'il ne se clive pas, la forme d'un octaèdre régulier, ou double pyramide quadrangulaire, dont les huit faces sont des triangles équilatéraux (voyez le chapitre du *Diamant*). La base

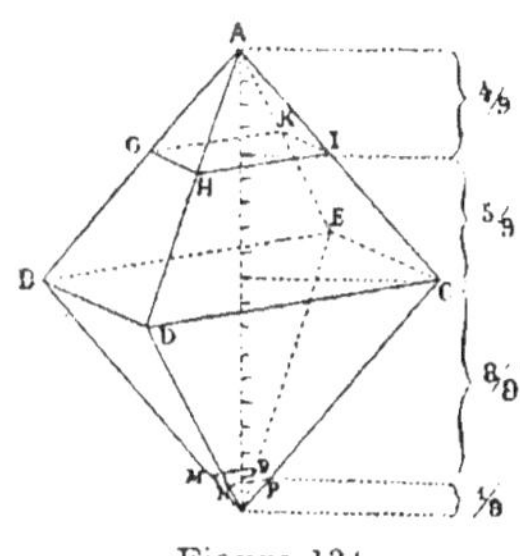

Figure 134.

commune des deux pyramides est un carré, dont le côté a une longueur double de celle de chaque pyramide. Elle deviendra la ceinture et montrera toute l'étendue de la pierre.

On scie l'octaèdre suivant un plan GHIK, également incliné sur ses faces, parallèle à sa base, de façon à enlever une pyramide AGHIK, dont la hauteur = 4/9 de celle de la pyramide ABCDE. La face GHIK est la *table* T (fig. 134). La pyramide tronquée GHIKBDCE sera la *couronne*, ou *partie supérieure*, ou*dessus*. A l'extrémité opposée on enlève également une petite pyramide FMNPQ dont la hauteur = 1/9 de la pyramide inférieure, ou de son égale ABCDE. La petite face MNPQ sera la culasse, et la pyramide tronquée BDCEMNPQ, la *partie inférieure*, ou *dessous*. A la partie supérieure, les faces de l'octaèdre B, forment les grands *biseaux*, ou *bazelles* (fig. 135) ; on en taille d'autres *b* sur les angles inclinés aussi à 45° sur la base, en raccourcissant les diagonales qui les joignent de 1/20. On les appelle les *coins*.

Autrefois on formait sur chacun des grands biseaux un

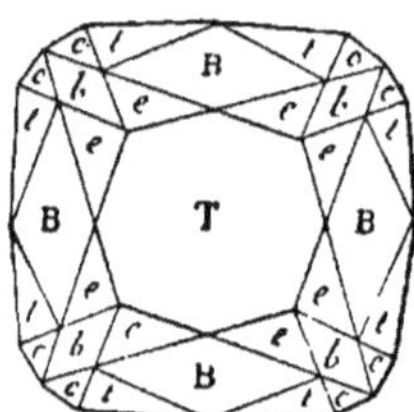

Figure 135.

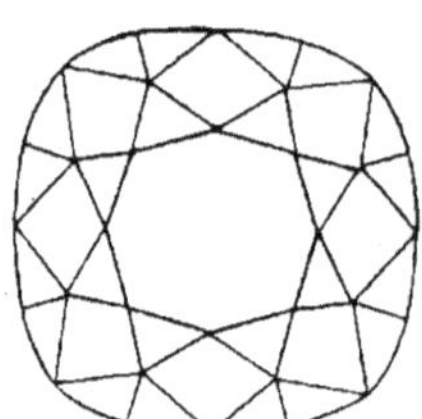

Figure 135 *bis*.

losange, en taillant du côté de la table comme du côté de la ceinture des facettes *t*, *e*. Celles *e*, qui bordaient la table, étaient dites *facettes à étoiles;* celles *t*, qui bordaient la ceinture, *facettes de traverse*. Des petites facettes *c*,*c*...*c*, qu'on appelait *clôtures*, achevaient de donner aux faces à étoile ou de traverse une forme triangulaire, aux biseaux celle de losanges. Les facettes de traverse et de clôture étaient également appelées *demi-facettes*.

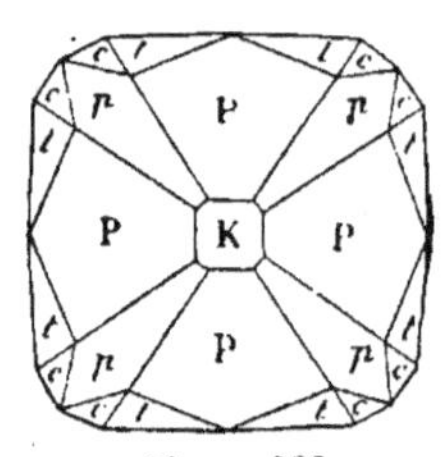

Figure 136.

Depuis près d'un siècle on donne aux grands biseaux et aux coins la même forme et la même étendue, de façon que le dessus a la forme d'une étoile à huit divisions (fig. 135 *bis*).

Pour le dessous, on taille, en entamant les arêtes de la pyramide, des facettes qui vont des coins de la culasse à ceux de la ceinture (fig. 136). On a ainsi en dessous les quatre faces primitives appelées *pavillons*, P, les quatre faces alternes nommés *coins*, *p*. Ces facettes, alternativement plus larges et plus étroites, sont réunies près de la ceinture par seize demi-facettes, huit de la traverse *t*, et huit de clôture *c*.

Tel est le *brillant recoupé* à ceinture carrée.

La hauteur de la partie supérieure est le 1/3, et celle de la partie inférieure les 2/3 de la hauteur totale du brillant; le diamètre de la culasse est le 1/5, et celui de la table les 4/9 du diamètre de la ceinture. Lorsque la pierre manque un peu d'épaisseur, Caire conseille de raccourcir un peu le dessous. Il ne faut pourtant pas abuser de cette tolérance; car il vaut mieux faire une bonne rose qu'un mauvais brillant. On donne quelquefois une forme un peu courbe à la table des pierres colorées. Dans ces dernières années on a laissé un peu plus de hauteur à la couronne, afin de perdre moins de matière, sans que la pierre ait perdu de son éclat.

La ceinture n'a pas toujours ses quatre côtés égaux; elle est quelquefois simplement rectangulaire; elle ne doit pas être trop mince, parce que la pierre casserait trop facilement dans la monture, ni trop épaisse, parce que le bijou mal serti pourrait être perdu. Le nombre des facettes ne doit pas être trop multiplié, parce qu'elles papilloteraient aux yeux.

Dans quelques cas on réduit beaucoup le nombre des facettes, et le brillant est dit *simple taille;* il a dans ce cas huit facettes en dessus et huit, ou même quatre en dessous, sans compter la table ni la culasse.

Taille à étoile. — Inventée par Caire pour utiliser des parties de diamants bruts, qu'on n'aurait pu employer qu'en perdant beaucoup de la matière. Elle présente au centre une table hexagone, dont le diamètre doit être à très peu près le quart de la grandeur de la pierre. Des six côtés de l'hexagone partent autant de faces triangulaires inclinées vers les bords de la ceinture, qui sont coupées par d'autres de façon à former une sorte d'étoile (1).

Taille à degrés. — Elle est en grand usage pour les pierres colorées. Elle diffère de la taille en brillants par la forme et la disposition de ses facettes, qui sont toutes des

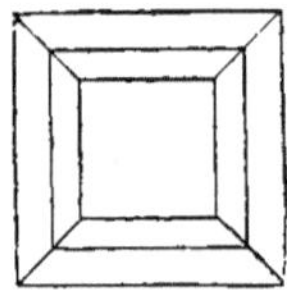

Figure 137.

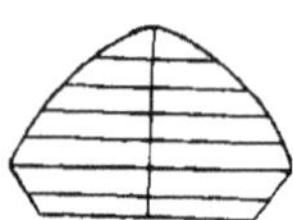

Figure 138.

trapèzes parallèles aux côtés de la ceinture (fig. 137), et s'échelonnant depuis la ceinture jusqu'à la table sur deux gradins dans la partie supérieure, sur quatre ou cinq jusqu'à la culasse dans la partie inférieure (fig. 138). Le nombre des rangées pour cette dernière est d'autant plus

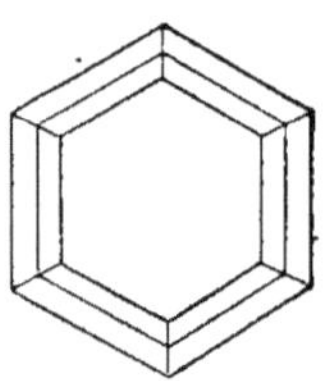

Figure 139.

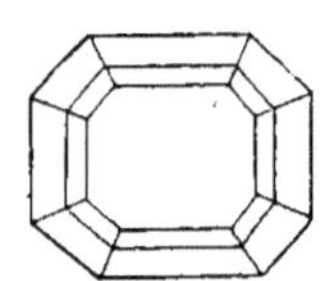

Figure 140.

grand que la couleur est plus faible. La ceinture est un polygone de quatre, six ou huit côtés (fig. 139 et 140).

Taille à facettes dessus. — Combinaison d'un dessous taillé à degrés et d'une couronne en brillant. Elle convient aux pierres colorées (fig. 141). Une variété, appelée

(1) Caire, *la Science des pierres précieuses appliquée aux arts.* Paris, 1826.

taille à dentelle en dessus (fig. 142 et 143), où les facettes du brillant sont étirées en longueur, est avantageuse aux pierres allongées ou trop peu épaisses.

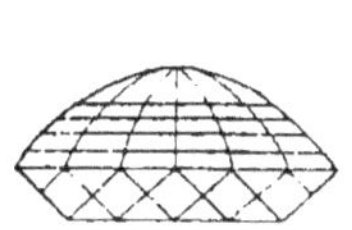

Figure 141.

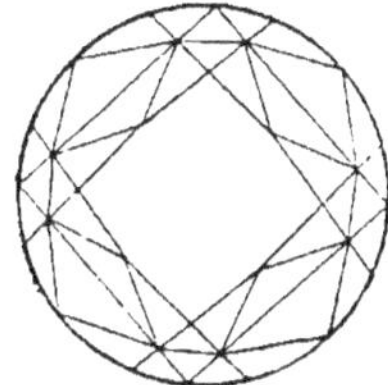

Figure 142.

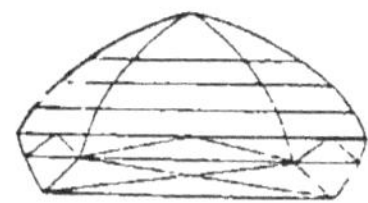

Figure 143.

Demi-brillants. — Ce sont des brillants qui n'ont que la couronne, et qui manquent de dessous.

Taille à table. — Une table entourée d'une ou deux séries de facettes. Propre aux pierres qui servent de cachet.

Taille à roses. — Une rosette est formée d'une couronne et d'une culasse ; cette dernière est la surface plane qu'on obtient par le clivage, quand il s'agit du diamant ; elle n'a besoin, dans ce cas, que d'être polie. La couronne, selon la grandeur et le fini de la pierre, se compose de six à trente-deux facettes triangulaires. Dans *celle de Hollande*, le dessous est une base large, plate, enfermée dans la monture ; le dessus présente vingt-quatre faces (fig. 144) ; six à trois côtés, *faces à étoiles e*, qui forment une pyramide hexagonale très surbaissée, appelée *couronne ;* les bases des six faces de cette pyramide sont celles aussi d'un même nombre de triangles *b*, qui de là vont rejoindre la ceinture, et laissent entre eux un espace rempli par douze facettes de traverse, *t*. L'ensemble des dix-huit facettes *b, t,* situées au-dessous de

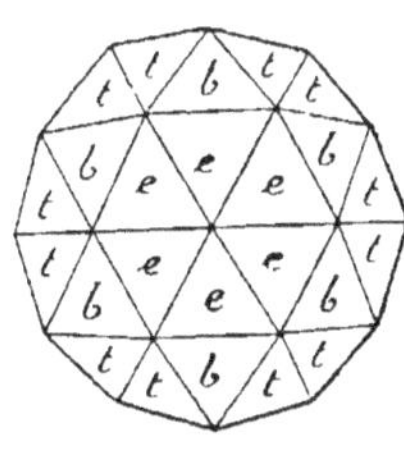

Figure 144.

la couronne constitue la *dentelle*. On donne pour conditions d'une rose bien faite, que la hauteur y soit la moitié exacte, et le diamètre de la couronne les trois cinquièmes de celui de la ceinture ou base (fig. 145).

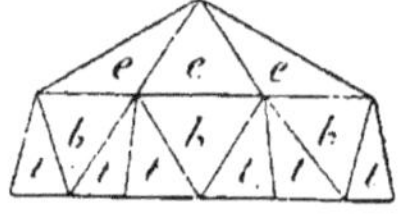

Figure 145.

La ceinture est ordinairement ronde, lorsque la matière se présente avec la configuration d'un triangle à peu près régulier, elle devient allongée dans le cas d'une forme irrégulière. On fabrique des roses généralement avec les pierres dites *nates;* ce sont des cristaux aplatis, souvent composés de deux individus qui sont accolés suivant une face de l'octaèdre, et dont l'aspect est triangulaire.

La séparation des deux cristaux élémentaires se fait facilement au moyen du clivage, et l'on en tire deux morceaux, qui présentent après l'abattage de leurs coins des formes qu'on n'a plus qu'à facetter pour obtenir deux roses. On se sert aussi, pour faire des roses, des déchets que produit le clivage des cristaux qu'on taille en brillants.

Dans les roses de Brabant, la couronne est plate. Ces roses n'ont que dix-huit, douze ou même six facettes. Cette fabrication se fait à Anvers. Ces roses sont très minces, mais on n'y emploie que des diamants de qualité inférieure.

Parfois la rosette est taillée des deux côtés; elle a deux couronnes; on l'appelle *rosette double*.

On nomme *briolettes* des diamants taillés en forme de poires, et généralement percés. Cette taille est principalement usitée aux Indes.

Les *pendeloques* sont des brillants ou des roses taillés en forme de poires.

On monte généralement les roses à fond. On peut dissimuler très souvent les couleurs ou des défauts en introduisant en dessous entre la pierre et la monture des lamelles de métaux à vif éclat.

La rose exige la monture à fond. Pour les pierres colorées, on use souvent de l'artifice dont nous avons parlé plus haut pour les roses; mais, ici, on introduit entre la pierre et la monture des lamelles de métaux colorés également, tels que le clinquant, etc.

Formes à surfaces courbes. — On y a recours afin de faire converger vers l'œil de l'observateur les feux irisés de l'opale, l'astérie du corindon, le chatoiement des cymophanes, du quartz, les effets de lumière produits par des matières qui ne sont qu'à demi transparentes. On donne également cette forme aux substances opaques estimées pour la beauté de leurs couleurs. On appelle *cabochons* les pierres bombées en dessus. Si le cabochon est plan en dessous, il est dit *simple;* s'il est également convexe en dessous, il est *double.* S'il est concave en dessous, c'est un *cabochon chevé* ou *évidé.* On évide le cabochon lorsque la matière est trop chargée en couleur, comme le grenat de Bohême. Vu la rareté des corindons fins, on les retaille à facettes aujourd'hui. La courbure varie avec l'effet qu'on veut produire. Plus forte, elle avive mieux; plus faible, elle dissémine davantage la qualité qu'on veut montrer aux yeux. Les formes surbaissées sont appelées *gouttes de suif.* On taille de cette façon les opales.

Du travail de la taille. Ébauchage. — Après avoir fait choix de la forme qui peut rehausser le mieux l'éclat de la pierre et lui faire renvoyer le plus de lumière possible, on l'ébauche. On clive la pierre, lorsqu'elle se prête au clivage, comme le diamant; si la matière ne s'y prête pas, on la scie ou on l'use. Il faut s'aider pour cela de matières au moins aussi dures que celle qu'on veut façonner.

La taille du diamant peut servir de modèle à celle des autres pierres précieuses. Elle sera décrite au chapitre du *Diamant*. Pour éviter les répétitions, nous indiquerons seulement ici ce qui est spécial aux autres pierres.

Le sciage s'exécute au moyen de disques en acier ou même en tôle. On appuie la pierre contre ce disque en arrosant celui-ci continuellement avec une pâte formée d'eau et d'émeri. On use les pierres au moyen de pâtes analogues, formées de substances dures réduites en poudre : l'égrisée, pour le diamant et les différentes variétés de corindon, l'émeri pour les autres gemmes. Ces poudres délayées dans l'huile, et plus souvent dans l'eau, sont étalées à la surface de disques ordinairement métalliques, animés d'un mouvement rapide de rotation. Cette opération produit des facettes planes, mais ternes et mates, qu'il faut polir, pour leur faire rendre les effets de lumière voulus.

Le polissage. — Cette nouvelle phase du travail est analogue à la précédente; elle exige aussi des supports appropriés, des poudres délayées dans des liquides convenables, et capables d'user de la même manière les surfaces; celles-ci, pendant leur frottement contre les matières dures dont les supports sont enduits, se recouvrent de stries invisibles, et deviennent parfaitement lisses et brillantes.

Substances très dures. — On taille le rubis et le saphir sur des disques de fonte de fer ou même de laiton, au moyen d'égrisée, poudre de diamant boort; le spinelle et la cymophane, sur des disques de laiton, au moyen d'émeri. Le poli est donné à toutes ces matières sur des disques de laiton recouverts de tripoli. La topaze peut être travaillée dans les mêmes conditions ; mais la taille se fait plutôt sur des disques d'étain.

Substances d'une dureté voisine de celle du cristal de roche. — Pour la taille, c'est encore l'émeri qui use, mais on l'applique sur des disques d'étain ou de plomb. Le polissage est obtenu sur des disques d'étain ou de zinc, au moyen de tripoli ou de potée d'étain (béryl, émeraude, zircon, tourmaline, quartz et ses variétés, améthyste, agates, jaspes, grenats). Souvent on use le grenat au moyen de sa propre poussière et on le polit sur le disque d'étain, avec du tripoli délayé dans de l'huile de vitriol.

Substances moins dures que le cristal de roche. — Opale, pierre de lune, pierre de soleil, turquoise, lapis, obsidienne ou verre des volcans. On les taille aussi sur des disques d'étain ou de plomb avec de l'émeri ; le polissage a lieu sur des disques d'étain ou de bois dur, au moyen de tripoli ou de pierre ponce réduite en poudre.

On emploie souvent aussi pour polir la potée d'étain, le colcothar ou rouge d'Angleterre, dont on enduit des lisières, du drap, du velours, de la soie, tendus sur des supports en bois ou en verre ; les substances trop tendres peuvent même être polies sur la main.

POUDRES A TAILLER, A POLIR

L'*égrisée* ou poudre de diamant, délayée dans de l'huile.

L'*émeri*. — L'émeri est une variété de corindon, le corps le plus dur après le diamant. Quelquefois translucide, souvent impur et compacte, mêlé de 10 à 50 0/0 d'oxyde de fer, il forme des bancs d'une grande puissance, à Naxos, Nicaria et Samos, îles de l'Archipel et de la Turquie d'Asie; à Éphèse, Asie Mineure; à Chester, dans le Massachusetts, Amérique du Nord; en Hongrie, en Chine, etc. On le broie à l'aide de pilons et de mortiers ou de moulins en acier. La poudre est placée dans un vase et recouverte de 8 ou 10 pouces d'eau. On la remue violemment, on la laisse déposer pendant *une heure;* on décante, au moyen d'un siphon, le liquide qui surnage et qu'on fait couler dans un vase plus large. Ce liquide est encore trouble, parce qu'il contient en suspension les parcelles les plus fines d'émeri; lorsque celles-ci tomberont de nouveau, elles fourniront l'*émeri d'une heure.* On remet de l'eau dans le premier vase; on agite derechef la masse qui en occupe le fond; puis on laisse le tout reposer pendant une demi-heure seulement; on décante de nouveau après ce temps, au moyen d'un siphon, et la nouvelle liqueur déposera de l'émeri d'*une demi-heure,* à grains déjà moins fins que celui que donnait l'intervalle d'une heure entière. Le premier résidu étendu d'eau une troisième fois, remué fortement, abandonné à lui-même pendant vingt minutes, laisse surnager une liqueur qui est décantée à son tour, et d'où se précipite de l'émeri de 20 minutes. Par des décantations analogues opérées sur les résidus successifs après des agitations suivies de repos, dont la durée va diminuant de plus en plus, on se procure des émeris de 15, de 10, de 5, de 3, de 2, de 1 minute, et même d'une demi-minute. Les derniers sont les plus grossiers, ceux qui servent à tailler rapidement les matières dont on ne craint pas d'arracher des morceaux trop volumineux. Les émeris de 20 minutes, d'une demi-heure, donnent des surfaces planes déjà douces au toucher, prêtes à recevoir le poli.

Souvent l'émeri est falsifié au moyen de poussière de grenat, ou d'autres pierres dures, et, ce qui est plus nuisible encore, au moyen de sable et de fer oligiste. C'est une fraude coupable, qui fait perdre beaucoup de temps aux lapidaires.

On doit à M. Lawrence Smith un moyen très précis d'estimer la dureté des émeris. En frottant l'un contre l'autre des morceaux à faces planes ou rendues planes, d'émeri en roche, on obtient une certaine quantité de poussière qu'on pèse. En comparant les poids de poudre donnés dans le même temps par des surfaces égales des matières essayées, on mesure exactement leurs duretés relatives.

Tripoli. Schiste à polir. — Il a pour densité 1,9 à 2,08. Il est formé de débris de carapaces d'infusoires, de nature siliceuse, agrégés en masses schisteuses, fragiles. On le rencontre en couches en Bohême, en Bavière, en Angleterre, en France, à Tripoli. A Randan, département du Puy-de-Dôme, on trouve sous la terre végétale des masses assez considérables d'une matière de ce genre.

Rouge à polir. — C'est du sesquioxyde de fer naturel, contenant souvent un peu d'alumine et de silice; on en fabrique d'artificiel en calcinant fortement à l'air du sulfate de fer, jusqu'à ce qu'on ait chassé l'acide sulfurique et l'eau. Il se forme dans plusieurs opérations chimiques industrielles.

Potée d'étain. — Bioxyde d'étain, qu'on obtient en calcinant à l'air de l'étain jusqu'à ce qu'il soit devenu presque blanc. Il ne reste ensuite qu'à le pulvériser, à le laver par décantation pour en retirer les parties les plus ténues, et débarrassées du métal qui n'aurait pas subi l'oxydation.

Les liquides qu'on emploie pour délayer ces poudres sont l'eau, l'huile, l'alcool, quelquefois l'acide sulfurique (huile de vitriol).

Partie mécanique. — Les disques à tailler, à polir, sont vissés sur des axes verticaux mis en mouvement par des courroies sans fin; celles-ci, en effet, s'enroulent d'une part sur une noix traversée par l'axe vertical qui supporte les disques, et de l'autre sur la gorge d'une roue horizontale emmenée par une manivelle qu'on fait tourner avec la main, ou au moyen de bielles qui reçoivent leurs mouvements de machines quelconques. Un établi sépare la manivelle et le disque des pièces destinées à engendrer la rotation. Pendant qu'il dirige la manivelle avec la main gauche, s'il n'a pas de machines à sa disposition, l'ouvrier appuie la pierre, rendue adhérente à un manche de bois au moyen du ciment de ciseleur, sur le disque enduit d'une des pâtes que nous avons indiquées plus haut.

Quelquefois il tient la pierre à la main entre le pouce et les deux doigts qui le suivent. Dans les appareils perfectionnés, au contraire, le manche de bois parcourt un axe vertical divisé en 90°, et peut être incliné sous l'angle qui convient à la direction où l'on veut tailler la facette.

Enfin, on a quelquefois aussi à forer une pierre. A Oberstein, où se polissent à si bon marché ces jolis bijoux que la mode rejette un peu trop dédaigneusement aujourd'hui, les tailleurs d'agate forent ces matières avec un petit diamant enchâssé dans de l'étain, au bout d'une tige de fer. Le diamant repose directement sur l'agate, et la tige de fer bute par son extrémité supérieure contre une pièce fixée par un bout, de manière à garder à peu près la direction horizontale, mais flexible, de telle façon que l'ouvrier la prenant par son extrémité sous le bras gauche, peut, en l'infléchissant plus ou moins, exercer à son aide la pression qu'il veut sur la pierre, tout en faisant tourner la tige de fer au moyen d'une sorte d'archet qui s'enroule autour d'elle.

La taille des agates est exécutée sur une assez grande échelle à Oberstein, et mérite d'être au moins indiquée. Cette petite ville d'Oberstein, si connue par sa vieille industrie, est située dans l'Oldenbourg, sur le flanc d'une montagne, et resserrée par la Nàhe, qui coule à ses pieds. Autrefois, ses environs et en particulier Galgenberg, fouillés au moyen de puits ou même de galeries souterraines,

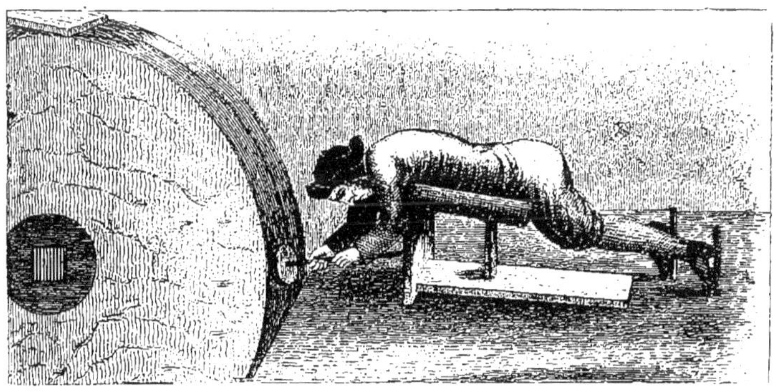

Figure 146. — Polissage des agates à Oberstein.

fournissaient presque toutes les pierres. Aujourd'hui le sol en est à peu près épuisé; mais un grand nombre de pays, jusqu'à l'Uruguay, fournissent à ses ateliers les matériaux de leur travail. Les eaux de la Nahe en font comme jadis tourner les meules. Les ouvriers sont littéralement couchés; ils ont le ventre et l'estomac soutenus par un siège de forme convenable, et leurs pieds butent contre deux piquets. Ils maintiennent les agates cimentées au bout d'un manche contre les meules, qui tournent devant eux de haut en bas à une distance commode, et ils peuvent sans trop de fatigue exercer sur la pierre la pression indispensable au frottement et à l'usure qui en résulte.

CHAPITRE X

DE L'EMPLOI DES GEMMES

DANS LES ARTS ET DANS L'INDUSTRIE

Le nombre des industries qui se servent de pierres précieuses est assez restreint, et, de plus, elles n'en utilisent guère qu'une douzaine. Nous ne parlons bien entendu que des pierres dures ; malgré leur prix élevé, les quelques pierres tendres qui entrent dans le travail et l'ornementation des bijoux ne peuvent être considérées comme des pierres précieuses, et nous sortirions du sujet de notre livre, si nous décrivions leur usage dans l'art décoratif et l'architecture.

L'HORLOGERIE

C'est vers l'année 1700 que pour la première fois les horlogers se servirent des pierres précieuses pour les trous destinés à recevoir les pivots des derniers mobiles des chronomètres et des montres.

L'art de les percer pour cet usage est attribué au Genevois Flatio.

On atténue ainsi les inconvénients qu'entraîne l'emploi

de l'huile; car leur grande dureté permet de leur donner un poli irréprochable, et les garantit de l'usure produite par les frottements des pivots d'acier trempé.

Il est hors de doute que le diamant donnerait les meilleurs résultats; mais, outre sa grande valeur intrinsèque, le prix élevé du forage le fait rejeter; on ne l'emploie que comme contre-pivot, parce qu'alors on n'est point obligé de le percer et qu'on peut se servir de roses de peu de prix.

On se contente du rubis et parfois du grenat, que quelques fabricants peu scrupuleux remplacent même tout simplement par du verre de couleur.

Dans les montres, on emploie aussi le rubis, et parfois, mais rarement, le saphir pour les levées et le doigt de l'échappement à ancre; on a fait aussi des tuiles de cylindres en rubis, mais la difficulté d'exécution et son prix élevé y ont fait renoncer; en rubis également on a fait des palettes d'échappement à verge, genre d'échappement aujourd'hui abandonné. Mentionnons aussi les pignons en rubis d'un horloger distingué, M. Ingold; l'usage ne s'en est point répandu, on comprend pourquoi.

Dans les pendules on fait des levées d'échappement à ancre de Graham en saphir, en agate, en cornaline et même en silex; bien entendu c'est la plus dure et la plus homogène de ces pierres qui doit être préférée.

Dans l'échappement à rouleaux de M. Brocot les levées qui se composent de deux demi-cylindres sont ordinairement en acier, mais dans la plupart des pendules dites à échappement visible, ces demi-cylindres sont en rubis ou plus communément en cornaline.

VITRERIE

Les vitriers se servent, pour couper le verre, de diamants bruts dont les formes vigoureuses présentent des pointes très arrêtées, dites pointes naïves.

Ces pointes doivent présenter une surface curviligne, mais leur tranchant ne doit point être produit artificiellement; il doit provenir d'une cassure naturelle. Les grandes seulement servent à couper les glaces; elles sont très recherchées.

GRAVURE ET FORAGE

Les graveurs emploient pour le tracé de leurs dessins sur pierres fines des diamants nommés *pointes*. Ces diamants sortent des déchets du clivage et doivent être naturellement pointus.

On se sert du diamant et particulièrement du diamant opaque ou *carbonado* pour le percement des tunnels.

TRÉFILERIE

Les filières d'acier employées dans la tréfilerie des fils de cuivre et d'argent, de cuivre argenté et doré, et d'argent doré pour la broderie et la passementerie, s'usent et se déforment avec une telle rapidité, qu'on a dû y substituer des filières en pierres dures telles que diamants, saphirs, rubis, chrysolithes, etc.

On affecte généralement à cet usage des rubis que leurs couleurs souillées font rejeter par les lapidaires; mais le diamant, à cause de sa dureté, est préférable, puisqu'il résiste presque indéfiniment aux frottements exercés par l'étirage des fils.

Son prix excessif fait qu'on ne l'emploie que pour donner au fil sa dernière passe ; on obtient ainsi un fil dont la longueur atteint parfois plusieurs kilomètres, et qui prend dans toutes ses parties un diamètre uniforme et un poli brillant comparable au bruni.

Les trous de ces filières, percés et polis selon les procédés ordinaires des lapidaires, sont de forme conique avec des bords légèrement arrondis pour faciliter l'entrée et la sortie du fil.

En 1819 un industriel anglais, M. Brokedo, prit à Londres un brevet pour la fabrication de ces filières.

OUTILS A BRUNIR LES MÉTAUX

Certains outils à brunir les métaux sont en pierres dures (agate, silex, hématite). Nous en parlerons à ces différentes espèces de pierres.

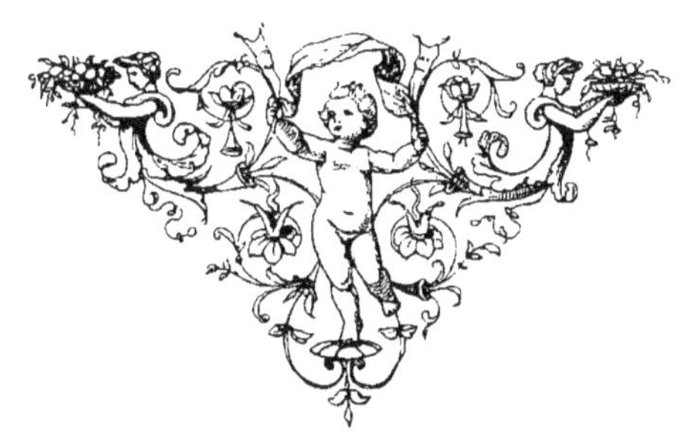

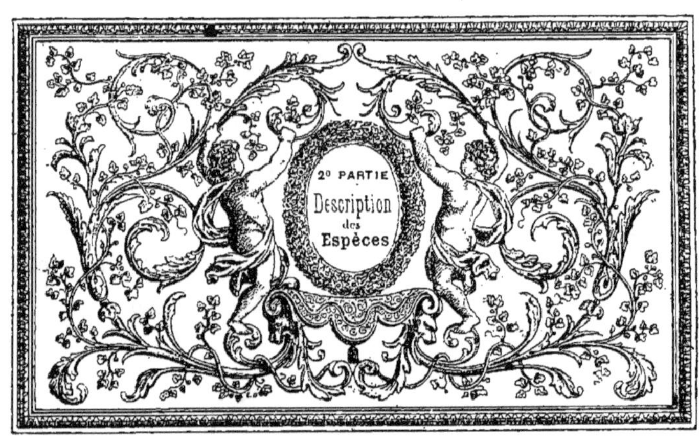
2e PARTIE
Description
des
Espèces

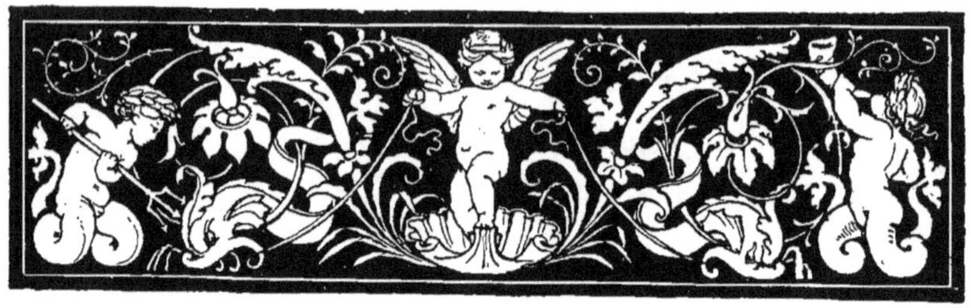

PREMIÈRE SECTION

CHAPITRE PREMIER

HISTOIRE DE LA NOMENCLATURE DES PIERRES PRÉCIEUSES

§ 1. — **Chez les Hindous.**

On trouve dans la langue sanskrite quelques noms de pierres précieuses. Le met *Vajra* y désigne à la fois le diamant et la foudre.

Le nom de l'émeraude dans cette langue est *Mârakata* : « Crichna resplendissait comme une émeraude entre chaque couple de pierreries jaunes » (tiré des *Amours de Crichna avec les Gobîs,* traduit du sanskrit par M. Hauvette-Besnault). Crichna est toujours représenté avec le corps bleu ; mais il est vêtu de jaune.

Nilamuni est le nom sanskrit du saphir. *Nil* veut dire bleu, comme on le voit dans le mot *Nilguerries*, montagnes Bleues.

Malheureusement, ces mots se trouvent surtout dans des œuvres littéraires, sans doute fort anciennes, mais remaniées par des écrivains qui, eux, ne datent peut-être pas de plus de dix siècles.

Un mot sanskrit, *Açmagarbha*, paraît à M. Littré l'origine des mots *smaragdos* et *smaragdus*.

§ 2. — Chez les Hébreux.

L'*Exode*, traduction des *Septante*, chapitre XXVIII, décrit les vêtements que devra porter le grand-prêtre. Au verset 9, Dieu dit à Moïse : « Et tu prendras deux pierres, deux pierres d'émeraude, et tu y graveras les noms des fils d'Israël ». Outre ces deux pierres placées sur les épaules du superhuméral ou éphod, l'*Exode* en nomme encore douze autres, aux versets 15 et suivants : « Et tu feras le rational des jugements, comme le superhuméral, tu le feras d'or, d'hyacinthe, de pourpre, de coccus tordu, et de lin tordu ; tu le feras carré… et tu feras entrer dans le tissu douze pierres sur quatre rangs (fig. 150).

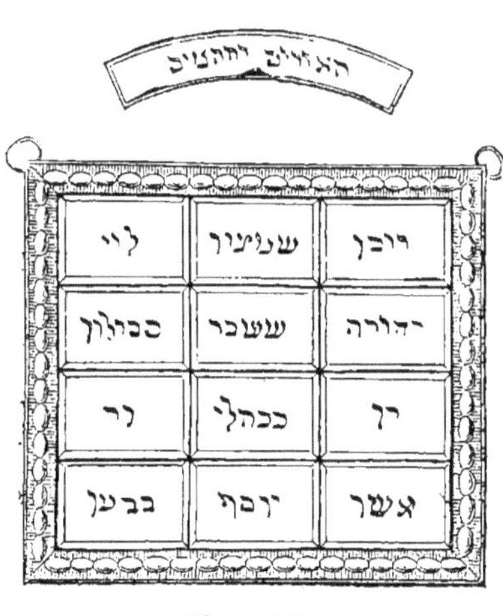

Figure 150.

Au premier rang : *Sardios*, *Topazion*, et *Smaragdos;* au deuxième *Anthrax*, *Sappheiros* et *Japsis;* au troisième *Luggourion*, *Achates*, *Amethuson;* au quatrième *Chrusolithos*, *Bêrullos*, et *Onuchios*.

Sur ces douze pierres étaient gravés les noms des

douze tribus d'Israël par ordre d'ancienneté. Dans l'Ancien Testament, il est enfin souvent parlé du saphir.

On a beaucoup discuté à différentes époques sur la question de savoir si ces noms s'appliquaient aux pierres qui les portaient encore. Flavius Josèphe, dans ses *Antiquités juives*, les cite toutes, mais en intervertissant l'ordre des deux dernières aux trois derniers rangs.

Voici les noms en hébreu avec leur traduction en français, de ces douze pierres, d'après les auteurs d'antiquités juives, et en particulier d'après Keil, *Bibl. archéologie*, 1875, p. 179.

Odém.	Sardoine ou anthrax.
Pidtah.	Topaze.
Baréket.	Émeraude.
Nofékh.	Rubis.
Saphir.	Saphir.
Iahlom.	Diamant ou onyx.
Lésom.	Hyacinthe ou opale.
Sebo.	Agate.
Ahlema.	Améthyste.
Tarsis.	Chrysolithe.
Soham.	Béryl.
Iaschefah.	Jaspe.

Les deux mots inscrits sur la plaque au-dessus du cadre, *Ourim we toummim*, signifient : lumière et perfection, c'est-à-dire intégrité.

D'après saint Épiphane, la première pierre était d'un rouge de sang, la seconde verte; la troisième était l'émeraude; la quatrième de couleur grenade; la cinquième d'un pourpre noir; la sixième d'un vert sombre; la septième, de couleur hyacinthe; la huitième d'un bleu foncé; la neuvième violette; la dixième d'un jaune d'or; la onzième d'un vert d'eau; la douzième jaune.

Il n'y a pas à ce sujet d'opinion officielle chez les Juifs.

§ 3. — Chez les Égyptiens.

Les Égyptiens connurent évidemment de bonne heure un assez grand nombre de pierres. Au milieu d'un grand nombre d'objets de toilette tirés des tombeaux ou de fouilles exécutées dans des lieux antiques, on remarque avant tout le lapis-lazuli et l'albâtre; puis, la cornaline employée en chaton pour des bagues, des grains d'ambre, d'améthyste, et surtout des imitations en verre de différentes pierres précieuses et des fameux vases murrhins. Il est certain qu'à leur sortie d'Égypte, les Israélites, comme les Égyptiens, connaissaient beaucoup de matières précieuses, ainsi que l'art de les travailler.

§ 4. — Chez les Grecs, les Latins, les Arabes, et pendant le Moyen Age.

L'étude de cette nomenclature est des plus intéressantes, et fait connaître l'origine de la plupart des noms qui sont encore usités de nos jours, mais après avoir bien souvent passé d'une pierre à une autre; elle nous montre que nous appelons lapis-lazuli le saphir de toute l'antiquité, topaze ce que Pline appelait chrysolithe, et péridot ce qu'il nommait topaze.

Dans les premiers temps de la Grèce, on a employé sans

doute les pierres comme parures; les épopées d'Homère les mentionnent plus d'une fois; mais on n'y trouve ni une désignation particulière, ni une description de propriétés spéciales. Homère mentionne en passant un collier d'ambre clair, brillant comme le soleil, donné à Pénélope par Eurymachus, une parure pour les oreilles. Vers le VIIe siècle avant Jésus-Christ Théodose le Jeune, de Samos, s'illustre comme tailleur-sculpteur de pierres fines; mais il faut arriver à Théophraste pour trouver un premier classement général.

Pour faciliter l'intelligence de ce qui va suivre, nous rapprocherons les unes des autres les pierres de couleurs voisines.

PIERRES VERTES

1° **Les Émeraudes.** — *Théophraste :* L'émeraude a la même couleur que l'eau... Elle plaît beaucoup aux yeux. Elle a peu de masse... C'est dans une île située en face de Carthage qu'on trouve les plus précieuses... On leur attribue la même valeur qu'aux chrysocolles; car elles ont la même couleur. Mais les chrysocolles abondent même dans les mines d'or, et surtout dans celles de cuivre. L'émeraude est rare; elle paraît naître du jaspe; on en trouve à Cypre, qui sont en partie jaspes, en partie émeraudes; il faut les travailler pour leur donner de la clarté.

Strabon. — Les Hindous promenaient dans les pompes solennelles, outre les éléphants ornés d'or et d'argent, des vases à boire, des coupes, etc., la plupart ornés d'émeraudes, de béryls, d'anthrax.

Pline. — Il n'est point de pierre dont l'aspect soit plus

agréable... Aussi avait-on posé en loi qu'on ne les graverait pas...

Les plus belles sont les scythiques (celles de Sibérie?); puis d'autres qui ont le défaut d'être ou obscures (cæci), ou massives, traversées par des nuages, ou blanchâtres sur certains points : celles de la Bactriane (Turkestan), qu'on retire des fentes des rochers; celles d'Égypte, qu'on trouve aux environs de Coptos, ville de la Thébaïde... celles des mines de cuivre, émeraudes de Cypre... celles d'Éthiopie, les Attiques, celles de Thorique, celles des mines de cuivre de Chalcédoine, toujours très petites, sans valeur, semblables à la queue verte des paons, aux plumes du cou des colombes. Il cite enfin quelques-unes des émeraudes connues de son temps, celle entre autres dont était formé le Sérapis, haut de 9 coudées, mais en faisant remarquer qu'il pouvait y avoir là-dedans des pierres fausses.

Héliodore. — Dans les *Éthiopiques*, il place les mines d'émeraude d'Égypte aux confins de ce pays et de l'Éthiopie, au N.-E. de Syène et de Philæ, près de la mer Rouge.

La couleur verte de l'émeraude n'a été contestée par personne; bien plus, elle a servi chez tous les peuples de terme de comparaison. C'est un des noms de pierres qui changent le moins avec les différents peuples.

Qu'est-ce que sont devenus ces noms chez les modernes?

Au temps de Pline, on appelait émeraudes toutes les pierres d'un beau vert pré. Celles d'Égypte, connues de toute l'antiquité, ont gardé leur nom. Les scythiques de Pline sont sans doute celles de Sibérie.

Le tanos est-il notre turquoise? Beaucoup sont évidemment des matières cuprifères (dioptase? chrysocolle), comme Théophraste nous en a prévenus. Les pyrites de cuivre irisées sont encore souvent qualifiées des épithètes *gorge de pigeon, queue de paon*. Enfin, un certain nombre des émeraudes des anciens devaient être des jaspes ou des verres colorés.

2° **Béryl.** — Le bêrullos des Grecs, *beryllus* des Latins, est bien notre béryl. Pline le décrit fort bien : aux yeux de beaucoup, les béryls ont la même nature que les émeraudes, ou leur ressemblent... Ils viennent presque tous de l'Inde... Les plus estimés imitent le vert d'une mer transparente... Au dire de quelques-uns, ils ont naturellement leur forme hexaédrique...

Il est remarquable que dès les temps anciens on ait si bien rapproché l'un de l'autre le béryl et l'émeraude.

3° **Topaze des Anciens.** — Un des écrivains qui ont pris le pseudonyme d'Orphée et, plus tard, Agatharchide, ont dit des topazes qu'elles sont semblables au verre. Diodore ajoute qu'on y remarque en outre un reflet d'or étonnant. Strabon les décrit comme pierres transparentes, ayant l'aspect et l'éclat de l'or. Elles provenaient, suivant le grand géographe, de l'île Ophiode, infestée de serpents et située derrière le golfe Immundus, non loin des mines d'émeraude, sur la côte d'Éthiopie. Les rois d'Égypte entretenaient une troupe d'hommes destinés les uns à rechercher, les autres à garder les topazes. Pline attribue aussi à cette pierre une couleur verte; il nous apprend qu'aucune n'était plus habilement contrefaite au moyen du verre, et que, seule parmi les pierres nobles, elle se laisse entamer par la lime et user par le frottement.

Pendant de longs siècles, les écrivains ont copié Pline à l'envi. Cardan fait cette observation fort juste dans son traité *de Subtilitate : Tout ce qu'on trouve dans Pline sur la topaze est vrai de notre chrysolithe; car ce dernier ne résiste pas à la lime; il a un certain éclat d'or, mais d'or impur; il tire sur le vert, et peut se polir sur la roue d'étain à cause de son peu de dureté. On l'appelle pirodotus, et les lapidaires répètent cet adage : c'est avoir trop de pirodot, que d'en avoir un* (1).

Dès l'an 1200, on appelait *peritot* une pierre qui se montait en bague. En 1416, l'inventaire du duc de Berry mentionne une pierre appelée *peridon*.

Si on prend Pline et les anciens au pied de la lettre, leur topaze est notre péridot, car notre topaze n'a rien de vert. Plus tard, ce nom a passé à la pierre à laquelle nous le donnons aujourd'hui. Dès 630, saint Isidore, évêque de Séville, disait que *cette pierre a la même couleur que le vin des Gaules, celui qui n'est pas rouge;* en 1580, Bernard Palissy écrivait : *Ie comprens entre les pierres jaunes les pierres rares aussi bien que les communes, comme la topasse* (2).

4° **Prase**. — Théophraste dit que la *Prasitis est une pierre de peu de valeur, dont la couleur ressemble à la rouille de l'airain.* Pline distingue dans le prasius une variété qui repousse à cause de ses taches sanguinolentes, et place au-dessus de lui la *chrysoprase* qui rappelle aussi le suc du poireau, mais qui tire en même temps sur la couleur de l'or. Ces définitions s'appliquent aux pierres actuelles du même nom.

5° **Jaspe**. — Ce mot est d'origine orientale. En hébreu, on trouve le mot jaschcfah. Pline donne ce nom à des

(1) CARDAN, *de Subtilitate*, caput *de Lapidibus*, 1550.

(2) BERNARD PALISSY, *Œuvres réunies* par CAP, p. 285, dans le *Discours admirable*.

matières plus ou moins transparentes, vertes ou d'une autre couleur, qui sont nos agates.

6° **Molochites.** — La molochite, d'un vert plus épais, plus foncé que l'émeraude, a la couleur de la mauve (molochè, en grec). On l'appelle aujourd'hui *malachite.*

7° **Callaïs.** — Enfin, on pourrait citer la callaïs de Pline, pierre d'un vert pâle, très grande, fragile, spongieuse, pleine d'impuretés, sans valeur. On ne sait trop à quoi elle correspond. Est-ce à notre turquoise?

PIERRES JAUNES

1° **Chrysolithe.** — D'après Pline, c'est une pierre transparente, dure, qui a l'éclat de l'or. Saint Épiphane y reconnaît le même éclat. Pline reconnaît dans certains une teinte verdâtre, et les place dans le groupe des béryls.

2° **Xanthes.** — D'après Théophraste, la pierre porte le nom de la couleur appelée xanthos (jaune) par les Doriens.

Cette dernière description est trop courte pour être utile. Les chrysolithes purement jaunes peuvent être la chrysolithe orientale et la topaze des modernes.

Les variétés de chrysolithes dans lesquelles les anciens reconnaissaient une teinte verdâtre, représenteraient bien notre chrysobéryl ou cymophane.

Quant au lyncurion, serait-ce une tourmaline?

PIERRES BLEUES

Nos belles pierres bleues sont : le *diamant bleu*, excessivement rare; le *saphir*, qui n'est rayé que par le diamant, et qui est transparent; le lapis-lazuli, beaucoup moins dur, opaque, et traversé souvent de veines de pyrites d'un jaune d'or. Le mot saphir se retrouve dans toutes les langues européennes et dans celles des peuples de l'Orient. Sappheiros chez les Grecs, saphirus chez les Latins, safir ou saphir chez les Hébreux, et, d'après Abraham Ecchellensis, safilo en Syrie, safir chez les Arabes.

Pierres bleues de Théophraste : Le SAPHIR et le CYANUS natif. Le saphir est ponctué en quelque sorte d'étincelles d'or; il n'est pas très éloigné du cyanus mâle, le plus noir. Quant au cyanus, il renferme du chrysocolle. Le meilleur est l'égyptien... un roi d'Égypte l'a imité au moyen du verre.

Voici les pierres bleues de Pline :

Le Diamant de Cypre. — Il tire sur l'azur, ou couleur aérienne (1).

Les Cyanos, dont le charme est dû à leur couleur d'azur. Ils viennent de Scythie, de Cypre ou d'Égypte. Quelques-uns renferment une poussière d'or différente de celle des saphirs.

Les Saphirs. — Dans les saphirs, c'est sur un fond d'or que brillent des points à couleur d'azur. Les plus beaux, qui ont du pourpre dans leur teinte, viennent de la Médie; nulle part ils ne sont transparents. Les nœuds cristallins qu'ils renferment les rendent impropres à la taille. On regarde comme mâles ceux qui sont de couleur bleue.

Les Jaspes bleus. — De couleur semblable à l'air en Perse, c'est l'aérizuse; bleu aux alentours du fleuve Thermodoon; en Cappadoce, il est d'un bleu d'azur purpurin, mais mat... On donne le quatrième rang à celui qu'on ap-

(1) Couleur du ciel d'Italie, plus bleu que le nôtre.

pelle borée; il ressemble au ciel d'une matinée d'automne; il ressemble aussi au sarde; il imite en même temps les violettes.

La définition vague donnée du saphir par Théophraste a été un peu étendue par Pline, et copiée par saint Épiphane au IVe siècle, par Macer ou Marbodus, vers l'an 1000, et même par Agricola au milieu du XVe siècle. D'après cette définition, le saphir des anciens est sans aucun doute notre lapis-lazuli, semblable à un ciel d'azur, semé d'étoiles d'or. Notre saphir est-il le cyanus de Théophraste, et le diamant à couleur aérienne ou l'un des jaspes transparents de Pline?

De Laët a émis l'opinion que le saphir des modernes était l'hyacinthe de saint Épiphane. Pline assignait à l'hyacinthe une couleur violette, comme à la fleur dont elle porte le nom. Nous ne pouvons répéter tout ce que les poètes ont dit de cette fleur, où les uns lisaient la lettre Υ, la première du nom du malheureux fils d'Amyclas (Ὑάκινθος), les autres les syllabes AI, AI, qui rappelaient la métamorphose de ce jeune prince, ou, suivant une autre légende, l'infortune d'Ajax (Αἴας). Quant à sa couleur, elle était rouge pour Virgile et Dioscoride; violette pour Pline.

Un contemporain de Pline, Columelle, reconnaissait qu'outre les rouges, il y en a de blanches et de bleues. Cette fleur était bleue d'après saint Isidore de Séville. D'un autre côté, dans la Bible, il est souvent question de l'hyacinthe, comme de l'une des couleurs qui ornaient les vêtements des prêtres israélites. L'historien Josèphe en fait le symbole de l'air à cause de sa nuance; mais il y a lieu de croire que le tissu d'hyacinthe était en fils d'or. La fleur et la matière colorante n'indiquent donc rien de bien net.

Revenons à notre pierre. Solin, au milieu du IIIe, du IVe siècle, peut-être, signalait, comme pierre, *parmi les choses d'Éthiopie une hyacinthe bleue*, et disait à ce propos *qu'il y en a d'un violet lavé*. Saint Épiphane divisait les hyacinthes en *thalassites ou marines*, *roses*... *rouges*.

Notre saphir pouvait être l'hyacinthe bleue de Solin, ou marine de saint Épiphane; mais non pas l'hyacinthe de Pline.

Le nom de notre saphir chez les peuples orientaux fait comprendre pourquoi saint Épiphane faisait de cette pierre une hyacinthe (1).

En 1647, un des professeurs du Collège de France, Abraham Ecchellensis, a montré que les Arabes donnaient le nom d'iacut à tout un groupe de pierres, et qu'ils les distinguaient les unes des autres au moyen d'adjectifs désignant leurs couleurs. Il citait entre autres exemples une épigramme du poète Abuphal Zohair : « Vois le narcisse luxuriant dans les prés; ses rameaux sont couverts de belles fleurs. Au milieu est imprimé l'iacut jaune orné de six anneaux qui l'entourent (2). » Ben Mansur nous a transmis plus complètement les divisions du groupe des iacut, qui correspondrait à très peu près à celui de nos corindons. Ces pierres ne sont rayées que par le diamant (et par la cornaline?). Elles n'ont d'égal pour l'éclat que le laal de Dedaschan: elles sont plus pesantes que les autres. Quant au laal, on ne sait trop ce que c'était. L'iacut bleu est donc notre saphir.

(1) De Laet, *de Lapidibus*, chap. VI : *de Saphiro*, 1647.

(2) Abraham Ecchellensis, traduction latine du livre manuscrit : *De proprietatibus et virtutibus animalium... ac gemmarum*, par Habdarrhaman, *Ægyptius asiuntensis*, 1647. Ce manuscrit provenait de la bibliothèque de Mazarin.

Quel rapport y a-t-il au point de vue philologique entre le mot *Iacut* de l'Orient, et le mot hyacinthos ou hyacinthus des Grecs et des Romains? C'est là une question d'histoire des races et des langues, dont la solution ne nous paraît pas encore trouvée, et dont la discussion ne pourrait pas être abordée dans ce livre.

Lapis-lazuli. — L'origine de nos dénominations lazulite, lapis-lazuli, pierre d'Azul, est parfaitement établie. Toutes dérivent du mot arabe lazoud. Les Persans disent lâzur.

En résumé, il est surprenant que les peuples orientaux, sans connaître la composition chimique de ces matières, les aient si bien classées. Ils appelaient saphir, comme les Grecs et les Romains, la pierre opaque à couleur de lazoud ou de lâzur.

Ils appelaient iacut bleu notre saphir; mais comment étaient-ils parvenus à réunir cette pierre aux autres variétés de notre corindon? L'éclat et la dureté sans doute les avaient heureusement guidés. Cette classification anticipée date probablement de loin; c'est d'elle évidemment que se sont inspirés Solin et saint Épiphane.

PIERRES VIOLETTES

Hyacinthe. — L'hyacinthe de Pline était de cette couleur, comme nous venons de le dire, mais d'un violet plus lavé que celui de l'améthyste. Plusieurs des variétés du groupe appelé hyacinthe par les autres auteurs anciens avaient aussi des nuances analogues. Le nom de ce groupe est resté dans la langue des lapidaires et dans la minéralogie. Marbodus disait encore vers le XIe siècle : « L'hyacinthe comprend trois espèces : les grenati, de couleur rousse, les citrini, et les veneti de couleur d'azur. Camillus Lenoardus, en 1509, admet les trois espèces : rouge, bleue, couleur d'or, en ajoutant que toutes ont quelque chose de jaune.

Aujourd'hui le nom d'hyacinthe, écrit par quelques-uns jacinthe, est donné à des pierres d'un rouge orangé.

Améthyste.—L'*Améthuston* de Théophraste présente la couleur du vin ou mieux celle du raisin mûr. Cette pierre doit son nom, d'après Pline, à ce que le foncé de sa nuance ne va pas jusqu'à reproduire celle du vin. Son feu s'arrête au violet... La couleur d'une variété s'abaisse à celle de l'hyacinthe.

Une améthyste de premier rang doit, lorsqu'on la regarde d'en dessous, offrir un léger éclat rosé au milieu d'une couleur pourpre.

Évidemment, les belles améthystes des anciens étaient plutôt en général des corindons violets, nos améthystes orientales, que des améthystes proprement dites ou quartz violets.

PIERRES ROUGES

D'après Théophraste : —L'*Anthrax*, engendré de principes en quelque sorte contraires au spinus. On en fait des cachets... Exposé au soleil, il a la couleur du charbon embrasé ; c'est le genre le plus précieux... On l'apporte de Carthage et de Marseille. Celui des environs de Milet n'est pas ardent ; il est anguleux ; on en trouve d'hexagonaux ; on l'appelle aussi anthrax, ce qui est étonnant ; il a quelque chose du diamant. Ici on reconnaît l'éclat et la forme du rubis oriental des modernes.

Le *Sardion*. — Il est transparent. Le sardion femelle est plus rouge ; le mâle, d'un rouge plus noir.

Le *Luncourion* est plus jaune et plus pâle. On en fait des cachets. Il est très solide ; il attire, dit-on, l'airain et le fer ; il est léger.

D'après Pline : — Le *Lyncurion*, très solide, attire comme le succin, non seulement des fétus, mais aussi de la limaille de fer, suivant Dioclès. Il est transparent et a beaucoup de feu.

Le *Carbunculus*. — Il y a douze genres de *Carbunculi*. Au premier rang les escarboucles, ainsi appelées à cause de leur ressemblance avec la flamme, dont elles ne sentent pas l'atteinte. Ils comprennent les *indiques* et les *garamantiques* ou *carchédoniens*, dont le nom rappelle l'opulence de la grande Carthage. On y réunit les æthiopiques et les alabandiques, nés sur les roches orthosiennes et travaillés à *Alabanda*. Dans tous on trouve des mâles, à feu plus vif, des femelles, dont le feu est plus languissant... Ceux des Indes, à éclat plus languissant et plus livide, sont appelés *Lithizontes*. Ceux de Carthage sont plus petits... Les alabandiques sont plus noirs et plus raboteux. Il y en a en *Thrace* qui ne ressentent pas les atteintes du feu... Ceux de *Trézène* montrent des taches blanches au milieu de leurs couleurs variées. Il en est de même de ceux de *Corinthe*, plus pâles et plus blancs. Au dire de Bocchus, on en importe ici de *Marseille* et aussi de *Lisbonne*. On est souvent trompé par les matières qui sont placées sous ces pierres et qu'on aperçoit au travers de leur masse... On contrefait les escarboucles à s'y méprendre avec du verre. On reconnaît les imitations comme toutes les pierres fausses sur la pierre à rasoir. On les reconnaît aussi à la limaille qu'elles renferment, à leur poids qui est faible comme dans le verre.

Anthracitis. — Matières semblables à du charbon. Leur couleur est aussi celle de la flamme.

Lychnites. — Son éclat se rapproche de celui des lampes. Elle est cependant plus belle ; des environs d'Orthosie et de Carie... la plus estimée vient de l'Inde. C'est un carbunculus d'un genre moins relevé. Échauffée par le soleil ou le contact des doigts, elle attire la paille et les feuilles de papier.

Chalcédoine. — Fragile, veinée, semblable à un charbon qui s'éteint, elle naît chez les Nasamons et en Égypte... On en fait des vases à boire, comme avec les lychnites. Toutes ces pierres résistent à la gravure et emportent une partie de la cire, quand elles servent de cachets.

Sarda. — La sarde, au contraire, est très utile pour la fabrication des cachets. Trouvée d'abord à Sardes... Celles de l'Inde sont transparentes; il en est de plus grossières en Arabie... Aucune pierre n'a été plus employée par les anciens. On dédaigne celles qui ont la couleur du miel, et plus encore celles qui ont la couleur de la terre cuite.

Sardonyx. — Cette dénomination implique le blanc de l'onyx et le rouge de la sarde. Elle imite l'ongle sur la chair du doigt humain. Le sardonyx est transparent. Il en est où il n'y a pas trace de rouge (les arabiques). La couleur associée au blanc est noire, imitant le bleu... Dans quelques sardonyx, les couleurs sont disposées en cercles.

Pline rappelle, en parlant de l'onyx, qu'elle a emprunté son nom à la pierre de Carmanie (alabastrite). L'onyx de l'Inde décrit par Zénothème offre bien des couleurs, celle du feu, celle de la corne, la couleur noire, qui peuvent être entourées de cercles blancs comme dans l'œil...

Macer. — Au moyen âge, Marbodus ou Macer employait déjà vers l'an 1000 le mot de grenat pour désigner une hyacinthe de couleur rousse.

D'après Cornarius. — Les carbunculus de Pline, disait Janus Cornarius en 1540, comprennent : 1° le *Carbunculus;* 2° le *rubis;* 3° le *Balaustium* (1), dont le nom rappelle la ressemblance de sa couleur avec celles des fleurs de grenade champêtre, et a donné naissance par corruption au mot *Balasius;* 4° le *Rubithites,* ou *spinelle;* 5° le *grenat.*

D'après Garcias ab Horto. — Dans l'ouvrage intitulé *Aromatum et simplicium aliquot medicamentorum apud Indos nascentium historia, a Garcias ab Horto, Proregis Indiæ medico,* nous lisons que dans l'Inde les grenats et les hyacinthes se vendaient à vil prix, bien qu'on les ait placés dans le groupe des rubis. Le *grenat* venait du royaume de Cambaye et de Balaguate; l'*hyacinthe,* d'un rouge orangé, venait de Cananor et de Calicut. Le *spinelle* est plus rouge que le rubis, mais il n'a pas la splendeur du rubis. Le rubis, appelé iacut (rouge) par les Arabes et les Persans (2), est nommé *Manica* dans l'Inde. On en trouve qui sont à moitié rubis, à moitié saphirs, que les Hindous désignent par le mot *Nilacandi.* Ce mot a le sens de *saphir-rubis.*

D'après Boetius de Boot. — Dans son livre des Pierres et Pierreries, l'auteur divise les pierres rouges en escarboucles et grenats. Les escarboucles vraies, dit-il, brillent la nuit. A la vérité, ni Garcias ab Horto, ni moi, n'en avons vu, mais ce n'est pas une raison pour qu'il n'en existe pas. Le *rubis vrai* a une couleur écarlate, ou d'un

(1) Ce nom de *Balauste* est, en effet, celui des fleurs rouges du *Punica granatum.*

(2) Non pas simplement l'*Iacut,* mais l'*Iacut* rouge, comme l'a fait observer Abraham Ecchellensis, *loc. cit.*

rouge carmin, peu de couleur azurée au bout de son feu. Dans le *balais*, un peu de bleu se mêle au rouge; le *spinelle*, plus rouge que le balais, n'a pas la splendeur du vrai rubis... Les *rubaces* ou *rubicelles* se placent entre les spinelles et les hyacinthes.

Dans les *grenats* on distingue les orientaux et les occidentaux. Les *orientaux* portent, disait-il, un jour rouge jaune comme le feu, et semblent avoir la couleur du vermillon naturel, ce qui les a fait appeler VERMEILLES par les Français. Il y en a de trois genres, les uns de la couleur d'un sang noir, les autres passant aux *hyacinthes* et devenant même ce que les Italiens nommaient *Iacinta la bella*, lorsqu'à leur rouge se mêle trop de jaune; enfin, ceux où le rouge est mêlé de la couleur violette de mars, formant le genre *Rubino della rocha* des joailliers italiens.

Des occidentaux, quelques-uns, de couleur plus délavée, comme ceux d'Espagne, portent la couleur d'un grain de grenade, et imitent une flamme brillante. Quelques autres portent un jour rouge jaune de couleur forte, qu'ils ne peuvent pas perdre au feu (*grenats de Bohème*). Ils sont d'un rouge tellement foncé, qu'on est obligé de les creuser et de mettre en dessous une feuille d'argent. Ils se trouvent auprès de Balnea Teplicentia et de Bilina (Tœplitz et Bilin). Ils sont semblables à des charbons ardents... En outre, il y en a qu'on nomme *isérins*, d'Iser en Silésie; ceux-ci sont raboteux, rarement d'une transparence parfaite. Telle est la division établie dans les grenats au temps de Boëtius.

Nous n'avons pas suivi dans un paragraphe spécial les noms employés au moyen âge, parce que la plupart sont ceux des anciens, accompagnés de définitions copiées généralement dans Pline; nous avons montré chemin faisant les progrès, bien peu rapides, qui se sont accomplis pendant cette longue période. Il est inutile d'énumérer les propriétés secrètes que tant d'alchimistes et même de savants ou plutôt d'érudits attribuaient aux pierres. Il nous suffira de signaler les sympathies qu'on prétendait exister entre les pierres, les métaux et les sept planètes. La turquoise et le plomb étaient consacrés à Saturne ; la cornaline et l'étain à Jupiter ; l'émeraude et le fer à Mars ; le diamant ou le saphir et l'or au Soleil ; l'améthyste et le cuivre à Vénus ; l'aimant et le vif-argent à Mercure ; le cristal et l'argent à la Lune.

§ 5. — Chez les Modernes.

L'histoire de la nomenclature développée dans les paragraphes précédents montre que les noms des pierres se sont multipliés au fur et à mesure qu'on a commencé à observer mieux leurs qualités. Déjà, au temps de Boëtius, on divisait les pierres rouges en rubis et grenats. On distinguait le spinelle et le rubis balais du rubis proprement dit. Mais tout ce classement ne reposait que sur des caractères souvent difficiles à saisir.

L'observation des couleurs seules avait amené Pline et les anciens à confondre sous le nom d'émeraudes ou de jaspes une foule de pierres vertes qui n'ont rien de commun les unes avec les autres.

Il fallait, pour débrouiller tout ce chaos, la connaissance des grands principes scientifiques, dont la découverte était réservée à la fin du siècle dernier et au commencement du nôtre. Il fallait connaître la composition chimique des corps et leurs formes cristallines.

Nous ne pouvons plus aujourd'hui, malgré la ressemblance de leurs couleurs, réunir l'émeraude du Pérou, qui est un silicate d'alumine et de glucine, à l'émeraude orientale composée uniquement d'alumine, aux chrysocolles, dioptases, qui renferment de l'alumine et du cuivre, à des jaspes qui ne sont que des variétés de silice.

On ne peut non plus laisser dans un même groupe le rubis où il n'entre guère que de l'alumine et les grenats à composition si complexe; de même, quelles différences entre le rubis composé d'alumine, cristallisé en prismes hexagonaux, et celui qui est formé d'alumine, de magnésie, et qui cristallise en solides à huit faces, dont les faces sont toutes des triangles équilatéraux! Combien de pierres rouges ne peut-on pas appeler des rubis? Que faut-il, en effet, pour qu'une pierre soit appelée rubis, du moment que ce mot représente une couleur? Il suffit qu'un même oxyde colorant, celui de chrome, ou même d'autres matières, colorent d'un certain rouge une substance quelconque, un aluminate, un silicate, de l'alumine ou de la silice pures. Il suffit même que ce principe colorant se mêle à la matière en proportions tellement petites, que l'analyse a beaucoup de peine à le reconnaître, et qu'on ne peut assurément pas le considérer comme entrant dans la composition essentielle de la matière. Certes, des qualités telles que celle de l'éclat ou de la dureté viennent se joindre à la coloration pour distinguer les pierres rouges les unes des autres, et c'est ce qui a permis aux anciens ces distinctions heureuses que nous avons signalées dans le chapitre précédent. Mais ce n'est pas suffisant; on confondrait encore plus d'une fois au moyen de ces seuls caractères un certain nombre de ces substances. On peut y ajouter la densité; mais on sera obligé de faire intervenir, en outre, dans un grand nombre de cas, les propriétés physiques. Enfin, il faut quelquefois en arriver à l'analyse chimique. Tel est l'ordre qu'on suit pour reconnaître une pierre précieuse.

Si, au lieu de ce problème essentiellement pratique, on veut connaître la vraie nature et les propriétés essentielles d'une matière minérale, c'est l'ordre inverse qu'il faut suivre. On en cherche d'abord la composition chimique; mais cela ne suffit pas. Car, deux êtres naturels ne peuvent être regardés comme appartenant à la même espèce, qu'à la condition de réaliser le même type, d'être organisés de même. Il y a plus de différence entre le disthène qui cristallise en prismes doublement obliques, et l'andalousite, dont les cristaux sont des prismes droits à base rhombe, malgré l'identité de leur composition chimique, qu'il n'y en a entre les différents Pyroxènes, dont toutes les propriétés, géométriques, optiques, thermiques, sont semblables, bien que les uns ne contiennent pas de fer, et que les autres en renferment une forte proportion.

Deux matières minérales sont de la même espèce, lorsqu'elles ont la même composition chimique et la même structure, ce qui entraîne l'identité des formes et des propriétés physiques.

C'est à l'étude de ces propriétés essentielles des pierres que nous allons consacrer la seconde partie. Elle sera suivie de tableaux où nous réunirons de nouveau les pierres de même couleur pour les distinguer les unes des autres à la manière moderne, tout en usant du plus petit nombre possible de caractères, et des plus faciles à observer. Mais la détermination rapide obtenue par ce tableau ne dispense pas des notions que nous donnons sur chaque pierre en la décrivant à sa place.

CHAPITRE II

LE DIAMANT

§ 1. — Dans l'Inde, les plus belles de ces pierres étaient réservées à la parure des rois et des idoles; le pillage des temples et des trésors des souverains accumula dans les mains des Mogols des quantités si considérables de diamants, perles et pierres de couleurs, que Tavernier estimait à plus de 160,000,000 de francs le plus riche des sept trônes d'Aureng-Zeyb (1).

La chute rapide du vaste empire des descendants de Timour-Leng explique la diffusion de toutes ces jolies matières parmi les peuples occidentaux.

Le diamant est appelé *Iraa* dans l'Inde, *Vajra*, dans la langue sanscrite, où ce mot désigne tout ce qui est dur : » *Le cœur des grands est plus dur que le Vajra* ». — « *Le Vajra n'est taillé par aucune pierre, il les coupe toutes.* » — « *Le Vajra est coupé par le Vajra.* »

Les noms que le diamant a reçus dans les langues de l'Europe viennent d'un mot grec, dérivé lui-même de α privatif, et δαμάω, je dompte, qu'on rencontre déjà chez

(1) Tavernier, *Voyages des Indes*, 1665, livre second, chap. X : *Joyaux du grand mogol Aureng-Zèbe.*

Hésiode; mais ce mot Αδάμας représente pour le poète de la *Théogonie* le métal indomptable employé par les dieux pour la fabrication de leurs armes, pour celle du casque d'Hercule (Hésiode); des chaînes de Prométhée (Eschyle). Théophraste s'en est servi le premier pour désigner la pierre précieuse, qui est encore appelée *diamant* par les Français; *diamond,* par les Anglais, diamant ou *demant* par les Allemands; *diamante,* par les Italiens. Les Arabes l'appelaient *Almas.* Dès le temps de Platon, les Grecs appréciaient cette belle matière. Denys le Périégète lui attribuait une patrie qui nous paraît fort douteuse. Pline l'Ancien en a exagéré même les qualités les plus vraies. Il lui prête des vertus merveilleuses démenties par l'observation, lors même qu'elles ne l'auraient pas été par le simple bon sens. Il le divise en plusieurs sortes, parmi lesquelles on reconnaît avec certitude celle qui constitue le diamant de l'Inde, sans qu'on puisse dire toutefois à quelle espèce minérale se rapportent les autres. Prenant au propre le sens du mot ἀδάμας, il affirme que la dureté de la matière est telle que, frappée sur une enclume, elle fait voler en éclats l'enclume et le marteau.

Anselme Boëtius de Boot, tout en combattant la plupart de ces vieilles erreurs, en adoptait encore un bon nombre; il rappelle au moins les vertus magiques du diamant contre la peste, l'ensorcellement, celle de réconcilier la femme avec son mari; celle-ci au moins peut s'expliquer. Aujourd'hui ces vains préjugés sont tout simplement ridicules; mais la connaissance des véritables qualités de cette pierre n'a fait que lui assurer la première place parmi les plus parfaites.

Composition chimique. — Au point de vue chimique, le diamant n'est composé que d'une seule substance, de *carbone.* C'est un corps simple. Il brûle à une haute température en donnant de l'acide carbonique. Boëtius de Boot soupçonnait que sa matière devait avoir de la ressemblance avec celles de l'ambre, des matières huileuses, qui sont composées de carbone combiné à de l'hydrogène; Newton en avait prévu la nature combustible; mais Boëtius était le premier à dire : « Que celui que mon opinion ne satisfera pas en apporte une meilleure ». Quant à l'opinion de Newton, elle était basée sur la haute valeur de l'indice de réfraction.

Ce fut en 1694 que l'Académie del Cimento, à Florence, sur la demande du grand-duc Cosmo III, exposa un diamant à l'action d'un grand miroir ardent, et que les académiciens Averoni et Targiani observèrent qu'il disparaissait peu à peu sans fondre. Plus tard quelques expérimentateurs ne réussirent pas à le brûler, parce qu'ils le chauffaient à l'abri du contact de l'air. C'est ce que Lavoisier expliqua en 1776, en montrant que le diamant est du carbone pur, puisqu'en brûlant dans l'oxygène également pur, il donne lieu à la production d'acide carbonique, et seulement de ce gaz. La poudre obtenue en frottant deux diamants l'un contre l'autre disparaît aussi bien que celle de charbon sur une lame de platine portée au rouge. De très petits éclats se consument facilement sous l'action du chalumeau.

Lavoisier, Guyton de Morveau, Fourcroy et plusieurs des chimistes les plus célèbres, ont étudié la manière dont il brûle. Sa surface prend à une certaine température un éclat métallique, une teinte plombée. Si la combustion est vive, les arêtes et les angles du cristal disparaissent ; lorsqu'elle est interrompue, on aperçoit sur la matière refroidie un enduit noir, capable de tacher le doigt et le papier blanc. M. Morren a constaté que cet enduit, à faciès cristallin, est entièrement superficiel. Il est permis d'en conclure que le diamant se transforme en une autre variété de carbone, au moment de brûler. C'est ce que confirme l'expérience due à M. Jacquelain. Un cristal soumis par ce savant à une pile de cent éléments Bunsen, est devenu semblable à du charbon, et sa densité s'est abaissée de 3,336 à 2, 678.

Si le diamant ne contient que du carbone lorsqu'il est pur, il renferme souvent à l'état de mélange un assez grand nombre de substances étrangères. Dans un trop grand nombre de cristaux on observe des taches, des paillettes, des fentes, qui enferment des petites masses noires ou brunes. Petzholdt et Göppert ont cru y reconnaître la structure de matières organiques, ressemblant à une algue, le protococcus fluvialis. Brewster attribue un grand nombre de ces taches à l'aspect que prennent souvent les cavités dans les corps transparents, particulièrement sous le microscope. On y a vu aussi des filaments de pyrite de fer (sir John Herschell) ; des cavités contenant des liquides ou des gaz très fortement comprimés (Sorby et Baker) ; de l'or (M. Damour); des masses cristallines verdâtres rapportées au clinochlore (M. Des Cloizeaux). On y a observé aussi des cristaux qui appartiennent sans doute au cristal de roche. Dans le diamant noir, on a constaté, au moyen de l'eau régale, la présence du fer, de la chaux, etc.

Est-ce à des matières comprimées qu'il faut attribuer l'éclatement spontané signalé il y a plusieurs années déjà par M. Des Demaines Hugon dans certains diamants des nouvelles mines découvertes en Afrique? Cette observation ne paraît pas heureusement avoir été confirmée depuis. En tout cas, l'éclatement ne se manifestait dans la pierre, lorsqu'il avait lieu, que peu après son extraction.

§ 2. — **Formes cristallines.**

A peu près toutes celles qu'on peut observer dans le système cubique : le *cube simple*, ou modifié sur chacune de ses arêtes par un biseau (fig. 151) (passage à un *cube*

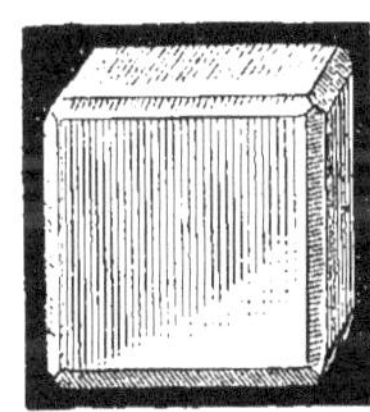

Figuae 151.

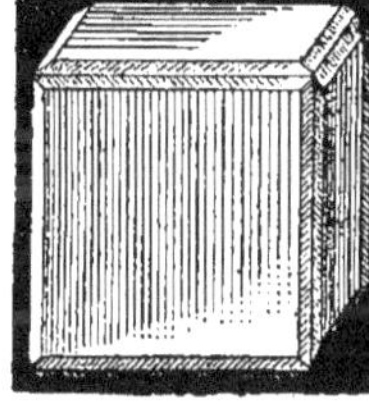

Figure 152.

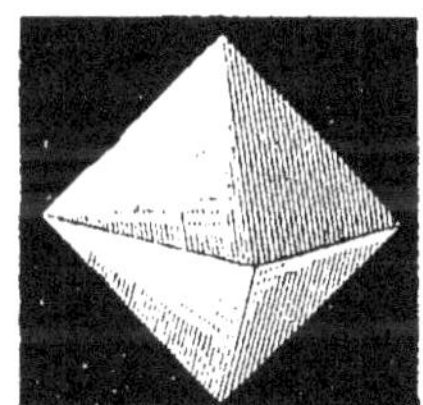

Figure 153.

pyramidé), par une seule face symétrique sur l'arête (fig. 152) l'*octaèdre régulier* (fig. 153) simple, passant quelquefois au *tétraèdre*, ou portant sur toutes ses faces

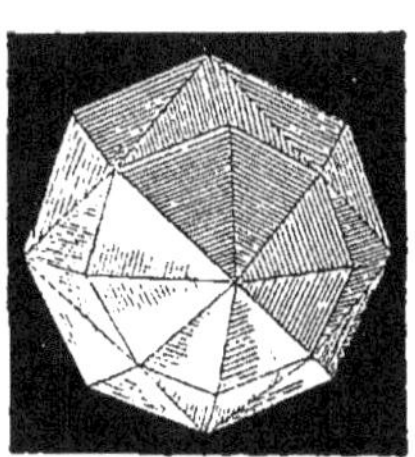

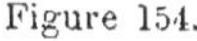

Figure 154.

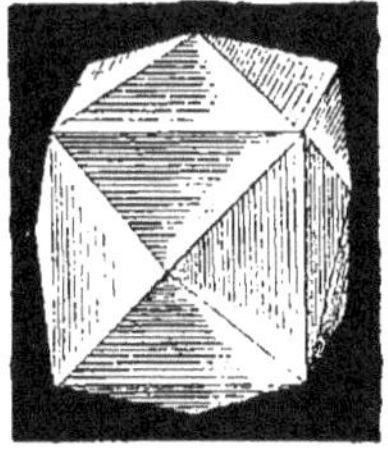

Figure 155.

des pyramides trièdres très surbaissées, et appelé dans ce cas *octotrièdre;* des *scalénoèdres* (fig. 154), qui offrent quarante-huit faces en forme de triangles scalènes, un cube pyramidé (fig. 155). Souvent les faces sont arrondies, striées, comme bossuées, leurs arêtes sont curvilignes; dans quelques cristaux, les stries extérieures ou profondes le sont aussi, ce qui légitime l'épithète de *sphéroïdales* appliquée à beaucoup de formes.

Certains octotrièdres se développent plus particulièrement suivant une face de l'octaèdre régulier, en s'aplatissant dans la direction perpendiculaire; on les nomme *triangulaires*. D'autres montrent dans leur intérieur une matière étrangère disposée suivant trois droites qui se coupent sous des angles de 60°. Quelquefois deux cristaux se groupent et s'accollent parallèlement à une face de l'octaèdre. Parfois un cristal d'une forme est comme enchâssé dans un autre de forme différente; ou bien un grand nombre de cristaux se trouvent juxtaposés, sans ordre, formant un ensemble confus dans une partie de la masse, dont le reste appartient à un cristal régulièrement développé. Tels qu'on les rencontre dans la nature, ils ont souvent des surfaces rugueuses, et plus ou moins convexes; quelquefois au contraire ils présentent un éclat gras particulier.

Clivages. — C'est parallèlement aux faces de l'octaèdre que se divisent sous le choc du marteau les cristaux réguliers. Ceux qui ont la forme octaédrique sont appelés *pointes naïves;* ceux où domine la forme dodécaédrique, *diamants bruts* ou *ingénus*. Les groupements irréguliers se clivent mal, ou ne se clivent pas du tout; ils sont impropres à la taille. On les appelle *diamants de nature*.

§ 3. — Propriétés optiques.

Couleurs. — *Diamants incolores*, très limpides, de la plus belle eau; ce sont les plus estimés, ceux qui donnent les pierres de haut prix. — *D. bleus*, des plus rares ; on en cite toujours un de la collection de M. Hope, et celui qui a disparu lors du vol des pierres de la couronne de France. — *D. roses*, recherchés. — *D. verts*, assez abondants. — *D. jaunes*, assez communs.

L'influence de la coloration sur l'éclat est un peu capricieuse. Lorsque la teinte jaune, par exemple, est faible et bien uniforme, elle n'est sensible que le jour, à la lumière diffuse ; elle n'est plus guère discernable en face d'une lumière vive ; elle semble même donner plus d'éclat à la pierre. Certains cristaux d'un jaune dû sans doute à des substances étrangères perdent beaucoup de leur éclat, et partant de leur valeur.

D'autres, tout en restant transparents, sont bruns ; on peut suivre toutes les nuances du blanc au brun foncé, en passant par le jaune. Quelquefois même on voit de ces passages sur un même cristal.

Il arrive fréquemment que la teinte n'est pas uniforme ; qu'elle forme de simples taches, qu'elle occupe seulement des fissures. Un grand nombre de diamants verts ont de l'analogie à ce point de vue avec des agates mousseuses. Tous ces cristaux sont teints par des matières étrangères, peut-être bien par des carbures qui ont échappé jusqu'ici à l'analyse chimique, à cause du prix élevé de la pierre et de la faible proportion suivant laquelle il est présumable qu'elles y sont mêlées.

Une variété noire, ou d'un noir pointillé de blanc, sans forme cristalline, sans trace de cristallisation intérieure complètement amorphe, est appelée *carbonado*, ou *carbonate*.

Réfraction. — Le diamant a un indice de réfraction considérable, en moyenne 2,42. L'angle limite n'est que de

24° 24'. Lorsqu'on fait passer par un trou pratiqué dans un écran un faisceau lumineux qui va tomber sur un brillant, la lumière entre dans la pierre par la table et les biseaux qui l'entourent; mais, au lieu d'en sortir, elle subit sur le pavillon une réflexion totale, et revient former un anneau blanchâtre sur l'écran. C'est encore la petitesse de cet angle limite qui explique l'éclat que prend la pierre lorsqu'on la regarde un peu obliquement. En l'inclinant légèrement devant l'œil, on la voit briller d'un éclat métallique, aussi blanc et aussi vif que celui de l'argent le mieux poli, tout en gardant ce faciès qui n'appartient qu'aux matières transparentes. Les alchimistes l'appelaient souvent demi-métal à cause de son éclat.

Les cristaux naturels, lorsqu'ils ne sont pas recouverts d'un enduit qui en ternit la surface, ont un éclat gras, particulier, appelé *adamantin*, qu'on retrouve dans les sels de plomb.

La différence des indices extrêmes de réfraction ou longueur du spectre produit par les rayons réfractés est assez grande aussi : elle est d'environ 0,04.

De la Beauté du Diamant. — C'est à la réflexion totale des riches couleurs produites par la réfraction et largement étalées, que cette pierre doit sa beauté merveilleuse, ses feux de toutes nuances qui étincellent dans toutes les directions, lorsqu'elle est frappée par une vive lumière.

Action sur la lumière polarisée. — Elle devrait être constamment nulle dans les cristaux de la matière qui nous occupe, puisqu'ils appartiennent au système cubique. Elle l'est en effet dans un certain nombre. Chez quelques-uns cependant, on voit l'obscurité se dissiper dans des régions en général peu étendues, lorsqu'on les regarde sous un microscope entre deux nicols croisés. Si le grossissement est suffisant, on peut se convaincre que la coloration n'est pas essentielle au cristal. On aperçoit en effet souvent une fente, entourant une petite masse noirâtre, invisible ordinairement à l'œil nu, ou bien un cristal d'une matière étrangère, qui peut donner lieu à une coloration, soit parce que, appartenant à l'un des systèmes anisotropes, il se colore lui-même; soit parce que, exerçant une tension intérieure sur la masse cristalline qui l'enveloppe, il dérange la symétrie de leurs éléments. Dans quelques cristaux fort rares on a vu la coloration de la lumière polarisée produite par toute la masse cristalline; c'est qu'ici le dérangement des lames cristallines était plus considérable; il y est évidemment encore occasionné par des substances renfermées accidentellement, peut-être par des gaz comprimés (1).

Phosphorescence. — Un assez grand nombre de morceaux naturels ou taillés jettent pendant un certain temps une lueur plus ou moins vive dans l'obscurité, lorsqu'ils ont été exposés à l'action de la lumière solaire, surtout à celle de la région bleue du spectre. Il suffit souvent d'en placer un sur le trajet d'un faisceau de lumière électrique pour le voir répandre une lueur violacée. Lorsqu'on fait le vide à 1/1,000,000 d'atmosphère dans un tube, analogue à ceux de Geisler, où l'on a mis un diamant, sous l'action du courant électrique, la pierre s'illumine et jette des feux extraordinaires (Crookes).

Électricité. — Le diamant conduit mal l'électricité; il s'électrise par le frottement.

Dureté. — 10. Elle est supérieure à celle des autres

(1) JANNETTAZ, *Bulletin Soc. min. de France*, année 1879, t. II, p. 124.

gemmes, et conserve à celle-ci le poli qu'on lui donne après l'avoir taillée. Le diamant ne peut être usé que par sa propre poussière.

Densité. — En moyenne : 3,52. En prenant avec soin la densité, on voit qu'elle n'est pas tout à fait la même dans toutes les variétés. Dans les pierres bien pures, elle oscille de 3,5173 à 3,5206. Dans un bord blanc sphéroïdal du Cap, on n'a trouvé que 3,5033; dans un carbonado noir verdâtre du Brésil : 3,293, et dans un autre spécimen : 3,151; enfin, dans une masse cristalline noire, teintée de violet. du Brésil, 3,50329.

§ 5. — Gisements.

Mines de l'Inde. — Elles sont comprises entre 14° et 25° lat. N.; elles ne s'y trouvent qu'en bandes isolées les unes des autres, sur la pente orientale du Dekhan et du plateau d'Amarakantaka, au bord du pays élevé. On les divise en cinq groupes :

1° Au nord du fleuve Penar, particulièrement à Kuddapah, et dans la vallée haute, on a exploité des couches diamantifères pendant des siècles. A Kuddapah, à quatre cent soixante-quinze pieds au-dessus de la mer, sur le flanc de la montagne, qui s'élève à mille pieds plus haut, on observe des lits assez minces de sables renfermant des galets isolés, et d'une épaisseur d'un pied et demi environ, et, en allant de haut en bas, un banc de quatre pieds de puissance, qui ressemble à une boue solidifiée d'un bleu noirâtre ; enfin une couche composée d'un ciment, en partie calcaire, en partie argileux, qui empâte des cailloux arrondis, assez volumineux, de quartz transparent et jaunâtre, de jaspe, de silex colorés par des oxydes de fer, de grès, avec corindon, épidote. C'est la couche diamantifère, épaisse d'un peu plus de deux pieds. Sur les rives du Penar, il y a eu un grand nombre de mines; celle d'Ovalumpally, où l'on creusait des trous de seize mètres de profondeur, et qui ne fournissait que des pierres arrondies et sans forme cristalline; celle de Gandicotta, etc.

2° On connaît aussi les gisements des environs de Nandial, à l'ouest des monts Nalla-Malla, à quinze milles au nord des précédents. Là était le district diamantifère de Banganpally, entouré de montagnes dont la crête plate va se rattacher au sud et au nord à des chaînes plus élevées. Les diamants y revêtent la forme d'octaèdres ou celle de dodécaèdres plus ou moins lenticulaires; ils sont petits.

3° Vers le milieu du Kistna, à Raolkonde, à l'ouest de Golconde, et dans la partie inférieure du cours du fleuve; à Gani, à l'O. de la même ville, se trouvaient des mines très fécondes, aujourd'hui abandonnées. Au temps de Tavernier, une des plus célèbres sur le Kistna inférieur était située à quinze milles au nord-ouest de Mésulipatam; c'est elle qui a fourni tant de fameux diamants, et entre autres celui du trésor du Grand-Mogol, trouvé à Coulour, et qui pesait 297 karats 9/10. Tavernier a vu aussi les mines des environs de Golconde, de Visapour et du royaume du Grand-Mogol, exploitées depuis deux siècles. Celles qu'on exploite maintenant sont sur le bord septentrional du Kistna, à l'O.-S.-O. d'Ellore. En 1795, Heyne put voir encore celles de Mallavilly, percées à une profondeur de 15 à 20 pieds, dans une plaine d'alluvion, qui est entourée dans toutes les directions de roches granitiques. Dans la plaine, sous une espèce de boue noirâtre, s'étend la couche à gros galets de quartz, jaspe, silex, de débris de roches granitiques encaissantes, qui enveloppe les diamants et d'autres pierres précieuses.

4° Aux environs de Sumbhulpur, plaine d'alluvion, à trois cent quatre-vingt-cinq pieds au-dessus de la mer, par 21° lat. N., entre les fleuves Mahanada et Brahmini, coule la *rivière à Diamants*. Quatre ou cinq cents personnes sont occupées dans cette petite région à fouiller le lit du Mahanada, de Chunderpore à Sonapur.

5° Sur la rive méridionale du Gange, vers le milieu de son cours, jusqu'au Yamuna inférieur, un de ses affluents, s'étend une chaîne de hauteurs qui va s'élevant de plus en plus jusqu'au plateau central du Dekhan. Ce sont des montagnes de grès, dont la base est granitique. Au temps de Tavernier, on y cherchait les pierres précieuses à Sumelpour, sur le fleuve Gouel. Depuis les Ptolémées jusqu'à nos jours, les mines des environs de Panna ont gardé leur réputation. A Rang, à Bagin, le Dr Adams a relevé des profils géognostiques utiles pour l'intelligence des gisements diamantifères. De bas en haut on trouve le granite, puis une formation trappéenne ; là-dessus un étage de grès (nouveau grès rouge) ; plus haut encore la couche à cailloux rouges ferrifères, ou brèche de grès à diamants. Le nouveau grès rouge et le conglomérat qui lui est superposé rappellent les grès et le cascalho des rivières du Brésil. C'est ce qu'on est en droit de déduire surtout des observations précises de Jacquemont. Ce voyageur savant et éclairé décrit la terre diamantifère comme formée de fragments de cornaline, de jaspe, de grès, englobés dans une argile rouge ferrugineuse en même temps que les diamants eux-mêmes. Quant au grès, celui du district de Panna est visiblement stratifié, disposé en couches horizontales; près de l'une et de l'autre de ses deux surfaces, il se divise en feuillets schisteux, légèrement micacés.

Enfin, Newbold et Heyne ont vu des diamants enchâssés dans ce grès même, dans des mines du district de Kuddapah.

Le procédé d'extraction est des plus simples. Aux mines de Gouel, par exemple, après les grandes pluies de décembre, on laisse écouler un mois; dès le mois de février la rivière découvre beaucoup, Dans les endroits où l'on pense qu'il y a des diamants, on extrait le sable à quelques pieds de profondeur; on le lave, on le brasse dans des tamis.

Le poids des pierres est exprimé suivant la région de plusieurs manières différentes. L'unité la plus communément adoptée est le Rati, 2 grains 1/4, suivant Baber 1,9375 grain ; on paie en or.

Tavernier estimait le prix d'un brillant de 1 carat à 150 livres de France ; Jeffries, à 8 louis.

Mines du Brésil. — Les mines de l'Inde perdirent beaucoup lorsqu'elles eurent à supporter la concurrence de celles du Brésil. Au Brésil, le premier diamant fut trouvé en 1725, dans le Ribeiro Manso, affluent du Jiquitinhonha, par Sebastiano Leme do Prado; en 1727, Bernardino Fonseca Lobo fit connaître le diamant de la province de Minas Geraes au commerce européen, qui accueillit fort mal cette découverte. Il faut voir dans le *Traité des diamants et des perles par David Jeffries, joaillier* (1), la peine que l'auteur anglais se donne pour démontrer que les prétendus diamants du Brésil venaient en réalité de l'Inde. En réalité, l'inverse avait lieu. Un certain nombre de mar-

(1) *Treatise on Diamonds*, London, 1750.

chands portugais tiraient parti du préjugé de leur temps ; ils achetaient à bon marché des diamants au Brésil, et les faisaient passer dans l'Inde, où les anciens prix se maintenaient.

Mais la quantité de diamants jetés dans le commerce par le Brésil fut bientôt trop considérable pour qu'on se refusât indéfiniment à en nier la provenance. Dans les vingt premières années, elle atteignit 144,000 karats ; presque aussitôt après les premières mines, on en avait ouvert d'autres dans les affluents du Paraguay. Dans la province de Minas Geraes ou province des Mines, l'exploitation a été longtemps considérable ; elle couvrait un grand espace à peu près circulaire d'environ 12 lieues de tour dans le Cerro do Frio, appelé aussi à Minas, *arrayol Diamantino*, ou district Diamantin. Cette portion du pays se distingue du reste par l'aridité de ses pics élevés, de ses vallées profondes, où coulent des ruisseaux diamantifères, le Rio Arrasuhay, et le Rio Jequitinhonha qui sort de la Serra de Antonio. La capitale de ce district est Tijuco. Les bords du San Francisco ont mérité de nombreux lavavages maintenant épuisés. Une des rivières du Matto-Grosso était tellement productive, qu'elle a reçu le nom de Diamantino. Le Paraguay et ses affluents, le Diamantino, le Rio Ouro, y roulent de l'or et des gemmes. Le Rio Santa-Anna est aussi fort riche.

Le diamant se trouve au Brésil dans des terrains tout à fait semblables à ceux de l'Iude, La terre appelée *Cascalho* est une sorte de vase, quelquefois blanche, ordinairement grise, ou jaunâtre, rouge (province de Minas Geraes), où sont empâtés des galets de quartz limpide, d'oligiste dur et d'une pierre noire en fragments de la grosseur d'une noisette, qu'on appelle *Feijão*. Dans le *Gurgulho*, les cailloux sont anguleux. On nomme encore *Canga* une variété de ce conglomérat, dont les cailloux anguleux sont des débris d'*Itabirite* (roche schisteuse formée de quartz en grains et de lamelles de fer oligiste), d'*Itacolumite*, roche également schisteuse, composée de grains de quartz en lits séparés par des lamelles de mica, ou plutôt de talc, mêlé de chlorite. Le *Barro* est une roche également diamantifère, qui est exploitée au lavage de San João, à 5 lieues au nord de Diamantina, sur une plaine élevée, et qui provient de la décomposition de schistes amphiboliques et ferrifères.

Comme minéraux qui forment le cortège du diamant dans la province de Minas Geraes, on peut citer le quartz limpide, l'améthyste, la staurotide, l'andalousite, le grenat, la topaze, la cymophane, le corindon, le spinelle et le feijão, qui n'est autre chose qu'une variété de tourmaline, comme l'ont démontré les analyses de M. Damour.

Dans les mines de Bahia, le sable contient, outre les espèces mentionnées plus haut, de l'orthose, des zircons, du diaspore, des oxydes de titane, du fer magnétique, de l'or, du platine et du carbonado. Le carbonado s'y trouve en morceaux qui atteignent quelquefois la grosseur d'un œuf, pesant jusqu'à 1,000 carats, dans les sables de la Chapada, aux mines de Baranco, de Grupiara, de Gruna de Mosquitos, de Sincora. Le sable de la Chapada renferme, outre le carbonado, des fragments de feijão, de grenat, de zircon rouge, de staurotide, etc.

Le procédé d'extraction dans toutes ces mines est des plus simples. Elles sont superficielles. Il suffit donc de creuser des excavations dans le sol, comme on le fait dans l'Inde, et de laver les masses de terre qu'on en retire.

Pour exploiter le lit des rivières, et c'est le cas le plus général, on en détourne le cours pendant la saison sèche au moyen de canaux, et l'on dirige de la même manière l'extraction. Lorsque le Feijâo domine dans la terre qu'on va soumettre au lavage, on peut présumer qu'elle est riche en pierres précieuses; si, au contraire, les galets qu'on y rencontre sont du quartz blanc, mêlé à des micaschistes ferrifères ou itabirites, le poudingue prend le nom de Tapanhoacanga; c'est le plus pauvre en diamants. Tout le temps de la saison sèche (d'avril à la mi-octobre) on puise sans relâche du cascalho. Pendant la saison humide, on remplit de terre diamantifère des espèces de bassins, sur lesquels on fait arriver de l'eau ; on brasse le tout, afin de délayer la terre et d'en isoler les gemmes ; on renouvelle l'eau jusqu'à ce qu'elle devienne claire ; on recueille ensuite les diamants au milieu des fragments de pierres que l'eau n'a pas emmenés. Les parties plus fines emportées par l'eau dans cette première opération sont soumises à de nouveaux lavages, qu'on répète jusqu'à douze fois, pour ne pas laisser échapper les petits diamants. Cette recherche, très fatigante pour la vue, est parfaitement exécutée par les enfants.

Il serait inutile de décrire la surveillance active exercée par l'inspecteur sur les nègres qui l'entourent fouillant chacun leur auget, l'escorte qui accompagne les convois, les récompenses accordées à ceux qui trouvent de gros diamants, enfin toutes les précautions qui sont prises pour empêcher la contrebande, et qui ne l'empêchent pas, paraît-il, d'une manière suffisante.

Nous ne pouvons, au contraire, oublier de décrire au moins en quelques mots un second ordre de gisements, moins importants que ceux dont nous venons de parler au point de vue commercial, mais fort intéressants au point de vue de l'origine du diamant.

Le Rio Pardo, le Rio Velhas, et les autres affluents diamantifères du San Francisco y descendent des pentes orientales de la Serra de Matta da Corda, emportant des fragments de la roche qui domine dans ces montagnes, et qui est l'Itacolumite.

Les conglomérats et les gemmes qui leur donnent tant de valeur ne sont que les débris de roches désagrégées, que les eaux des rivières ont entraînés du haut des montagnes sur leurs pentes, et dans le fond des vallées. Claussen a observé au mont Grammagoa, à 43,000 portugais au nord de Diamantina, des couches puissantes et peu inclinées de grès appelés *psammites* (grès argileux, micacés) passant à des roches analogues aux micaschistes, qu'on appelle *Itacolumites*. Les Itacolumites sont formées de grains de quartz blanc ou blanc jaunâtre, en lits parallèles, séparés par du mica, par du talc suivant Eschwegge, en lamelles, blanc ou d'un gris verdâtre, auquel se trouvent mêlées des paillettes de chlorite. Souvent elles sont douées d'une certaine élasticité. Elles alternent fréquemment avec des couches minces d'une autre roche également schisteuse, l'itabirite, essentiellement composée de fer oligiste et de quartz. Toutes ces roches sont traversées par des diorites, d'origine éruptive. Elles contiennent çà et là de l'or natif. Il est à remarquer que, dans les lavages des dépôts d'alluvion, le diamant est souvent associé à l'or, en même temps qu'au platine et au palladium. Enfin, on a observé des diamants enchâssés dans l'itacolumite du Cerro di Grao Mogor, dans la province de Minas Geraes. On avait même tenté une exploitation en règle de ces gîtes; bien que les résultats ne s'en soient pas trouvés rémunérateurs, on s'accorde à regarder l'itacolumite comme étant la roche qui contenait d'abord les diamants, ce qui explique la com position des dépôts d'alluvion auxquels cette roche a fourni leurs principaux éléments.

Le musée de Rio Janeiro possède de beaux exemplaires de diamant dans sa gangue primitive ; quant à ceux qui ont circulé dans le commerce, plusieurs étaient factices ; la haute importance qu'on attachait à ces échantillons en a fait fabriquer d'artificiels, où la gemme a été introduite fort habilement après coup dans l'Itacolumite.

Gisements de l'Oural. — Le 5 juillet 1829, Frédéric Schmidt, de Weimar, directeur des lavages aurifères de la mine Adolphsk, à Kresdowosdwischenk, y trouva un diamant, à la grande satisfaction de Humboldt, qui avait montré dans son ouvrage célèbre sur « *le Gisement des roches dans les deux hémisphères* », l'analogie de composition des terrains du Brésil et de ceux de l'Oural. La mine Adolphsk est ouverte sur la pente européenne de l'Oural, par 48°45′ lat. N., et 77°20′ long. E. comptée du méridien de Greenwich. La montagne est formée d'itacolumite, de schiste argileux, superposés à des talcschistes et associés à des serpentines. Les environs de cette mine procurèrent, dit-on, une soixantaine de diamants; on a contesté ce gisement; on a parlé tout bas de supercherie; cependant on aurait, il est vrai, retrouvé quelques cristaux de cette pierre précieuse dans les lavages aurifères d'Uspensk, à Werchneuralsk, et de Kuschwa ; les recherches tentées en vue d'une exploitation régulière sont restées sans résultat.

Amérique du Nord. — Sur la côte occidentale se développent les célèbres gisements aurifères de la Californie. Quelques diamants ont été trouvés, paraît-il, à Franch-Corral, à Forest Hill, comté d'Eldorado; puis à Fiddletown, comté d'Amador.

Il y a quelques années, on a bruyamment annoncé la découverte de diamants qui provenaient de la Caroline du Nord. Mais il résulte d'un procès criminel resté célèbre que ces gisements diamantifères n'existaient que dans l'imagination de spéculateurs coupables; ce qui avait pu donner créance à leurs assertions, c'est que les couches alluviales aurifères de cette contrée ressemblent au cascalho du Brésil.

Australie. — Deux diamants de la Nouvelle-Galles du sud figuraient à l'Exposition universelle de 1878, à Paris. Le premier qu'on ait eu de cette région provenait de la rivière Macquarie; il était en octotrièdre. Un assez grand nombre ont été extraits des fouilles qu'on a faites dans les alluvions aurifères de Mudgée, sables argileux qui renferment des cailloux de quartz, d'agate, de grès, de quartzite, et de l'or, des grenats, des oxydes de titane, de fer, d'étain, des tourmalines, des zircons, des topazes, des saphirs, du corindon, provenant sans doute en partie de la démolition de roches basaltiques. On en a aussi recueilli un certain nombre dans les champs aurifères de Bingera. Dans ces alluvions subordonnées à des nappes de basalte, les diamants se rencontrent surtout dans les parties superficielles. On peut en rapprocher ceux qui ont été recueillis dans les mines d'or de Beechworth, dans la colonie Victoria. Les mines du Cudgegond, le gisement le plus riche d'Australie, se trouvent dans des alluvions anciennes, à 10 ou 15 mètres au-dessus du niveau actuel de la rivière. On les regarde comme pliocènes.

Sumatra; Bornéo. — Dans l'île de Sumatra, district de Doladoula; dans celle de Bornéo, au nord-est, et au sud-est de celle île, la terre végétale, puis une argile rouge sous-jacente recouvrent un dépôt qui est formé là encore de fragments de roches dures, serpentine, quartz et diorite, et qui renferme aussi des paillettes d'or, de platine et des galets de quartz noir. Le plus gros diamant de Bornéo vient de la mine de Landak ; il est brut, et pèse 367 karats. C'est le plus gros des diamants connus ; il appartient au Rajah.

Chine. — Récemment on a prétendu avoir trouvé des diamants en Chine à Chin-Kan-Gling, soit à environ 15 milles au sud-est de Yichow-Foo ; mais rien n'est venu confirmer cette nouvelle.

Mines du Cap de Bonne-Espérance. — Les mines du Brésil et des Indes fournissaient trop peu pour satisfaire aux besoins toujours croissants de la joaillerie, lorsqu'heureusement, en 1867, on découvrit les mines du Cap.

Les premières pierres que l'on présenta étaient jaunes, imparfaites, impures, ce qui fit naître l'opinion que l'on a vainement cherché à imposer au public, que tous les diamants du Cap étaient de mauvaise qualité.

Tout diamant jaune venant du Brésil ou des Indes était immédiatement réputé diamant du Cap.

C'est une erreur dont justice fut bientôt faite. Nous ne pouvons dans un ouvrage scientifique discuter les qualités relatives des diamants de l'Afrique australe et de ceux du Brésil ou de l'Inde. Il y a trop de personnes intéressées en ce moment à déprécier les uns, à exalter les autres. Nous pouvons affirmer que parmi les diamants extraits au sud de l'Afrique, il y en a de qualité inférieure sans doute, mais qu'il y en a aussi dans les mêmes proportions d'excellente qualité.

Le cap de Bonne-Espérance (cape of Good Hope) se trouve à la pointe sud de l'Afrique par 16°10 de longitude. Il a été découvert en 1455 par les Portugais.

En 1650, la Compagnie hollandaise des Indes racheta la colonie au prix de quelques objets de menue valeur. Jean Van Recbeck, médecin de la flotte qu'elle envoya, fut nommé gouverneur.

Puis les Hollandais ayant abandonné le Cap, les Anglais l'occupèrent en 1793 ; on était loin à cette époque de prévoir les richesses que son sol renfermait; on ne se doutait guère que le diamant que l'on devait découvrir sur une partie infime de son territoire produirait un jour des centaines de millions.

Le cap de Bonne-Espérance, du mois de mai au mois d'août, est inondé de pluies. C'est l'hiver des terres australes.

Pendant le reste de l'année, il y règne des chaleurs torrides et un vent brûlant détruit toute végétation.

Sa population se compose d'un tiers de blancs pour deux tiers de nègres ou Hottentots.

La base de la montagne, qui domine la baie de la Table, au fond de laquelle se trouve la ville du Cap, est composée de granite percé par des filons de diorite. Ce granite va traverser dans le nord des schistes dévoniens. Sur les schistes s'étendent les grès de la montagne de la Table surmontés eux-mêmes par la formation de Karoo, série énorme de grès ou de schistes de nature talqueuse, et riche en restes de reptiles caractéristiques de la période de trias, crocodiliens, lacertiens, labyrinthodon, dinosauriens à grandes vertèbres, et enfin dicynodon, espèces de tortues à dents de chien, dont la mâchoire est armée de deux défenses comme celle des morses. MM. Owen, Hooker, Sharpe, en Angleterre ; Paul Gervais, Albert Gaudry, Fischer, ont publié des études importantes sur cette faune aussi curieuse que variée. Tous ces débris du monde triasique témoignent d'une formation d'eau douce, et l'ensemble des roches qui les renferment atteint plus de 1,000 mètres d'épaisseur, et peut être suivi depuis la pointe méridionale de l'Afrique jusque bien au-delà de la rivière Orange, entrecoupé souvent par des dykes de mélaphyre. La série des terrains géologiques n'offre plus de dépôts connus dans cette contrée jusqu'aux terrains d'alluvion où se trouvent les diamants. C'est à une petite distance, à peu près à 1,200 kilomètres du Cap, sur la limite de la colonie de ce nom et des États libres du fleuve Orange, que s'étendent les champs diamantifères, à 6,000 pieds anglais environ au-dessus du niveau de la mer. Il y a deux catégories de mines : *celles de rivière*, sur les bords du fleuve, et les mines sèches, situées au milieu des plaines. Ces plaines incultes, à sol meuble, formé de bancs de sable, mêlé de calcaire et de conglomérats, dont les éléments proviennent des roches voisines, portent des élévations à constitution pétrologique différente de celle de leur enceinte qui est composée de couches schisteuses recouvertes par des sables. Dans toute la vallée du Vaal, on remarque des couches de blocs anguleux ou arrondis, dont le ciment dense empâte des fragments de roches trappéennes altérées. En plusieurs points, les dépôts du val de Vaal sont formés d'une terre onctueuse, mêlée à du gravier ferrugineux, à des fragments de calcédoine, de quartz, de grenats, à du fer titané, à de la pyrite, et surtout à une sorte de Mica hydraté appelé Vaalite. C'est au milieu de tous ces débris qu'on rencontre les diamants, souvent enchâssés dans une gangue un peu bleuâtre, onctueuse. MM. Maskelyne et Flight ont déterminé la roche diamantifère comme une sorte de bronzite accompagnée d'un silicate de magnésie hydraté. MM. Stow et Dunn

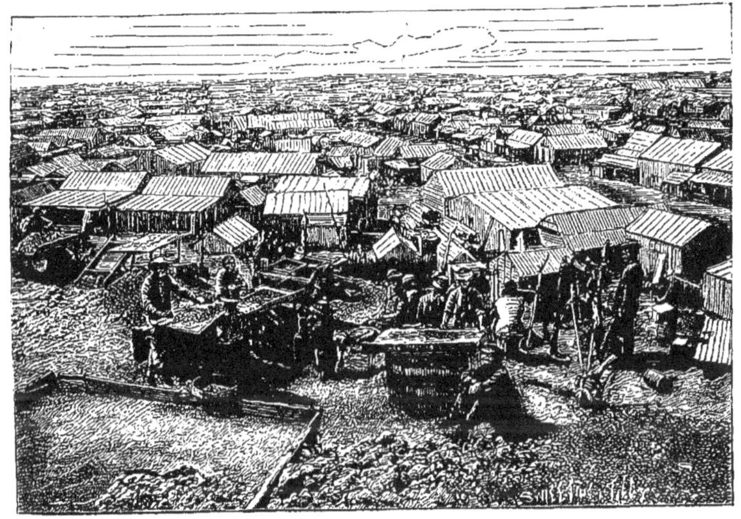

Fig. 156. — Triage des Terres diamantifères à Kimberley.

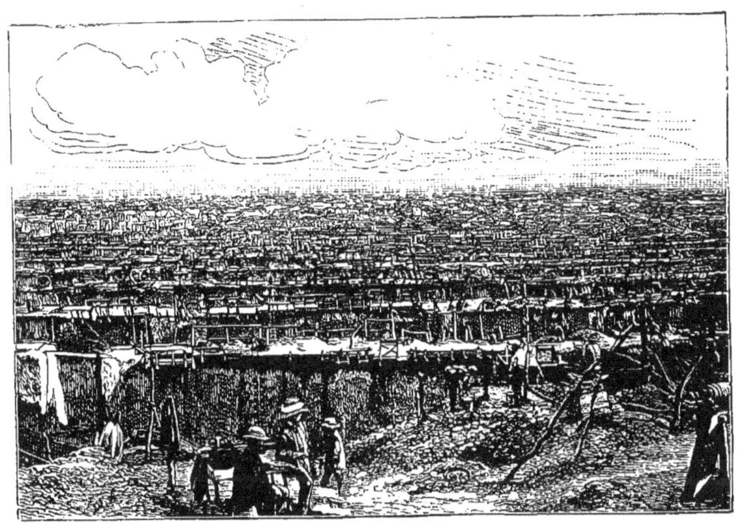

Fig. 157. —Route n° 8 des Mines de Kimberley.

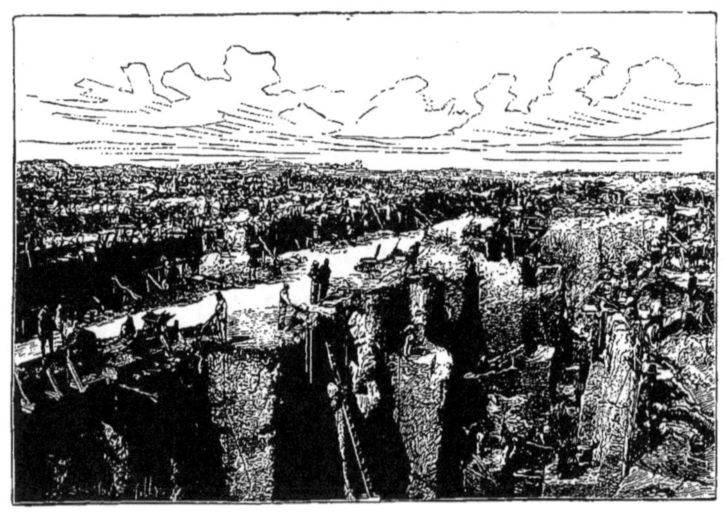

Fig. 158. — Vue générale des Mines en Exploitation à Kimberley.

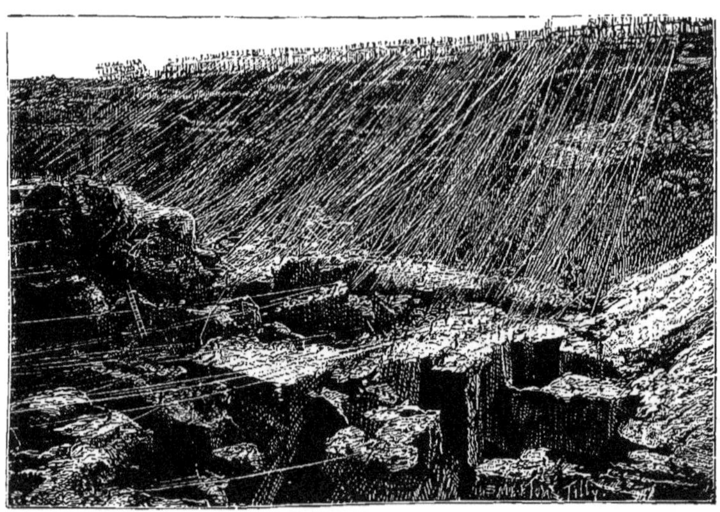

Fig. 159. — Vue intérieure des Mines de Kimberley.

ont émis l'opinion que le diamant était venu au jour avec une roche du genre des euphotides, et que cette roche occupe dans le schiste à feuillets horizontaux de véritables puits qui ont jusqu'à 60 mètres de profondeur. M. Stanislas Meunier a reconnu dans les sables provenant de la mine appelée Dutoit's Pan une roche formée de grenat et d'un minéral vert, qui est une variété de pyroxène diopside un peu chromifère, comme l'a montré M. Des Cloizeaux; une roche formée de bronzite et de feldspath; une pegmatite; un talcschiste, une roche formée de pyroxène et de fer titané. Comme minéraux isolés, il a signalé : le diamant, le zircon, la vaalite, l'amphibole, des zéolithes, du calcaire, de l'opale, des agates, des jaspes. M. Cohen a décrit des fragments d'éclogite (roche formée de grenat, pyroxène et disthène).

A l'Exposition des sciences appliquées à l'industrie, en 1879, dans la vitrine de M. Sandoz, parmi des échantillons de gangue, on remarquait un assez gros cristal de diamant empâté dans du calcaire fibreux.

Les géologues sont d'accord pour donner aux sables à diamants du Cap une origine profonde; leur disposition en amas verticaux n'autorise guère une hypothèse différente.

M. Stanislas Meunier les regarde comme des alluvions verticales, venues de bas en haut.

« En laissant de côté les minéraux proprement dits qu'on peut toujours supposer avoir été engendrés dans la masse par des procédés métamorphiques, il reste un certain nombre de roches complexes qui n'ont pu se produire avec des éléments si divers dans des conditions identiques pour toutes. La serpentine, la grenatite à sablite, la pegmatite, le talcschiste, etc., en fragments distincts, si bien caractérisés, ne sauraient s'être formés ainsi d'un seul coup à l'état de mélange sous l'action des mêmes causes. Il faut de toute nécessité que chacune de ces roches ait été arrachée à un gisement spécial, puis charriée jusqu'à un certain point où le mélange actuel a eu lieu.

« Or, admettre d'un côté l'origine profonde des sables à diamants et d'autre part y reconnaître le produit d'un transport, c'est les ranger parmi les alluvions verticales, dont ils représentent un des types les mieux caractérisés. » (*Comptes-rendus de l'Académie des sciences,* tome LXXXIV, p. 250, 1877.)

M. Chaper, qui vient de visiter ces mines, les regarde comme des éjaculations boueuses.

C'est en 1867 que le fils d'un fermier hollandais, nommé Jacobs, trouva le premier diamant; c'était une belle pierre de 21 carats 3/16, avec laquelle l'enfant joua d'abord comme avec une bille. Le docteur Atherstone en reconnut enfin la nature. On fouilla les lits du Vaal, de l'Haart et de l'Orange; on trouva peu à peu vingt beaux diamants. Les territoires où l'on avait fait ces précieuses découvertes furent déclarés colonie de la couronne britannique en 1871, et incorporés en 1877 à la colonie du Cap.

Vues à vol d'oiseau, les mines de Kimberley et de Dutoit's Pan présentent la forme d'une ellipse; comme autant de tuyaux, les puits viennent en percer la surface (fig. 156, 157, 158, 159 et 160).

Lorsqu'on les découvrit en même temps que celles de Old de Beer's et Bultfountein nommées les mines sèches, on abandonna le travail des rivières.

Pourtant, en suivant le cours du Vaal et de l'Orange, on trouve des diamants de la plus belle eau, mêlés dans le sable à une foule de jolies pierres, telles que l'agate, le

PLAN DES MINES DIAMANTIFÈRES
de
KIMBERLEY

1880

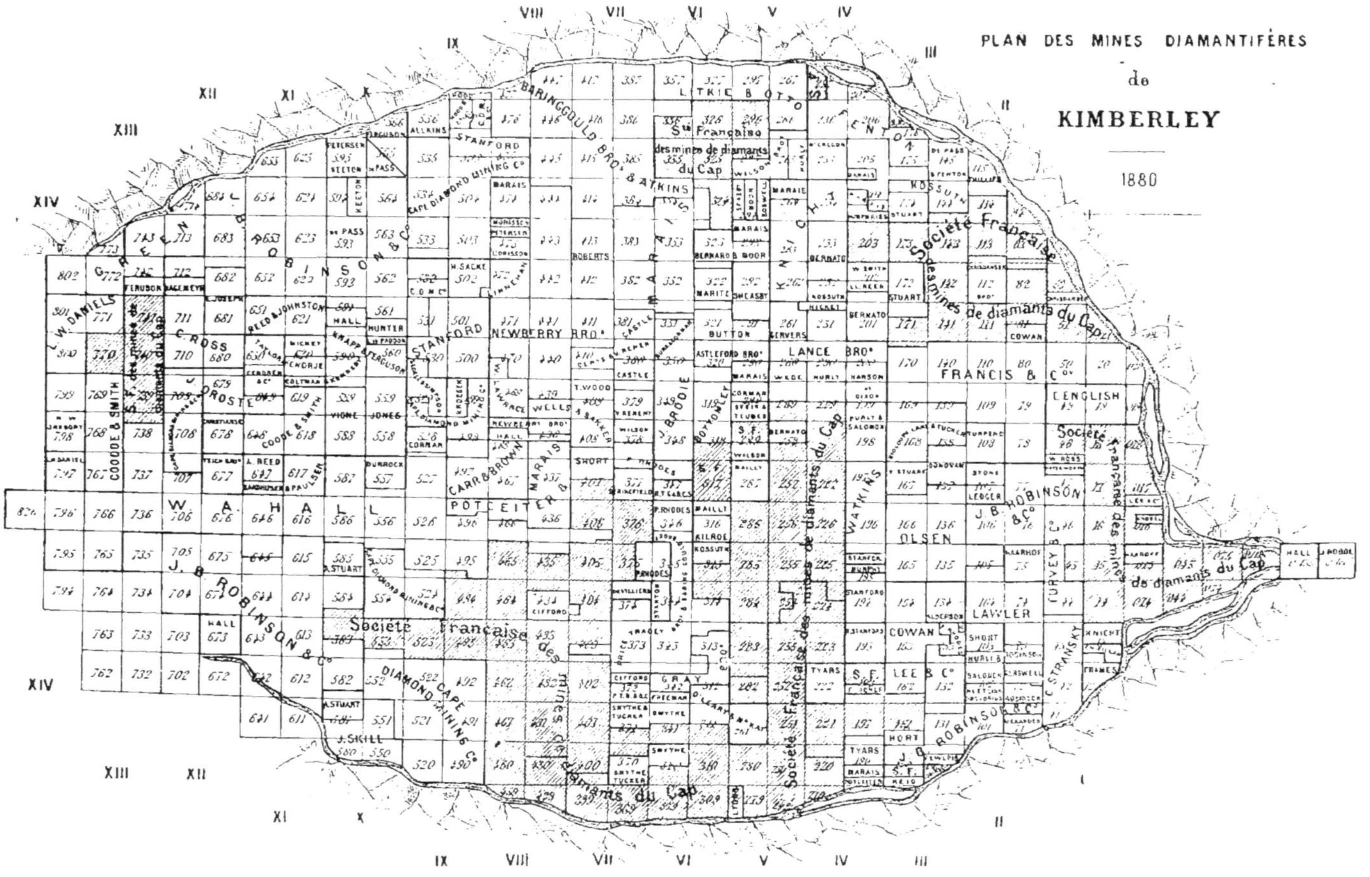

Société Française des mines de diamants du Cap

Baringgould Bro^s & Atkins

Robinson & Co

J. B. Robinson & Co

W. A. Hall

Stanford

Newberry Bro^s

Cape Diamond Mining C^o

Francis & Co

Lance Bro^s

Coodde & Smith

Watkins

Olsen

Lawler

English

C. Stransky

Curvey & Co

Potteiter & Marais

Carr & Brown

Brodie

Bottomley

Litkie & Otto

Kossuth

Cowan

S. F.

Lee & Co

jaspe, la calcédoine, la cornaline, l'olivine, le quartz blanc, les grenats, etc.

La plus riche de toutes les mines est celle de Kimberley qui produit à elle seule les 3/4 de tous les diamants de l'Afrique du Sud. Dans certaines de ses parties le diamant jaune domine, mais dans d'autres on trouve de magnifiques pierres parfaitement cristallisées.

Les rendements ont été estimés, pour les années 1872-1873-1874, à environ 50 millions de francs; ceux de 1875 à 1879 à 25 millions.

Les mineurs appellent *ref* le grès et l'ardoise formant le roc qui entoure la mine; il est complètement dépourvu de diamants; c'est dans l'intérieur de la mine seulement qu'on le trouve mêlé à une grande quantité de minéraux et de fragments de roches cristallines, comme nous l'avons dit plus haut.

L'extraction s'est faite d'abord par les moyens les plus primitifs. On étendait sur un tamis le sable diamantifère, et on l'agitait jusqu'à ce que le diamant se dégageât. Aujourd'hui on se sert de dragueurs.

A l'origine les règlements donnaient à chaque individu la possession d'un terrain mesurant 900 pieds carrés, qui prit le nom de *Claim*.

Les premiers possesseurs exploitèrent la surface de leurs claims et, satisfaits la plupart du temps du résultat, les revendirent soit en entier, soit par parcelles qui souvent n'avaient pas plus de 100 pieds carrés.

Cela produisit de mille à douze cents propriétaires. C'est un terrain de la grandeur du parc Monceau partagé en 200 lots!

Tout d'abord on ne connaissait pas l'étendue des gisements diamantifères que l'on désignait par le terme impropre de *champs de diamants,* plus tard seulement on constata que les diamants se trouvaient exclusivement dans un cercle entouré de rochers.

On se mit à creuser dans ce cercle sans précaution, sans étayement : on voulait arriver vite.

Les rochers s'écroulaient et couvraient une partie de la mine, l'extraction devenait un travail improductif.

C'est alors que se formèrent des sociétés qui exploitèrent d'une façon plus régulière, à l'aide de puissantes machines à vapeur.

En ce moment même on construit des tramways qui circuleront dans l'intérieur de la mine.

Malgré cela les difficultés du travail augmentent chaque jour à cause de la profondeur de la mine et des écroulements du rocher.

Les sociétés diverses commencent à se fusionner, et, avant peu, la compagnie française des diamants du Cap, qui s'est formée sous la direction de M. Jules Porges, aura le monopole de cette immense exploitation diamantifère. Pour le moment, cette société a déjà groupé autour d'elle un bon tiers des meilleurs claims, et fixera en France un commerce qui se chiffre par 50 millions par an.

Actuellement l'extraction se fait de la manière suivante :

La terre est retirée à l'aide de seaux dont le contenu, après avoir été trempé, est vidé sur une série de cribles de différentes grandeurs superposés, dont le plus fin est en dessous.

L'eau jetée sur le premier crible passe dans tous les autres ; c'est dans le dernier qu'on aperçoit le diamant.

La terre est soumise à une seconde opération : on l'agite dans de grands réceptacles en cuivre et remplis d'eau ;

l'eau devient limpide, et le diamant, complètement dégagé de la terre qui l'enveloppe, est recueilli.

L'usage du diamant se vulgarise d'une façon surprenante ; il s'en vend par année pour plus de 100 millions.

Le commerce des diamants se fait principalement à Paris, Londres et Amsterdam.

Les pertes considérables que le commerce de Paris a faites à la suite d'infidélités nombreuses commises dans le courant de l'année 1878, ont engagé la chambre syndicale à réglementer le système des intermédiaires.

Elle a établi une liste des courtiers admis qui est revisée plusieurs fois par an par son comité.

Pour être inscrit sur cette liste, il faut être présenté par six marchands de diamants ou lapidaires dont un au moins doit être membre du comité.

Usances du Commerce. Poids du Carat.—On pèse les pierres précieuses avec un poids spécial, le carat, qui emprunte son nom à un fruit indien, le Kouara.

L'uniformité du poids de sa graine, quand elle est sèche, l'avait depuis longtemps fait choisir pour peser l'or.

Le carat a quatre grains.

Dans l'Inde, il équivaut		à 207 milligr.		3/10
En Hollande	—	à 205	—	1/10
En Portugal	—	à 203	—	8/10
En Angleterre	—	à 205	—	3/10

Le poids du carat, d'un usage universel pour le pesage des diamants et pierres précieuses, n'ayant pas une base déterminée, était établi suivant des étalons différents :

En 1870,	le carat	à Amsterdam	correspondait à	0gr,206
—	—	à Leipzig	—	0 2055
—	—	à Londres	—	0 2053
—	—	à Paris	—	0 205 0 2055

A Paris, de grandes différences existaient même entre les fabricants de balances à carats.

Sur la proposition faite à cette époque par M. Exupère, fabricant de balances de précision à Paris, la chambre syndicale de la bijouterie, de la joaillerie, de l'orfèvrerie et de l'horlogerie, sous la présidence de M. Falize, et, d'après le rapport de M. Beaugrand, a décidé, dans sa séance du 19 juillet 1871, que le poids du carat correspondant désormais exactement à 205 milligrammes, servirait d'étalon en cas de contestation.

La chambre syndicale des négociants en diamants et pierres fines a confirmé cette décision dans sa séance du 23 octobre 1877. Ces décisions ont déjà grandement modifié l'ancien état des choses, et Amsterdam, Londres et Paris, ont adopté ce poids.

Nous faisons figurer la balance à carats, la pince et la passoire, servant à classer les diamants par grandeurs, instruments fabriqués par M. Exupère (fig. 161 à 163).

§ 6. — **Valeur du Diamant.**

Lorsqu'on veut estimer la valeur d'un diamant, il faut toujours avoir la pierre parfaite présente à l'esprit. On tient compte de sa limpidité, de la pureté de son eau, des taches qu'elle présente, de sa forme et de ses bonnes proportions. Quand il est brut, il faut apprécier la perte qu'il subira pendant le travail. Les diamants taillés en brillants sont ceux qui atteignent la plus grande valeur. Au XIIe siè-

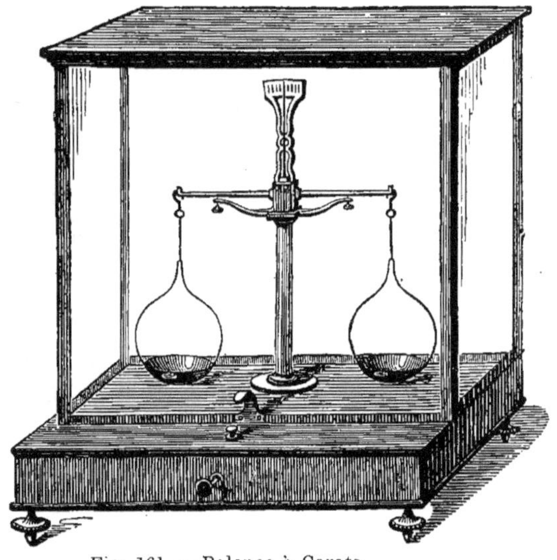

Fig. 161. — Balance à Carats.

cle, l'Arabe Teifaschius évaluait à environ 150 francs le

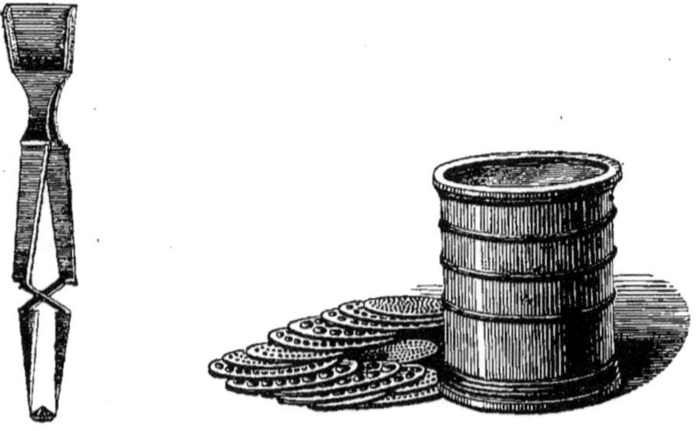

Fig. 162.—Précelle. Fig. 163. —Passoire.

prix d'un carat de diamant. Au XVIe siècle, le prix en était de plus de 400 fr. (Benvenuto Cellini, *Traité del Ori-*

fico C.-J.). Dans une note ajoutée à sa traduction latine de l'*Histoire des aromates et médicaments simples*, de Garcias ab Horto (Antwerpiæ, 1583), Carolus Clausius raconte que Philippe II, sur le point d'épouser Élisabeth, fille aînée de Henri II, acheta de Charles d'Affetan d'Anvers, en 1559, pour 80,000 couronnes (240,000 fr.), un diamant de 47 carats 1/2 ou 190 grains. Au commencement du XVIIe siècle, Boëtius de Boot fixait le prix du premier carat à 130 florins, 285 francs (le florin valait à cette époque 2 fr. 20); un brillant de 2 carats valait 430 florins; un de 3 carats, 890 florins; un de 4 carats, 1,510 florins; un de 5 carats, 2,290 florins; un de 10 carats, 9,590 florins. Il n'admettait que pour les pierres de poids inférieur la règle indienne, connue sous le nom de règle de Tavernier.

Tavernier, célèbre voyageur qui fit une fortune immense dans le trafic des pierreries, avait publié une règle adoptée dans l'Inde, que Jeffries, un grand joaillier du siècle dernier, a ensuite appuyée de toute son autorité dans le commerce. On élève au carré le nombre de carats que pèse la pierre; on multiplie ce produit par le prix du premier carat.

Tavernier, en 1676, prenait 150 livres comme prix du premier carat (Tavernier, *Voyages en Turquie*, *Perse et Indes*, Paris, 1676).

Exemple : Le prix normal du diamant étant pour Jeffries de 8 livres sterling, chaque carat, soit 200 francs, le prix d'un brillant de 4 carats résultait du calcul suivant :

$$4 \times 4 \times 200 = 16 \times 200 = 3200$$

Cette règle des carrés avait été déjà discutée par Boëtius de Boot, il y a près de trois siècles. De plus, on trouve dans un livre publié en 1718 (Haudiquet de Blancourt,

Traité des pierres précieuses, à Paris, chez Claude Jombert, page 10) l'évaluation suivante des diamants parfaits de 1 à 24 grains.

Poids en grains.	Prix.
1	15 à 18 livres.
2	40 à 50 —
3	75 à 100 —
4	120 à 150 —
5	230 à 300 —
6	300 à 400 —
7	450 à 600 —
8	600 à 800 —
9	800 à 900 —
10	1000 à 1200 —
11	1200 à 1300 —
12 à 14	1500 à 2000 —
15 à 18	1700 à 2200 —
19 à 20	2500 à 3000 —
21 à 24	3000 à 4000 —

La règle des carrés est encore bien moins applicable aujourd'hui que les diamants au-dessus de 5 karats sont devenus moins rares. A cause des différences de qualité et de poids il n'est pas possible d'établir une règle absolue d'évaluation des diamants. Il faut faire la part du caprice des amateurs ; on peut parfaitement vendre une pierre d'un carat 600 francs, si elle atteint un degré de perfection supérieure par sa limpidité, son éclat et sa taille. Aussi exceptons-nous d'un tarif général les pierres qui réalisent les qualités précédentes.

Voici le système d'appréciation auquel s'est arrêté M. Vanderheym. Il a pris pour base la division des diamants taillés en quatre qualités. Ce principe admis, il a dressé le tableau suivant d'évaluation, qui a figuré dans la vitrine de la chambre syndicale, à l'Exposition universelle de 1878. Il était accompagné de quatre-vingt-douze paires de diamants, spécimens de cette classification.

TABLEAUX DU PRIX DES BRILLANTS PAR PAIRES

Nos	Poids en carats		4e série 2e eau	3e série 2e blanc	2e série courant	1re série 1er blanc
1	1	la paire	120 »	150 »	180 »	220 »
2	1 1/2	»	200 »	250 »	300 »	400 »
3	2	»	400 »	480 »	600 »	700 »
4	2 1/2	»	525 »	625 »	800 »	950 »
5	3	»	660 »	780 »	1020 »	1250 »
6	3 1/2	»	770 »	945 »	1225 »	1600 »
7	4	»	960 »	1120 »	1440 »	1950 »
8	4 1/2	»	1080 »	1305 »	1612 »	2350 »
9	5	»	1250 »	1500 »	1900 »	2750 »
10	5 1/2	»	1430 »	1705 »	2117 »	3250 »
11	6	»	1620 »	1920 »	2340 »	3700 »
12	6 1/2	»	1820 »	2112 »	2567 »	4250 »
13	7	»	1995 »	2310 »	2765 »	5000 »
14	7 1/2	»	2175 »	2550 »	3000 »	5800 »
15	8	»	2360 »	2800 »	3240 »	6700 »
16	8 1/2	»	2550 »	3060 »	3485 »	7600 »
17	9	»	2700 »	3330 »	3735 »	8500 »
18	9 1/2	»	2897 »	3562 »	3990 »	9400 »
19	10	»	3050 »	3800 »	4250 »	10300 »
20	10 1/2	»	3255 »	4042 »	4515 »	11400 »
21	11	»	3465 »	4290 »	4840 »	12500 »
22	11 1/2	»	3737 »	4600 »	5175 »	13700 »
23	12	»	3900 »	4800 »	5400 »	15600 »

Il importe de ne pas oublier que le diamant doit son prix non seulement à sa valeur intrinsèque, que les difficultés et les frais d'exploitation rendent considérable, mais encore au travail du lapidaire.

Par conséquent, toutes les estimations faites jusqu'à ce jour des pierres historiques doivent être modifiées.

Devant les propositions diverses qui sont faites actuellement pour l'aliénation, du reste peu probable, des diamants de la couronne de France, nous croyons devoir nous abstenir de donner pour le moment une appréciation, qui s'éloignerait de la dernière estimation faite. Celle-ci, en effet, date de 1791 ; elle a été publiée à cette époque par Bion, Christin et Delattre, députés à l'Assemblée nationale, Delattre rapporteur (à Paris, Imprimerie nationale, 1791).

Nous nous contenterons d'y relever les prix de quelques-unes des pierres les plus remarquables.

DÉSIGNATION	POIDS	ESTIMATION
1 superbe diamant, blanc, appelé le Régent, forme carrée, les coins arrondis, ayant une petite glace dans le filetis, et une autre à coin dans le dessous	136k $\frac{14}{16}$	12.000.000 fr.
1 très grand brillant bleu, de la plus riche couleur, forme triangle, parfait dans sa proportion	67k $\frac{2}{16}$	3.000.000
1 très grand diamant fort épais, taillé à facettes des deux côtés, avec deux petites tables des deux côtés, forme pendeloque, vif et net, monté en épingle, reconnu pour le Sancy. . .	33k $\frac{12}{16}$	1.000.000 (1)

(1) Ce diamant n'a pu être vérifié sur le poids, étant monté. (Note de l'inventaire.)

DÉSIGNATION	POIDS	ESTIMATION
1 très grand brillant, carré arrondi; deux petites égrisures au bord; d'eau un peu céleste; ce diamant n'est point recoupé au-dessus	$31^k \frac{12}{16}$	300.000
1 grand diamant, forme poire, tirant sur la fleur de pêche	$24^k \frac{13}{16} \frac{1}{32}$	200.000
1 grand diamant, forme poire, eau cristalline	$22^k \frac{4}{16}$	160.000
1 grand diamant brillant, forme en bateau, d'eau cristalline, vif et net. .	$14^k \frac{14}{16}$	150.000
1 grand diamant, forme poire, rose des deux côtés, percé d'un bout, d'eau cristalline, vif, ayant une petite glaçure sur les flancs	$19^k \frac{2}{16}$	140.000
1 diamant, forme olive, blanc, percé d'un bout, glace noire près du percé.	$18^k \frac{13}{16} \frac{1}{32}$	85.000
1 grand diamant, carré arrondi, d'eau un peu vineuse.	$18^k \frac{9}{16}$	75.000
1 grand diamant, forme poire, un peu jaune et mal net.	$20^k \frac{14}{16} \frac{1}{32}$	65.000
1 brillant, carré arrondi	$17^k \frac{2}{16}$	60.000
1 grand diamant, 10me de Mazarin, reconnu très épais, bonne eau, vif et mal net		50.000
1 grand diamant, carré losange, peu d'eau, vif, fort épais, mal net. . . .	$17^k \frac{2}{16}$	50.000
1 diamant brillant, forme longue, d'eau brune, et net.	$13^k \frac{8}{16}$	35.000
1 diamant brillant, forme pendeloque, d'eau fleur de pêcher, avec glace sur l'un des flancs.	$14^k \frac{11}{16}$	25.000
1 diamant brillant, forme ronde, blanc et net	$3^k \frac{11}{16}$	5.000
1 brillant, carré long arrondi, de bonne eau, vif et net	$2^k \frac{5}{16}$	1.500

DÉSIGNATION	POIDS	ESTIMATION
1 brillant d'étendue, carré arrondi, d'eau un peu céleste	2^k	1.000
1 brillant carré long arrondi, de bonne eau, vif et net	$1^k \frac{4}{16}$	500
32 brillants en partie sur papier, jaunes, qualité médiocre.	$22^k \frac{11}{16}$	3.867^f10
117 diamants de bonne eau; quelques-uns ont des glaces et points noirs, sur papier	$57^k \frac{6}{16}$	11.475
156 brillants, bonne eau, sur papier. .	52^k	8.440
123 petits brillants de bonne eau, recoupés, sur papier.	$26^k \frac{14}{16}$	4.837^f10

Les poids sont ceux qu'on employait à cette époque; on ne dit plus, par exemple $\left(\frac{12}{16} \text{ et } \frac{1}{32}\right)$, mais 25/32. La lettre K représente le mot carat, qu'on écrivait alors karat.

Le total de l'estimation des pierreries dans l'inventaire de 1791 est de :

Diamants.	16.730.403	22.376.609
Parures de diamants. . . .	5.646.206	
Rubis et pierres de couleur.		360.604
Perles		996.700
Total		23.733.913

M. Alfred Bapst, joaillier de la liste civile, nous a communiqué les renseignements suivants :

L'inventaire du 6 juin 1818 accusait au trésor de la couronne 59,067 pierres estimées 20,318,551 fr. 80.

Le 15 mai 1875, la commission instituée pour reconnaître les diamants de la couronne que les représentants de la liste civile devaient remettre à l'État, faisait dresser un nouvel inventaire, dont a été chargé M. Alfred Bapst, membre de la commission, qui représentait la liste civile, comme ancien joaillier de la couronne. Cet inventaire a fourni comme données générales :

Brillants. .	51,403	pesant	9,910	carats.
Roses . . .	21,119	—	471	—
Perles.. . .	2,963	—	7,034	—
Rubis . . .	507	—	587	—
Saphirs.. .	136	—	912	—
Émeraudes	312	—	226	—
Turquoises	528	—		—
Opales . . .	22	—		—
Divers . . .	496	—		—
Total. . . .	77,486	pesant	19,141	carats.

Les mazarins ne sont pas authentiques; il est impossible de certifier que les gros brillants, si beaux, inscrits sous ce nom, soient en réalité ceux qui ont été légués par le célèbre cardinal.

Au dernier inventaire, il n'a été fait aucune évaluation nouvelle.

Au milieu du XVIIIe siècle, on évaluait à plus de 1,200,000,000 les joyaux du trésor de Nadir Shah.

A la vente des collections du marquis de Drée, on a pu remarquer des diamants de couleur, vendus aux prix suivants :

Un beau diamant	vert	de 2 carats. .	900 fr.
—	jaune d'or	de 2ᵏ 1/2 . . .	600
—	rouge rose	de 2 3/4 . . .	2000
—	hyacinthe	de 3 3/4 . . .	1500

Les principaux diamants historiques sont :

Le Régent.	pesant	136k	1/4
le Schah	—	95	
le Grand-Mogol	—	279	1/2
le Koh-i-noor	—	103	$\frac{13}{16}$
le Nassack	—	82	3/4
l'Étoile d'Afrique	—	128	1/2
l'Étoile polaire.	—	40	
le grand-duc de Toscane. . . .	—	139	1/2
le Pacha	—	49	
le diamant bleu de Hope.	—	44	1/2
l'Orlow.	—	194	
le Sancy.	—	55	
l'Étoile du Sud.	—	125	$\frac{7}{16}$
le Piggot	—	78	$\frac{5}{8}$

§ 7. — Histoire de quelques gros Diamants.

Le Régent. — De tous les gros diamants, le Pitt ou Régent est le plus estimé. Il réunit à un poids relativement

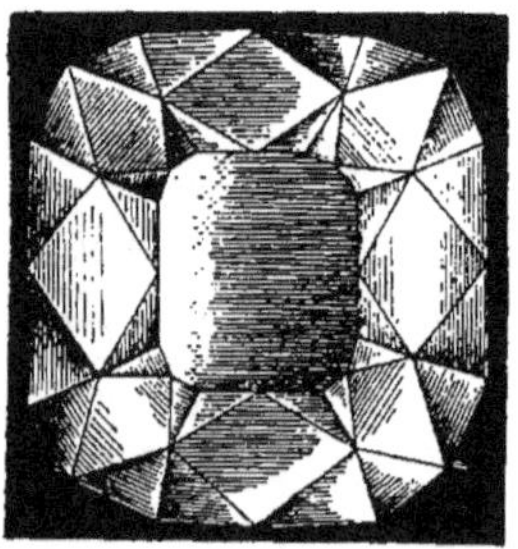

Fig. 164. — *Le Régent* vu d'en dessus.

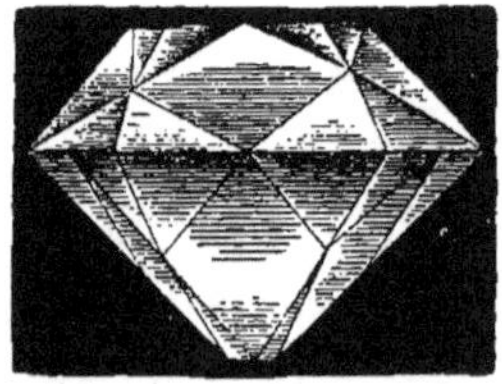

Fig. 165. — *Le Régent* vu de côté.

considérable, 136 carats 1/4, une taille parfaite, celle d'un brillant carré tout à fait régulier. Il est d'une belle eau, sans taches, sans défaut; il n'est pas complètement incolore; la teinte en est très légèrement jaunâtre. Il provient des mines de Purteal, situées entre Hyderabad et Mazulipatam (fig. 164 et 165). On lui a fabriqué une histoire pleine de sang et de crimes. On sait aujourd'hui qu'elle est beaucoup moins tragique. Pitt l'aurait tout bonnement acheté à Golconde, au plus fort marchand de l'Inde, Jamchund, et revendu 3,125,000 fr. au régent de France, pour Louis XV, en 1702.

Pendant la Terreur, le 17 septembre 1792, Sergent et deux autres commissaires de la Commune vinrent déclarer que les serrures du garde-meuble avaient été forcées, que les pierreries avaient été enlevées par d'audacieux voleurs. Peu de temps après, une lettre anonyme prévint qu'on pouvait retrouver la plupart des objets volés dans un fossé de l'allée des Veuves, aux Champs-Élysées. Douze ans plus tard, un individu arrêté dans une bande de faussaires demanda, pour obtenir sa grâce, à faire des révélations au sujet du vol du garde-meuble. Il avoua qu'il avait été l'un des complices; il mourut à Bicêtre.

Un peu plus tard, le Régent fut employé à couvrir un emprunt fait par le gouvernement d'alors au banquier Trescow, de Berlin. C'est encore aujourd'hui la plus belle pierrerie du trésor français. Brut, il pesait 410 carats; il n'en pèse plus que 136 1/4 depuis la taille; il a donc perdu plus de la moitié de son poids dans cette opération qui a duré près de deux ans, et coûté 600,000 fr.

Le Koh-i-noor. — Un des plus gros diamants connus est celui qu'on appelait le Koh-i-noor, c'est-à-dire Montagne de lumière. Il provient des mines de Purteal.

Les Indiens en faisaient remonter la découverte aux temps fabuleux de Krischna; il resta longtemps la propriété des rajahs de Mjayin; au commencement du XVIe siècle, il faisait partie du trésor de Delhi. Vainqueur d'Ibrahim à Panipat, en 1525, Baber se rendit maître de la ville et de ses richesses. Dans ses Mémoires, le fondateur de l'empire mogol nous apprend que cette belle pierre pesait

8 mischkal (poids persan), ou 320 ratis, et que la moitié de l'argent dépensé par le monde entier pour sa nourriture quotidienne aurait à peine suffi à la payer.

Au commencement de ce siècle, elle était au premier rang des joyaux de la couronne de Lahore. En 1850, les troupes anglaises, dont elle fut déclarée la possession par droit de conquête, l'offrirent à la reine Victoria. Elle pesait 186 carats 1/16 ; elle avait une forme ovale irrégulière, une structure octaédrique, et se colorait suivant certaines lignes dans la lumière polarisée. Brewster, auquel le prince

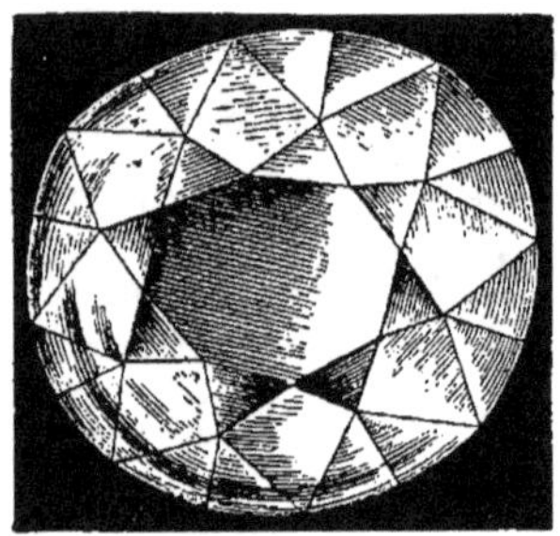

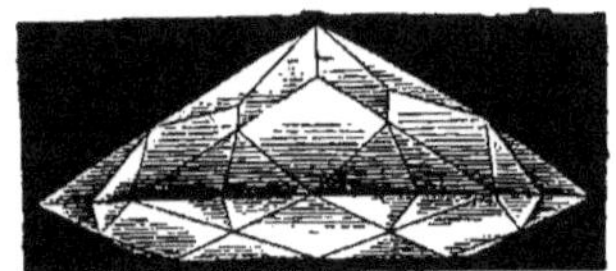

Fig. 166 et 167. — *Le Koh-i-noor.*

Albert l'a confiée, l'a soumise à un examen microscopique. Il y a vu un grand nombre de cavités dont il attribue l'origine à la force expansive d'un gaz comprimé ou d'un liquide qui s'y trouvait emprisonné pendant la formation du cristal encore mou.

Comme la taille de ce cristal était à peine ébauchée, et qu'il offrait plusieurs défauts, la reine d'Angleterre le fit retailler. M. Voorsanger, un des plus habiles artistes de la taillerie de M. Coster à Amsterdam, exécuta cette délicate opération à Londres sous les yeux de MM. Garrards, joailliers de la reine, en 38 journées de 12 heures, au moyen d'un disque animé d'un mouvement de rotation de 3,000 tours par minute. Le poids de la pierre transformée en brillant parfait est resté de 103 carats 3/4 (fig. 166 et 167).

Le Mogol. — Tavernier raconte que Mirgimola, attaché d'abord au service du roi de Golconde, trahit son maître, et, pour se concilier les bonnes grâces de Schah Jehan, lui fit présent d'un diamant de 787 karats 1/2. Bernier appelle Emir-Jemla ce rusé personnage, qui poussa et aida Aureng-Zeyb à détrôner Schah Jehan, son père. Schah Jehan confia le gros diamant à un Vénitien, Hortensio Borgis, lequel était, à ce qu'il paraît, peu au courant de son art, et rendit au Schah une pierre taillée, en effet, mais réduite à 319 ratis 1/2, soit 280 karats. L'empereur du Mogol, furieux, fit prendre au maladroit lapidaire 10,000 roupies au lieu de le récompenser; *il lui aurait fait prendre davantage, s'il en eût eu au delà*. Tavernier reconnaît que si *le sieur Hortensio avait bien su son métier, il aurait pu tirer de cette grande pierre* (par le clivage, sans doute) *quelque bon morceau, sans faire tort au roi, et sans avoir tant de peine à l'égriser*.

Le grand voyageur français raconte aussi qu'en 1665, il a vu cette pierre taillée dans le trésor d'Aureng-Zeyb, devenu le maître de l'empire, en maintenant son père prisonnier dans ses domaines. Le diamant taillé par Borgis avait une forme semblable à celle d'un œuf coupé par le milieu, celle d'une rose ronde, très haute, ayant en bas un petit cran, et en dedans une petite glace; il était de fort belle eau. Tavernier l'a examiné à son aise, en présence d'Aureng-Zeyb lui-même, qui aimait beaucoup moins les parures que ses ancêtres, mais qui était flatté de montrer ses magnifiques trésors à un célèbre connaisseur. Qu'est devenue cette pierre? On l'ignore.

On a pensé que c'était peut-être le Koh-i-noor. Il y a, en

effet, une singulière coïncidence entre le poids de 320 ratis attribué à ce dernier par Baber, et celui de 319 ratis 1/2 que Tavernier donne au diamant d'Aureng-Zeyb. En outre, Tavernier ne parle pas du Koh-i-noor. Évidemment, Baber ne donnait pas au ratis la même évaluation que Tavernier, puisque le Koh-i-noor, pesé avant sa taille, n'était que de 186 carats, tandis que la pierre d'Aureng-Zeyb, d'après Tavernier, en pesait 280.

Ceux qui n'admettent pas l'identité des deux pierres disent que le Koh-i-noor n'était pas dans le trésor de l'empereur, parce qu'Aureng-Zeyb avait laissé à Schah Jehan ses pierreries; qu'il y avait deux ratis de poids différents, l'un pour les perles et l'autre pour les joyaux; en outre, ils font remarquer que Tavernier a décrit très complètement la taille du diamant d'Aureng-Zeyb, tout à fait semblable à celle de l'Orloff, et que le Koh-i-noor avait la forme d'une ellipse irrégulière, à facettes mal définies (fig. 168) (1).

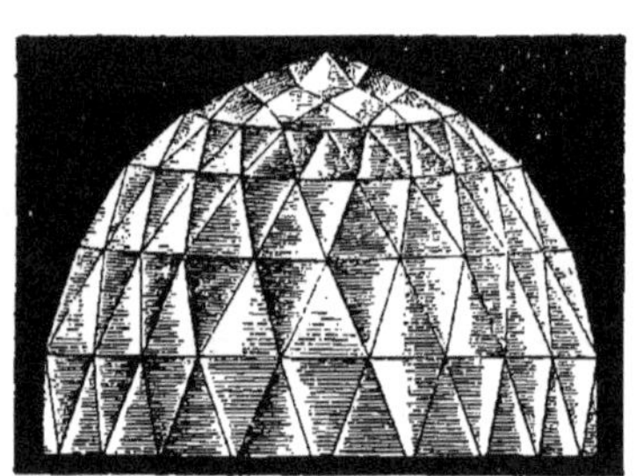

Fig. 168. — *Le Mogol.*

L'Orlow. — Nommé aussi *Diamant d'Amsterdam,* il est hémisphérique, porte dans le dessus deux séries superposées de facettes; il a 10 lignes de hauteur et 15 lignes 1/3 de diamètre en dessous. Il est d'eau très pure. C'était jadis un des yeux d'une idole à Sheringam. Suivant les uns, il aurait été volé par un Français, qui serait parvenu à se

(1) King, *The natural hystory of precious stones,* London, Bell et Daldy, 1867, p. 76 et suivantes.

faire agréer comme prêtre de l'idole en prétextant une passion irrésistible pour ses beaux yeux. Suivant d'autres, la pierre ornait le trône de Nadir-Chah, qui l'avait emportée de Delhi. Après le meurtre de ce prince, un grenadier français à son service la vola, la vendit 30,000 fr. à un capitaine de vaisseau. Celui-ci l'aurait revendue 190,000 fr. à un usurier de bas étage, et l'usurier pour un prix encore plus considérable à un marchand arménien, nommé Safras. Enfin, le prince Orloff l'acheta pour Catherine II, moyennant 2,250,000 fr., une rente annuelle de 100,000 fr., et des lettres de noblesse pour Safras (fig. 169).

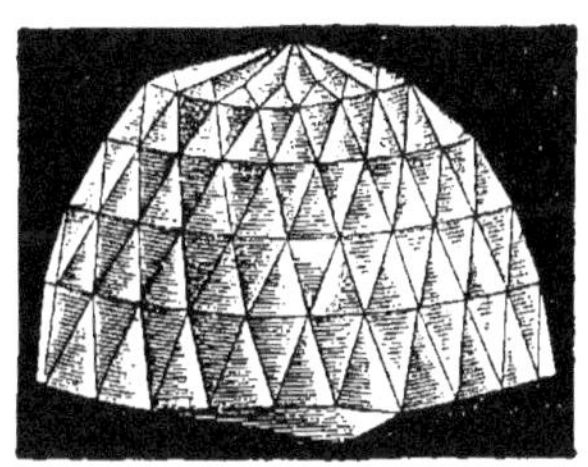
Fig. 169. — *L'Orlow.*

Le Schah. — Moitié plus petit que l'Orlow, pesant 95 carats, ce diamant célèbre appartient également à la couronne de Russie. On l'appelle Schah, en souvenir du prince persan Cosrhoës, jeune fils d'Abbas-Mirza, qui en fit présent à l'empereur. Il est de belle eau, exempt de toute espèce de tache ; il a plus de la moitié de ses faces naturelles, et n'est taillé que dans l'autre partie. Il a sans doute subi un clivage.

Le Sancy. — On ne connaît d'une manière certaine qu'une partie de l'histoire de deux beaux diamants appelés, l'un le Sancy, et l'autre le Florentin. On a dit qu'ils avaient été taillés par Louis de Berquem, qu'ils avaient appartenu à Charles le Téméraire, que ce prince avait perdu le dernier à la bataille de Granson, et que son cadavre couvert de boue et défiguré fut reconnu, après sa défaite et sa mort devant les murs de Nancy, grâce au premier de ces diamants qu'il avait gardé à son doigt. Ces deux pierres ressemblent pour la forme à l'Orlow et au Koh-i-noor; elles sont bien plutôt taillées à la façon indienne, qui se borne à facetter le cristal naturel, en perdant le moins de matière possible, qu'à la manière européenne, où l'on sacrifie au besoin la matière à l'éclat (fig. 170 et 171).

Le Sancy pèse 11 grammes 0,28, ou 53 carats $\frac{6}{16}$; il est d'une transparence parfaite. Il doit son nom à son premier propriétaire connu, Nicolas de Harlay, seigneur de Sancy, lequel l'avait rapporté de son ambassade du Le-

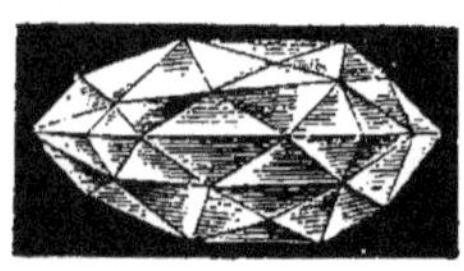

Fig. 170. — *Le Sancy* vu de côté.

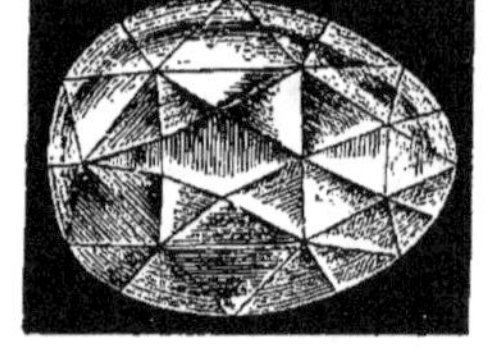

Fig. 171. — *Le Sancy* vu d'en dessus.

vant. Il appartint plus tard au roi d'Angleterre, Jacques II, qui, forcé de se réfugier en France, en 1688, le céda au roi Louis XIV pour 625,000 fr. En 1792, il disparut du Trésor. Il a été acheté, dit-on, en 1838, par la princesse Paul Demidoff, pour un prix énorme, 500,000 roubles. Il a été vendu par cette princesse 500,000 fr. en 1865, à MM. Garrards, chargés eux-mêmes de cette commission par Sir Jamsetjee Jeejeebhoy, de Bombay (Inde).

Le Florentin. — M. Schrauf, conservateur du Musée minéralogique impérial de Vienne, a donné une description du Florentin. Ce diamant a la forme d'un œuf un peu allongé; il pèse 133 carats 1/5 (carats de Vienne), 139 carats 1/2 de Florence, ou 27 grammes 457; il a pour densité 3,521. Il est de la plus belle eau, tirant sur le jaune; mais la couleur en est si faible, qu'elle disparaît à la lumière. La forme qui s'en rapprocherait le plus parmi les modernes, serait celle d'une double rose (fig. 172 et 173).

Il a été longtemps la propriété des grands-ducs de

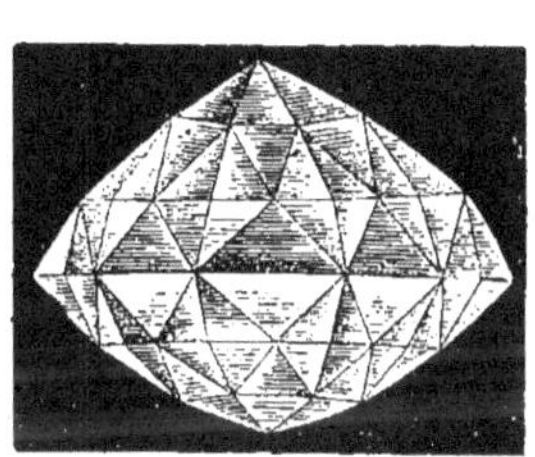

Fig. 172. — *Le Florentin* vu de côté.

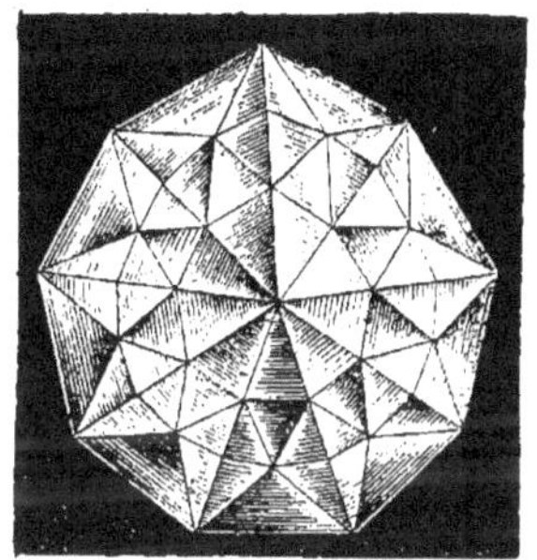

Fig. 173. — *Le Florentin* vu d'en dessus.

Toscane; il appartient maintenant à la couronne d'Autriche.

L'Étoile du Sud. — Le plus gros diamant trouvé au Brésil pesait brut 254 carats 5. Il a été trouvé en juillet

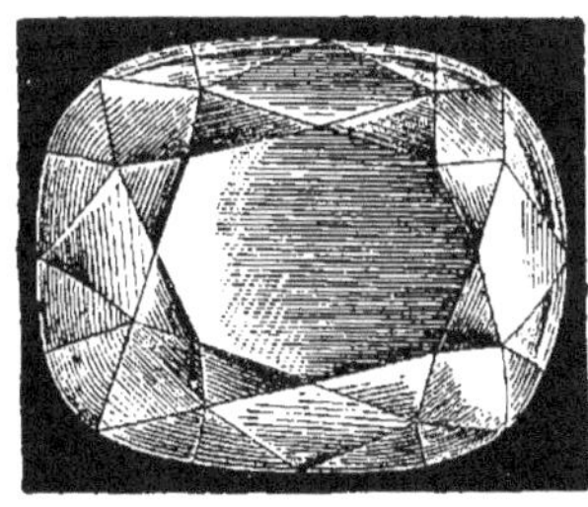

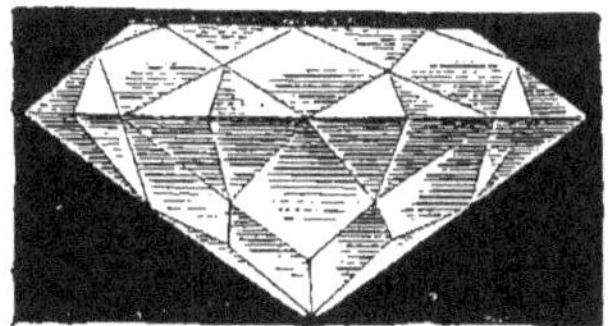

Fig. 174 et 175. — *L'Étoile du Sud.*

1853 à Bagagem, province de Minas Geraes. Sa forme était celle d'un dodécaèdre rhomboïdal dont les arêtes étaient modifiées par des biseaux. Les faces en étaient comme chagrinées. Il montrait plusieurs cavités dues à des empreintes d'autres diamants. La densité en est de 3,529. Il est taillé en brillant; il ne pèse plus depuis la taille que 125 karats $\frac{7}{16}$; il a la forme d'un brillant ovale, de 35 millimètres de long, 29 millimètres de large sur 19 millimètres d'épaisseur; la couleur en est faiblement rosée, sans être désagréable (fig. 174 et 175).

Diamants divers. — Le roi de Portugal possède un gros diamant, dont Petzholdt a évalué le poids à 205 ca-

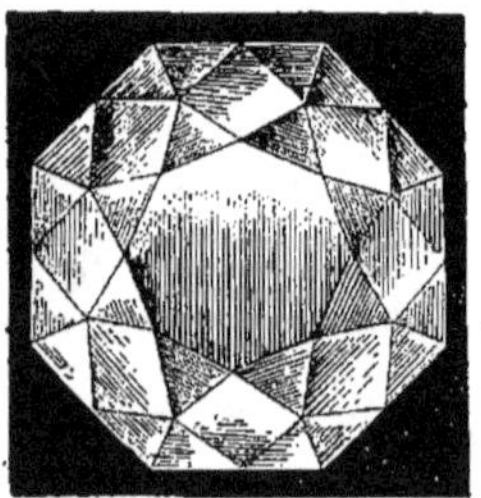

Fig. 176. — *Le Pacha d'Égypte.*

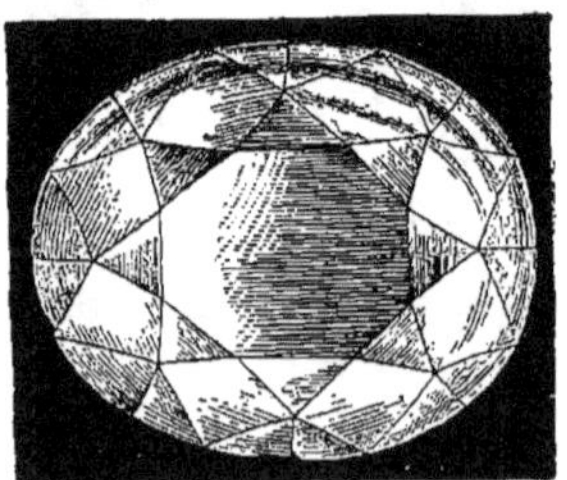

Fig. 177. — *Le Piggot.*

rats. Le sultan turc en a deux pesant, l'un 147, et l'autre 84 carats. On cite encore la belle pierre appelée *Pacha d'Égypte* (fig. 176), taillée à huit faces, du poids de 49 carats,

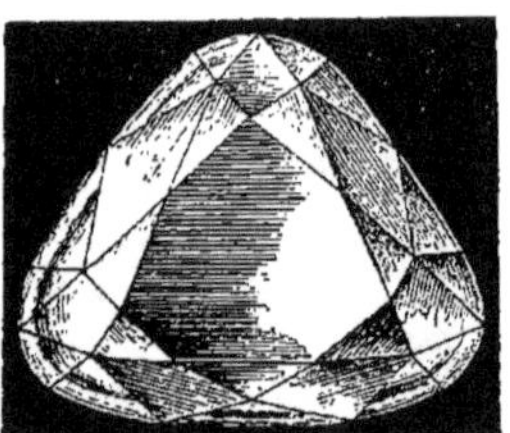

Fig. 178. — *Le Nassak.*

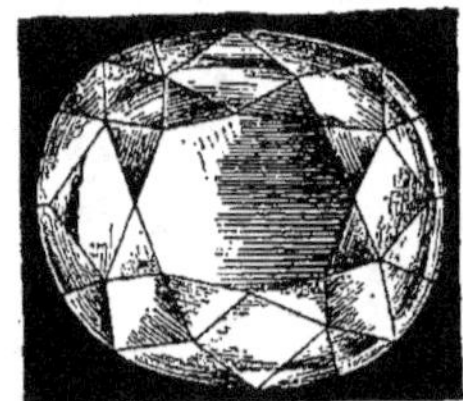

Fig. 179. — *Diamant de M. Hope.*

qui a coûté 700,000 fr.; le Piggot, apporté de l'Inde en Angleterre par le comte de ce nom, qui pèse 82 carats 1/4, et qui a été mis en loterie en 1801 pour 750,000 fr. (fig. 177). Le *Nassak* pèse, depuis qu'il est taillé 82 carats 3/4, et vaut de 7 à 800,000 fr. (fig. 178); le fameux diamant bleu de M. Hope, membre du Parlement anglais; ce dernier pèse

44 carats 1/4; la couleur est d'un beau bleu de saphir, l'éclat en est extraordinaire; aussi se vendrait-il plus cher que s'il était incolore; il a été estimé 850,000 fr. (fig. 179). On peut ajouter à cette liste un beau diamant vert du musée de Dresde, qui pèse 48 carats et qu'on estime à 450,000 fr.

Taille du Diamant. — On attribue à Louis de Berquem la découverte de ce fait, que deux diamants s'usent et se polissent mutuellement, lorsqu'on les frotte l'un contre l'autre; on ajoute qu'il a trouvé ainsi le moyen d'obtenir l'égrisée sans laquelle la taille est impossible, et, par conséquent, le principe même de la taille.

Tout cela est fondé sur le récit de Robert de Berquem, un de ses descendants, qui était orfèvre.

On lit dans l'ouvrage intitulé : *les Merveilles des Indes, Traité des pierres précieuses,* par Robert de Berquem, Paris, in-4°, 1669, p. 12 : *Louis de Berquem, l'un de mes ayeuls... le premier a trouvé l'invention, en mil quatre cens soixante et seize, de les tailler avec la poudre de diamant mesme... Auparavant on fut contraint de les mettre en œuvre* (les diamants) *tels qu'on les rencontrait aux Indes, c'est à savoir des pointes naïves..., tout à fait bruts, sans ordre et sans grâce, sinon quelques faces au hazard, irrégulières et mal polies, tels enfin que la nature les produit, et qu'ils se voyent encores aujourd'huy sur les vieilles châsses et reliquaires de nos églises. Le ciel doua ce Louis de Berquem, qui était natif de Bruges, comme un autre Bezellée, de cet esprit singulier ou génie... Charles, dernier duc de Bourgogne, luy mit trois grands diamants entre les mains pour les tailler advantageusement selon son adresse. Il les tailla dès aussitôt, l'un espais, l'autre faible, et le troisième en triangle, et il y réussit si bien que le duc, ravy d'une invention si surprenante, lui donna* 3,000 *ducats de récompense...* Le prince aurait fait présent de l'un (le faible) au pape Sixte-Quint, de l'autre (celui en forme d'un triangle et d'un cœur) au roi Louis XI ; il gardait toujours le troisième au doigt. Il l'avait encore quand il fut tué devant Nancy.

M. de Laborde objecte à cela que la marche suivie par la taille du diamant a été progressive (1). *Il fut débité d'abord en tables, à faces bien dressées, à tranches taillées en biseau, ou à pans et à facettes. Puis on comprit mieux l'importance de la régularité des facettes, et, quand il avait plus d'épaisseur, on en tailla la partie la plus large en table à biseau et la partie opposée en prisme régulier formant culasse. C'est ainsi qu'on les trouve ornant encore quelques joyaux d'église. C'est ainsi qu'ils sont décrits dans les documents... Il existait un corps de métier tout formé en France, connu dans les Flandres, par les tailleurs de diamants... avec certitude dès le* XIVe *siècle.*

En effet, la *Description de Paris,* en 1407, de Guillebert de Metz, parlait de *plusieurs artificieux ouvriers, comme Herman, qui polissoient dyamans de diverses formes.*

En 1465, dans une contestation relative à une améthyste, à Bruges, figurent comme arbitres experts des *diamantslypers* (tailleurs de diamants).

De plus, dans les descriptions des joyaux du XIVe siècle, il est déjà question de diamants à huit côtés, en écusson, en cœur, opposés aux diamants non faits ou naïfs, c'est-à-dire non taillés.

Citons-en quelques exemples empruntés au livre de M. de Laborde :

(1) De Laborde, *Notice des émaux, bijoux, etc., exposés dans les galeries du musée du Louvre,* IIe partie, p. 249. *Vinchon,* Paris, 1853.

Année 1372. Un reliquaire d'or auquel a au dessus un diamant en façon d'escusson (Compte du test. de la royne Jehanne d'Évreux).

1412. Un annel d'un dyamant gros, de 4 losenges en la face dudit dyamant et de 4 demies losenges par les costez dudit dyamant, — l'autre dyamant plus petit, plat de six costés, — l'autre dyamant est en façon d'une fleur de souviengne vous de moy, et est de quatre pièces (Ducs de Bourgogne, 131).

1420. Ung petit diamant plat, rond, en façon de mirouer (D. de B., 4190).

1439. Un dyamant à trois fasses (D. de B., 5131).

1467. Un grand dyamant à huit costez (D. de B., 2982).

M. de Laborde fait remarquer aussi que Bootius de Boot, qui était de Bruges, n'a pas dit un mot de son compatriote.

M. King, dans son *Histoire naturelle des pierres précieuses* publiée à Londres en 1867, a combattu ces objections.

Nous partageons l'opinion de M. de Laborde. Il nous paraît certain que la possibilité de diviser le diamant a été connue de bonne heure. Sans doute, les anciens répétaient à satiété que cette pierre est indomptable. Aussi Sénèque compare-t-il le sage impassible au diamant que rien ne peut vaincre. Il empruntait, sans doute, à Pline la base de sa comparaison.

Les auteurs du moyen âge n'ont pas manqué de répéter ce qu'avait dit Pline. Cela venait surtout de cette habitude que nous avons conservée nous-mêmes de donner aux objets des noms significatifs.

Une fois les noms acceptés par tous; on veut trouver dans l'objet le type de la propriété que son nom représente. Mais, tout en nous léguant le tableau des connaissances vraies en même temps que des préjugés du monde ancien dans ses livres qu'il n'a pas eu le temps de revoir, Pline, qui se laissait trop souvent aller à l'exagération et à l'emphase, reconnaissait pourtant lui-même que certains diamants, les *Adamas siderites,* peuvent être percés par un autre de leur nature, et que tous indistinctement peuvent être brisés, à la condition d'être trempés dans du sang tiède. C'était, disait-il, le seul moyen dont se servaient les graveurs sur pierre pour obtenir les éclats dont ils faisaient leurs burins. Les graveurs de cette époque riaient, sans doute, de cette condition parfaitement inutile.

Les Hindous savaient encore plus nettement que le diamant est divisible.

Nous avons cité plus haut cette phrase d'un livre sanskrit, fort ancien, remanié sans doute, mais à coup sûr, antérieurement au XIIIe siècle. « *Le Vajra* (diamant) *n'est coupé que par le Vajra.* »

Dès le milieu du XVIe siècle, Garcias ab Horto, médecin du vice-roi des Indes, s'élève contre le vieux préjugé européen de la résistance du diamant au choc, et il dit positivement qu'on le réduit en poudre en le broyant au moyen de mortiers et de pilons en fer. C'est le procédé qu'on emploie encore pour obtenir l'égrisée. Garcias ab Horto le donne comme courant, et n'en signale pas l'inventeur, dont le nom se perdait sans doute dans la nuit des temps.

Il est donc évident que Louis de Berquem n'a pas le premier obtenu l'égrisée. Il a dû, sans doute, contribuer aux progrès de l'art de tailler le diamant, qui ont été considérables au XVe siècle.

C'est au XVe siècle que la taille européenne semble commencer à se dessiner, à comprendre la coordination des facettes, les inclinaisons relatives qu'elles doivent avoir pour que la pierre taillée réfléchisse le plus de lumière possible, jette ses feux étincelants, atteigne à son plus opulent éclat. C'est en sacrifiant tout à l'éclat qu'elle se distingue de la taille des Indes, qui cherche avant tout à perdre le moins de matière possible. Le type de la taille indienne est représenté par l'Orlow ou le Grand-Mogol. A quel diamant connu rapporter les débuts de la taille européenne? On a donné longtemps le Sancy et le Florentin comme représentant les premiers essais dus à Louis de Berquem. Ils tiennent du brillant double, il est vrai, mais on ne dit pas pourquoi on les a regardés comme ayant appartenu au duc de Bourgogne, et comme étant de la main de son célèbre lapidaire. On a mis sur le compte du Sancy une partie de l'histoire d'un joyau précieux que le duc a, en effet, perdu à la bataille de Granson. Ce bijou était composé d'un diamant entouré de trois rubis et de quatre perles. Les rubis étaient taillés en pyramides surbaissées. Le diamant était aussi taillé. Il avait la forme d'une pyramide ayant pour base un carré d'environ 1 cent. 6 de côté. Le sommet de cette pyramide était remplacé par une autre plus surbaissée, semblable à une étoile, dont les rayons coïncidaient avec les hauteurs ou lignes de plus grandes pentes des faces de la première. Ce diamant est représenté dans un manuscrit de J.-J. Fugger (1), qui tenait ce joyau tout entier du gouvernement de Berne. Le diamant si célèbre du duc de Bourgogne n'a certes pas inspiré les tailles actuelles. C'est lui, et non le Sancy, qu'on a trouvé sous une voiture après la bataille de Gran-

(1) Ce manuscrit et le dessin sont exactement reproduits dans la Cæsaræa Bibliotheca de Lambeccias. (Voy. King, *loc. cit.*)

son; qui a été vendu à un prêtre, puis à des magistrats d'un canton suisse.

Avant de mettre en tête d'un progrès commun dans la taille le nom de Louis de Berquem, il nous semble qu'il faudrait mieux établir ses droits; comme nous venons de le voir, cette opinion ne repose en réalité sur aucune preuve sérieuse, malgré le grand nombre des auteurs qui l'ont admise les uns après les autres, sans remonter aux sources.

C'est en 1526 qu'un orfèvre et lapidaire florentin, Matteo del Nessaro, construisit à Paris, sur la Seine, le premier moulin à polir les pierres précieuses.

La taille en brillant, la plus parfaite qu'on connaisse, a débuté sous Mazarin. L'intelligent cardinal, presque roi, joignait à une grande connaissance des moyens de réussir le goût des lettres et des arts. Il encouragea des lapidaires qui obtinrent la taille en seize. L'inventaire de la couronne de France tant de fois cité, mentionne au n° 349 un grand brillant, épais et mal net, sous le nom de 10e Mazarin.

C'est à Amsterdam surtout que se taille le diamant. Pourtant de grands efforts ont été tentés pour importer cette industrie en France.

A l'Exposition de 1878, on pouvait voir, dans la galerie du Travail, deux tailleries, celle de M. Roulina et celle de M. Goudard. L'initiative de ces essais est due à M. Bernard. M. Bernard avait fondé, en 1850, un établissement qui prit à cette époque le nom de Taillerie impériale.

Espérons qu'un légitime succès récompensera ces entreprises coûteuses, mais destinées à rendre à la France une industrie presque nationale, à permettre à nos ouvriers de profiter d'un salaire qui est très élevé en Hollande. C'est un résultat déjà obtenu par M. Roulina, qui a établi une fabrique remarquable à Paris, et qui emploie des ouvriers des deux sexes en formant des apprentis adultes. De son côté, M. Goudard emploie dans le Jura des lapidaires qui ne taillaient autrefois que des pierres de couleur, et qui taillent maintenant le diamant.

La forme qu'on donnait au diamant n'a pas changé; mais les progrès de l'industrie ont fait subir d'importantes modifications au mode de travail.

Jadis, on faisait tourner les meules par de jeunes garçons ou même par des femmes qui, pour un prix modique, se livraient toute la journée à ce travail monotone. En 1824, un joaillier d'Amsterdam avait, dans la rue appelée Weesperstraat, une taillerie de diamant où, pour la première fois, la force motrice fut fournie par des chevaux. Pourtant, dans un grand nombre de petites maisons, on continua à user de l'ancien système.

Chose curieuse, les ouvriers qui travaillaient une matière si précieuse étaient, pour la plupart, mal rétribués et vivaient souvent dans la plus grande misère. Pendant des mois entiers ils restaient sans travail et par conséquent sans salaire.

Au commencement du siècle, il y eut une période de sept années pendant laquelle aucun ouvrier diamantaire ne put trouver à s'employer.

Ils cherchèrent dans d'autres industries le moyen de gagner leur pain, et l'art de la taille eût été perdu pour la Hollande sans l'intervention de l'un de ses plus riches banquiers et de ses plus grands importateurs de diamants, M. Hope.

Sept jeunes gens furent instruits à ses frais; on en connaît cinq, ce sont : MM. Hulden, H. de Vriès, Workum,

S. Bol, et Kluytenaar; à leur tour, ils transmirent les secrets de leur profession à leurs enfants, et leurs petits-enfants sont encore réputés parmi les meilleurs diamantaires.

Cette généreuse initiative devait porter ses fruits; les gens du métier reprirent courage, et, en 1842, M. P. de Houdt sollicita et obtint une concession pour l'établissement d'une taillerie de diamants à vapeur.

Il céda peu de temps après ses droits à une société de joailliers et marchands de diamants d'Amsterdam, qui firent bâtir dans les rues dites Zwanenburgerstraat et Boeteisuland deux grandes tailleries à vapeur encore en pleine activité.

En 1852, la maison E. Coster dans la Zwanenburgerstraat installa sa grande taillerie à vapeur qui fonctionne toujours.

Cependant, et malgré la découverte en 1844 de la mine de Bahia, le nombre des ouvriers était très restreint. En 1870 et 1871, l'industrie de la taille prit tout à coup un essor considérable.

On venait de découvrir les riches gisements du Cap de Bonne-Espérance, et leur production était si considérable que l'on se trouva à court, les ouvriers manquaient; une foule d'individus apprirent alors à tailler le diamant, des tailleries grandes et petites furent bâties; aujourd'hui il ne se passe guère de temps sans qu'on en voie ouvrir une nouvelle; en ce moment on en achève une des plus importantes qui aient jamais existé et qui est la propriété de MM. Boas frères.

Avant 1870, il y avait à Amsterdam quatre tailleries qui occupaient environ 1,500 ouvriers (cliveurs, ébruteurs et lapidaires); aujourd'hui 6 ou 7,000 personnes travaillent dans dix-neuf tailleries.

Si l'on ajoute que 2,000 ouvriers sont encore employés par les industries qui se rattachent à celle du diamant, on arrive au total de 8 ou 9,000.

Ces chiffres donneront une idée du développement qu'a pris en quelques années, par la découverte des mines du Cap, l'industrie de la taille ; c'est une source d'importants profits non seulement pour ceux qui s'en occupent, mais encore pour ceux qui les entourent et, en général, pour toute la ville d'Amsterdam. En même temps, on cherchait à donner au diamant des formes nouvelles.

On savait déjà tailler, en dehors du *brillant* et de la *rosette,* la *pendeloque,* la *briollette,* la *pierre à portrait;* on fit des diamants en forme d'amandes, de poires, en boule, en pyramide. Un des plus remarquables est celui qui a si fortement attiré l'attention des hommes du métier à l'Exposition de 1878. Il a la forme d'une lanterne, et il a été taillé sous la direction de M. Jac. S. Metz, d'Amsterdam.

En résumé, l'on peut dire que l'art diamantaire est arrivé à un degré de perfection que l'on ne pourra probablement pas dépasser. Parmi ceux qui l'exercent il y a de véritables artistes.

Il nous reste maintenant à décrire les différentes manipulations que le diamant subit avant d'avoir cet éclat qui le caractérise parmi les autres pierres fines et qui lui donne sa grande valeur.

Ce sont : le *clivage,* l'*égrisage* ou *ébrutage* et la *taille* ou *polissage.*

On leur donne un nom général, la *taille* (fig. 180).

Le Clivage. — Le diamant pur, sans défaut, se présente sous la forme d'un octaèdre (*quatre pointes*) ou d'un dodécaèdre (*deux pointes*).

Mais il est rare qu'on le rencontre en cet état.

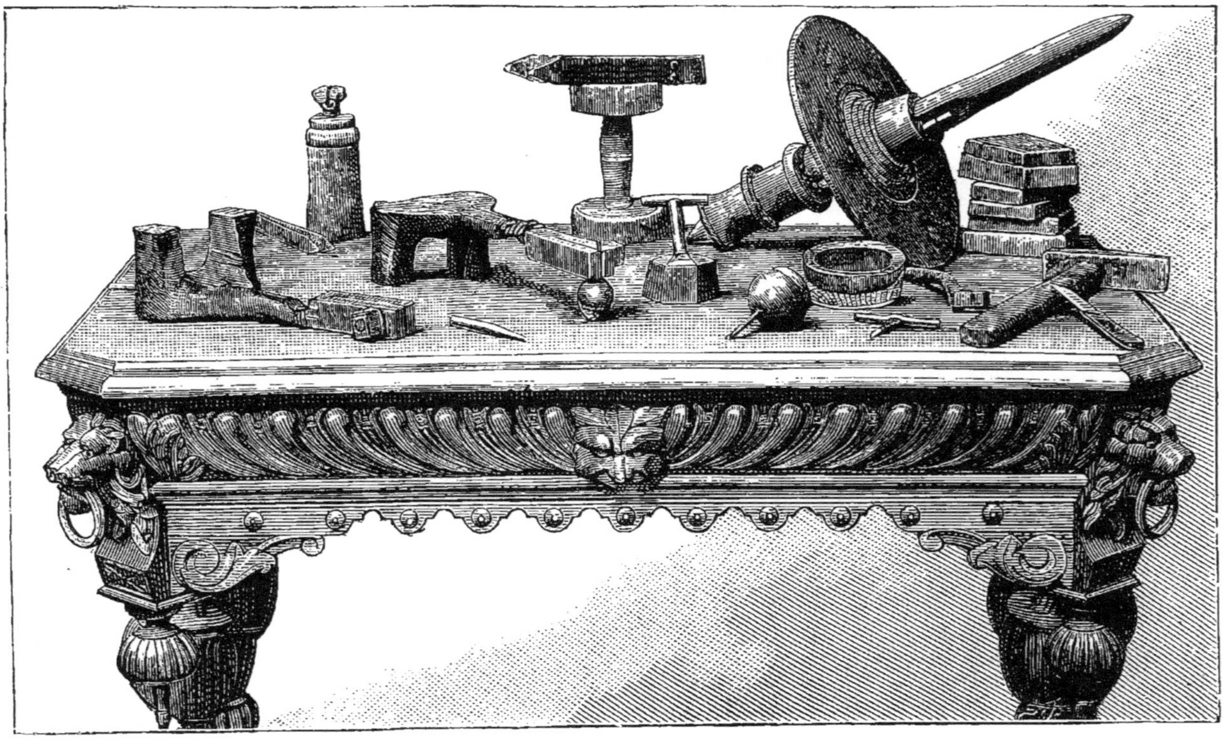

Fig. 180. — Outils servant au Polissage du Diamant.

Souvent, comme il a été dit plus haut, p. 180, la pierre renferme des impuretés, c'est-à-dire des taches et des points noirs et colorés que l'on appelle *grains*.

Il s'y peut trouver aussi des fissures ou gerçures qui retireraient au bijou taillé sa qualité essentiellement réfractaire.

Le cliveur a pour fonction de ramener la pierre à la forme régulière et de la délivrer de ses impuretés.

Voici comment il opère.

Le diamant se laisse fendre assez facilement dans la direction de l'octaèdre. Pour y parvenir, on doit d'abord y pratiquer une entaille à l'aide du bord tranchant d'un diamant déjà clivé.

Le cliveur prend un bâton terminé par une virole de cuivre. Il y introduit une certaine quantité d'un ciment composé de colophane, de mastic et de sable fin.

Sous l'action d'une chaleur douce, ce mastic s'amollit de façon qu'on puisse y enchâsser la pierre qui va servir à faire l'entaille; en se refroidissant il la maintient très solidement.

Il monte de même sur un bâton semblable la pierre qu'il doit cliver.

Devant lui se trouve, solidement vissée à sa table de travail, une boîte ou bac en cuivre munie de deux chevilles en fer.

Le fond de cette boîte est percé de petits trous qui permettent de recueillir dans un double fond la poussière de diamant qui tombe pendant le clivage.

L'ouvrier prend de la main gauche le bâton qui contient la pierre à cliver, dans la droite celui qui contient la pierre tranchante, et, se servant comme point d'appui des deux chevilles de fer fixées à la boîte, il les frotte fortement jusqu'à ce qu'avec la pierre tranchante il ait fait à l'autre une entaille assez profonde.

Il fixe alors le bâton de la pierre entaillée dans un trou fait dans un morceau de plomb qui se trouve à l'avant de la boîte, et, saisissant de la main gauche un couteau d'acier, il en place le côté affilé dans l'entaille de la pierre,

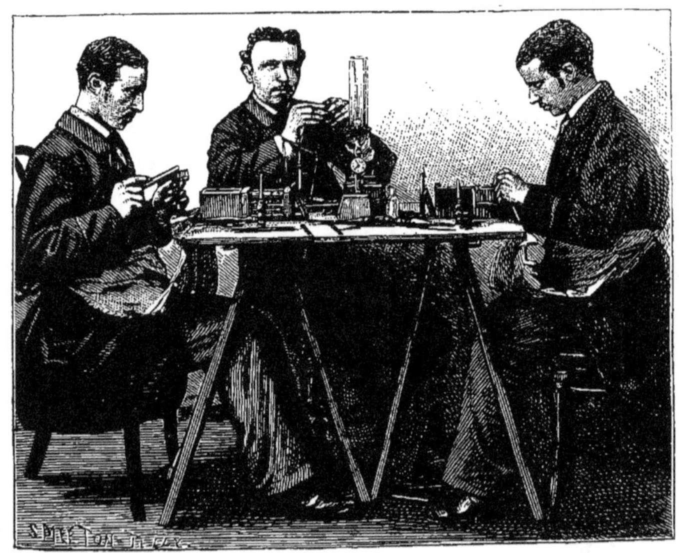

Fig. 181. — Clivage du Diamant.

puis avec une baguette de fer il donne un coup sec sur le dos du couteau ; le diamant se fend.

Par ce procédé, et en ayant soin de faire l'entaille dans le sens de la cristallisation, on peut continuer à l'infini et diviser le diamant en autant de parcelles que l'on veut (fig. 181).

Le cliveur obtient deux formes, la principale, celle qu'il recherche le plus, est le parfait octaèdre, désigné sous le nom de *kap brillant*. L'autre, plate et triangulaire, se nomme *enden*, il la produit en fendant un des côtés de l'octaèdre.

Les parties impures ou celles qui ne peuvent être ramenées à l'une de ces deux formes constituent le *rebut*.

Pour poser ses outils et surtout pour éviter pendant son travail de perdre des diamants ou des parcelles de diamant, le cliveur se sert d'un tablier de cuir lié d'un côté à ses reins et attaché de l'autre à sa table.

Le clivage est sans contredit la partie la plus difficile de l'art diamantaire.

Le cliveur doit connaître à fond la critallisation du diamant, afin de perdre le moins possible en *rebut*, et de produire les octaèdres les plus grands et les plus nombreux. On apprendra donc sans étonnement que l'apprentissage du cliveur dure trois ans; il lui faut encore le même espace de temps pour acquérir l'expérience et l'adresse voulues.

L'ébrutage. — Le diamant, nous l'avons dit, peut se trouver sans défaut et avec la forme octaédrique ; dans ce cas, fort rare d'ailleurs, il n'est point soumis au *clivage*, la première manipulation qu'on lui fait subir est l'*égrisage* ou *brutage*.

C'est le bruteur qui lui donne, avant la taille proprement dite, la forme du brillant ou de la rosette.

Comme le cliveur, il a devant lui une boîte à peu de chose près semblable à celle dont nous avons donné la description; ainsi que lui, il se sert de deux bâtons, garnis de ciment, mais plus gros et d'un bois plus résistant; il n'a point à frapper comme le cliveur avec un couteau; c'est pourquoi ses bâtons ne sont point pourvus de la virole en cuivre.

Le travail du bruteur est pénible et il exige l'emploi de toutes ses forces; aussi, tant pour protéger ses mains que pour maintenir les articulations des doigts, les couvre-t-il de gants d'un cuir très peu souple, exactement adaptés et coupés au milieu de la main à peu près comme des mitaines (fig. 182).

Il garnit chacun de ses bâtons d'une pierre, et, prenant comme point d'appui les chevilles de fer de sa boîte, il

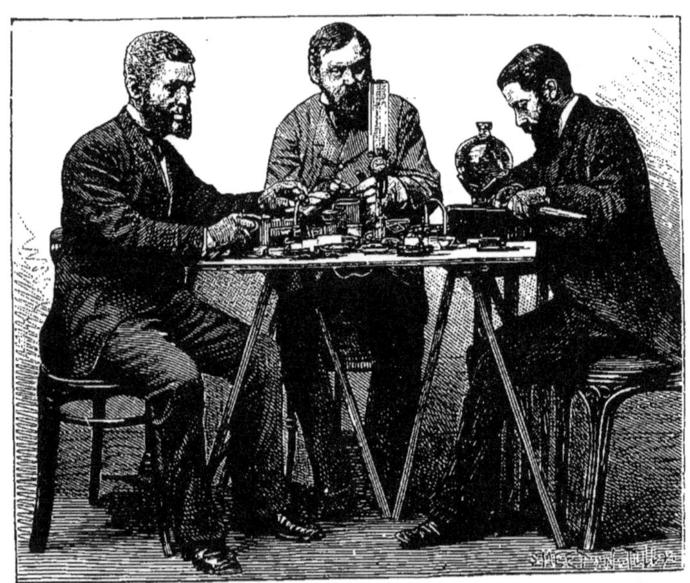

Fig. 182. — Ébrutage du Diamant.

frotte longuement et avec force la pierre à bruter contre l'autre jusqu'à ce qu'il ait obtenu la forme désirée.

Le bruteur doit connaître admirablement la cristallisation du diamant ; c'est lui qui prépare la voie au lapidaire ; il dépend de lui que la taille soit plus ou moins avantageuse et, par conséquent, que le profit du propriétaire soit plus ou moins grand.

L'autre produit du clivage, les *bouts* dont on fait les rosettes, sont soumis au brutage ; mais, si la manipulation et les outils sont les mêmes, la tâche est beaucoup moins pénible, puisqu'il s'agit seulement d'arrondir les angles du *bout* pour lui donner la forme de la rosette. Aussi le brutage de la rosette est-il généralement confié à des jeunes filles.

La Taille ou Polissage. — La partie la plus importante de l'art diamantaire est sans contredit la taille; c'est elle qui donne à la pierre sa haute valeur, et l'on peut dire que par son invention le diamant a été découvert une seconde fois.

Voici comment on monte la pierre pour cette opération.

La force nécessaire dépasse de beaucoup celle qu'il faut pour le clivage ou le brutage; puis, la meule ayant une vitesse de rotation de 2,000 tours par minute, il se dégage une chaleur qui rend impossible l'usage du ciment.

C'est donc dans la *soudure*, mélange de plomb et d'étain, que l'on enchâsse la pierre à tailler.

Le *sertisseur*, aide du lapidaire, chauffe cette soudure jusqu'à ce qu'elle soit maniable; il la dépose dans une coquille, sorte de demi-sphère en cuivre ajustée à une tige également en cuivre. Avec des pinces et le plus souvent avec ses doigts, il place adroitement la pierre dans la direction voulue, au milieu de la soudure, de façon que le côté à polir la dépasse un peu.

La tige en cuivre doit pouvoir être courbée pour que le lapidaire ajuste bien la facette qu'il veut polir et la place parallèlement à la meule.

Il saisit cette tige au moyen de tenailles moitié en fer, moitié en bois; dans la partie en fer se trouve une vis à pression qui permet de maintenir la tige d'une façon inébranlable.

Sur le moulin sont adaptées des chevilles en fer qui

retiennent les tenailles et les empêchent de dévier ; d'autre part, des morceaux de plomb, posés sur elles, augmentent la pression de la pierre sur la meule.

Le diamant, on le sait, ne se laissant travailler que par lui-même, on garnit la meule de poudre de diamant détrempée dans de l'huile d'olive très fine ; la meule est avivée de rayures obliques ; elle ne doit être ni trop dure, sans cela la poudre ne s'y incrusterait pas assez, ni trop molle, car la poudre, s'y enfonçant trop, ne serait plus d'aucun secours.

Quant à la poudre de diamant, elle est fournie par le cliveur et le bruteur qui la recueillent pendant leur travail ; elle s'obtient encore en pilant dans un mortier en fer le diamant *boort*.

Nous avons décrit les formes au chapitre de la *Taille ;* nous rappellerons seulement ici que l'art du lapidaire consiste à donner à ces cinquante-huit facettes leurs justes dimensions respectives, leur place exacte et leurs proportions ; il doit les polir avec la plus grande finesse, et par son extrême dureté le diamant s'y prête plus qu'aucune autre matière.

La taille des petites roses, bien que très différente de celle du brillant, s'opère de la même manière, mais avec des tenailles plus petites et plus légères.

Le percement du diamant est un art connu seulement d'un très petit nombre de personnes, qui le tiennent en grand secret. La première ouverture se fait avec des pointes de diamants excessivement aigües, le percement s'achève au moyen d'un foret enduit de poudre de diamant.

Boort ou Diamant concrétionné. — Le boort se trouve dans tous les gisements diamantifères ; c'est bien réellement le diamant indomptable, il résiste au clivage, sa matière est nouée.

Sa densité est de 3-6.

Réduit en poudre dans les mortiers spéciaux, il sert ainsi que le carbone pour le polissage des pierres.

On l'emploie également dans l'industrie.

Au moment de mettre sous presse, nous trouvons les renseignements suivants adressés par M. Gorceix à la Société minéralogique de France, sur les gisements du Brésil (voy. *Bull. Soc. min.*, 12 février 1880).

Les terrains à la fois diamantifères et aurifères s'étendent depuis la ville de Conceicão bien au-delà de Diamantina. Il en existe d'ailleurs en d'autres points de la province... Les dépôts d'alluvion se trouvent placés, soit au milieu des cours d'eau actuels (*servicios de Rio*), soit sur les berges de ces cours d'eau qui coulent quelquefois dans de petites plaines (*servicios de Campo*), soit, enfin, au milieu des montagnes, mais seulement dans le fond des ravins (*servicios de Serra*).

M. Gorceix a visité une des exploitations appelées servicios de Rio; elle est installée dans le lit du Jequitinonha, à 2 lieues de Diamantina, et occupe cinq cents ouvriers. Dans les couches supérieures du gravier, on recueille l'émeraude, le béryl, l'andalousite. Le diamant se rencontre surtout dans les parties basses. On observe dans les alluvions des espèces de grandes poches semblables aux Marmites des géants de la Suède et de la Norvège. C'est là que les diamants sont concentrés. Ils ont pour satellites les oxydes de titane.

CHAPITRE III

CORINDON

Korund, all ; *Corundum*, angl.

Karund des Hindous ; *Adamas siderites* (Pline) ;

Spath adamantin (Delaméthrie) ; *Télésie* (Haüy) : Al^2O^3, sesquioxyde d'aluminium, alumine, contenant 46,6 pour cent d'oxygène et 53,4 d'aluminium ; cristallisé dans le système rhomboédrique, ayant pour densité 4, pour dureté 9, un éclat adamantin des plus vifs.

Cette espèce comprend des pierres de plusieurs couleurs :

COULEURS.	Noms des pierres.
Incolore.	*Saphir blanc.*
A fond blanc, laiteux, à reflets mobiles.	*Saphir girasol ou étoilé ; Sternsaphir.*
Violet.	*Améthyste orientale.*
Bleu indigo.	*Saphir indigo.*
Bleu verdâtre.	*Saphir.*
Bleu	*Aigue marine orientale.*
Vert, ordinairement teinté de jaune .	*Émeraude orientale.*
Jaune d'or.	*Topaze orientale.*
Rouge aurore	*Hyacinthe* / *Vermeille* } *orientales.*
Rouge écarlate ou carmin ; cochenille avec teinte de violet ; rouge de sang artériel.	*Rubis oriental.*

Propriétés géométriques. — Le corindon cristallise sous la forme de prismes à six faces, dont les arêtes verticales portent à une seule de leurs extrémités des facettes ordinairement petites, mais intéressantes pour la cristallographie (fig. 183). Ces facettes, n'affectant qu'une seule extrémité de l'arête suivant une loi d'alternance, font comprendre pourquoi le corindon se présente souvent sous la forme de rhomboèdres aigus, solides, dont six faces parallèles deux à deux sont des losanges. L'angle dièdre de 2 faces

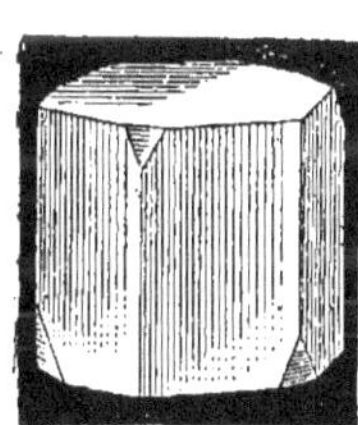
Figure 183.

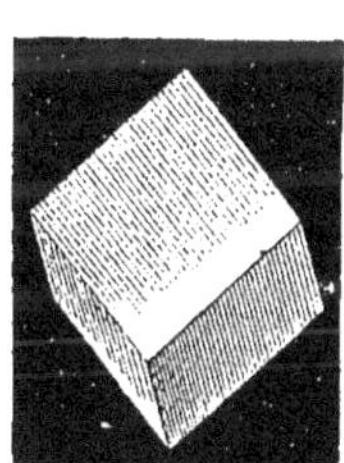
Figure 184.

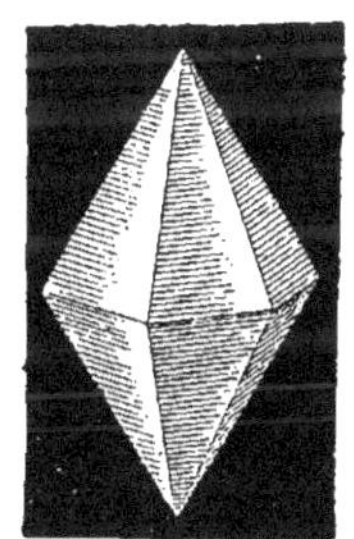
Figure 185.

adjacentes est de 86°4′ (fig. 184). C'est l'angle caractéristique du rhomboèdre qu'on a choisi comme *forme primitive*. C'est le rhomboèdre qu'on obtient quand on clive les cristaux. Cette forme combinée à un prisme hexagonal, ou encore à une base qui tronque ses sommets, se rencontre souvent dans le rubis.

Le saphir affecte aussi la forme de prismes, ou bien celle de doubles pyramides hexagonales étagées les unes sur les autres, cas particuliers de formes appelées scalénoèdres dont les faces deviennent des triangles isocèles (fig. 185). En général, ces cristaux sont arrondis de manière à ressembler à des *fuseaux*.

Clivages. — Difficiles, mais nets, parallèlement aux

faces du rhomboèdre de 86°4'. Dans certaines variétés on observe une séparation facile suivant la base des cristaux; mais des expériences récentes autorisent à penser que les cristaux ne se divisent parallèlement à cette direction plane, que parce qu'ils sont formés de lames hexagonales très minces empilées les unes sur les autres (1).

Propriétés chimiques. — Le corindon est infusible aux feux les plus violents de l'industrie. Insoluble dans les acides, et même dans le carbonate de soude, il est désagrégé à une haute température, celle du chalumeau, par exemple, par le borax ou le sel de phosphore. Il se dissout en verre clair dans ces fondants.

Pour l'analyser, on le réduit en poudre très fine dans un mortier d'acier (mortier d'Abich); on le lave ensuite par l'acide chlorhydrique étendu d'eau. On le traite par six fois son poids de bisulfate de potasse dans un creuset de platine; il devient soluble dans l'acide chlorhydrique, d'où on le précipite par le sulfure d'ammonium, après avoir saturé la dissolution par de l'ammoniaque. Le précipité floconneux d'alumine est abandonné à lui-même; quand il est à moitié sec, on le lave; on le dessèche; on le calcine, puis on le pèse. (Pour reconnaître la présence du fer ou du chrome dans le précipité, voyez l'analyse du spinelle, p. 255.) Voici les résultats de quelques analyses :

	Alumine.	Magnésie.	Silice.
Rubis de l'Inde. . .	97,32	1,09	1,21
Saphir de l'Inde . .	97,51	1,89	0,80

La magnésie et la silice ne se trouvent ici qu'à l'état de mélange.

Matières colorantes. — Le saphir d'un blanc bien pur ne contient que de l'alumine.

Les corindons colorés doivent leur couleur à des quan-

(1) Voy. *Bull. Soc. géol. de France,* 3e série, 3, p. 503, sur la propagation de la chaleur dans les cristaux.

tités tellement petites de matière, qu'on ne les retrouve pas toujours dans les analyses des chimistes, et que les meilleurs éclaircissements sur la cause de la coloration nous sont donnés par la synthèse, c'est-à-dire par la reproduction des substances naturelles.

Le rubis doit sa couleur à une très petite quantité d'oxyde de chrome. Lorsqu'il est porté à une haute température, il devient vert; mais, en se refroidissant, il reprend sa couleur rouge. Il partage cette propriété avec le rubis spininelle et le grenat pyrope, qui renferment aussi tous les deux de l'oxyde de chrome.

Dans toutes les reproductions du rubis, on n'a jamais manqué d'ajouter à l'alumine un composé de chrome capable de la colorer. Les rubis artificiels de M. Gaudin, d'Ebelmen, de MM. Sainte-Claire Deville et Caron, de MM. Frémy et Feil, colorés de cette manière deviennent aussi verts à une température élevée, mais reprennent à froid leur coloration primitive. La matière colorante du saphir est plus douteuse. On serait tenté au premier abord de la rapporter au cobalt, à cause de l'analogie de sa nuance avec celle des verres colorés par l'oxyde de cobalt; mais on n'y trouve pas même de traces de cette matière, et l'on n'a rien qui confirme cette opinion purement hypothétique. Plusieurs saphirs contiennent un peu de fer, qui joue peut-être un certain rôle. MM. Sainte-Claire Deville et Caron, comme on le verra au chapitre de la reproduction des pierres précieuses, ont montré que la couleur rouge et la couleur bleue se développent dans l'alumine en présence du chrome à des températures différentes. La couleur bleue paraît donc provenir de l'oxyde de chrome, ce vrai caméléon, qui teint puissamment beaucoup de matières minérales diverses, et probablement de plusieurs nuances très variées, suivant son état dans les combinaisons. Les verriers instruits savent que le chrome colore les fondants de couleurs différentes, suivant des conditions de température difficiles à analyser. Voyez à *Reproduction des minéraux* celle du rubis par MM. Sainte-Claire Deville et Caron. Beaucoup de saphirs se décolorent quand on les chauffe.

Celui de l'Inde devient assez vite incolore. Celui du Puy, d'un bleu très foncé, s'éclaircit un peu quand on le porte à une haute température. Les corindons jaunes deviennent blancs aussi, lorsqu'on les soumet à cette influence. Les plus vieux auteurs qui ont parlé des pierres ont tous signalé ce moyen d'obtenir des corindons blancs, dont l'éclat est si voisin de celui du diamant.

Propriétés physiques. — L'éclat est en effet considérable dans cette espèce minérale, dont l'indice de réfraction est de 1,76. On a cru longtemps que les rubis renfermaient des étoiles ardentes, et luisaient pendant la nuit; ils n'ont en eux-mêmes aucun foyer lumineux; mais ils décomposent la lumière, dont ils renvoient les rayons rouges avec une vivacité sans égale. Traversés par un courant électrique dans le vide, ils s'illuminent d'un feu rouge des plus intenses. L'éclat des corindons de toutes couleurs aide beaucoup à les reconnaître.

Le corindon possède en outre un dichroïsme souvent assez accentué, à un degré moindre cependant que le saphir d'eau. Un certain nombre des saphirs du Puy, département de la Haute-Loire, en France, du royaume de Siam et d'autres localités sont verts, lorsqu'on les regarde perpendiculairement aux faces de leurs prismes, ou à la hauteur de leurs pyramides; ils sont bleus quand on les regarde dans la direction même de cette hauteur. Quand on observe un de ces cristaux perpendiculairement à une des faces du prisme au moyen de la loupe dichroscopique, on voit deux images, l'une bleue, l'autre verte, qui deviennent jaunes toutes les deux, lorsque la pierre est portée à une température un peu élevée; pendant le refroidissement, les images deviennent vertes, puis elles reprennent leur couleur primitive. Il semble qu'ici la couleur bleue soit un phénomène de phosphorescence (1), semblable à celui de certaines fluorines.

Enfin, quelques cristaux présentent sur leurs bases trois systèmes de stries qui rayonnent à partir du centre en formant ensemble des angles de 60°. Les cristaux de l'Inde qui offrent cette particularité sont souvent taillés en cabochon. En les plaçant vis-à-vis du soleil ou d'une flamme vive, on y observe une étoile lumineuse à six branches, qui semble se promener à leur surface lorsqu'on en change la direction. Ces variétés portent les noms de *saphirs astériés*, *sternsaphirs*, en allemand.

Lorsqu'on regarde un cristal de corindon sur le porte-objet d'un microscope muni de deux nicols, et que l'on croise les nicols, la lumière est rétablie par toutes les directions du cristal, excepté pour celle où son axe de figure est parallèle à l'axe optique de la lunette. Il suffit donc de lui donner deux positions successives différentes, pour que, dans l'une au moins, il dissipe l'obscurité produite par le croisement des nicols, et cela que le cristal soit naturel, ou taillé à la façon des pierres précieuses.

Si l'on a une plaque de corindon à faces perpendiculaires à l'axe de figure, on peut y observer les anneaux colorés circulaires traversés par une croix noire, qui ca-

(1) JANNETTAZ, *Bull. Soc. géol. de France*, 2e série, t. XXIX, p. 300.

ractérisent les substances à un axe optique, en regardant cette plaque entre deux tourmalines, ou bien avec le microscope d'Amici.

On peut aussi faire les expériences relatives à la double réfraction indiquées à la page 72.

Densité. — Elle a un grand intérêt pratique; elle est de 4; c'est une des plus fortes parmi celles des pierres précieuses; elle est souvent consultée, lorsqu'il s'agit de distinguer le rubis oriental d'avec un spinelle, ou certaines tourmalines rouges.

Dureté. — Elle est de 9. C'est souvent le caractère le plus sûr pour distinguer le rubis oriental de certains rubis qui ont la même densité, mais qui ne sont que des grenats. La dureté du saphir de l'Inde est, au dire des lapidaires, un peu plus grande que celle du rubis.

Gisements. — Le corindon hyalin est ordinairement disséminé en cristaux roulés dans le gravier des rivières avec d'autres gemmes et avec de l'oxyde de fer magnétique. La plupart des rubis et des saphirs les plus beaux sont recueillis autour de Mo-gaot et de Kyot-pyan, à cinq jours de marche vers l'E.-S.-E. d'Ava, royaume des Birmans, ou dans les environs de Syrian, ville du Pégu, dans les monts Capellan, contrée dont l'abord est rendu fort difficile par les bêtes féroces ou venimeuses. De Ceylan proviennent aussi des rubis d'un rouge tirant sur le rose, ordinairement un peu pâle. Il y a des mines célèbres de rubis à Bakschan, dans l'Usbetistan, partie de la Tartarie appelée d'abord Mawarelnahar.

L'Amérique fournit de gros saphirs associés à de l'amphibole, du feldspath, du mica, des tourmalines, des pyrites, dans des calcaires grenus, à Newton, New-Jersey; à Warwick, dans le New-York. Dans le Massachusetts, le corindon accompagne le béryl, le zircon et le mica lépidolithe. L'Australie du Sud a fourni également des saphirs blancs et bleus.

Europe. — En Bohême, on rencontre des saphirs à l'état de galets ou de cristaux arrondis sur les hauteurs du mont Iser, aux environs de Bilin et de Meronitz. En France, on trouve du saphir à Croustet, dans le basalte et les laves basaltiques, ainsi que dans les alluvions du ruisseau d'Expailly, près du Puy en Velay.

Taille des Corindons. — Les rubis, les saphirs, sont en général taillés en brillants. On donne souvent à la ceinture des saphirs des contours un peu plus fantaisistes. On les taille en octogones, à degrés, en cabochons. On retaille aujourd'hui en brillants, à cause du prix élevé qu'ils atteignent maintenant, les rubis et les saphirs, qui viennent de l'Orient, et qui sont taillés imparfaitement, d'habitude en cabochon.

Valeur commerciale. — Un rubis d'une belle eau, de couleur agréable, vive et bien homogène, a souvent une énorme valeur. Un rubis parfait de 5 à 10 carats (1 à 2 grammes) se vendrait deux ou trois fois plus cher qu'un diamant de même grosseur. Voici les prix de quelques-uns de ceux qui sont estimés dans l'inventaire des pierres de couleurs de la couronne de France en 1791 :

Un grand rubis d'Orient, forme de lyre, couleur rose, plusieurs glaces et bouillons; un cran dans le dessous.	$25^c \frac{11}{16}$	25.000 livres.
Un grand rubis d'Orient, forme d'œuf de poule, deux crans dans le dessous, couleur pourpre, une calcédoine au milieu.	7^c	8.000 —
Un rubis d'Orient de première couleur, mais inégal, forme à huit pans (deux forts crans dans le dessous).	$3^c \frac{1}{16}$	3.000 —

Un rubis d'Orient, de bonne couleur (2 bouillons)	$3^c \frac{3}{16}$	1.000 —
66 rubis de différentes formes et grosseurs à 100 francs le karat.		

Un saphir parfait ne doit pas être trop foncé, il doit avoir une limpidité parfaite. La couleur la plus agréable est le bleu d'azur, rehaussé par un velouté qui est dû au grand pouvoir réflecteur de la pierre.

Un défaut commun à beaucoup de cristaux consiste dans le peu d'uniformité de leurs couleurs. Souvent une moitié d'un corindon est bleue, l'autre blanche, jaunâtre ou rouge.

Dans l'inventaire de 1791 déjà cité, on lit :

Un gros morceau de saphir, forme losange à six pans, poli à plat sur toutes les faces, deux vives arêtes arrondies, vif et net . .	$132^c \frac{1}{16}$	100.000 livres.
Un saphir d'Orient, riche en couleur, vif, avec égrisure, forme à huit pans	$27^c \frac{3}{16}$	12.000 —
Un saphir d'Orient, ovale allongé, saphir des deux bouts, topaze au milieu.	$19^c \frac{2}{16}$	6.000 —
Une topaze d'Orient, de belle couleur, carré long, grand cran au-dessous, glace et fumée.	$27^c \frac{14}{16}$	6.000 —
Une améthyste orientale, émoussée, faible en couleur, vive et nette.	$13^c \frac{8}{16}$	6.000 —

Quant au corindon d'un véritable vert émeraude, tous les auteurs en parlent. En existe-t-il?

Le Muséum d'histoire naturelle possède un beau saphir taillé et poli parallèlement aux faces du rhomboèdre primitif. Ce saphir, des mieux caractérisés au point de vue de la forme et de la couleur, est la plus belle pierre de notre collection nationale, que le haut prix de ces matières empêche d'être aussi complète qu'on pourrait le désirer.

Dans ces dernières années, on a parlé d'un saphir valant

plus d'un million de francs, échangé par Haüy, au nom de la France, avec un minéralogiste célèbre d'Allemagne, Weiss. La vérité est qu'un échange a eu lieu entre la France et l'Allemagne à la fin du siècle dernier, sous les auspices de deux commissions d'experts nommés par les gouvernements des deux nations. Un saphir à l'état de cristal naturel faisait partie de la collection offerte par la France. Les cristaux de saphir, surtout ceux qui ont la forme de doubles pyramides, cachent quelquefois sous

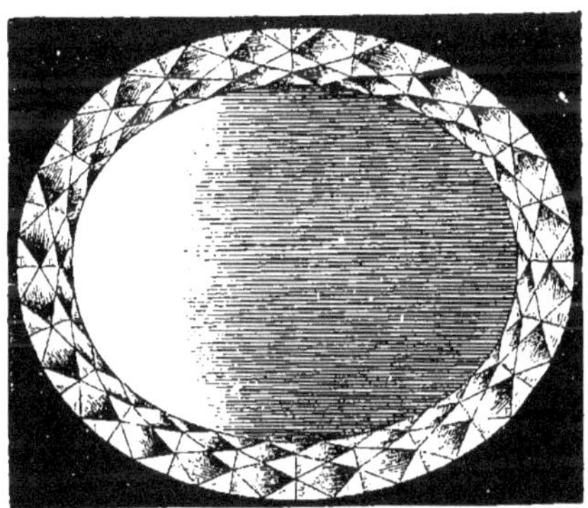

Figure 186.

une croûte plus ou moins pâle et laide un noyau capable de fournir après la taille une fort belle pierre. Telle est sans doute l'origine de ce conte trop de fois répété. Si le noyau du cristal donné à Weiss avait la valeur qu'on lui attribue, on saurait en quelles mains il se trouve, d'autant mieux que l'erreur commise ne serait pas une faute ; ceux qui ont propagé cette anecdote n'ont jamais dit le nom du propriétaire actuel de ce saphir unique.

Les auteurs se sont du reste complu à enrichir la collection du Muséum de saphirs qui ne lui appartiennent pas. C'est ainsi que dans quelques livres, même récents, on peut voir représentée une pierre de cette espèce, dont le Muséum ne possède qu'un modèle en verre coloré; c'est un saphir appartenant au duc de Devonshire (fig. 186 et 187).

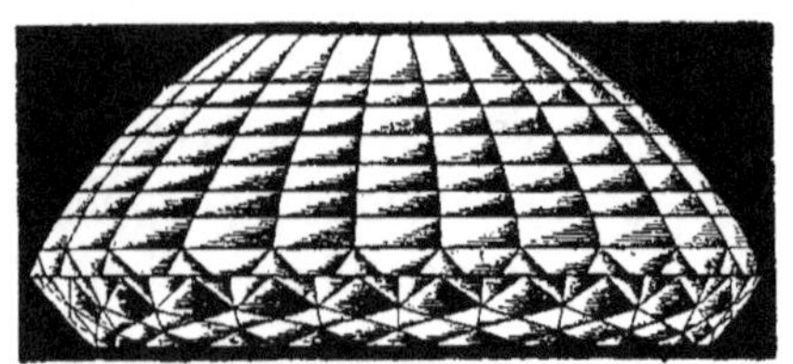

Figure 187.

Appendice *Émeri.*

Pierre à aiguiser d'Arménie (Théophraste).

Smuris (Dioscoride), *Naxium* d'Arménie (Pline).

Smyris, *Smiris* d'Agricola; *Smergel*, *Smirgel*, *Schmirgel*, *Emeril* (Haüy).

C'est de l'alumine cristallisée compacte, ordinairement mêlée d'une plus ou moins grande quantité d'oxyde de fer.

Analyses de quelques émeris.

	Alumine.	Sesquioxyde de fer.	Chaux.	Silice.	Eau.	Total.
Émeri de Gumuch.	77,82	8,62	1,80	8,13	3,11	99,48
— Naxos.	68,53	24,10	0,86	3,10	4,72	101,31
— Chester (Massachussetts)	44,01	50,21		3,13		

La dureté de l'émeri est d'autant plus grande qu'il contient plus d'alumine (voir p. 148).

CHAPITRE IV

SPINELLE

Rubis spinelle; Rubis balais; Almandine, ancien français *espinelle*.

On ne connaît pas l'époque où le mot *espinelle* s'est introduit pour la première fois dans la langue. Quant aux mots rubis et balais, ils étaient employés dès le XIIIe siècle. Les rubis spinelle et balais rentrent dans les *Anthrax* des Grecs, et les *Carbunculi* de Pline, sans doute parmi ceux que Pline appelait femelles.

Le spinelle est un aluminate de magnésie, $MgOAl^2O^3$, combinaison de 28 de magnésie et 72 d'alumine pour 100 parties, cristallisé en octaèdres réguliers, ayant pour densité 3,575, et pour dureté 8. Souvent une certaine quantité de protoxyde de fer remplace une quantlté équivalente de magnésie, et l'espèce passe au pléonaste en prenant une couleur noire.

COULEURS.	Noms des pierres.
Rouge de feu, rouge avec points de carmin. . . .	*Rubis spinelle.*
Rouge rose, avec points de bleu, souvent un peu laiteux	*Rubis balai.*
Rouge jaunâtre ou orangé.	*Rubicelle.*
Rouge de vinaigre	*Spinelle vinaigre.*

Rouge cochenille mêlé de bleu (violacé) . . . . . *Almandine.*
Noir en masse, à éclat très vif . . . . *Pléonaste.*
Bleu, sans usage. . . . . *Spinelle bleu.*

Formes géométriques. — L'octaèdre régulier simple, (fig. 188); l'octaèdre transposé.

Les octaèdres sont souvent allongés ou aplatis dans une direction au détriment des autres (voyez, *Déformations*, p. 58) (fig. 189).

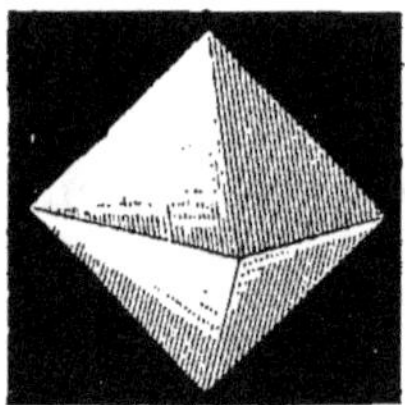

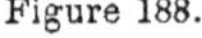

Figure 188.

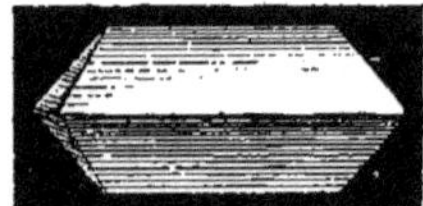

Figure 189.

Propriétés physiques. — Sans action sur la lumière polarisée.

Éclat des plus vifs. L'indice de réfraction est de 1,81. Les pléonastes de Haute-Loire ont souvent un éclat superficiel gras, semblable à celui des diamants.

Composition et Propriétés chimiques

Composition. — Analyse d'un rubis spinelle de Ceylan, par Abich.

Alumine 69,01 ; magnésie 26,21 ; protoxyde de fer, 0,71 ; sesquioxyde de chrome 1,10 ; silice 2,02.

Le protoxyde de fer renferme une partie de la magnésie à titre d'isomorphe; le sexquioxyde de chrome et la silice ne sont que mélangés; le chrome qu'on en retire par l'analyse à l'état de sesquioxyde n'existe pas à ce degré d'oxydation dans ce mélange; il entre probablement à l'état d'acide chromique sous lequel il donne une belle couleur rouge. On sait que cet oxyde chauffé devient noir, et qu'il reprend sa couleur à froid. Le rubis spinelle porté à une haute température se comporte de même; il devient comme le rubis oriental, d'un vert tirant sur le noir à chaud, et reprend peu à peu sa couleur en se refroidissant. Il ne faut pas le chauffer trop brusquement, ni à une température trop élevée.

Le groupe minéralogique des spinelles comprend beaucoup d'espèces qui ne jouent aucun rôle à titre de pierres précieuses.

Nous nous contenterons de rappeler que, d'après les analyses de M. Pisani, le spinelle noir ou pléonaste d'Auvergne contient 10,72 de sesquioxyde de fer remplaçant de l'alumine, et 13,60 de protoxyde du même métal, qui remplacent de la magnésie proportionnellement à leurs équivalents respectifs. Lorsqu'on examine toutes les espèces du groupe, on voit que les deux oxydes de fer remplacent ainsi chacun de leur côté les deux éléments du rubis spinelle, et l'on arrive à la magnétite $FeOFe^2O^3$, qui est le meilleur minerai de fer, appelé pierre d'aimant, mais aussi éloigné que possible des pierres précieuses, bien que dans l'antiquité on l'ait quelquefois employé comme pierre d'ornementation, ou plutôt peut-être comme amulette.

Analyse des Spinelles

A cause de leur composition souvent très complexe, l'analyse des spinelles est longue, lorsqu'on veut en doser tous les éléments. On en broie un fragment, environ 1 gramme, en poudre aussi fine que possible ; on l'attaque par le bisulfate de potasse, comme nous l'avons dit plus haut pour le rubis; on le maintient en fusion au rouge sombre dans un creuset de platine. On laisse refroidir; on ajoute un peu de carbonate de soude et de nitre, on amène le tout à fusion tranquille, jusqu'à ce que la masse se boursoufle. Il se forme du chromate de potasse, qu'on enlève par l'eau bouillante, lorsque le creuset est froid, ou à peu près. On filtre, et il reste sur le filtre alumine, magnésie, oxyde de fer. La dissolution de chromate qui traverse le filtre est traitée avec précaution par de l'acide chlorhydrique, puis portée à l'ébullition avec un peu d'alcool, et l'acide chromique ramené à l'état de sesquioxyde de chrome est précipité au moyen de l'ammoniaque et jeté sur un filtre. Le filtre lavé, séché, calciné, pesé, on calcule le poids du *chrome*.

Le résidu d'alumine, magnésie et oxyde de fer resté sur le filtre, est dissous dans l'acide chlorhydrique, et la dissolution traitée par l'ammoniaque, puis par du sulfure d'ammonium qui précipite l'alumine t le fer à l'état de sesquioxyde; on jette sur un filtre qui retient ces deux oxydes et laisse passer la magnésie. On lave l'alumine quand elle est à moitié sèche, et, lorsqu'une goutte de la liqueur du lavage ne précipite plus par l'azotate d'argent, on y précipite la magnésie au moyen du phosphate de soude additionné d'un peu d'ammoniaque. Le précipité de phosphate ammoniaco-magnésien est lent à se former. Il fait connaître la quantité de *magnésie*.

Quant au mélange d'alumine et de sesquioxyde de fer, il est mis, une fois sec, dans une nacelle de porcelaine, tarée d'avance, qu'on introduit dans un tube de porcelaine. Le poids de la nacelle chargée des oxydes, comparé à celui qu'elle avait quand elle était vide, fait connaître le poids de ces oxydes. Le tube de porcelaine est placé dans un four à réverbère; on y fait passer un courant d'hydrogène sec, lequel réduit l'oxyde de fer seul, puis un courant d'acide chlorhydrique sec, qui emporte le fer à l'état de chlorure volatil; enfin, un nouveau courant d'hydrogène sec pour laver l'appareil. La nacelle pesée a perdu de son poids, et la perte est le poids du *sesquioxyde de fer* disparu. Le résidu est de l'*alumine*.

Propriétés chimiques. — Les spinelles sont infusibles au chalumeau, difficilement attaqués par le borax, ou par l'acide sulfurique concentré. Celui de couleur rouge subit à chaud des modifications dont nous avons parlé plus haut.

Gisements. Il est disséminé dans des calcaires, ou dans des schistes cristallins, parfois dans des roches volcaniques.

A Ceylan, à Siam, on le rencontre en cristaux roulés dans le gravier des rivières. Il accompagne ordinairement le corindon.

Taille. — On le taille en brillant à la partie supérieure (couronne et table), à degrés dans le dessous.

Quand il est d'une rare beauté, on donne également au-dessous la forme de brillant. Quelquefois dans la monture on le pose sur une feuille d'or ou de cuivre, pour en aviver la couleur. On en fait quelquefois disparaître les nuages et les taches en le chauffant; mais c'est un essai dangereux.

Valeur commerciale. — D'après l'inventaire de la couronne :

Un grand rubis spinelle, carré long, vif et net	$56^{c}\ \frac{10}{16}$	50.000 livres.
Un spinelle à huit pans allongés, grand cran sur un des flancs, vif et net.	$3^{c}\ \frac{11}{16}$	300 —
Un grand rubis balais, belle couleur, vif, net, carré, peu de dessous	$20^{c}\ \frac{5}{16}$	10.000 —
Un rubis balais, bonne couleur, vif et net, à huit pans	$5^{c}\ \frac{4}{16}$	400 —
Un rubis balais, couleur vinaigre, huit pans, vif et net	$4^{c}\ \frac{5}{16}$	200 —

CHAPITRE V

CHRYSOBÉRYL DE WERNER

De *Chrusos*, or et *Berullos*, béryl.

Cymophane (Haüy), de *Cumos*, flottant, et *Phainô*, je parais, sans doute la chrysolithe, que Pline range parmi les topazes.

Crissolite est une pierre de Éthiopie qui reluist comme or et estincelle comme feu et a la couleur de la mer qui décline à verdure. (*Le Propriétaire des choses*, en 1372.)

C'est un aluminate de glucine, $GlO^3 Al^2O^3$, composé théoriquement de 80,2 alumine, 19,8 glucine.

L'analyse de celle du Brésil a donné à M. Damour 78,1 d'alumine, 17,94 de glucine et 4,47 de protoxyde de fer. La densité en est de 3,734. La dureté est 8,5, un peu supérieure à celle du spinelle.

Elle cristallise en prismes droits à base rhombe, dont les pans font entre eux un angle de 120° 9′. Les prismes sont modifiés sur les arêtes et les angles aigus de leurs bases. Les cristaux du Brésil sont souvent groupés par deux parallèlement aux faces du prisme. Les bases des cristaux sont striées (fig. 190) parallèlement à leurs diagonales aiguës.

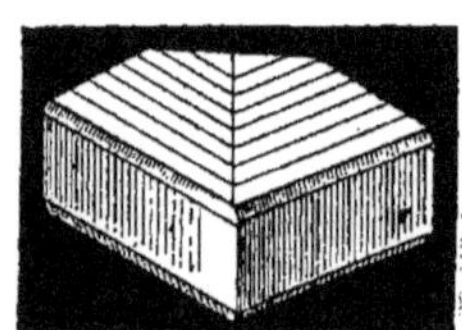

Figure 190.

Quelquefois, trois groupes formés chacun de deux cristaux déjà groupés comme nous venons de le dire s'accolent autour d'une ligne perpendiculaire à leurs bases, et l'on a six cristaux autour de cette ligne. Les facettes qui modifient les arêtes de leurs bases sont le plus ordinairement seules visibles dans ces cristaux, outre les bases elles-mêmes, et l'ensemble à l'aspect d'une double pyramide à douze faces tronquée aux deux bouts. Trois directions de stries qui s'entre-croisent sur les bases témoignent de cette structure (fig. 191).

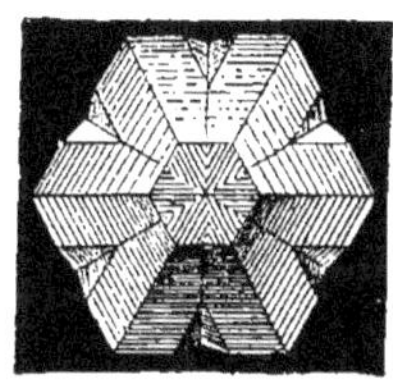

Figure 191.

La couleur varie du jaune d'or vif au vert asperge, au vert olive dans les chrysobéryls du Brésil et des États-Unis.

L'éclat des cristaux est vitreux, mais un peu gras ; certaines variétés ont des reflets opalescents, laiteux, d'un effet agréable, qui ont fait donner par Haüy le nom de cymophane à l'espèce tout entière. Brewster a observé dans ces variétés chatoyantes un nombre infini de très fines cavités.

Propriétés chimiques. — Au chalumeau, le chrysobéryl est infusible, insoluble dans les acides. En versant sur la matière une ou deux gouttes d'une dissolution étendue d'azotate de cobalt, et chauffant fortement, on obtient une coloration bleue. En ajoutant à la matière finement pulvérisée du borax, on obtient une masse fondue, vitreuse et limpide.

Analyse. — Pour l'analyser, on le décompose par le bisulfate de potasse ; on dissout la masse fondue ; on ajoute à la liqueur une dissolution concentrée de carbonate d'ammoniaque; on ferme le vase; on laisse reposer le tout pendant un temps assez long, en agitant fréquemment. On ajoute un excès de carbonate d'ammoniaque, ce qu'il en fant pour empêcher la glucine de se précipiter, pas assez cependant pour dissoudre de l'alumine; on jette sur un filtre, on lave, on dessèche, on calcine, on pèse, on connaît le poids de l'alumine.

Gisements. — Le chrysobéryl se recueille en cristaux souvent cassés, roulés, dans les sables des rivières du Pégu, ou sur la côte occidentale de l'île de Bornéo, avec le diamant, l'or, la topaze, le béryl; au Brésil, dans les sables diamantifères. Dans l'Amérique du Nord, il est disséminé avec le grenat, la tourmaline et le zircon, dans des filons granitiques, à Haddam, Connecticut.

Taille et Valeur. — Les chrysobéryls d'un beau jaune d'or vif se taillent comme les diamants, au moins dans le dessus. Ceux qui sont opalescents, chatoyants, se taillent en cabochons. On les travaille avec l'émeri sur la roue de laiton; le tripoli sert à les polir. Ils sont en général moins appréciés en Europe qu'au Brésil. Ils atteignent à peine la valeur du rubis balais.

Alexandrite. — Une variété d'un beau vert émeraude, appelée *alexandrite*, se rencontre en gros cristaux dans les mines d'émeraude de Takowaja, à 180 verstes à l'est de Katharinenbourg. Elle est engagée dans un micaschiste qui renferme en même temps des spinelles et des tourmalines. Elle est à moitié opaque, d'un assez beau vert foncé à la lumière diffuse du jour; au soleil, ou le soir, à la flamme d'une bougie, elle est d'un rouge gorge de pigeon, quand on la regarde par transparence. C'est une pierre d'un assez grand prix, quand elle est suffisamment transparente.

CHAPITRE VI

ÉMERAUDE

Smaragdos grec ; *smaragdus* latin ; *zamarrut* des anciens Arabes ; *pachec* des Hindous, au temps de Garcias ab Horto, *marakata,* sanscrit ; *Smaragd*, allemand ; *Emerald*, anglais, *Esmeralda,* espagnol.

Le nom d'émeraude est donné, par les minéralogistes, à un silicate d'alumine et de glucine, cristallisé dans le système hexagonal. Cette espèce comprend : l'émeraude proprement dite et le béryl. Les anciens, qui n'avaient aucune notion de chimie, et qui en avaient de bien vagues en cristallographie, avaient compris qu'il y avait des liens de parenté entre le béryl et l'émeraude. Aujourd'hui, on ne peut admettre aucune différence essentielle entre ces deux variétés d'une même espèce, que les uns appellent émeraude, et les autres béryl.

Toutes les deux sont composées de trois équivalents de glucine (GlO), un d'alumine (Al^2O^3) et six de silice (SiO^2), en sorte que la formule est $(GlO)^3Al^2O^3(SiO^2)^6$.

La composition en centièmes correspond à : Silice 66,8 ; alumine 19,1 ; glucine 14,1.

Formes cristallines. — Elles cristallisent aussi toutes les deux en prismes hexagonaux dont les angles (fig. 192), ou les arêtes basiques sont remplacés par un ou plusieurs étages de facettes (fig. 193 et fig. 194), qui prolongées suffisamment formeraient des pyramides hexagonales. Les angles des facettes de ces pyramides avec la base sont les mêmes dans le béryl et dans l'émeraude. Pour une des pyramides cet angle est de 130°57′, pour une autre il est de 150°3′. Beaucoup de cristaux, surtout

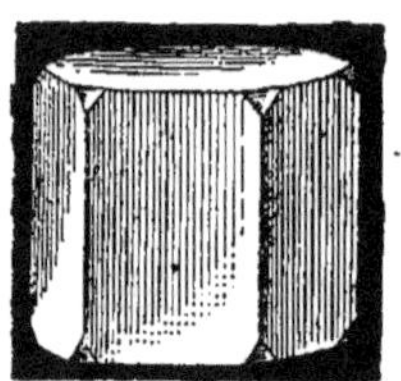
Figure 192.

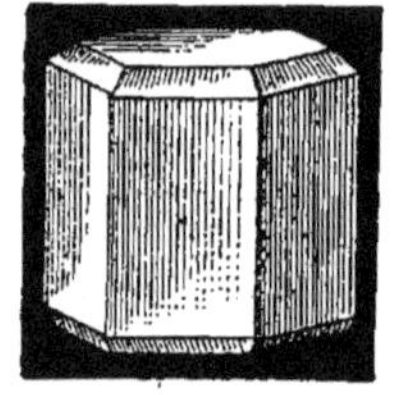
Figure 193.

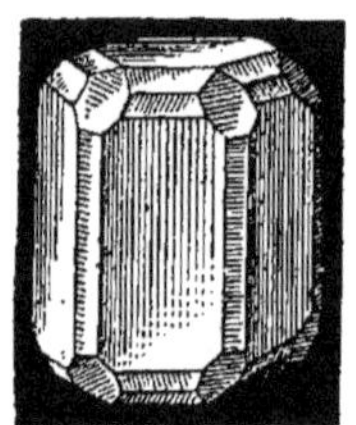
Figure 194.

ceux de béryl, ont leurs faces striées, cannelées dans le sens de la longueur, et paraissent cylindroïdes.

Densité, dureté. — Les deux grandes variétés ont aussi la même dureté 7,5, plus grande que celle du quartz, plus petite que celle de la topaze, et la même densité, ou à peu près; cette densité est : 2,67 dans l'émeraude verte de Muso; 2,71 à 2,76 dans celle de l'Oural; 2,68 dans le béryl de Donegal.

Couleurs. — L'émeraude comprend les variétés suivantes :

COULEURS.	Noms des pierres dans la joaillerie.
Vert émeraude; vert d'herbe	*Émeraude.*
Vert de mer (couleur d'eau de mer).	*Aigue-marine.*
Vert pomme, vert mêlé de jaune (chrysobéryl des anciens joailliers); bleu pâle (aeroïdes de Pline), violacée, roussâtre.	*Béryl.*
Jaune verdâtre, très vif.	*Chrysolithe.*

L'indice de réfraction est en moyenne de 1,572 dans le béryl, 1,58 dans l'émeraude de Muso, pour les rayons verts, d'après les observations de M. Des Cloizeaux.

Lewy avait cru pouvoir attribuer la coloration en vert de l'émeraude à un hydrogène carboné ; l'analyse lui avait fait reconnaître en effet dans celle de Muso la présence du carbone et de l'hydrogène. Mais cette coloration est due à du chrome, comme l'a montré Wohler; il suffit de quelques millièmes de sesquioxyde de chrome pour colorer en vert un silicate fusible. Les matières charbonneuses nous paraissent jouer cependant un rôle dans la coloration des émeraudes ; mais c'est en y produisant ce ton noir, qui se joue au milieu du fond vert, en lui donnant un velouté de l'effet le plus agréable. L'émeraude de Muso est accompagnée d'anthracite, et toutes les belles émeraudes sont disséminées dans des micaschistes noirs (1).

Analyse. — Pour l'analyser, on la réduit en poudre aussi fine que possible; on la dessèche, on la traite par quatre fois son poids de carbonate de potasse et de soude dans un creuset de platine, ce qui désagrège la matière; on laisse la masse fondue en digestion avec un excès d'acide chlorhydrique jusqu'à dissolution complète; on évapore à siccité. La silice rendue insoluble se dépose. On humecte le résidu avec de l'acide chlorhydrique mêlé d'eau chaude; on jette sur un filtre; on lave, dessèche, calcine et pèse ce qui ne passe pas à la filtration, et qui se compose de silice. La liqueur filtrée contenant l'alumine et la glucine est versée après concentration dans un excès de dissolution chaude et concentrée de carbonate d'ammoniaque; on laisse le tout digérer dans un vase fermé; on jette sur un filtre qui retient l'alumine et l'oxyde de fer, s'il y en a; on fait bouillir la solution filtrée, en sursaturant au moyen d'acide chlorhydrique; on laisse l'acide carbonique se dégager quelque temps; on précipite la glucine par l'ammoniaque.

(1) JANNETTAZ, *Bull. Soc. géol. de France*, 2e série, t. XXIX, p. 300.

ANALYSES D'ÉMERAUDES :

	Silice.	Alumine.	Glucine.	Oxyde de fer.	Magnésie.	Soude.	Oxyde de chrome.
Émeraude verte de Muso.	67,85	17,95	12,40	1	0,90	0,7	traces.
Béryl de Limoges	67,54	17,63	13,51	—	0,90	0,7	id.

La première analyse est due à Lewy; la seconde à Gmelin. — On voit que les différences sont insignifiantes, et que les deux variétés ont bien la même composition chimique.

Caractères au Chalumeau. — Difficilement fusible sur les bords en scorie bulleuse. Avec le borax sur le fil de platine on obtient une perle limpide, incolore (béryl), un peu verdâtre (émeraude).

On peut désagréger la matière sur le fil de platine au moyen du sel de phosphore; on obtient ainsi une perle où la silice tournoie sur elle-même, tant que la perle reste en fusion. Les acides chlorhydrique et azotique sont sans action.

Gisements. — Émeraude verte : En Égypte, à sept ou huit lieues de la mer Rouge, à quarante lieues au sud de Cosséir, au mont Zabarah, on retrouve des traces des exploitations des anciens. La roche est un micaschiste noir. Dans l'Oural, sur le flanc oriental, près de Katharinenbourg, un charbonnier découvrit la première en 1830. La collection du corps des Mines, à Saint-Pétersbourg, possède un cristal de 8 pouces de long et de 15 pouces d'épaisseur. La région des émeraudes consiste en granites et schistes cristallisés serpentineux, parallèles les uns aux autres, et courant de N.-O. à S.-E. La mine de Takowaja est une des plus fécondes.

L'émeraude de l'Oural était peut-être la scythique de Pline.

Cette jolie pierre se rencontre aussi dans un micaschiste noir de la vallée d'Habach, dans le Salzbourg, en Autriche; en France, aux environs de Nantes, mais en échantillons rares, petits et de peu de valeur; enfin, dans l'Australie du Sud, au mont Remarquable.

En Amérique, ce sont des filons calcaires qui servent de gangue à l'émeraude, dans la vallée de Tunca, cordillère orientale des Andes. Ces filons traversent des schistes argileux, amphiboliques. Une des mines les plus célèbres est celle de Muso, à 87 mètres au-dessus de la mer, à trente milles au N.-N.-O. de Bogota. Elle a été découverte par Lanchero en 1555. La gangue est un calcaire bitumineux blanc avec anthracite, pyrite, parisite (carbonate de lanthane et de didyme), quartz en cristaux limpides, incolores, et dolomie en rhomboèdres ordinairement noirâtres. Souvent la gangue divise la pierre précieuse en deux ou trois morceaux; celle-ci est fragile et se fendille quelquefois au sortir de la carrière; elle est souvent très limpide, au moins dans une grande partie de sa masse.

Le béryl est beaucoup plus abondant.

La Sibérie possède les fameuses mines de topaze et d'émeraude aux monts Adun-Tschilon, Sibérie, sur la frontière chinoise. En France, le béryl forme les prismes volumineux, malheureusement opaques, des environs de Limoges. Les plus beaux cristaux de véritable aigue-marine viennent des environs d'Ava, royaume des Birmans, aux Indes Orientales. On y a trouvé un béryl de 1840 grammes, et d'une valeur de 12,500 francs.

Taille des Émeraudes. — On les travaille à l'émeri sur la roue de cuivre; on les polit avec du tripoli, de la potée d'étain ; on les taille comme les diamants, ou à degrés ; on les entoure de perles ou de diamants. L'émeraude est splendide entre des rubis.

L'émeraude fissurée est dite *jardinée.*

Les émeraudes ont été recherchées de tout temps. Les reliquaires des vieilles églises du VIIIe et du IXe siècle nous en ont conservé un grand nombre. Une des plus célèbres est celle de la tiare du pape, elle a 1 pouce de long et 5/4 de pouce d'épaisseur.

C'est une émeraude de l'ancien continent.

Dans l'inventaire des pierres précieuses de la couronne de France figurent :

Une grande émeraude carrée, de la plus belle couleur, mal nette.	$16^{c}\ \frac{11}{16}$	12.000 livres.
Une émeraude de belle couleur, épaisse (glaçures)	$9^{c}\ \frac{5}{16}$	3.000 —
Une émeraude de bonne couleur, forme à six pans, nette.	$3^{c}\ \frac{5}{16}$	500 —

CHAPITRE VII

PHÉNACITE ET EUCLASE.

Phénacite. — Le nom de phénacite, tiré du mot grec φέναξ, imposteur, rappelle l'analogie de ses formes avec celles du quartz.

Silicate de glucine, composé de silice 54,27 ; glucine 45,73.

Cette espèce cristallise en prismes hexagonaux terminés par des rhomboèdres dont l'un a un angle culminant de 116° 36′ (fig. 195). La cassure est conchoïdale. La densité est de 3; la dureté 7,5 à 8, à peu près celle de la topaze.

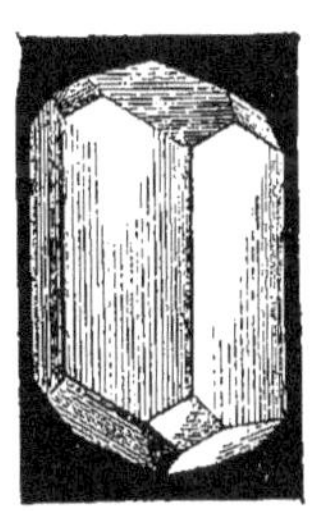

Figure 195.

La phénacite est souvent transparente et incolore.

L'indice de réfraction est d'environ 1,68 dans les cristaux de l'Oural.

Au chalumeau, cette matière est infusible ; elle se colore en gris bleuâtre, quand on y ajoute un peu de nitrate de cobalt, et qu'on chauffe fortement. Elle est insoluble dans les acides.

Elle se rencontre en beaux cristaux avec des cymophanes et des émeraudes dans le micaschiste de Takowaja, près de Katharinenburg; les cristaux des autres régions n'ont pas pu être utilisés.

Elle ressemble beaucoup au quartz; mais la densité d'environ 3, et la dureté d'environ 8, y sont supérieures à celles du quartz.

En Russie, on la taille quelquefois lorsqu'elle est très limpide.

Euclase. — Silicate d'alumine et de glucine hydraté, renfermant : silice 41,15; alumine 35,4; glucine 17,34; eau 6,17.

Au chalumeau, elle fond difficilement en émail blanc, perd de l'eau et un peu de fluor, d'après M. Damour. *Dureté* 7,5. *Densité* 3,1. *Couleurs* variant du vert au bleu, ordinairement très pâles, parfois foncées. *Éclat* vif. *Formes :* un prisme rhomboïdal oblique, dont les pans font un angle de 144°40′ et l'angle supplémentaire. On observe d'habitude un assez grand nombre de facettes modifiantes verticales (fig. 196) et un clivage facile parallèle au plan de symétrie; aussi n'a-t-on souvent que des 1/2 cristaux. De là vient le nom d'euclase (εὔκλασις). Cette matière, rare maintenant au Brésil, se retrouve dans le sud-est de l'Oural.

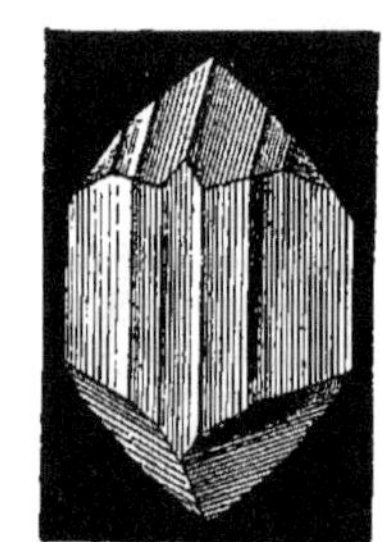

Figure 196.

CHAPITRE VIII

GRENATS

Silicates d'alumine et de diverses bases alcalino-terreuses ou métalliques, cristallisés en dodécaèdres rhomboïdaux, ou en trapézoèdres, ayant à peu près la dureté du quartz. Le mot de grenade, qui rappelle la couleur du grenadier, ne doit plus être pris avec son sens étymologique ; c'est un vieux mot qu'on garde pour ne pas en introduire un nouveau dans la nomenclature.

Couleurs des grenats. — Dans ce groupe, un si grand nombre de protoxydes et de sesquioxydes terreux ou métalliques peuvent se remplacer, qu'il y a bien des variations dans les couleurs.

COULEURS	NOMS DES LAPIDAIRES	NOMS DES ESPÈCES en minéralogie
Rouge violet, velouté; rouge cramoisi foncé.	*Grenat syrien* ou *syriaque*, plus exactement *syrian; grenat noble; grenat oriental.*	*Almandin* ou *Almandine.*
Rouge un peu orangé; couleur du vin de Mâcon.	*Vermeille.*	
Rouge de sang; mêlé quelquefois d'un peu d'orangé.	*Pyrope* ou *grenat de Bohême.*	*Pyrope.*
Rouge plus clair.	*Grenat du Cap.*	*Grenat du Cap*
Orangé, tirant sur le jaune par transparence; rouge orangé très vif, par réflexion, en face d'une lumière vive.	*Hyacinthe.* *Iacinta la bella des Italiens.*	*Essonite*, variété de *Grossulaire.*
D'un beau vert, vif, légèrement jaunâtre.	Encore peu connu des joaillers.	*Demantoïde*, variété de *mélanite.*

Propriétés physiques. — L'indice de réfraction est de 1,825; le pouvoir dispersif est faible.

Sous le microscope muni de deux nicols en croix, les almandins n'exercent aucune action sur la lumière polarisée; les essonites, au contraire, dissipent l'obscurité par places, et montrent quelques parties colorées; ce phénomène n'est pas encore expliqué; tient-il à un mélange de substances étrangères, ou à des régions pseudomorphosées?

Dureté. — La dureté est à peu près celle du quartz dans l'almandin et le pyrope ; elle est un peu plus faible dans l'hyacinthe.

Densité. — La densité de l'essonite est de 3,66 ; celle de l'almandin, d'environ 4, atteint 4,3 dans certaines variétés. Elle est très voisine de celle du rubis oriental. Elle est de 3,7 dans le pyrope.

Propriétés chimiques. — Au chalumeau, les caractères varient d'une espèce à l'autre. L'hyacinthe est fusible en verre clair plus ou moins verdâtre ; l'almandin, en globule noirâtre ou noir, faiblement translucide et fortement magnétique. Le pyrope est difficilement fusible. A chaud, il devient d'nn vert foncé, presque noir ; à froid, il reprend sa couleur ; il donne les réactions du chrome, l'almandin donne celles du fer.

Les grenats sont difficilement attaquables par l'acide chlorhydrique ; le pyrope ne l'est pas du tout. Toutes les espèces, excepté l'ouwarowite, deviennent solubles dans cet acide, en y faisant gelée, lorsqu'elles ont été préalablement fondues. Toutes sont attaquables, lorsqu'on les fond avec des carbonates alcalins.

Formes cristallines. — Toutes sont cristallisées

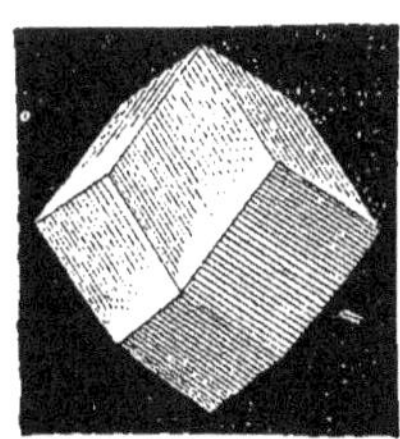

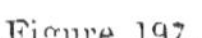

Figure 197.

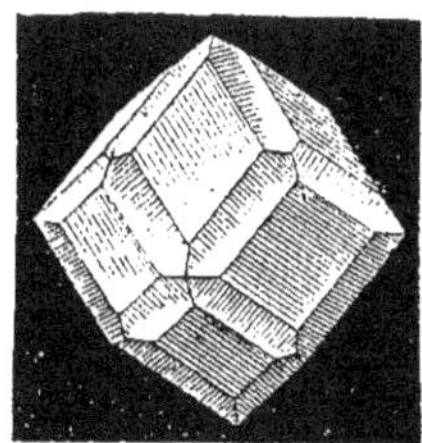

Figure 198.

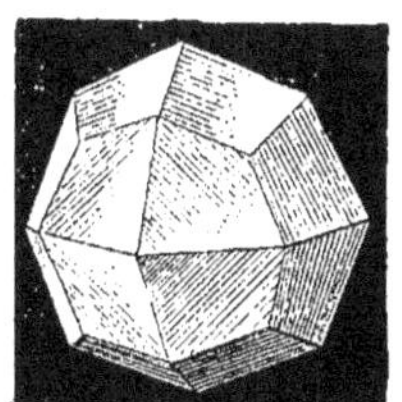

Figure 199.

dans le système cubique. Les formes dominantes sont le dodécaèdre rhomboïdal (fig. 197), le trapézoèdre ou icositétraèdre le plus simple de tous (fig. 198); la combinaison des deux, c'est-à-dire le dodécaèdre rhomboïdal (fig. 199), dont les arêtes sont remplacées par des facettes planes ; enfin, les formes précédentes combinées avec des facettes de l'octaèdre régulier.

Composition chimique. — Analyse de l'hyacinthe de Ceylan, par Gmelin : silice 40,01 ; alumine 23 ; protoxyde de fer 3,31 ; chaux 30,57 ; potasse 0,59 ; perte au feu 0,33.

Lorsqu'on traduit en équivalents chimiques les résultats de cette analyse, on obtient : 3 équivalents de silice ou acide silicique, 1 équivalent d'alumine, et 3 de chaux ; la petite quantité de fer tient la place d'une quantité équivalente de chaux.

La formule s'écrit :

$$(CaO)^3\,Al^2O^3\,(SiO^2)^3.$$

Elle exige théoriquement, pour 100 parties : silice 39,91 ; alumine 22,84 ; chaux 37,25 ; mais l'analyse de Gmelin ne donne, en additionnant tous les éléments, que 97,81 au lieu de 100.

L'escarboucle de Boëtius, almandin ou almandine des minéralogistes et des joailliers actuels, a une composition analogue ; mais la chaux est remplacée en tout ou en grande partie par du protoxyde de fer auquel vient se mêler souvent du protoxyde de manganèse. La formule est : $(FeO)^3Al^2O^3\,(SiO^2)^3$, correspondant à : silice 36,07 ; alumine 20,65 ; oxyde ferreux (protoxyde de fer) 43,28.

Analyse du grenat de Bohême. — La composition de ce grenat, le pyrope des minéralogistes actuels, est assez complexe, en ce sens que la silice et l'alumine y sont combinées à un assez grand nombre de bases protoxydes, comme le montre une analyse due à Moberg :

Silice 41,35 ; alumine 22,35 ; protoxyde de fer 9,9 ; protoxyde de chrome 4,17 ; protoxyde de manganèse 2,59 ; magnésie 15 ; chaux 5,29. La formule s'écrira encore :

$$(MO)^3\ Al^2O^3\ (SiO^2)^3$$

En convenant que MO est la somme des équivalents de chacun des protoxydes.

Demantoïde. — Enfin, on emploie depuis un ou deux ans un beau grenat vert du groupe des mélanites, composé de silice 35,44 ; sesquioxyde de fer 32,85 ; chaux 32,85 ; magnésie 0,20. Total 101,34. Il répond à la formule $(CaO)^3$, Fe^2O^3 $(SiO^2)^3$. Sa densité est 3,828. Il vient de la rivière Rabrowka, district de Sissersk, Oural.

On connaît aussi un fort beau grenat vert contenant 35,57 de silice ; 23,45 d'oxyde chromique ou sesquioxyde de chrome ; 6,26 d'alumine ; 33,22 de chaux, en sorte que le sesquioxyde est ici en grande partie à base de chrome, d'après l'analyse de M Damour ; mais ce grenat de l'Oural, appelé ouwarowite, n'a jamais été trouvé qu'en trop petits cristaux pour être utilisé.

Gisements. — L'hyacinthe se rencontre en galets qui ressemblent à du sucre candi roux dans les alluvions du district de Matura, île de Ceylan. Elle provient sans doute des gneiss où elle est disséminée.

L'almandin ou grenat noble se montre en beaux cristaux d'un rouge hyacinthe brun dans des schistes chloriteux subordonnés aux gneiss, au Rossrucken, dans les micaschistes des environs de Krems, en Autriche ; dans les schistes micacés de l'Erzgebirge, en Bohême, ces cristaux forment des nids, presque des couches. En Bohême, on les travaille pour parures.

Ils abondent en Hongrie, sous forme de petits grains gros comme des grains de millet, dans les ruisseaux de Schaïsa et d'Udwoka. En Norvège ils accompagnent le fer aimant et l'angite, etc., dans des couches métallifères. En Suisse, au Saint-Gothard, à Campo-Longo, les schistes cristallins, micacés, chloriteux, sont imprégnés de cristaux d'un rouge de sang. En Asie, dans l'Hindoustan, ils sont recherchés dans les gneiss de Trincamalle, sous le nom de *rubis de Ceylan*. Aux Indes Orientales, les environs de Sirian, au Pégu, fournissent les magnifiques grenats dits syriens.

En Amérique, les schistes cristallisés du Groenland, des États-Unis, contiennent souvent aussi de beaux cristaux d'almandin.

Le pyrope ou grenat de Bohême se recueille en grains roulés au milieu de graviers solides, qu'on fouille et qu'on lave. On les classe par grosseurs. Il en faut de 32 à 400 pour en avoir une demi-once. En 15 ans on en trouve à peine un qui ait ce poids à lui seul. Le pyrope se présente aussi au Stiefelberg, à Méronitz, en grains à surface granulée, à arêtes souvent aiguës, dans un conglomérat calcaréo-argileux, qui paraît être synchronique des lignites de Bohême, et qui est formé de fragments de mica, de serpentine, de basalte et de talc rayonné, épars au milieu de débris de conifères silicifiés ou passés à l'état de lignites. Les grenats y sont associés à des topazes, à de la tourmaline, du disthène, etc. Enfin, on les voit aussi engagés dans le pechstein de Bilin, de Posedlitz, dans le même pays.

A Triblitz, à Posedlitz, ils sont d'un rouge de sang plus

faible, et répandus avec des grains de zircon, de spinelle, de bronzite, de quartz, dans une alluvion diluvienne formée de galets basaltiques, de serpentine, de gneiss, de grès, etc.

Taille et Usage. — On taille les plus beaux, les grenats nobles, à la façon des diamants ou à degrés; on les monte à jour; les plus communs reçoivent la forme de cabochons. En général, les almandins perdent malheureusement de leur éclat, lorsqu'ils sont éclairés par une lumière artificielle. Les hyacinthes gagnent au contraire à être éclairés ainsi, surtout lorsque la lumière est vive. A Prague, en Bohême, en Silésie, on les taille avec de l'émeri ou avec leur poussière sur la roue de cuivre ou de plomb; le poli est donné sur la roue d'étain avec du tripoli délayé dans de l'acide sulfurique.

Au Tyrol, on en fait des tabatières et des articles de luxe.

Un grenat clair de couleur flatteuse se vend assez cher. Un grenat syrian d'étendue, de belle couleur, forme carrée, à huit pans et mal net, pesant cinq karats, était estimé 1,200 livres, dans l'inventaire des pierreries de la couronne en 1791; un de deux carats 12 à huit pans, vif et net, 300 livres. A la vente du marquis de Drée, le prix d'un grenat syrian de 8 lignes 1/2 long. sur 6 lignes 1/2 large, taillé à huit pans, s'est élevé à 3,550 francs.

Les pyropes ont peu de prix, surtout à cause de leurs faibles dimensions.

Les grenats rouges sont quelquefois utilisés pour l'achromatisme en optique, à cause de l'absorption qu'ils exercent sur la partie la plus réfrangible du spectre.

Idocrase. — L'idocrase est un silicate d'alumine, de chaux, de fer, de magnésie, d'oxydes alcalins, renfermant quelquefois un peu de manganèse ou des traces d'oxyde de cuivre. La composition chimique en est voisine de celle des grenats.

Les cristaux sont des prismes à base carrée, terminés par des pyramides quadrangulaires tronquées. Ils sont fort intéressants au point de vue scientifique, à cause de leurs facettes quelquefois nombreuses, et souvent très brillantes (fig. 200).

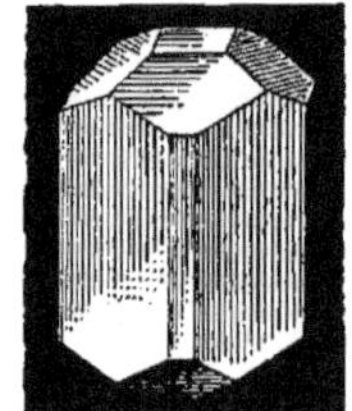
Figure 200.

La couleur varie du vert clair au jaune de soufre ; rarement elle est bleue (var. appelée cyprine, colorée par du cuivre) ; quelquefois elle est brune.

L'idocrase a pour densité 3,4 environ, et 2,95 après fusion.

La dureté en est à peine inférieure à celle du quartz : 6,5,

Elle fond facilement au chalumeau avec bouillonnement en verre jaunâtre ou brun.

Les variétés vertes et brunes sont travaillées à Naples et à Turin pour bagues et anneaux, sous le nom de *gemmes du Vésuve.* Cette espèce est souvent confondue avec les chrysolithes communes. Le prix en est peu élevé.

CHAPITRE IX

CORDIÉRITE

Syn. : Saphir d'eau ; dichroïte ; iolithe ; iolite.

Cette pierre, appelée saphir d'eau par les joailliers de Ceylan, avait été nommée iolithe par Werner, à cause de sa couleur d'un bleu violacé. Cordier y a découvert le dichroïsme. Lorsque, en regardant à travers un cristal transparent d'iolithe, on dirige le rayon visuel parallèlement à l'axe, la couleur est d'un bleu violâtre, comme celle que réfléchit la surface. Si, au contraire, le rayon visuel est dirigé perpendiculairement à l'axe, la couleur est d'un jaune brunâtre. Cordier avait cru devoir donner à cette pierre le nom de dichroïte à cause de ces deux couleurs qu'elle présente par transparence. Haüy, pour rendre hommage à la découverte de Cordier, a donné à la pierre le nom de cordiérite. Ce nom est maintenant préféré à celui de dichroïte, pour cette raison que le dichroïsme se retrouve, comme nous l'avons dit d'une manière générale, à un degré plus ou moins sensible, dans toutes les substances cristallisées dans un des systèmes autres que le cubique. Dans la cordiérite même on observe perpendiculairement à l'axe, non pas seulement une coloration jaune, mais deux teintes différentes, l'une plus jaune, l'autre plus grise, dans deux directions perpendiculaires entre elles et à l'axe.

La cordiérite est un silicate d'alumine, de magnésie et de fer, cristallisé en prismes droits à base rhombe.

Les faces du prisme font entre elles un angle obtus de 119° 10′, et comme à ces quatre faces s'en ajoutent deux sur les arêtes aiguës, il en résulte un prisme à six faces, qu'on ne peut distinguer d'un prisme hexagonal régulier, qu'en mesurant ses angles, qui sont les uns de 119° 10′, et les autres de 120° 25′, tandis que dans un prisme hexagonal régulier, ils seraient tous de 120°. Clivages difficiles, parallèles à la hauteur des prismes (fig. 201).

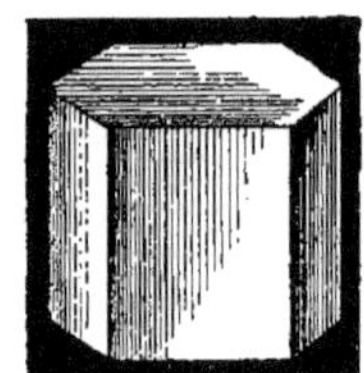

Figure 201.

Densité 2,6. — *Dureté* à peu près égale à celle du quartz.

Au chalumeau, cette pierre fond difficilement sur les bords. Elle est décomposée par les carbonates alcalins en fusion.

La variété nommée saphir d'eau se rencontre en galets dans des alluvions à Ceylan. La cordiérite est disséminée en cristaux ou en masses cristallines dans des roches granitiques à Bodenmais, en Bavière; ou bien elle est associée à de l'amphibole, à du quartz, dans des mines de cuivre, en Finlande; mais la variété de Ceylan est à peu près la seule utilisable; c'est une pierre d'assez peu de valeur, qui n'a d'éclat que le jour et par transparence et qui n'est bleue, comme nous l'avons dit plus haut, que dans une seule direction. L'indice de réfraction n'est que de 1,537, pour les rayons orangés. Son peu d'éclat, sa faible densité, son dichroïsme si prononcé, quand on la regarde avec une loupe dichroscopique, permettent de la distinguer facilement du saphir oriental.

CHAPITRE X

PIERRES DE NATURE FELDSPATHIQUE

PIERRE DE LUNE; OBSIDIENNE; AMAZONITE
PIERRE DE SOLEIL; LABRADOR.

Pierre de Lune. — Pierre incolore, transparente, à reflets d'un blanc de lait nacré, qui se jouent et semblent circuler dans la pierre, lorsque celle-ci change de position par rapport à l'observateur. La pierre de lune est du feldspath orthose.

La variété de Ceylan est un silicate d'alumine et de potasse, renfermant : silice 64; alumine 19,43; potasse 14,81; magnésie 0,20; chaux 0,42, et perdant 1,14 au feu, ce qui donne, quand on le traduit en équivalents : $KOAl^2O^3(SiO^2)^6$. La densité en est d'environ 2,6. La dureté, 6, est inférieure à celle du quartz, supérieure à celle de l'apatite, ou de la pointe d'un burin. Assez difficilement fusible au chalumeau, l'orthose est insoluble dans les acides, et n'est désagrégé que par les carbonates alcalins.

L'orthose cristallise en prismes obliques à base rhombe dont les faces font en avant un angle de 118° 48'; la base est inclinée sur les pans de 112° 16', et sur l'arête antérieure verticale de 116° 7′; elle fait un angle droit avec les deux arêtes latérales. C'est sur une face taillée parallèlement à l'arête antérieure et à la grande diagonale de cette base qu'on observe le mieux le reflet changeant de la pierre de lune, qu'on taille en cabochon.

Obsidienne, *Verre des volcans, Miroir des Incas.* — C'est un feldspath vitreux, qui a l'éclat, la cassure conchoïdale et la fragilité du verre. D'un noir de velours, brune, grise ou d'un gris verdâtre, elle est quelquefois chatoyante. Elle a une densité de 2,4; une dureté d'environ 6.

Chauffée au chalumeau, elle brille d'un éclat vif, se gonfle et fond en globule écumeux.

Celle du Pic de Ténériffe contient d'après Ch. Sainte-Claire Deville : Silice 69,71; alumine 19,23; alcalis 14,70; oxyde de fer 5,48; oxyde de manganèse 0,3; chaux 0,58 0/0. Cette matière se polit comme le verre. Les anciens Mexicains la taillaient en forme de couteaux ou de rasoirs. Elle est rarement employée aujourd'hui.

Microcline. — Un feldspath vert, de forme semblable à celle de l'orthose qui donne la pierre de lune, a été appelé d'abord amazonite ou pierre des amazones; M. Des Cloizeaux en a fait une espèce particulière qu'il appelle microcline, parce que l'extinction d'une plaque parallèle à la base placée sous un microscope entre deux nicols croisés ne se fait pas parallèlement aux deux diagonales de cette base. Bien qu'elle soit à peu près opaque, l'amazonite de Sibérie, celle des États-Unis feraient d'assez jolies pierres à cause de leurs jolies colorations en vert et en bleu verdâtre. La figure de la planche (pl. coloriée, fig. 11) représente un cristal de cette substance. On voit une base inclinée sur deux faces d'un prisme sous des angles très voisins de ceux que nous avons indiqués pour la pierre de lune; à droite un plan vertical latéral.

Pierre de Soleil. — Elle contient : silice 61,3; alumine 23,77; soude 8,5; chaux 4,78; potasse 1,29; oxyde de fer 0,36. C'est une variété du feldspath appelé oligoclase en minéralogie. Elle provient de Tvedestrand, fiord de Christiania, en Norwège; elle a pour densité 2,656; pour dureté 6.

Elle est à fond grisâtre semé de points brillants, d'un jaune ou d'un rouge vifs; c'est ce qui la fait rechercher. Au chalumeau, elle fond plus facilement que l'orthose; elle n'est pas attaquée par les acides. Elle se clive suivant deux directions planes inclinées l'une sur l'autre de 86°, ou de l'angle supplémentaire.

Labrador. — Autre feldspath, composé de silice 52,9; alumine 30,3; chaux 16,52, répondant à la formule $\text{CaOAl}^2\text{O}^3(\text{SiO}^2)^3$; une partie de la chaux peut être remplacée par une proportion équivalente d'oxydes alcalins. On y observe deux directions planes de clivage inclinées l'une sur l'autre d'environ 86° 1/2. Les cristaux dérivent de prismes à base doublement oblique, comme ceux d'oligoclase. Ils sont ordinairement striés sur une de leurs faces, celle qu'on prend pour base. Au chalumeau, ils fondent assez facilement. Ils sont attaqués par les acides, mais difficilement. Sur une des faces de clivage on voit souvent des reflets irisés, verts, rouges, bleus, ou d'un jaune d'or vif. La densité est de 2,65 dans les variétés les plus irisées. On en fait des coupes, des camées, où l'on met habilement en évidence les irisations chatoyantes de la matière.

Porphyres. — Ce sont des roches éruptives, à structure cristalline, qui remplissent de larges fentes du globe terrestre, et qui sont formées de différents feldspaths, seuls ou associés à d'autres matières (pyroxène, quartz, mica, amphibole). Ce qui caractérise un porphyre, c'est d'être composé d'une pâte compacte, dans laquelle certains de ses éléments se sont agrégés en cristaux, à contours souvent réguliers, quelquefois volumineux. Leur dureté est au moins égale à celle du feldspath; c'est dire qu'ils ne sont pas rayés par la pointe d'un burin. Au chalumeau, ils fondent assez difficilement, mais nettement, lorsqu'on en prend une esquille mince. Analysés en bloc, ce sont des silicates d'alumine, de potasse, de soude, contenant quelquefois de la chaux, des oxydes de fer et de la magnésie, lorsqu'ils ont du pyroxène ou de l'amphibole parmi leurs éléments essentiels. Polies, ces matières sont plaisantes; mais on ne les emploie qu'en masses d'un certain volume. Elles sont très recherchées pour la confection d'urnes, de coupes, de colonnes; mais peu utilisées en bijouterie.

CHAPITRE XI

PÉRIDOT OU OLIVINE

Silicate de magnésie et de fer, composé de : silice 39,73 ; magnésie 50,13 ; oxyde ferreux 9,19 ; oxyde manganeux 0,08 ; oxyde de nickel 0,32 ; alumine 0,22, d'après l'analyse de Stromeyer, ce qui donne la formule $(MgO, FeO)^2 SiO^2$.

Le péridot cristallise en prismes droits à base rhombe de 119° 13′ (fig. 202). La dureté est 7 ; la densité 3,4 ; la cassure conchoïdale ; dans une direction parallèle à la petite diagonale de la section droite, on observe un clivage facile.

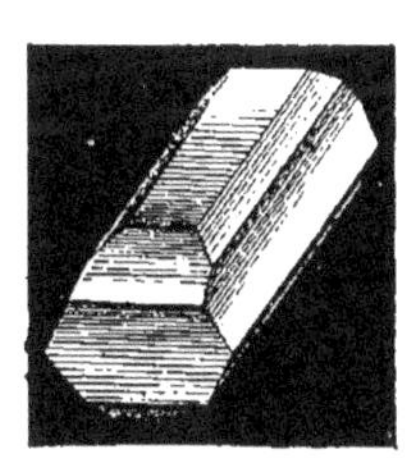
Figure 202.

Couleurs. — Jaune verdâtre ou vert olive. Les péridots assez gros, assez limpides pour être taillés, viennent de l'Orient.

Le péridot est infusible au chalumeau ; réduit en poudre, il fait gelée avec les acides.

C'est une pierre d'une médiocre valeur. L'indice de réfraction est d'environ 1,68.

CHAPITRE XII

ZIRCON

Syn. *Jargon*, ou *diamant brut de Ceylan*. On s'est demandé si les anciens ne connaissaient pas cette pierre sous le nom de luncurion ou sous celui de mélichrysos.

Le mot jargon est un vieux mot français.

Le zircon est une association de silice et de zircone, contenant 1 équivalent de l'un, 1 équivalent de l'autre, c'est-à-dire pour 100 parties de zircon : 67 de zircone et 33 de silice.

Formes. — Cette matière est toujours cristallisée. Les cristaux sont des prismes à base carrée; souvent deux prismes de même section droite se combinent, de façon que leurs faces sont à 45° les unes des autres et forment ensemble un prisme octogonal. Les prismes sont terminés par des pyramides quadrangulaires, ou quelquefois à huit faces (fig. 203).

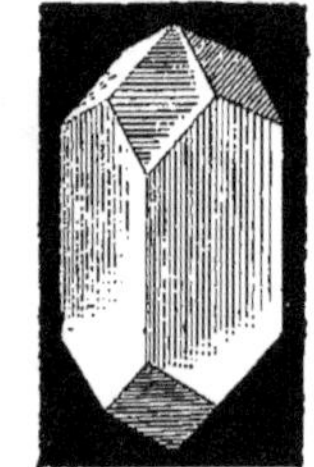

Figure 203.

Propriétés physiques. *Couleurs.* — Le rouge vif, tirant un peu sur l'orangé (cristaux du Puy, toujours petits); le brun; le bleu (fort rare).

Les rouges sont tellement petits, qu'on a dû rarement

les employer. L'hyacinthe de Ceylan est un grenat. Les zircons blancs, jaunâtres, verts, sont appelés *jargons* de Ceylan. Quelques cristaux sont incolores; mais ils sont toujours très petits. La plupart de ceux qui sont un peu gros et d'une belle eau sont plus ou moins jaunâtres (jargons).

L'indice de réfraction est en moyenne de 1,93. L'éclat est adamantin, gras, très vif.

La dureté, 7,5, est un peu supérieure à celle du quartz.

La densité est la plus considérable de celles qu'on observe dans les pierres; elle atteint la valeur 4,61 et après calcination 4,7, d'après Henneberg.

Caractères chimiques. — Le zircon est infusible au chalumeau; il se dissout difficilement dans le borax en verre clair, trouble si on met trop de matière. En poudre, même fine, il est difficilement attaqué par une longue digestion dans l'acide sulfurique. Il est décomposable par fusion avec du bisulfate de potasse. Pour y reconnaître la zircone, on le mêle avec du carbonate de soude sur une lame de platine. On chauffe jusqu'à fusion du mélange. On dissout ensuite la masse dans l'acide chlorhydrique; on trempe dans la dissolution du papier de curcuma qui prend une teinte orangée.

Gisements. — Le zircon se trouve engagé en petits cristaux dans les roches granitiques de la vallée de Pfitsch, en Tyrol; le jargon jaunâtre, dans les micaschistes du mont Ilmen, près Miask, dans les calcaires cristallins de la Somma, dans la syénite de Fredrickswärn, où il est assez abondant pour mériter à la roche le nom de zircon-syénite; les zircons rouges sont disséminés dans le basalte et les tufs basaltiques d'Expailly, Haute-Loire; dans les sables volcaniques associés au saphir et au fer titané du ruisseau d'Expailly; dans un grand nombre de sables aurifères ou diamantifères des Indes et d'autres contrées. Les zircons verts, rouges, blancs, jaunes, sont utilisés comme pierres demi-précieuses. Ceux qui sont de vilaine couleur sont chauffés. A une température élevée ils se décolorent complètement; ils ne deviennent pourtant pas franchement incolores. Ce sont les pierres dont l'éclat approche le plus de celui du diamant; mais la dispersion n'y est pas aussi forte.

CHAPITRE XIII

TOPAZE

La topaze est composée de silicate d'alumine et de fluorure de silicium. Elle cristallise en prismes droits à base rhombe; sa densité est de 3,53 à 3,54. Sa dureté (8) est franchement supérieure à celle du quartz.

Composition et Analyse. — Les chimistes regardent le fluor comme y remplaçant une quantité d'oxygène égale en équivalents, de sorte que la formule est celle d'un silicate d'alumine fort simple numériquement :

$$Al^2O^3Si\begin{pmatrix} O \\ Fl \end{pmatrix}^2$$

Analyse d'une topaze du Brésil, par MM. H. Deville et Fouqué : silice 25,1; alumine 53,8; silicium 5,8; fluor 15,7.

Chauffée à une très forte chaleur blanche, la topaze perd 23 0/0 de fluorure de silicium, qui est volatile. Elle n'abandonne tout le fluor qu'à la température de la fusion du fer.

Au chalumeau, elle est infusible. Plusieurs de ses variétés d'un jaune vineux prennent une teinte rosée sous l'influence de la chaleur. Fondue dans un tube ouvert avec le sel de phosphore, elle donne la réaction du fluor; elle attaque le verre. Mêlée d'acide silicique, elle est complètement attaquée par le bisulfate de potasse.

Pour l'analyser, on la réduit en poudre très fine; on la mélange d'une quantité, qu'on pèse, d'acide sulfurique; on ajoute à tout cela quatre fois son poids de carbonate de soude sec; on chauffe dans un creuset de platine; il se forme du fluorure de sodium, et en même temps du silicate et de l'aluminate de soude. Après refroidissement, on enlève avec de l'eau bouillante par filtration le fluorure, une partie du silicate et de l'aluminate, et l'excès de carbonate alcalin. Quand la liqueur filtrée cesse de bleuir le papier de tournesol, on traite la liqueur *A* et le résidu *B* de cette manière :

Liqueur A. — On y verse une dissolution de carbonate d'ammoniaque et l'on chauffe, en ajoutant de ce carbonate, au fur et à mesure qu'il s'évapore. Le silicate et l'aluminate de soude sont décomposés; l'alumine et la silice se précipitent. Le précipité, recueilli sur un filtre, est lavé avec de l'eau contenant du carbonate d'ammoniaque; le filtre brûlé, on recueille le précipité qu'on mêle au résidu B.

La liqueur A n'a pas abandonné tout l'acide silicique. On la concentre par évaporation; on la traite par une dissolution d'oxyde de zinc dans l'ammoniaque; on évapore au bain-marie à siccité; on verse de l'eau; l'acide silicique retenu par l'oxyde de zinc est détaché de cette combinaison au moyen d'acide azotique; on évapore à siccité; on humecte avec de l'acide nitrique, on recueille sur un filtre cet acide, on le pèse; on ajoutera ce poids à celui que donnera le résidu. L'eau, l'acide nitrique, ont laissé en dissolution le fluorure de sodium et le carbonate de soude. On précipite au moyen de nitrate de chaux qui forme du fluorure de calcium et du carbonate de chaux. On filtre, on lave, on calcine. On traite maintenant par l'acide acétique; on obtient de l'acétate de chaux soluble et du fluorure de calcium insoluble, qu'on sépare au moyen d'eau chaude. Le poids du fluorure de calcium fait connaître celui du fluor.

Résidu B. — Il est détaché en grande partie du filtre qu'on brûle à une température élevée, et aux cendres duquel on le réunit après la combustion, ainsi que le mélange d'alumine et de silice précipité de la liqueur *A* dans l'opération précédente au moyen du carbonate d'ammoniaque. On traite le tout par l'acide chlorhydrique; on évapore à siccité; la silice se dépose; on la recueille sur un filtre qui laisse passer les chlorures d'aluminium et de sodium. On lave, on brûle le filtre; on pèse; on a la quantité de silice du résidu. Quant aux chlorures, on les traite par l'ammoniaque en excès, qui précipite l'alumine. On fait chauffer ensuite, jusqu'à ce que l'odeur ammoniacale ait disparu; on jette sur un filtre qui retient l'alumine; on lave, on sèche, on brûle le filtre; on pèse; on a le poids de l'alumine.

Formes cristallines. — La topaze cristallise en prismes droits à base rhombe, dont l'angle obtus est de 124° 22'. Ce prisme et la base constituent la forme primitive. Souvent on observe un prisme à huit faces, que les

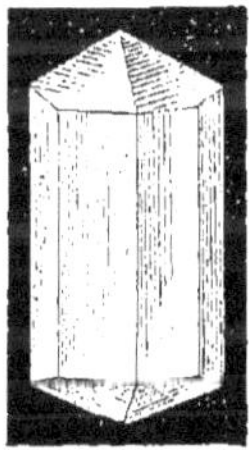

Figure 204.

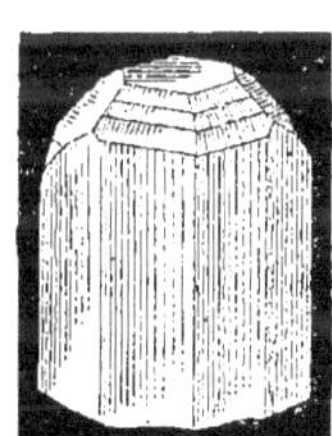

Figure 205.

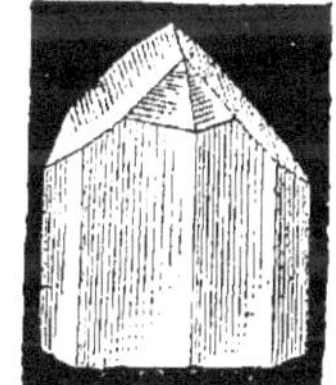

Figure 206.

cristallographes décomposent en deux prismes simples, ayant chacun quatre faces, chacun une section droite en forme de losanges, les faces de l'un faisant l'angle de 124° 22', dont nous venons de parler, en avant, les faces de l'autre un angle de 93° 10' sur les côtés. Les extrémités sont souvent coiffées par des pyramides à quatre faces parallèles aux arêtes basiques de la forme primitive (topazes du Brésil) (fig. 204), ou remplacées par deux ou plusieurs étages de facettes à intersections parallèles (topazes de Saxe) (fig. 205), ou bien les deux angles aigus sont tronqués à chaque base par deux plans parallèles aux petites diagonales des bases et qui se rencontrent vis à vis de ces diagonales en formant comme un toit à chaque extrémité (topazes d'Adun Tschilon, en Sibérie) (fig. 206). Quelquefois les cristaux ont les deux extrémités dissemblables.

Clivages. — Les cristaux se divisent sous le choc du marteau en tronçons de prismes; la division a lieu parallèlement à la base. C'est un clivage très net.

Propriétés optiques. — Lorsqu'on regarde au travers d'une lame de topaze à faces parallèles obtenue par clivage, posée sur le porte-objet du microscope d'Amici, on y observe les phénomènes figurés page 86; les centres ou foyers des deux systèmes de courbes étant très éloignés l'un de l'autre, on ne voit que les deux moitiés intérieures des anneaux.

L'indice de réfraction est 1,617 pour une extrémité du spectre; 1,636 pour l'autre.

COULEURS	Noms donnés par les lapidaires.
Topaze incolore, limpide	*Goutte d'eau du Brésil.*
Jaune de vin blanc	*Chrysolithe de Saxe.*
Jaune safran.	*Topaze indienne.*
Jaune d'or.	*Topaze.*
Bleu clair	*Saphir du Brésil.*
Vert de mer	*Aigue-marine.*
Rouge rosé; le soir, paraît un peu jaune à une vive lumière	*Rubis du Brésil,* ou *Topaze brûlée.*

Lorsqu'on chauffe une topaze jaune du Brésil, on la voit devenir d'un rose très clair; on a ce qu'on appelle une topaze brûlée. M. Barbot conseille pour éviter de briser la pierre de l'envelopper d'amadou serrée au moyen de fils. On obtient une coloration uniforme en usant de ce procédé.

Lorsqu'on observe à un fort grossissement les topazes du Brésil et celles d'Écosse, on y aperçoit une foule de petites cavités remplies de gouttelettes de liquides plus ou moins visqueux, très expansibles (une dizaine de mille dans 1/10 de millimètres carrés, d'après Brewster).

Propriétés électriques. — La topaze s'électrise par le frottement; celle de Saxe et les variétés incolores conservent très longtemps leur électricité. Lorsqu'on chauffe une topaze, elle s'électrise en sens contraire à ses deux extrémités, comme l'a montré M. Friedel, ce qui est en rapport avec la dissymétrie des facettes qu'on a observée dans les cristaux complets de cette espèce minérale.

Gisements. — Les topazes du Brésil sont d'un jaune roussâtre, clair ou foncé, d'un jaune d'or, quelquefois d'un rouge violacé, ou lilas, quelquefois incolores. On en cite de 10 pouces de long sur 4 de diamètre. Elles hérissent les parois des cavités de roches granitiques et schisteuses (schistes chloriteux subordonnés aux itacolumites, remplies de filons de quartz et de limonite). Les salbandes de ces filons sont ordinairement de lithomarge mêlée de talc. A Boa Vista, à Capuo do Lana, on trouve des topazes rouges ou violettes d'une grande beauté.

Topazes de Sibérie, le plus souvent d'un blanc bleuâtre ou verdâtre, parfois incolores. On les rencontre aux monts Ilmen, près du lac de ce nom; à Alabaschka, près Mursinsk, dans l'Oural, à treize milles au nord de Katharinenbourg; en Sibérie, aux monts Adun Tschilon, à Nertschinsk, dans les cavités drusiques d'une pegmatite graphique. La collection du corps des Mines de Saint-Pétersbourg en possède de très volumineuses.

On recueille de beaux galets de topaze incolore dans les sables des environs de Bathurst en Australie, dans les sables diamantifères de l'Inde. Il y en a en Écosse, à Aberdeenshire; en Irlande, aux monts Mourn.

La topaze de Saxe, d'un jaune pâle languissant, d'un

blanc un peu jaunâtre, en prismes courts, quelquefois larges de 1 centimètre, forme, associée à du quartz hyalin, à de la tourmaline noire, souvent empâtés dans une lithomarge jaune, un rocher pittoresque de quatre-vingts pieds de haut, nommé *roche à Topaze,* au mont Schneckenstein, près Auerbach, dans le Voigtland.

Enfin, la topaze accompagne l'oxyde d'étain dans les filons d'Altenberg, d'Ehrenfriedersdorf (Saxe), de Zinnwald, en Bohême, et d'autres régions.

Taille et Usages. — La topaze blanche se taille à degrés, à table petite, en brillants. On la monte à jour. On en fait des colliers, des bagues, des boucles d'oreilles, des pendeloques, etc.

On en possède quelques-unes fort habilement gravées.

CHAPITRE XIV

TOURMALINE

Synonymes : *Schorl électrique, aimant de Ceylan, Tire-cendres, émeraude du Brésil, saphir du Brésil, rubellite.*

On présume que le nom de la tourmaline est celui qu'on lui donnait à Ceylan. On la connaissait dans cette île au moins au XVIIe siècle. Les Hollandais l'ont apportée en Europe en 1707.

On appelle tourmalines non seulement la pierre de Ceylan, mais toutes celles qni sont des borosilicates d'alumine et d'une base alcalino-terreuse, et qui ont la forme de prismes à 6 ou à 9 pans.

COULEURS	Noms donnés aux pierres.
Rouge violet; pourpre; rose; ressemble au rubis après la taille; tourne un peu au jaune en face d'une lumière artificielle. .	*Rubis de Sibérie; Rubellite; Sibérite.*
Bleu noir; bleu d'indigo; bleuâtre; moins agréable le soir que le jour.	*Saphir du Brésil.*
Verte, mais d'un vert pistache, d'un vert olive.	*Émeraude du Brésil.*
Vert jaunâtre	*Péridot de Ceylan; Tourmaline.*
Incolore	*Achroïte.*

Toutes les tourmalines ont les propriétés suivantes :

Formes cristallines. — Un prisme hexagonal terminé par des sommets qui mènent à un rhomboèdre de 133° 8′. Ce rhomboèdre est choisi comme *forme primitive.*

Souvent le prisme hexagonal, dont les faces sont parallèles aux arêtes latérales ou en zigzag du rhomboèdre précédent, a 3 de ses arêtes tronquées par les faces d'un prisme triangulaire, en sorte que les arêtes modifiées alternent avec celles qui ne le sont pas. La combinaison des deux prismes hexagonal et trièdre produit un prisme à neuf faces. Ses extrémités portent souvent des facettes de scalénoèdres, ou de rhomboèdres différents du primitif. Et, le plus ordinairement enfin, les formes qui terminent les extrémités opposées sont dissemblables, une des extrémités étant terminée par une base, face unique perpendiculaire aux pans, ou par un rhomboèdre, le primitif, par exemple, et l'autre extrémité étant terminée par un rhomboèdre plus aigu (fig. 207).

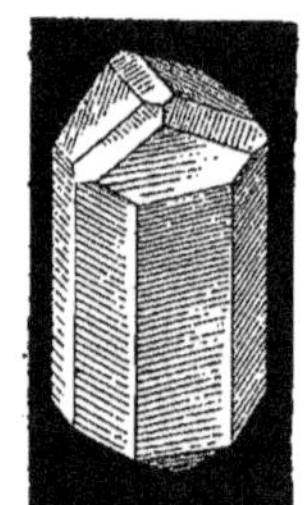
Figure 207.

Caractères physiques. — La tourmaline offre une action des plus remarquables sur la lumière polarisée. Les tourmalines un peu fortement colorées, même en plaques minces, pourvu que leurs faces soient parallèles à l'axe de figure, celui du prisme, absorbent un des deux rayons résultant du rayon incident unique qui les a pénétrées ; en d'autres termes, elles éteignent les mouvements vibratoires de l'éther lumineux perpendiculaires à leur axe. Aussi paraissent-elles différemment colorées, lorsqu'on les regarde parallèlement et perpendiculairement à cet axe, même dans les conditions ordinaires, c'est-à-dire sans le secours de la lumière polarisée. Elles sont brunes dans le sens de l'axe, et d'un vert d'asperge dans le sens perpendiculaire, ou d'un violet passant au pourpre dans la première direction, d'un bleu verdâtre passant au bleuâtre dans la seconde.

A la loupe dichroscopique, on observe à la fois deux images de teintes très différentes.

Propriétés électriques. — Une tourmaline échauffée attire les corps légers; c'est ce qui lui a fait donner le nom de tire-cendres. Pendant qu'elle s'échauffe, elle offre deux pôles électriques de noms contraires à ses deux extrémités; tout le temps qu'elle se refroidit, elle se comporte de même; mais les pôles se renversent, et cela est en rapport avec son hémiédrie polaire, c'est-à-dire avec la dissymétrie ou dissemblance des facettes qui terminent les deux deux extrémités de ses prismes.

Dureté. — Elle est un peu supérieure à celle du quartz, un peu au-dessous de celle de la topaze; elle est de 7, 5.

Caractères chimiques. — Mêlées en poudre fine à du fluorure de calcium et à du bisulfate de potasse, elles donnent à la pointe de la flamme du chalumeau une coloration fugitive d'un beau vert émeraude (fluorure de bore). Elles ne sont décomposées par l'acide fluorhydrique, qu'après avoir été fortement chauffées; après avoir été chauffées elles sont aussi complètement attaquées par l'acide sulfurique concentré.

Caractères propres aux différentes espèces de tourmalines. — La composition chimique des espèces de ce groupe variant beaucoup, malgré l'identité de leurs formes et de leur constitution physique, cette variation influe nécessairement sur plusieurs de leurs propriétés; elles ne peuvent avoir évidemment ni la même densité, ni des caractères chimiques identiques.

La tourmaline rouge (rubellite) devient d'un blanc de

lait au chalumeau, boursouflée, comme scoriacée, mais elle ne fond pas. Si on la porte à une température élevée sur une lame de platine après l'avoir réduite en poudre très fine et mêlée à du carbonate de soude, on obtient une coloration d'un vert assez intense, réaction produite par la soude du carbonate qui se combine avec le manganèse de la pierre en formant du carbonate de soude vert. La rubellite de Perm contient, d'après une analyse de Gmelin : acide borique, 4, 18; acide silicique, 39, 37; alumine, 44; oxyde de manganèse, 5, 02; potasse, 1, 29; lithine, 2, 04; matière volatile, 1, 58; total, 97,96.

La densité des rubellites est de 3, 02.

La tourmaline bleue (indicolithe) se boursoufle fortement au chalumeau; puis elle devient noire et scoriacée.

La tourmaline verte du Brésil renferme : acide borique, 7, 21; acide silicique, 38, 55; alumine, 38, 40; sesquioxyde de fer, 5, 13; protoxyde de fer, 2, 00; sesquioxyde de manganèse, 0, 81; magnésie, 0, 73; chaux, 1, 14; soude, 2, 37; potasse, 0, 37; lithine, 1, 2; fluor, 2, 09; total, 100. Elle est à peine fusible; devient noire, et donne une scorie jaunâtre. La densité est de 3, 107.

Dans certaines tourmalines, il n'entre que 31 d'alumine; mais on trouve 15 de magnésie (tourmaline brune de Gouverneur). D'autres présentent jusqu'à près de 10 p. 0/0 de protoxyde de fer; elles sont facilement fusibles au chalumeau sur le charbon (tourmalines de Karingbricka).

Gisements. — La *rubellite* ou *sibérite* accompagne le mica lithique dans les granites de Schaïtansk (Oural); elle se rencontre aussi dans la pegmatite graphique de Abobaschka, près Mursinsk, dans un terreau mêlé de graviers granitiques à Sarapulsk; avec la topaze et le béryl dans les cavités drusiques du granite d'Adun-Tschilon. En

Europe, on en trouve au mont Hradisko, près Rozena, en Saxe, à Pénig, dans l'île d'Elbe, à San Pietro; mais elle est en général d'un rose trop clair, et trop mêlé de blanc. En Amérique, un granit en filon dans le gneiss de Chesterfield (Massachussetts) renferme de beaux cristaux de tourmaline rouge ou rose, enveloppée de tourmaline d'un vert agréable. Paris, Hébron (État du Maine), ont fourni également de magnifiques cristaux en partie verts, en partie rouges. Au Pérou, la tourmaline se présente en galets d'un beau rouge.

La tourmaline bleue (indicolithe) se ramasse en galets dans le sable des rivières du Brésil; Chesterfield et Goshen, dans le Massachussetts, en procurent aussi des exemplaires fort recherchés du commerce américain.

La tourmaline verte du Brésil provient des brèches quartzeuses de Villa-Rica, de Minas Geraes, au Brésil; il y en a d'un vert clair à San-Pietro (île d'Elbe).

Le péridot de Ceylan se trouve dans cette île, en galets dans le lit des fleuves. Il y en a également au Brésil.

La tourmaline, noire ou d'un vert foncé, en prismes ou grains, forme quelquefois, avec du quartz grenu, des masses tellement considérables, qu'on les classe parmi les roches (*hyalotourmalite* de M. Daubrée).

Taille et Usages. — Les tourmalines se travaillent sur la roue de laiton ou de plomb avec l'émeri; on les polit sur la roue d'étain avec du tripoli. Les variétés vertes et rouges se taillent à degrés, en tables, ordinairement la table est parallèle à l'axe. On en fait des bagues, des colliers. Elles servent beaucoup en optique comme instruments propres à donner de la lumière polarisée.

La sibérite d'un beau rouge se vend assez cher. Les autres tourmalines sont en général, au contraire, des pierres de peu de valeur. Une tourmaline de couleur hyacinthe, de 10 lignes de long sur 7 de large, provenant de la collection du marquis de Drée, s'est vendue 125 francs. Une sibérite de même taille vaudrait trois ou quatre mille francs.

CHAPITRE XV

QUARTZ

Syn. : *cristal de roche*, *cristal*; variétés : Améthyste, fausse topaze, topaze d'Espagne, rubis de Bohême, agates, jaspes.

Le mot de quartz a une origine germanique. Agricola disait quertze, au XVIe siècle.

Caractères essentiels. — C'est de l'acide silicique cristallisé en prismes hexagonaux terminés par des pyramides à six faces, ayant pour dureté 7, pour dentité 2, 66; insoluble dans les acides, excepté dans l'acide fluorhydrique; insoluble dans les dissolutions chaudes étendues de potasse ou de soude; soluble dans la potasse ou la soude fondues au rouge sombre dans un creuset d'argent.

Composition chimique. — Il contient : oxygène, 53, 33; silicium, 46, 67. Presque tous les minéralogistes adoptent pour formule de l'acide silicique SiO^2, c'est-à-dire un équivalent de silicium, et deux d'oxygène, depuis les travaux de M. Marignac sur l'isomorphisme des fluosilicates et des fluotitanates, et ceux de M. Friedel sur les composés organiques du silicium.

Formes cristallines. — Un prisme hexagonal terminé par des pyramides à six faces (fig. 208). Souvent, trois des faces sont beaucoup plus développées que les autres à chaque sommet, alternant avec celles qui le sont moins. Quelquefois les faces du prisme disparaissent; en un mot, des dix-huit faces qui se présentent si souvent ensemble, il n'en reste que six formant un rhomboèdre.

Les faces de ce rhomboèdre forment ensemble des angles de 94° 15′ et 85° 45′. C'est la *forme primitive.* On obtient la double pyramide en combinant à cette forme un second rhomboèdre de même angle, appelé *inverse*, ayant ses faces à 30° de celle du primitif. On obtient le prisme hexagonal

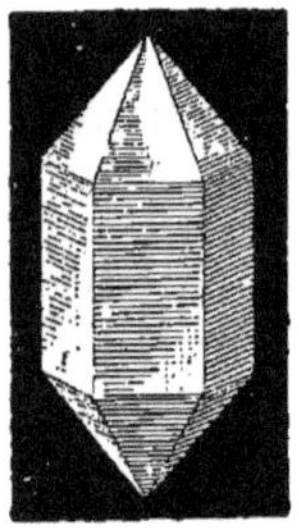

Figure 208.

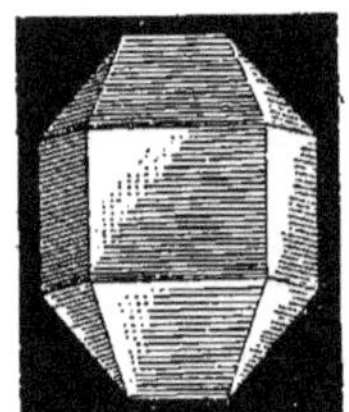

Figure 209.

en combinant au rhomboèdre primitif six faces parallèles aux arêtes latérales en zigzag et à l'axe du rhomboèdre. Dans certains cristaux une zone, c'est-à-dire un ensemble de faces parallèles à une même direction, qui est ici une arète de la base d'une pyramide, se développent aux dépens des autres, et le cristal paraît comprimé (fig. 209). D'autres cristaux s'allongent. Les déformations sont très nombreuses dans cette espèce. Les cristaux prismo-pyramidés (formés du prisme et des deux pyramides à six faces) portent quelquefois de petites facettes sur trois des angles où se rencontrent les faces des pyramides et du prisme; trois arêtes du prisme étant ainsi modifiées à leurs deux extrémités, tandis que les trois autres arêtes alternes avec les précédentes, restent parfaitement intactes. Ces facettes modifiantes ont la forme de losanges, et les cristaux qui en sont chargés avaient été nommés *rhombifères* par Haüy. Dans un grand nombre de cristaux, les mêmes angles portent, en même temps que les facettes précédentes, d'autres facettes inclinées cette fois différemment à droite et à gauche des arêtes du prisme ou de celles de la pyramide adjacente. Dans certains cristaux, ces facettes sont plus inclinées à droite qu'à gauche, on les appelle dextrorsum (fig. 210) ; on nomme sinistrorsum les cristaux où les facettes ont des inclinaisons contraires. De quelque façon qu'on place un de ces cristaux, on y voit toujours les facettes tournées de même façon.

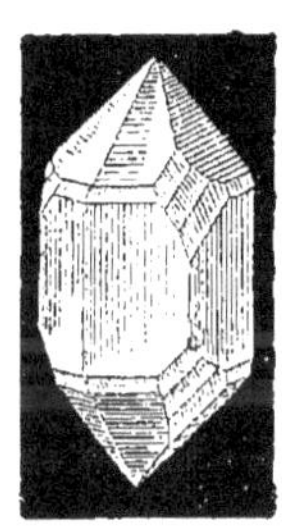

Figure 210.

Propriétés optiques. — Cette disposition des facettes dont nous venons de parler est en relation avec une des plus curieuses et des plus utiles propriétés du quartz. Les cristaux de cette matière appartenant au système rhomboédrique doivent montrer les phénomènes optiques propres à ce système. Prenons donc une plaque de deux ou trois millimètres d'épaisseur, taillée de façon que ses deux faces opposées soient perpendiculaires à l'axe, et plaçons-la entre deux tourmalines ou deux nicols croisées (p. 93). Nous verrons, comme cela doit être dans un cristal à un axe optique, des anneaux colorés concentriques, mais la croix noire y manque, et le milieu de la plaque, au lieu d'être blanc, est coloré. Si on tourne un des nicols, on verra le milieu de la plaque appelé plage se colorer successivement des couleurs de l'arc-en-ciel, qui se suivront dans leur ordre de réfrangibilité. La croix noire manque, parce que le cristal de roche est bi-réfringent suivant son axe (Fresnel) comme si sa molécule était tordue (Delafosse). Il fait tourner le plan de polarisation de la lumière. Certains cristaux, ceux que nous avons appelés *dextrorsum*, font tourner ce plan à droite; les sinistrorsum le font tourner à gauche. On utilise, comme on sait, cette propriété pour mesurer la richesse de certaines dissolutions en matières sucrées ou autres douées aussi du pouvoir de faire tourner le plan de polarisation de la lumière (*pouvoir rotatoire*), en comparant à leur action celle d'une plaque de quartz d'épaisseur connue.

COULEURS DES QUARTZ	Noms des variétés.
Quartz incolore, limpide..	*Cristal de roche.*
— — opalescent	*Girasol.*
— rose, — limpide.. . . .	*Rubis de Bohême.*
— violet, lilas, —	*Améthyste.*
— jaune —	*Fausses topazes.*
— rouge orangé, brun..	*Topaze d'Espagne.*
— bleu..	*Quartz bleu.*
— noirâtre, noir, coloré sans doute par des matières carburées.	*Enfumé.*
-- coloré artificiellement par des dissolutions.	*Rubasses.*
— mêlé de peroxyde de fer rouge; opaque	*Hyacinthe de Compostelle.*
— mêlé de sesquioxyde de fer hydraté; jaune; opaque	*Quartz rubigineux.*
— mêlé de lamelles de mica ou d'autres substances.	*Quartz aventuriné.*

On appelle *aérohydres* des cristaux qui renferment des cavités où se trouvent des bulles de gaz, et souvent une goutte d'un liquide qu'on voit se promener dans la fente si elle est assez longue, en inclinant la pierre dans différents sens.

Iris. — Quelquefois les cristaux, après avoir reçu, sans doute, un choc accidentel, montrent de jolies irisations, qui sont analogues aux jeux de lumière produits par les lames minces, et qui avaient frappé les anciens au point qu'ils avaient donné le nom d'*iris* à ces cristaux, et qu'ils en faisaient toujours une description fort élogieuse.

On produit quelquefois cette irisation en chauffant des cristaux un peu enfumés qu'une haute température décolore à peu près complètement. La plupart des fausses topazes, sans présenter cette irisation, proviennent de cristaux enfumés qu'on a chauffés ainsi. La topaze d'Espagne est un quartz d'un jaune particulier, soumis également à l'action d'une température élevée. Les améthystes se décolorent en général, quand on les porte à une température de 300°. On ne sait donc pas si leur couleur est produite par de l'oxyde de manganèse; cependant, une améthyste analysée par Rose renfermait 2 millièmes 1/2 de cet oxyde.

Les rubasses s'obtiennent en chauffant le quartz et en le trempant ensuite dans des dissolutions colorées. Ces matières sont alors en général pleines de fissures.

On vend depuis un certain nombre d'années différentes variétés de quartz, auxquelles on donne, par une opération analogue, de fort agréables colorations.

Œil de chat. — Un mélange naturel heureux est celui du quartz et de l'asbeste. Les cristaux de quartz sont souvent remplis de toutes sortes de substances : chlorites en lamelles hexagonales, titane rutile en longues aiguilles, lamelles d'argent, or natif, oxyde de fer produisant les variétés rouges ou jaunes, dont nous avons parlé aux couleurs. Dans certains cas, on les voit pénétrés d'asbeste, variété d'amphibole. L'asbeste a souvent un éclat nacré ou soyeux ; ses fibres, répandues dans le quartz comme dans du verre transparent qui les aurait empâtées, produisent un chatoiement des plus agréables, qui a fait donner à la pierre le nom d'œil de chat.

Éclat. — L'éclat vitreux du quartz n'a rien de remarquable. L'indice de réfraction pour les rayons jaunes ne dépasse pas 1, 553 ; la dispersion, c'est-à-dire la différence entre les indices des rayons extrêmes du spectre lumineux, est de 0, 018.

Gisements. — Le quartz est tellement répandu, qu'on ne pourrait citer tous ses gisements. Il entre dans la composition du plus grand nombre des roches cristallines. Les cristaux bien conformés, bien limpides, sont moins communs. La plupart de ceux d'Europe viennent des Alpes. Pline citait déjà ces grandes cavités appelées *poches à cristaux* que des hommes attachés à des cordes solides vont fouiller dans des fentes de rochers, c'est-à-dire dans d'énormes crevasses, sur les parois d'abîmes d'une profondeur vertigineuse, pour en extraire des morceaux d'un poids et d'un volume souvent considérable. La vallée de Viesch (Valais) est une localité encore célèbre de nos jours. Le quartz y est souvent enfumé. Les cristaux d'améthyste tapissent les cavités souvent très volumineuses de mélaphyres à Oberstein (épuisé), dans les carrières de Salto (Uruguay). La mine de Mewar, sur le flanc inférieur de l'Arâvalî, aux environs d'Udajapur, Inde, donne aussi de belles améthystes.

Agates. — Le quartz n'est pas toujours cristallisé ; quelquefois ses cristaux deviennent microscopiquement petits ; enfin, la matière siliceuse a quelquefois pris la forme solide, sans constituer ces groupes réguliers plus ou moins volumineux que nous appelons des cristaux ; une pâte de ce genre, mêlée souvent d'éléments qui sont parvenus à l'état cristallisé, telle est la constitution de l'agate; elle est translucide, elle dépolarise la lumière; la calcédoine présente des globules qui rappellent les cristaux à un axe, lorsqu'on les observe dans la lumière polarisée.

Les agates ont souvent des couleurs vives; elles peuvent recevoir un beau poli. Les anciens les estimaient beaucoup, bien que Pline nous prévienne que, déjà de son temps, elles avaient peu de valeur.

Les couleurs y sont disposées quelquefois par bandes (agates rubanées); quelquefois par zones concentriques (onyx).

COULEURS DES AGATES	Noms les plus ordinaires.
Bleuâtre ou d'un blanc laiteux, ou grisâtre.	*Calcédoines des modernes; Corneolus* (pierre de corne) *des anciens.*
Rouge brique, rouge cerise à la lumière réfléchie.	*Cornalines.*
D'un bleu clair, mais nettement accusé . .	*Saphirine.*
D'un bleu d'azur artificiel.	*Faux lapis.*
D'un brun jaunâtre ou orangé, rouge de sang à la lumière transmise.	*Sardoine des modernes.*
Vert poireau.	*Prase.*
Vert pomme des sels de nickel	*Chrysoprase*
Vert foncé	*Plasma.*
Vert avec taches rouges dues à de l'oxyde rouge de fer.	*Héliotrope.*
Deux couleurs, une blanche sur une rouge, comme l'ongle humain sur la chair . . .	*Sardonyx.* *Onyx des modernes.*
Une couche blanche sur une noire.	*Nicolo.*
Deux couleurs communiquées artificiellement.	*Agates baignées.*
Un cercle noir au milieu d'anneaux de couleurs diverses	*Agates œillées.*
Anneaux concentriques de couleurs variées.	*Onyx.*

Agate avec oxydes métalliques et particules disposées comme les rameaux d'un arbre dépourvu de feuilles	*Agates arborisées.*
Agates imprégnées de matières étrangères qui ressemblent à des végétaux inférieurs.	*Agates mousseuses.*

On communique souvent aux agates différentes couleurs artificiellement. Pour cela, on les trempe dans des matières colorantes, qui pénètrent assez facilement cette matière poreuse. Les anciens connaissaient ce procédé. Pline en parlait déjà dans son *Histoire naturelle.* On a été longtemps incrédule à cet égard au moyen âge; mais on sait maintenant qu'on peut faire pénétrer, en effet, dans la masse de l'agate du miel ou de l'huile, qu'on attaque ensuite par l'acide sulfurique, ou nitrique. Il se forme un dépôt brun ou noir qui colore les canaux naturels où ont pénétré les matières de nuances différentes suivant leur capacité; on colore aussi certaines agates en bleu au moyen de cyanure jaune de potassium, qui réagit sur l'oxyde de fer contenu naturellement ou introduit en dissolution dans la pierre.

Sous Tibère et Néron, les camées étaient fort recherchés. La Bibliothèque nationale possède un camée ovale à quatre couches, deux brunes et deux blanches, de 31 cent. de large et de 27 cent. de hauteur. Il porte une œuvre d'art du plus haut mérite, représentant l'apothéose d'Auguste. Dans la galerie d'Apollon, au musée du Louvre, il y en a également de fort beaux.

On produit des couches blanches sur les cornalines, en couvrant la pierre de carbonate de soude qu'on fait fondre dans un moufle, de manière à y produire un émail blanc.

Gisements. — L'agate calcédoine se recueille à Haytor (Devonshire), en Écosse, en Irlande, en Auvergne, à Pont-du-Château; les cornalines dans la Saxe, en Arabie, dans l'Inde. L'Inde possède les mines fameuses du mont Râgapippali, au sud de la Nerbudda inférieure. Le *Périple de la mer Rouge* nous apprend qu'à Barggaza on apportait de l'intérieur pour l'exportation de l'onyx et des vases murrhins. Des mines situées à huit milles à l'ouest de Ahmédabad, sur le bord inférieur du Mahî, fournissent aussi des agates et des tourmalines; on peut citer encore les pierres dites mousseuses de la presqu'île de Guzérat.

Les chrysoprases se trouvent au Gümberg, près Kosemütz, en Silésie. Les plus belles héliotropes (pierre de sang, pierres des martyrs) viennent de la Bucharie et de l'Orient; il y en a également en Sibérie. Le travail des agates est une des plus vieilles industries à Oberstein. On y travaille des pierres venues de toutes les contrées du monde, et dans des conditions telles, que le travail coûte, en réalité, un prix insignifiant.

Ces jolies pierres ont peu de valeur comme bijoux. Souvent on les double avec des plaques de nacre, dont on aperçoit les reflets au travers de la pierre; c'est ce qu'on appelle leur *donner de l'Orient.*

Les agates assez grandes pour fournir des coupes ou des objets de dimension un peu grande sont travaillées partout où il y a des lapidaires habiles. Il y en a d'une valeur considérable dans les collections publiques des grands États; mais le travail de l'artiste fait presque oublier la beauté de la matière.

Jaspe. — Quartz compacte et complètement opaque; le caractère d'une opacité absolue est la plus grande différence que les jaspes présentent avec les agates, toujours translucides au moins sur les bords. Ils possèdent la même richesse, la même variété, les mêmes dispositions de couleurs que les agates. Ils servent plutôt dans l'ornementation que dans la bijouterie proprement dite. Cependant on en taille quelquefois pour médaillons, pour camées, etc. Le jaspe se vend de 2 à 100 fr. le kilogramme.

Les plus beaux jaspes viennent d'Égypte; il y en a de rubanés à zones vertes et rouges alternes d'un bel effet en grand. On trouve le jaspe en petites masses ordinairement peu importantes, mais volumineuses pour une pierre presque précieuse, au voisinage des serpentines et des mélaphyres. L'Inde a fourni aussi de beaux jaspes; les carrières étaient dans les monts Eder, par 24° lat. N., à seize milles au nord de Ahmédabad, entre Mewar et Guzérat.

Opales. — Chimiquement, les opales sont formées comme le quartz d'acide silicique, mais d'une constitution différente; car la silice de l'opale se dissout plus aisément dans les dissolutions alcalines chaudes; et leur densité surtout les distingue; elle ne dépasse pas 2, 3, elle est le plus souvent inférieure à ce nombre. Les opales contiennent ordinairement de l'eau; l'opale noble de Hongrie, jusqu'à 10 0/0; l'opale de feu du Mexique n'en contient plus que 7, 75; l'eau ne nous paraît pourtant pas nécessaire à la constitution de l'opale; car une silice pulvérulente trouvée à Bry-sur-Marne près Nogent, a la même densité que l'opale, et, dans l'air sec, elle devient complètement anhydre (1). La silice de l'opale a surtout pour caractère d'être amorphe, comme la silice du quartz lorsqu'on est parvenu à le fondre, comme l'a fait M. Gaudin en employant des températures très élevées. Le quartz fondu a, du reste, la même densité que l'opale.

(1) *Bulletin Soc. géol. de France,* 11e série, 18, p. 673.

Couleurs. — Elles varient dans les opales communes, comme dans les agates et les jaspes ; mais, à part une pierre d'un beau rose, dont on connaît quelques petits morceaux provenant de Mehun-sur-Yèvre, Cher, les opales communes ne sont pas travaillées pour la bijouterie.

Une variété, de Zimapan, Mexique, presque transparente, et d'un beau jaune orangé passant au rouge hyacinthe, au rouge carminé, est assez estimée sous le nom d'*opale de feu.*

Enfin, la variété la plus célèbre est l'opale noble.

Pline disait de l'opale qu'elle réunit dans un admirable mélange le feu du rubis et la pourpre de l'améhyste au vert de l'émeraude. Peu de pierres, en effet, produisent une plus charmante impression. Toutes les couleurs du spectre peuvent y être observées ; car l'opale noble est une pierre à peu près transparente, criblée de toutes petites fissures, qui agissent comme le font les réseaux, en décomposant la lumière. Qu'on regarde une lumière vive au travers d'un tissu à mailles fines, comme certaines soies de parapluie qui ne sont pas trop serrées, on aura un phénomène beaucoup moins brillant que celui de l'opale noble, mais de même origine.

L'opale des anciens venait de l'Inde, au dire de Pline. Aujourd'hui c'est la Hongrie qui fournit au commerce la plupart de ses belles pierres. L'opale s'y trouve répandue en petites veines dans une roche trachytique à Czerwenitza. La principale mine est située à Dubarich (Carpathes), à 3,500 pieds au-dessus du niveau de la mer. Elle est la propriété du gouvernement hongrois. Deux cents ouvriers sont employés à cette exploitation sous la direction de M. L. de Goldschmidt.

La dureté de l'opale est un peu inférieure à celle du

quartz. Elle est à peu près égale à celle du feldspath, elle est suffisante pour que le poli de la pierre résiste aux frottements usuels. L'idée que l'opale porte malheur est un reste de ces nombreuses superstitions du temps passé.

On taille l'opale en amande, ou en goutte de suif sur les deux faces supérieure et inférieure.

Elle atteint des prix fort élevés, quand ses irisations se produisent sous toutes les incidences et montrent des couleurs vives et variées.

L'opale de Hongrie est répandue en petites veines dans une roche trachytique à Czerwenitza.

CHAPITRE XVI

TURQUOISE

Syn. : Calaite, *Pierre fairuzegià* des Arabes, *pairuzegia* des Persans, d'après le commentaire d'une traduction du livre d'un certain Habdurrhaman, par Abraham Ecchellensis (1); *Turques* et *Turquois* des Turcs du XVIe siècle, etc.; peut-être la callaïs de Pline, pierre imitant le lapis, mais plus verdâtre (*Hist. naturelle,* liv. XXXVII, LVI).

La turquoise est un phosphate d'alumine hydraté, contenant environ 2 équivalents d'alumine, 1 d'acide phosphorique et 5 d'eau, soit pour 100 parties : alumine 46,9; acide phosphorique 32,6; eau 20,5. Il s'y mêle ordinairement de 1,50 à 5 0/0 d'oxyde de cuivre.

La densité varie de 2,6 à 2,83; la dureté est de 6; l'éclat faible, mais la matière est capable d'un beau poli. La couleur varie du bleu céleste au vert pomme. Elle est quelquefois vaguement translucide; la cassure en est conchoïdale.

Formes. — Elle n'est jamais cristallisée; elle se présente sous forme de rognons ou d'incrustations de veines traversant des schistes siliceux.

(1) Le traducteur fait remarquer que *Fairuzegià* et *Pairuzegià* sont des adjectifs qui déterminent la couleur de la pierre, qui se rapproche de celle du *Lapis Lazeuardi.*

Caractères chimiques. — Elle est soluble dans l'acide chlorhydrique. Dans un tube fermé, elle décrépite, donne de l'eau et prend une coloration brune. Au chalumeau, elle devient vitreuse et brunâtre, et colore la flamme en vert; elle colore la flamme en bleu, si on l'humecte d'acide chlorhydrique (réaction du chlorure de cuivre). Chauffée avec du carbonate de soude, elle produit de l'hydrogène phosphoré. Avec le sel de phosphore et une lamelle d'étain, elle donne sur une petite coupelle de biscuit de porcelaine un émail rouge; la réaction peut être opérée simplement sur un morceau de charbon.

Gisements. — Elle s'est formée dans des schistes argilo-siliceux, dans les districts montagneux de la Perse, au mont Nichabour. Elle forme des veines qui traversent cette montagne dans toutes les directions. Le manuscrit traduit par Abraham Ecchellensis, en 1647, citait comme patrie de la turquoise cette montagne qu'il appelait Nisabor. Quant à la pierre, il l'appelait cyanos. Ce n'était cependant probablement pas le cyanus des anciens. La turquoise était sans doute la callaïs, callaïnos lithos, du *Périple de la mer Rouge,* dont l'auteur raconte qu'elle provenait de l'embouchure de l'indus en même temps que le saphir des Grecs, notre lapis-lazuli.

On trouve aussi des variétés de turquoise moins estimées, en général, à Œlsnitz, en Saxe; à Nasaiph, auprès de Suez; dans les montagnes Los Cerillas, au Mexique, dans le district Columbus, Nevada.

Taille et Usages. — On la taille d'habitude en gouttes de suif, quelquefois en cabochons. Elle se marie bien au diamant et à l'or. Une turquoise ovale de $0^m,012$ sur $0^m,011$ a été achetée 500 fr. lors de la vente de la collection du marquis de Drée. Les Persans recherchent les belles variétés. Cette turquoise, appelée souvent *orientale,* conserve sa belle couleur le soir.

Turquoise occidentale. — C'est une matière d'origine animale. Elle consiste en débris d'ossements colorés par du phosphate de fer. Sa couleur est comme celle de la turquoise orientale; mais elle pâlit devant les lumières artificielles. Si on la dissout dans l'eau régale ou dans de l'acide chlorhydrique additionné de quelques gouttes d'acide nitrique, et qu'on traite la liqueur par l'ammoniaque, on en précipite le fer à l'état de rouille, sesquioxyde de fer hydraté. La turquoise orientale donne au même essai une liqueur d'un bleu céleste pâle (réaction du cuivre).

Klaprothine. — *Spath bleu, lazulite* de plusieurs minéralogistes. Phosphate hydraté de magnésie, d'alumine, avec fer et chaux, cristallisé en octaèdres à section rhombique, qui appartiennent au système klinorhombique. *Dureté* 5 à 6; *Densité* 3,1.

Couleur. — Bleu d'azur, ou bleu verdâtre. *Éclat* vitreux. Peu de transparence.

Gisements. — Elle forme des veines dans un schiste argileux, près Werfen, en Salzbourg, etc. On en trouve de beaux cristaux au Mont-Crowder, comté de Lincoln, États-Unis.

Usages. — On taille les belles variétés en cabochon, à l'instar de la turquoise. Elle n'est pas décolorée par l'acide chlorhydrique qui dissout la turquoise.

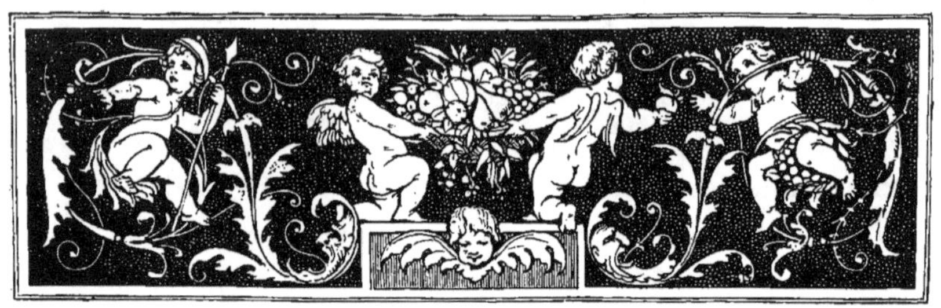

DEUXIÈME SECTION

PIERRES D'UN RANG INFÉRIEUR A TITRE DE PIERRES PRÉCIEUSES, MAIS DONT PLUSIEURS SONT TRÈS RECHERCHÉES DANS L'ORNEMENTATION DE LUXE

Tous les silicates peuvent fournir des pierres plus ou moins précieuses, lorsqu'ils sont transparents. Aussi dans les pays où se rencontre fréquemment une de leurs espèces rares ailleurs, taille-t-on ses variétés limpides, surtout si elles sont agréablement colorées.

Sans donner beaucoup de détails sur ces matières qui ne sont pas très répandues dans le commerce, nous indiquerons les plus intéressantes et leurs principales propriétés.

CHAPITRE PREMIER

SILICATES

Lorsqu'on ajoute un peu d'un silicate en poudre à une perle de borax formée au bout d'un fil de platine à l'aide du chalumeau, on voit la silice tournoyer dans la perle. Pour recueillir la silice, il faut traiter le silicate par cinq ou six fois son poids de carbonate de soude dans une capsule de platine; dissoudre la masse fondue dans l'acide chlorhydrique, évaporer à siccité (voir les analyses du spinelle et de l'émeraude).

1° **Diopside.** — On peut signaler le pyroxène diopside qui peut fournir des pierres analogues au péridot. La couleur de ces variétés est d'un vert olive, qui peut être plus clair ou plus foncé suivant les échantillons.

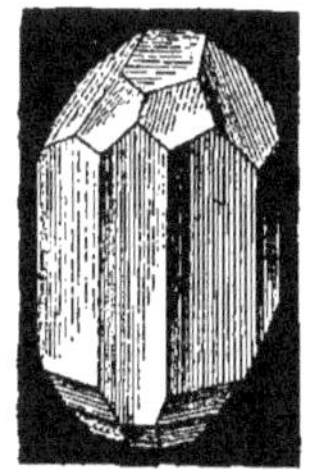

Figure 213.

Le diopside cristallise en prismes obliques à base rhombe, dont les pans sont inclinés de 87°7′ l'un sur l'autre et de 100°57′ sur la base qui est oblique (fig. 213). C'est un bisilicate de magnésie et de chaux, coloré en verdâtre par de l'oxyde de fer, et dont la formule est $(CaO, MgO) SiO^2$.

La densité est de 3,3; la dureté d'environ 5,5, un peu

supérieure à celle de l'acier. Le diopside fond au chalumeau en verre grisâtre ; il est inattaquable par les acides.

Un pyroxène d'un beau vert émeraude accompagne le diamant dans les mines du Cap ; il se rattache sans doute au diopside.

2° **Rhodonite.** — Silicate de manganèse, composé de 45,79 silice, et 54,21 d'oxyde manganeux, fusible au chalumeau en verre brun plus ou moins foncé. La dureté est un peu supérieure à celle d'une pointe de burin ; la densité est de 3,6 en moyenne.

Les variétés d'un rose rouge, d'un rose fleur de pêcher, sont assez estimées pour l'ornementation ; on ne les taille généralement pas pour bijoux.

Dioptase. — Silicate de cuivre hydraté, renfermant : silice 38,09 ; oxyde de cuivre 50,48 ; eau 11,43 :

$$(CuO\,SiO^2 + HO).$$

Couleur. — Vert émeraude, passant au vert de gris. *Éclat* vitreux. *Dureté* 5. *Densité* 3,27 à 3,5.

Formes. — Prismes hexagonaux surmontés d'un rhomboèdre obtus de 95°55'. (Voy. fig. 183.)

Caractères chimiques. — Chauffée dans un tube, la matière donne de l'eau et noircit. Au chalumeau, sur le charbon, elle devient rouge à la flamme réductrice, noire à la flamme oxydante. Chauffée avec du borax, elle donne un squelette de silice, qui tournoie dans la perle ou globule fondu ; cette perle est verte à chaud, bleue à froid au feu oxydant. Elle se dissout dans les acides en faisant gelée. La solution donne avec l'ammoniaque une liqueur d'un bleu céleste ; la silice s'y dépose.

Usages. — La dioptase est d'un beau vert ; elle joue

l'émeraude; mais ses cristaux sont trop petits en général. Tous les cristaux connus viennent d'un calcaire qui se trouve dans les steppes des kirguis.

3° **Jade** et **jadéite**. Syn. : *néphrite*. — Étymologiquement ce mot a le même sens que celui de néphrite. Les anciens appelaient *néphrites* des pierres qu'ils croyaient bonnes contre les douleurs de rein. Au moyen âge on l'appelait : *Lapis nephriticus*, *lapis ischiaticus; pietra hischada*, ou *di hijada* (Mexique ou Pérou). De ce dernier mot on a tiré en français celui de *jade*.

Le jade correspond au *yu* des Chinois. Il comprend deux espèces minéralogiques très différentes, que M. Damour, l'auteur de cette distinction, nomme jade et jadéite.

Caractères communs. — Les matières appelées jades ont pour caractère *commun :*

Forme : celle de masse compacte, à cassure esquilleuse, à grain très fin et susceptible d'un beau poli. *Éclat* vif. *Couleur* variant du blanc verdâtre au vert poireau, ou même au vert émeraude, quelquefois au bleuâtre; poussière incolore. Ces pierres sont translucides, au moins sous une faible épaisseur, et parfois presque transparentes. Elles sont insolubles dans les acides, même après calcination.

Le *jade* de Damour contient, silice 58,62; oxyde de fer 1,12; magnésie 27,19; chaux 11,82; total 98,15. Il a une composition chimique voisine de celle des amphiboles trémolites. La dureté est notablement inférieure à celle du quartz; elle est de 6 à 6,5. La densité varie de 2,96 à 3. On y rattache le jade de la Nouvelle-Zélande. La *jadéite* du même auteur renferme de l'alumine et se rapproche de celle des épidotes. Silice 59,17; alumine 22,58; oxyde de fer 1,56; magnésie 1,15; chaux 2,68; soude 12,93; potasse traces.

La jadéite la plus estimée en Chine y est appelée *Fetsui* (Pumpelly).

La jadéite est un peu plus dure que le jade, un peu moins cependant que le quartz. Sa dureté varie de 6,5 à 7. Sa densité est au contraire un peu plus grande; elle oscille entre 3,32 et 3,35. Elle fond beaucoup plus facilement que le jade au chalumeau en verre globuleux transparent; comme lui, elle n'est pas attaquable après fusion dans les acides, ce qui la distingue des épidotes.

A ces deux espèces appartiennent des matières de même composition chimique et d'un aspect semblable, qu'on trouve dans les habitations anciennes des lacs de Suisse.

Les jades du Mexique, dont on trouve tant d'amulettes dans les tombeaux, se rapportent, en général, à la première espèce, celle qui conserve intact son nom primitif.

En Chine, la pierre appelée *Yu*, ou pierre de Khotan, ville située au nord de la partie occidentale des Kwen-lun, est une des plus anciennement recherchées. La Géographie de Tshou-li (1100 ans avant J.-C.) parle des pierres et en particulier de celle qu'on appelait yu, comme d'un produit important du commerce de la sixième province, celle de Yung-tshôu. Le commerce du jade a été considérable en Chine dans tous les temps. Au xe siècle après l'ère chrétienne, la ville de Kashgar, appelée Suléi jusqu'à cette époque par les Chinois, était le marché où se vendait cette pierre, que les habitants appelaient Kash, et qui a peut-être donné son nom au fleuve Kara-Kash, ou fleuve Noir.

Sibérie. — M. Alibert a découvert dans le lit du torrent Anotte, en Sibérie orientale, des blocs d'une belle variété de néphrite, dont certaines parties bien choisies fournissent une pierre assez agréable. Cette matière appartient au jade ordinaire, à composition d'amphibole.

Les collections publiques et privées sont riches en jolis objets sculptés, fouillés, évidés par les Chinois avec un art admirable et faits de cette matière. En Chine, c'est la variété d'un vert tirant sur le vert émeraude qui est préférée aux autres.

4° Serpentine. — *Ophites* de Théophraste et de Pline, ainsi appelée parce que ses nuances variées la font ressembler à la peau d'un serpent. De là ce préjugé qu'elle était bonne contre la morsure des vipères. C'est un silicate de magnésie hydraté, contenant 3 équivalents de magnésie, 2 de silice et 2 équivalents d'eau.

Cette matière généralement massive est d'un jaune de soufre, d'un jaune verdâtre, ou vert de nuances plus claires et plus foncées qui s'entremêlent les unes avec les autres; quelquefois rouge ou brune.

La dureté en est supérieure à celle du calcaire. La densité d'environ 2,5. Elle est quelquefois foliacée, schisteuse, ou fibreuse, souvent compacte.

Chauffée dans un tube, elle donne de l'eau. Elle est difficilement fusible au chalumeau; pulvérisée, elle est attaquée par l'acide sulfurique, en déposant de la silice. Elle forme des amas, des filons qui se fondent avec d'autres roches.

Elle n'est utilisée en général que pour la fabrication de grands objets de luxe. En Chine, on en fait des bijoux, qui se vendent assez cher.

5° Garniérite, de Clarke et Dana; *Nouméite* de Liversidge. — On commence à faire des parures avec une matière opaque et tendre, mais d'un beau vert tenant le milieu entre le vert pomme et le vert émeraude. C'est un hydrosilicate de magnésie contenant des proportions très variables de nickel découvert par un ingénieur français, M. Garnier, dans la Nouvelle-Calédonie, en 1867. On connaissait déjà des matières analogues, contenant : silice 35,36 ; nickel 30,64 ; protoxyde de fer 0,24 ; magnésie 14,6 ; chaux 0,26 ; eau 19,09 (nickel gymnite du Texas, dar Genth). Celle de la Nouvelle-Calédonie renferme tantôt plus de 39, tantôt moins de 22 de nickel, et parfois bien moins encore. On s'est mis à l'appeler nouméite, ce qui n'est pas fort heureux ; car c'est surtout au mont d'Or, et aux environs de Kanala, plutôt que de Nouméa, que la matière se trouve en veines puissantes dans une serpentine.

La proportion de nickel y varie d'un échantillon à un autre. On dit qu'on appellera garniérite la variété la plus pauvre en nickel, et nouméite la plus riche ; mais, comme ce n'est évidemment qu'un mélange de silicates de nickel et de magnésie, on aurait pu garder le nom de nickel-gymnite ou de gymnite nickélifère. En tout cas, il suffisait d'un seul nom nouveau.

Cette matière est d'un vert pomme passant au vert émeraude ; elle a la cassure cireuse ; la poussière en est d'un vert pâle ; sa dureté n'est que de 2,5, à peine supérieure à celle du gypse ; sa densité 2, 87. Dans le tube fermé, elle dégage de l'eau quand on la chauffe au chalumeau ; elle est infusible. Avec le borax, elle donne un verre brun foncé au feu oxydant. Elle est attaquée par l'acide sulfurique près du point d'ébullition.

La couleur en est des plus agréables : mais elle est si tendre, qu'elle résiste peu aux frottements journaliers.

6° Disthène. — Silicate d'alumine, composé de 63,2 d'alumine et 36,8 de silice. Il cristallise en prismes doublement obliques dont les faces font entre elles des angles de 106° 15', 93° 50', 100° 50', d'après vom Rath (fig. 214).

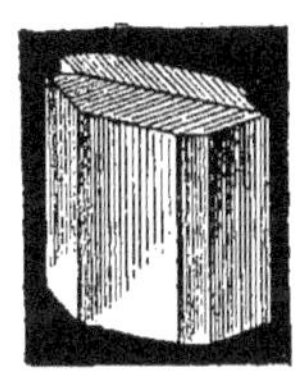

Figure 214.

Souvent les cristaux sont colorés en bleu, et fournissent un joli saphir. Leur dureté est un peu faible, elle est de 5 dans une direction, un peu plus grande dans les autres; leur densité est de 3,675. L'indice de réfraction est de 1,72; et l'éclat est nacré sur une face du prisme, vitreux sur les autres.

Le disthène infusible au chalumeau s'y décolore; il est inattaquable par les acides. Il se colore en bleu quand on ajoute du nitrate de cobalt et qu'on chauffe fortement (réaction de l'alumine). Le disthène est connu sous les noms de *cyanite* ou de *sappar*.

7° Andalousite. — Silicate d'alumine ayant même formule que le disthène, mais cristallisé en prisme droit à base rhombe. Certains cristaux du Brésil possèdent un trichoïsme très marqué. Vus dans une direction ils sont d'un rouge hyacinthe, mais dans les autres ils sont verts d'huile ou d'un vert olive. Ils sont infusibles au chalumeau, insolubles dans les acides. Leur densité est de 3,14. Ils sont un peu plus durs que le quartz.

8° Épidote. — L'épidote, silicate d'alumine, de chaux et de fer, cristallise en prismes obliques à base rhombe, dont les pans font entre eux un angle de 69° 56' et un angle de 104° 15' avec la base; elle a une densité variable de 3,35 à 3,45, pour dureté 6,5. Au chalumeau, elle ne fond pas, mais se gonfle en forme de chou-fleur; elle est soluble dans l'acide chloridrique en y faisant gelée, mais après calcination. Ses cristaux, lorsqu'ils sont d'un vert assez clair, peuvent être taillés. L'indice de réfraction est de 1,75.

9° Sphène. — Silico-titanate de chaux cristallisé en prismes obliques à base rhombe ordinairement groupés deux à deux en formant une gouttière (fig. 215); au chalumeau, il bouillonne, fond sur les bords, et produit un vert violet par addition de l'étain, au feu de réduction, lorsqu'on le mêle à du sel de phosphore fondu sur une petite coupelle de porcelaine sans couverte, ou au bout d'un fil de platine.

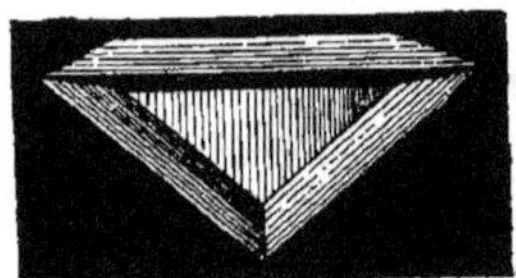
Figure 215.

L'indice de réfraction, 1, 9 pour les rayons moins réfrangibles, en est considérable, et la dispersion en est très forte; aussi les cristaux, lorsqu'ils sont limpides et taillés, offrent-ils un vif éclat et des étincelles colorées qui se jouent agréablement dans la pierre. Leur dureté est à peu près celle d'une pointe d'acier, elle est un peu supérieure à 5, la densité varie de 3,3 à 3,7; elle est encore à peu près suffisante pour les classer parmi les pierres précieuses; mais les cristaux sont rarement assez gros et assez limpides pour mériter d'être taillés. Les plus gros cristaux se trouvent en Amérique, à Diana, comté de Lewis; mais ils sont trop bruns et à peine translucides.

10° Axinite. — C'est un silicate d'alumine, de chaux, de fer et de manganèse avec acide borique, fusible au chalumeau, où elle se gonfle en boule d'un vert foncé au feu de réduction, noire au feu oxydant, décomposable par l'acide chlorhydrique en y faisant gelée, après avoir été préalablement calcinée. Elle cristallise en prismes doublement obliques dont les faces font entre elles des angles de 115° 30′, 135° 26′, 134° 48′ et les an-

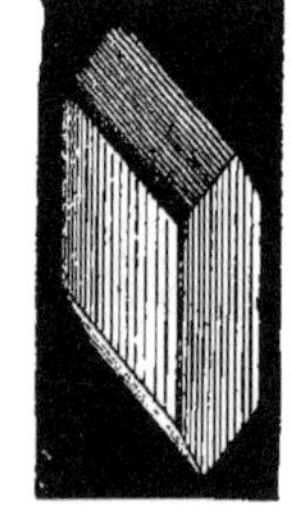
Figure 216.

gles supplémentaires 64° 30′, 44° 34′, 45° 12′ (fig. 216).

Ces deux derniers angles fort aigus donnent aux cristaux des arêtes coupantes qui leur ont fait donner le nom de pierres de hache. Ils sont d'un violet brunâtre qui passe au brun de girofle ou au gris verdâtre. Leur densité est de 3,3 ; leur dureté, voisine de celle du quartz.

La couleur n'en est pas généralement bien agréable.

Euclase. — Silicate d'alumine et de glucine, contenant : silice 41,15, alumine 35,34, glucine 17,34, eau 6,17 ; cristallisé en prismes obliques, presque toujours cassé suivant le plan qui divise ces cristaux en deux moitiés symétriques, à cause d'un clivage très facile parallèlement à cette direction plane; fusible avec gonflement en émail blanc au chalumeau; inattaquable par les acides. Dureté 7,5. Densité 3,1. Couleurs variant du vert d'eau pâle au vert émeraude, et du bleu de ciel au bleu indigo. Provient d'un schiste chloriteux de Villa Rica, au Brésil; très rare maintenant; très rarement employée.

11° Lapis-lazuli. — *Saphir* des anciens, et de tout le moyen âge: *pierre azul* des Arabes, *pierre d'azur*, *outremer minéral*.

Silicate d'alumine, de chaux, de soude, avec soufre et fer. On présume que le soufre est combiné à du sodium et à du fer, formant un sulfure de sodium et de fer.

Un lapis-lazuli d'Orient analysé par Schultz contenait : silice 43,26 ; alumine 20,22 ; oxyde de fer 4,20; chaux 14,73 ; soude 8,76; acide sulfurique 5,76 ; soufre 3,16.

Au chalumeau il fond aisément en verre blanc avec bouillonnement. Il est soluble dans l'acide chlorhydrique, en faisant gelée et en dégageant de l'hydrogène sulfuré.

Il cristallise en dodécaèdres rhomboïdaux appartenant au système cubique. La densité est de 2,4 ; la dureté de

5 ; l'éclat vitreux; la couleur d'un bleu d'azur ou bleu de Prusse très vif, passant quelquefois au violet, ou même devenant incolore. Il est opaque, parfois un peu translucide.

Il est disséminé dans un calcaire, en Bucharie; cette variété est ordinairement à fond bleu, semé de pyrite d'un jaune d'or; c'est la matière décrite par Pline sous le nom de saphir; on en trouve aussi près du lac Baïkal dans un calcaire cristallin micacé; en Perse, en Chine; dans les Andes, auprès des sources du Cazadero.

M. Alibert en a placé, dans ses vitrines de l'Exposition des sciences appliquées à l'industrie en 1879, de magnifiques morceaux provenant de ses fouilles à la rivière Sloudinka.

Il sert à faire des coupes, des boîtes; il est employé surtout pour la mosaïque.

La loi donnée par Dieu à Moïse était inscrite sur du lapis-lazuli. Les Égyptiens ont fait avec cette pierre une foule d'images et de statuettes, particulièrement des scarabées. Ils ont su l'imiter de très bonne heure.

Pagodites, *Agalmatolithes.* — Toutes ces matières sont très onctueuses au toucher, surtout en poudres; leur dureté n'atteint pas celle du calcaire; leur densité varie de 2,6 à 2,8. Les unes sont des variétés de talc compacte formé de silice, de magnésie et d'une petite quantité d'eau, les autres des variétés également compactes de pyrophyllite, hydrosilicate d'alumine. Elles sont employées en Chine pour la confection de statuettes, de figurines souvent grotesques ; elles ne sont d'aucun usage en bijouterie.

CHAPITRE II

CARBONATES

Ces carbonates sont facilement rayés par la pointe d'un burin; une goutte d'acide y détermine une effervescence due au dégagement d'acide carbonique gazeux.

Malachite. — Hydrocarbonate de cuivre vert, cristallisé en prismes obliques à base rhombe toujours très petits. Les variétés utilisées sont des concrétions d'un beau vert de teintes différentes agréablement entremêlées; la poussière en est d'un vert pâle; la dureté n'est que de 3,5; la densité varie de 3,7 à 4. Cette belle matière a surtout le défaut d'être bien tendre; on en fait cependant des meubles de luxe; elle est coûteuse pour cet usage; elle n'a aucune valeur comme pierre pour bijoux.

La malachite donne de l'eau, quand on la chauffe dans un tube fermé à un bout; elle fond facilement au chalumeau sur le charbon, colore la flamme en vert émeraude (réaction de cuivre), fait effervescence avec les acides (réaction de l'acide carbonique).

1° **Calcaire Onyx.** — *Albâtre oriental* ou *égyptien*; *alabastrite.*

2° **Marbres tendres** ou *marbres* proprement dits.

3° **Lumachelles.**

Toutes ces matières sont du carbonate de chaux, soluble avec effervescence dans les acides, facile à rayer avec la pointe d'un burin.

Composition chimique. — Toutes appartiennent à l'espèce minérale appelée *calcaire*. Le calcaire est du carbonate de chaux, contenant 56 de chaux et 44 d'acide carbonique. Il est représenté par le symbole $CaOCO^2$.

Il se présente souvent en cristaux, ou en veines, en amas cristallins ; souvent aussi en masses terreuses.

Formes cristallines. — Les formes cristallines sont en nombre infini; au premier coup d'œil, elles diffèrent

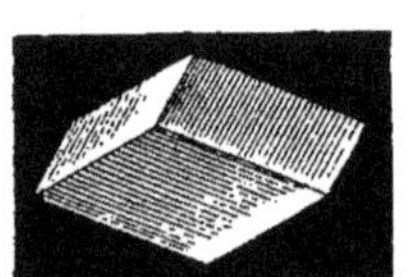

Figure 217.

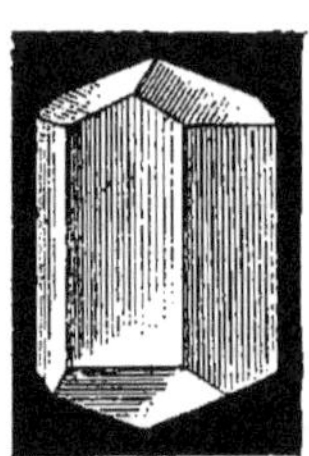

Figure 218.

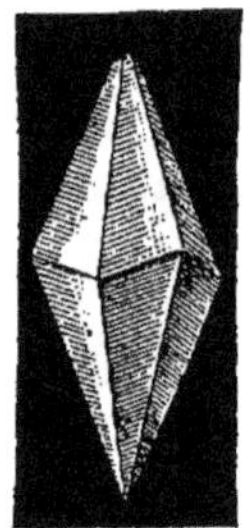

Figure 219.

énormément les unes des autres. Mais toutes, si compliquées qu'elles paraissent, si difficiles qu'elles soient à débrouiller, se divisent quand on les casse en solides à six faces faisant entre elles deux à deux un angle de 105° 5', ou l'angle de 74° 55', supplémentaire du premier. En un mot, la forme de clivage est un rhomboèdre de 105° 5' (fig. 217).

Nous avons vu dans la première partie (*Cristallographie*, pages 51 et 47) que d'un rhomboèdre on peut dériver des prismes hexagonaux, (fig. 218), des scalénoèdres, ou solides à douze faces triangulaires, décomposables en deux pyramides à six faces, qui se coupent suivant une ligne en zigzag (fig. 219).

Quelquefois la ligne d'intersection devient plane et l'intersection des deux pyramides est un hexagone régulier (isocéloèdre, fig. 84, p. 47).

Enfin, les sommets des rhomboèdres, des prismes, des scalénoèdres, peuvent être tronqués par des plans parallèles et perpendiculaires à la hauteur de ces prismes ou de ces pyramides; ces plans s'appellent les bases des cristaux. La cristallographie enseigne qu'une même substance peut offrir des formes de même genre ayant des angles très différents, des rhomboèdres ou des scalénoèdres très aigus ou très surbaissés; mais que tous les scalénoèdres ou tous les rhomboèdres sont reliés entre eux par des rapports très simples entre les distances auxquelles leurs faces vont rencontrer les axes. Nous ne pourrions entrer dans le développement de cette belle théorie; nous nous contenterons de dire qu'aucune substance n'était plus propre par ses formes innombrables à vérifier ce qu'on appelle les lois de dérivation, et que ces lois y ont été vérifiées en effet dans toute leur rigueur. *Au point de vue pratique, on peut toujours orienter ces formes de manière à y retrouver trois plans qui les divisent chacun de leur côté en deux moitiés parfaitement symétriques, et qui sont à 60° l'un de l'autre.*

Caractères physiques. — Densité 2,72 dans les cristaux; un peu plus faible dans les variétés terreuses. Dureté 3.

Le calcaire se raie facilement avec la pointe d'un burin.

Caractères chimiques. — Au chalumeau, le calcaire se transforme en chaux caustique, et la flamme acquiert un vif éclat. Il fait effervescence avec les acides, et la solution précipite par l'oxalate d'ammoniaque et colore la flamme de l'esprit-de-vin en rouge plus ou moins jaunâtre; cette coloration devient d'un gris verdâtre lorsqu'on la regarde au travers d'un verre coloré en bleu par du cobalt. Lorsqu'on traite le calcaire par un acide, on voit d'ordinaire en suspension dans la liqueur un résidu de sable ou d'argile.

Variétés. — Les variétés importantes sont : *calcaires lamellaires,* à grains assez larges pour que la cassure y produise des facettes de clivage très distinctes (marbre des Pyrénées, de Paros). Ils forment des amas subordonnés aux micachistes.

Calcaires saccharoïdes, à grains plus petits, semblables à des morceaux de sucre (marbres statuaires) ; ex. : ceux du Pentélique, à zones verdâtres, opalines, dont les Grecs ont construit le Parthénon ; les marbres translucides des colonnes et des autels de Venise ; les marbres de Luni d'un blanc éclatant ; ceux de Carrare, marbre blanc, *bleu antique, bleu turquin,* d'un gris bleuâtre, avec zones blanchâtres.

Souvent du mica aux couleurs vives, du talc à reflets gras, se mêlent au calcaire et en font la roche appelée *cipolin*, qui est fort recherchée (marbres de Serravezza, Toscane, où la matière talqueuse forme des dessins capricieux; cipolins d'Italie où le mica miroite agréablement).

La serpentine, silicate hydraté de magnésie, de couleur verdâtre, se marie quelquefois aussi au calcaire, et ses nuances, ses dispositons variées, donnent du charme à la roche appelée *vert antique, vert de Florence.*

D'autres matières, des grains cristallisés de grenat, d'idocrase, de saphir, de spinelle, de pyrite, peuvent aussi varier le ton uniforme du calcaire, et lui prêter un aspect porphyroïde, quelquefois assez plaisant.

Les masses de calcaires sont souvent composées de très petits cristaux alignés en files très fines disposées sur des plans parallèles; ce sont les variétés *fibreuses*. La structure fibreuse se montre habituellement dans les stalactites ou les stalagmites calcaires des grottes, et dans toutes ces variétés concrétionnées, connues sous les noms d'*albâtre oriental* ou égyptien, lorsqu'elles sont bien translucides et incolores.

C'est à cet albâtre que le nom d'onyx fut donné primitivement. Pline nous apprend que ce nom a passé ensuite à la pierre plus dure, qui fait partie des agates; on donnait déjà de son temps le nom d'*alabastrite* à des matières qu'on taillait en vases pour les parfums, et dont les variétés les plus estimées étaient opaques. Du mot alabastrite, nous avons fait *albâtre*. Dans l'albâtre, les fibres droites ou sinueuses diffèrent ordinairement les unes des autres par la nuance, la teinte, ou le degré de translucidité. Aujourd'hui, l'on exploite du très bel albâtre à zones d'un blanc pur entremêlé de veines jaunâtres dans les carrières d'Oran. Depuis quelques années on a vu apparaître dans le commerce de splendides variétés d'un vert poireau à éclat vif, provenant des carrières du Mexique (Tecali, etc.).

Certaines variétés fibreuses ont un éclat soyeux des plus vifs; on les taillerait avantageusement en forme de perles pour colliers.

Les calcaires cristallins colorés le sont tantôt en rouge par le peroxyde de fer, tantôt en brun, en jaune, par des carbonates de fer et de manganèse altérés par de l'hydroxyde de fer, en vert par de la malachite, en noir intense par des matières charbonneuses.

Calcaire compacte. — Les cristaux deviennent si ténus qu'on ne les discerne qu'à l'aide de très forts grossissements. Pur, ce calcaire a une cassure assez plate et terne, quelquefois un peu poreux. Sans autre mélange que de très petites quantités de matières colorantes, il comprend les marbres simples ou unis, le *jaune antique* ou *jaune de Sienne,* coloré par un peu d'hydrate de fer, les marbres noirs, colorés par des matières anthraciteuses, et ceux à plusieurs couleurs.

Le *marbre Sainte-Anne*, d'un gris bleu, coloré par l'anthracite, avec veines blanches, disséminées dans tous les sens; le *petit antique,* à taches noires et blanches; le *grand antique*, à fragments angulaires, noirs, réunis par des veines blanches, des bords du Lez, près Saint-Girons, et de Saint-Lizier, l'ancienne Austria; le *petit granite*, ou *granite des Écaussines*, d'un noir assez pur, coloré par du bitume, où brillent des débris plus clairs d'encrine à cassure spathique, et qu'on extrait du calcaire carbonifère de Belgique, comme le Sainte-Anne; le *portor*, à fond d'un beau noir, rehaussé de veines d'un jaune doré; le *marbre du Languedoc,* d'un rouge de feu mêlé de taches grisâtres produites par des polypiers.

Beaucoup de marbres sont formés de calcaires mêlés à de l'argile ou à des roches à texture feuilletée qu'on appelle ardoises ou phyllades (1) comme on peut le voir dans les ouvrages qui décrivent la composition des roches. On peut rapporter à ce groupe le *marbre griotte* des carrières de Cannes, près Carcassonne, à fond d'un rouge brun, parsemé de taches d'un rouge de sang, où l'on reconnaît des coquilles fossiles appelées *Clymenia*; les *marbres cam-*

(1) JANNETTAZ, *les Roches*, déjà cité.

pans, à texture schistoïde, composés de phyllade vert ou brun, enveloppant des veines ou des bandes irrégulièrement épaisses et ondulées de calcaire blanc ou rosé, qui proviennent de la vallée de Campan, Hautes-Pyrénées, ou de plusieurs carrières de la Haute-Garonne. Parmi les brèches, on peut citer la magnifique brèche de la Haute-Garonne, etc., le marbre de Numidie, d'un rouge de feu.

Il faudrait presque un volume spécial pour décrire tous ces marbres, dont on a vu de si beaux spécimens à l'Exposition universelle de 1878, et, de plus, leur description n'entrerait pas dans le plan de notre ouvrage, car ces matières, si belles qu'elles soient, ne servent que dans l'ornementation en grand. Leurs qualités ne se montrent dans tout leur éclat que sur des morceaux d'un certain volume.

Lumachelle d'Astrakan; lumachelle opaline. Nous ne pouvons quitter la description des jolies variétés du calcaire sans signaler les *lumachelles*, ces roches pétries de coquilles, dont les coquilles et le ciment qui les réunit ont souvent des nuances ou des teintes différentes. Ex. : la lumachelle d'Astrakan, formée de calcaire ferrifère, à fond brun, sur lequel ressortent agréablement des coquilles ou des fragments de coquilles d'un jaune vif. Dans certaines lumachelles, de Bleiberg, en Carinthie, les coquilles offrent des irisations d'un éclat remarquable.

CHAPITRE III

SULFATES

Gypse. — Sulfate de chaux hydraté, composé de 1 équivalent de chaux, 1 d'acide sulfurique, et 2 équivalents d'eau, donnant à l'analyse chaux 32,6; acide sulfurique 46,; 5 eau 20,9. Le gypse cristallise en prismes obliques à base rhombe, modifiés sur leurs arêtes latéra-

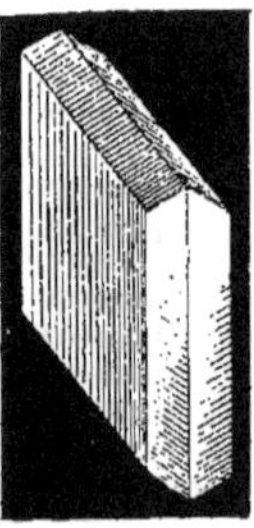

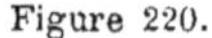

Figure 220.

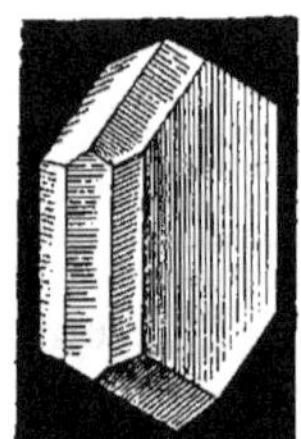

Figure 221.

les par des plans parallèles aux arêtes du prisme en même temps qu'aux petites diagonales des bases, parallèles pour mieux dire au plan de symétrie, de façon à produire un prisme à six faces. Les bases portent elles-mêmes des biseaux qui se coupent suivant leurs petites diagonales (fig. 220).

Souvent on observe un assez grand nombre de facettes verticales (fig. 221).

Quelquefois deux cristaux se placent l'un en face de l'autre, mais en ayant leurs bases en sens contraire ; et les biseaux qui enveloppent ces bases forment entre eux un angle rentrant (fig. 222). Dans certains cas le groupement des deux cristaux a lieu parallèlement aux arêtes de ces biseaux et l'on a encore un angle rentrant (fig. 223). Un clivage très facile a lieu parallèlement aux plans latéraux du prisme, ou au plan de symétrie ; il est si facile qu'on peut, dirigeant une lame de fer suivant ce plan, faire sau-

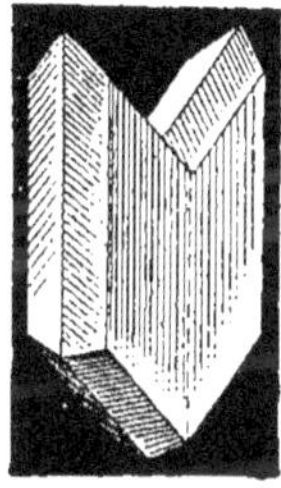

Figure 222.

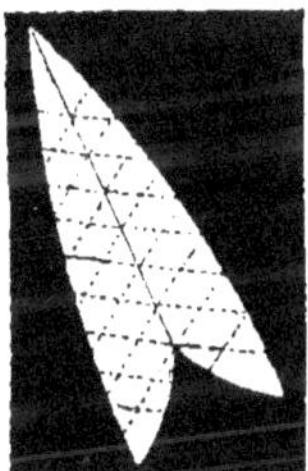

Figure 223.

ter des lames très larges et très minces. Il y a deux autres clivages perpendiculaires à ce plan, l'un à cassure fibreuse, l'autre à cassure vitreuse. Ces deux clivages font entre eux un angle de 114°9'. Ordinairement, les cristaux arrondis par déformations, et groupés deux à deux, sont aplatis dans la partie suivant laquelle ils s'accolent ; le plan du clivage le plus facile étant parallèle aux deux arêtes dorsales des surfaces convexes et extérieures du groupe, on peut avec un couteau diviser les lentilles en plaques dont la forme ressemble à celle d'un *fer de lance.*

Caractères chimiques. — Le gypse chauffé dans un tube fermé perd de l'eau ; il devient opaque et friable. Pulvérisé avec du charbon ou du carbonate de sonde, puis chauffé énergiquement au chalumeau, il se transforme en sulfure de calcium, lequel, humecté d'eau acidulée, noircit une lame d'argent ou le papier d'acétate de plomb, et, traité par l'ammoniaque et l'oxalate d'ammoniaque, donne un précipité blanc d'oxalate de chaux.

Propriétés physiques. — Densité 2,32. Dureté 1,5 à 2 suivant la direction. *Elle est tellement faible, que le gypse se raie avec l'ongle.*

Usages. —Le gypse se taille quelquefois en perles qu'on perce et dont on fait des colliers. Ses variétés soyeuses ont un éclat nacré des plus vifs; le peu de dureté de la matière empêche seul qu'on l'emploie. Des variétés compactes, d'un blanc pur, à translucidité douce, on fait souvent des socles de pendule et divers objets d'ornement qu'il faut mettre sous verre, afin de les soustraire aux frottements journaliers qui en terniraient promptement le poli.

CHAPITRE IV

FLUORURES

Chauffés dans un tube fermé avec de l'acide sulfurique, ils dégagent de l'acide fluorhydrique, qui dépolit le verre même lorsqu'ils sont essayés en petites quantités.

Fluorine. — Fluorure de calcium, composé de fluor 48,7 ; calcium 31,3. Il cristallise dans le système cubique. La densité est en moyenne 3,18. La dureté 4 indique que cette matière est facilement rayée par la pointe d'un burin.

Formes. Les formes dominantes sont le cube simple, et des cubes pyramidés, ou cubes dont les faces sont couvertes de pyramides à quatre faces. On y observe aussi le cubo-octaèdre, l'octaèdre régulier, des cubes dont les angles sont remplacés par des sommets de pyramides à trois ou à six faces (fig. 224), plus rarement le dodécaèdre rhomboïdal. La fluorine est caractérisée par ses quatre directions planes de clivage parallèles aux faces de l'octaèdre régulier. La fluorine est ordinairement cristallisée ; mais les cristaux y sont quelquefois disposés suivant des files parallèles entre

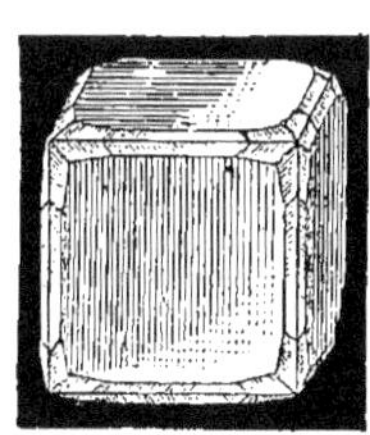

Figure 224.

elles, constituant les variétés fibreuses ou bacillaires.

Couleurs. — Certaines variétés sont incolores; d'autres présentent les colorations les plus diverses, le vert, le jaune, le rouge rosé ou lie de vin, le violet. Quelques cristaux sont d'une certaine couleur, verte ou à peine jaunâtre par transparence, et bleue ou d'un brun rougeâtre par réflexion. Ces couleurs, dues en apparence à la réflexion, proviennent de la phosphorescence de la matière. On les a nommées *épipoliques*. Les variétés les plus recherchées sont celles qui présentent du pourpre mêlé à d'autres nuances; particulièrement celles qui ont une texture fibreuse ou bacillaire et qui offrent des teintes pourpres entremêlées avec des parties incolores. On les travaille dans le Derbyshire en Angleterre; on en fait surtout des coupes d'un joli effet et d'un prix assez modéré.

Les clivages, le peu de dureté, la densité de cette matière sont des caractères distinctifs suffisants. Cependant, si on a besoin d'en constater la composition chimique, on peut faire les essais suivants : En la fondant dans un tube fermé à un bout, après y avoir ajouté de l'acide sulfurique, on voit le tube dépoli par l'acide fluorhydrique qui se dégage sous forme de fumée. Au chalumeau, elle colore la flamme en rouge, souvent elle est phosphorescente, et, quand on la chauffe seule dans un tube, on la voit s'illuminer d'une lueur verdâtre ou violacée, en même temps qu'elle décrépite et se divise en fragments octaédriques.

On pense que les variétés pourpres et fibreuses concrétionnées formaient la matière de ces fameux vases murrhins, auxquels les anciens ajoutaient tant de prix. En lisant de près la description que Pline a donnée de ces vases merveilleux, on y retrouve beaucoup de faits en faveur de cette assimilation. Mais certaines variétés d'améthyste s'y prêtent également. Elles ne diffèrent, il est vrai, de la fluorine que par leur dureté plus grande, puisqu'elles sont formées de cristal de roche, dont la dureté est 7. Les couleurs et leurs dispositions dans les deux sortes de matières ont une telle analogie, que l'essai de la dureté devient nécessaire.

Les améthystes sont bien plus rares, bien plus coûteuses, et d'un travail plus difficile que la fluorine.

Cardan a voulu voir dans les vases murrhins une sorte de porcelaine. Mais les caractères des porcelaines ne conviennent pas à ce qu'on sait des vases murrhins, et les anciens, qui connaissaient bien les pierres factices, ne s'y seraient probablement pas trompés.

CHAPITRE V

SULFURE

Pyrites, *Spinos* de Théophraste, *Puritès* de Dioscoride, *marcassite* des minéralogistes du moyen âge et des lapidaires. — La pyrite est un bisulfure de fer contenant 46,7 de fer et 53,3 de soufre, d'un jaune d'or ou de laiton, à éclat métallique, ordinairement vif. Elle offre le

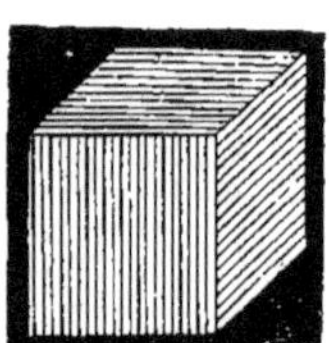

Figure 225.

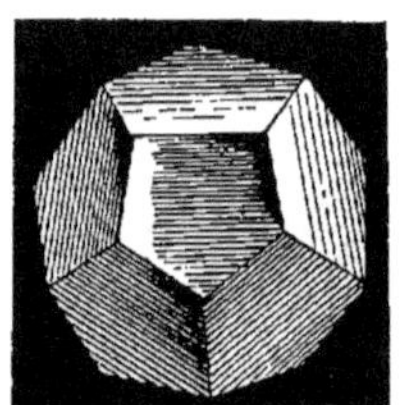

Figure 226.

plus souvent des formes hémiédriques du système cubique (fig. 225), dodécaèdre pentagonal (fig. 226), dodécadièdre ou hémihexoctaèdre, souvent des cubes dont les stries ne sont parallèles qu'à une seule direction d'arêtes sur la même face et perpendiculaires entre elles sur deux faces adjacentes. La poussière en est d'un noir brunâtre; la densité 5, la dureté 6 à 6,5. Elle fait feu au briquet.

Dans un tube fermé elle donne du soufre. Sur le charbon au feu oxydant, elle forme de l'acide sulfureux et laisse pour résidu un globule d'un sulfure moins riche en soufre, et attirable au barreau aimanté. Elle est décomposée par l'acide nitrique. Elle est assez fréquemment disséminée dans les roches schisteuses, surtout dans les ardoises. On la taille quelquefois en boutons.

CHAPITRE VI

MATIÈRES ORGANIQUES

Ces matières brûlent en donnant de l'acide carbonique et plus ou moins d'eau.

Ambre. — Syn. : *Électron* des Grecs, *Succinum* de Pline, *Karabé* des mahométans, *Bernstein* des Allemands.

Le mot *Électron* désignait à la fois, chez les Grecs, un alliage d'or et d'argent, et la matière que nous appelons ambre ou succin.

Une fiction ancienne avait raconté que les sœurs de Phaéton, transformées en peupliers pour avoir trop pleuré leur frère frappé de la foudre, versaient dans l'Éridan des larmes qui devenaient de l'ambre. A cette époque, les Grecs ignoraient la position de l'Éridan, qui est le Padus des Romains, le Pô des modernes. Hésiode le regarde comme un fleuve qui entre dans la mer tournée au nord, et d'où vient l'ambre.

Pline dit : Il est certain que l'ambre naît dans des îles de l'océan Septentrional, et que les Germains l'appellent *Glesse;* une de ces îles est nommée par eux Austrasie. Mithridate appelait Osericta cette île des côtes de la Germanie. Pline ajoute que l'ambre naît de la moelle qui découle d'arbres du genre des pins, comme la gomme sur les cerisiers, comme la résine sur les pins ordinaires.

Le grand naturaliste latin connaissait donc très nettement l'origine du succin, dont le nom vient de *Succus*. Ce qu'il ne pouvait pas savoir, c'est que ces pins sont d'une époque déjà ancienne dans l'histoire de l'évolution du globe terrestre; ils ont vécu au moment où se formaient les dépôts du terrain tertiaire inférieur. On trouve empâtés dans l'ambre assez souvent des insectes, et quelquefois des cônes du pin qui lui a donné naissance.

Pline distinguait plusieurs sortes d'ambre; le blanc, le plus parfumé, mais sans valeur, comme celui qui ressemble à de la cire; le roux, plus estimé; ceux qui ont la couleur du vin de Palerme, dont la transparence laisse voir un tendre éclat, et qui sont les plus recherchés...

Pour les modernes, le succin est une matière dont la couleur varie du jaune au rougeâtre, au brun, ou au contraire, quelquefois au blanc; la poussière en est blanche, l'éclat résineux; la translucidité va quelquefois jusqu'à la transparence; d'autres fois, elle est à peu près nulle; la dureté n'est que de 2 à 2,5; la densité varie de 1,06 à 1,08. Frotté contre de la laine ou du drap, l'ambre acquiert la propriété d'attirer les corps légers; il s'électrise négativement. Il fond à 287°.

La composition chimique est : charbon, 78,824; hydrogène, 10,228; oxygène, 10,9.

L'ambre renferme ordinairement de l'acide succinique. Pour le constater, il suffit d'en chauffer un fragment dans un tube fermé; le fragment fond peu à peu; si le tube est un peu long, et qu'on l'incline pour que les matières volatiles ne s'échappent pas trop facilement, on voit après refroidissement de petites aiguilles cristallines blanches et un peu soyeuses condensées sur les parois du tube; c'est de l'*acide succinique.*

Mais l'ambre ne contient pas toujours, à ce qu'il paraît, de l'acide succinique. Des analyses récentes de Otto Helm constatent que, sur un même morceau d'ambre, certaines parties en sont assez riches, et que d'autres en sont complètement dépourvues. Cette variété, qui ne contient pas d'acide succinique, peut renfermer des insectes comme l'autre; elle est plus fusible, plus soluble dans l'éther et les autres dissolvants, moins cependant que les résines actuelles ou le copal fossile. Elle a une très faible dureté, de 1,5 à 2. La couleur en est aussi d'un jaune de vin, plus ou moins clair. Elle fond en liquide transparent, sans odeur piquante, entre 180 et 140°. Otto Helm y a trouvé 81,01 de carbone; 11,41 d'hydrogène; 7,33 d'oxygène; 0,25 de soufre. Il l'a nommée *Gédanite,* du mot *Gedanum,* vieux nom latin de Dantzig.

Il devient donc assez difficile de distinguer l'ambre factice de l'ambre naturel, puisque ce caractère de l'acide succinique échappe. On ne peut plus dire d'un échantillon qu'il n'est pas de l'ambre, parce qu'il ne contient pas d'acide succinique; on peut toujours assurer que c'est de l'ambre, quand il renferme cet acide. Un des caractères les plus usités consiste maintenant à le frotter entre les mains, à respirer l'odeur qu'il exhale pendant cette opération; mais il est urgent de chercher dans les dissolvants des caractères qui ne sont pas encore connus avec précision.

Gisements. — C'est une résine découlée d'un arbre, le fait est certain. L'arbre a été appelé *Pinites succinifer.* Aujourd'hui, cette résine se présente en morceaux de forme irrégulièrement arrondie, renfermant souvent de très petites cavités où Brewster a constaté l'existence d'un liquide jaune, qui se dessèche à l'air. On le trouve au milieu de lignites, de bois bitumineux disséminés eux-mêmes dans les argiles et les sables du terrain tertiaire inférieur, de Dantzig à Memel, sur la côte méridionale de la Baltique. Il y en a en Chine, en Birmanie, en Gallicie, en Autriche, en Tyrol; en France, dans les lignites de Lobsann (Bas-Rhin); dans les fausses glaises d'Auteuil, à Paris; aux environs de Londres; en Sicile, aux environs de Catane, etc. C'est donc une matière très répandue, mais la plupart des variétés qui ne viennent pas de la Baltique ne contiennent pas d'acide succinique.

Usages. — Il ne manque à cette matière que de la dureté pour être une pierre du genre des opales de feu: les peuples de l'antiquité, les Égyptiens, les Assyriens, ont beaucoup travaillé l'ambre. Les Chinois en ont fabriqué de fort jolis coffrets. Le moyen âge et la renaissance en ont fait des reliquaires, des statuettes d'un travail achevé. Cet usage se continue de nos jours; mais il sert surtout aujourd'hui à fabriquer des porte-cigares.

D'après une note insérée par M. Reboux dans les *Annales de chimie et de physique*, et dans laquelle l'auteur a cherché des caractères distinctifs de l'ambre factice et du naturel, la production de l'ambre de la Baltique a été en 1874 de 1,750,000 kilogrammes.

Jais ou Jayet. — Gagates de Dioscoride et de Pline; variété de Lignite, du Brown Coal des Anglais, du Braunkohle des Allemands. C'est un charbon fossile de couleur superficiellement noire, capable de recevoir un beau poli; la poussière en est d'un brun plus ou moins noirâtre. La densité n'est que de 1, 1 à 1, 3. La dureté faible. Au chalumeau, le jais brûle en dégageant une odeur forte, piquante ; sorti de la flamme, il continue à brûler quelque temps. Chauffé dans un tube bouché, il peut perdre 30 pour 100 de son poids et dégage des vapeurs un peu acides. Celui de Dax contient 70,49 charbon ; 5,59 hydrogène ; 18,93 oxygène ; 4,99 cendres. Les gisements en sont très nombreux dans les terrains tertiaires et même secondaires. Il est employé dans les parures de deuil, à cause de sa grande légèreté.

Anthracite. — Autre charbon fossile, qui forme des bancs fort épais d'une étendue immense en Pennsylvanie, et dans d'autres contrées. Il renferme en Pennsylvanie de 85 à 95 pour 100 de charbon ; le reste consiste en cendres et en éléments gazeux hydrogène, oxygène, azote. Il a une densité de 1,32 à 1,7. La dureté en est faible : 2 à 2,5. Au chalumeau, il brûle, quoique assez lentement ; il s'éteint aussitôt qu'on le retire du feu ; il dégage très peu de matières volatiles, et partant il a peu d'odeur en brûlant. Il est d'un noir de fer un peu jaunâtre ; l'éclat en est vif, submétallique. Souvent il est irisé. On en fait en Amérique des vases, des coupes. C'est une matière des plus utiles comme combustible, mais sans valeur comme objet d'ornementation.

TABLEAUX

POUR LA DÉTERMINATION PRATIQUE DES PIERRES TAILLÉES

Voir à la première partie la manière d'observer la dureté, la densité, et les quelques caractères employés dans ce genre de recherches.

PIERRES VIOLETTES

	DURETÉ	DENSITÉ	ÉCLAT, COULEURS, ETC.	NOMS DES LAPIDAIRES.	ESPÈCES MINÉRALOGIQUES.
Réfraction double.	9	4	Éclat vif, adamantin, plutôt rouge que violet par réflexion, surtout en face d'une lumière vive.	Améthyste orientale.	Corindon.
	id.	id.	Mêmes caractères d'éclat. Pierre plutôt bleue le jour; violacée le soir; moins estimée que la précédente.	Saphir améthystin.	Corindon.
	7	2,65	Violet mêlé souvent d'un peu de bleu.	Améthyste.	Quartz.
Réfraction simple.	3,6	8	Violet tirant sur le rouge.	Almandine spinelle.	Spinelle.
	7,5	4 à 4,3	Rouge violacé, tourne au rouge le soir, surtout par transparence	Grenat syrian.	Grenat.

(Voyez *Pierres d'un rouge violacé.*)

PIERRES BLEUES

a. — TRANSPARENTES, à moins de défauts.

1° *D'un bleu franc, parfois légèrement violacé.*

DURETÉ	DENSITÉ	ÉCLAT, COULEURS, ETC.	NOMS DES LAPIDAIRES.	ESPÈCES MINÉRALES.
9	4	Éclat vif, souvent velouté; beaucoup de feu le soir. Couleur : bleu de ciel foncé, indigo. A la loupe dichroscopique deux images quelquefois peu distinctes (dans les plus belles variétés); quelquefois très différentes, l'une bleue, l'autre verte.	Saphir indigo, et saphir de Birmanie.	Corindon.
5 à 7	3, 66	Dureté variable avec la direction, toujours inférieure à celle du quartz. A la loupe dichroscopique, deux images, une bleue, une à peu près blanche.	Sappare ou cyanite.	Disthène.
7, 5	3. 1	A la loupe dichroscopique, deux images, une bleue, l'autre mal nette peut s'évanouir complètement (peu éclatante).	Indicolithe ou saphir du Brésil.	Tourmaline.
7, 5	2, 66	Souvent un peu violacée; à la loupe dichroscopique, deux images, une bleue, l'autre grisâtre ou jaunâtre, très différente.	Saphir d'eau.	Cordiérite.

2° *D'un bleu clair, souvent à peine teinté, inclinant quelquefois vers le violet, quelquefois vers le verdâtre.*

	DURETÉ	DENSITÉ	ÉCLAT, COULEURS, ETC.	NOMS DES LAPIDAIRES.	ESPÈCES MINÉRALES.
Réf. simple.	10	3,52	Éclat très vif. Pierre rare, ordinairement de Rio.	Diamant bleuté.	Diamant.
Réfraction double.	9	4	Éclat vif.	Saphir de Ceylan.	Corindon.
	id.	id.	Éclat vif, tournant quelquefois au violet le soir.	Saphir améthytin.	Corindon.
	id.	id.	Éclat vif; bleu clair passant au verdâtre.	Aigue-marine orientale.	Corindon.
	8	3,54	Éclat vif. Limpidité parfaite. Bleu ordinairement un peu verdâtre.	Topaze de Sibérie ou aigue-marine.	Topaze.
	7,5	3,1	La pierre frottée ou mieux chauffée s'électrise.	Tourmaline.	Tourmaline.
	7,5	3,1	Très rare et très rarement employée.	Euclase.	Euclase.
	7,5	2,66	Éclat vif après la taille. Limpidité parfaite.	Béryl bleu.	Béryl.
	.		Mêmes caractères. Bleu verdâtre.	Aigue-marine	Idem.
	7	2,66	Éclat vitreux. Très rare.	Quartz bleu.	Quartz.

b. — TRANSLUCIDES.

	DURETÉ	DENSITÉ	ÉCLAT, COULEURS, ETC.	NOMS DES LAPIDAIRES.	ESPÈCES MINÉRALES.
	7	2,65	Peut recevoir un beau poli. Action faible sur la lumière polarisée.	Saphirine.	Quartz.

c. — OPAQUES ou à peine translucides lorsqu'on les regarde à l'aide de lames minces.

DENSITÉ	DURETÉ	ÉCLAT, COULEURS, ETC.	NOMS DES LAPIDAIRES.	ESPÈCES MINÉRALES.
3,1	5,5	A fond d'un bleu de Prusse ou d'azur, plus ou moins foncé, tirant parfois sur le pourpre, et semé souvent de pyrite d'un jaune d'or.	Lapis-lazuli.	Lapis-lazuli.
3,1	5 à 6	Bleu d'azur, ordinairement un peu clair; couleur peu homogène, souvent mêlée de blanc; plus de translucidité que dans le lapis.	Lazulite.	Klaprothine.
2,7	6	Bleu céleste, clair, tirant sur le verdâtre; gardant sa teinte aux bougies.	Turquoise orientale; turquoise noble.	Turquoise de vieille roche.
		Mêmes caractères. La couleur bleue devient d'un vert pâle le soir. Soluble dans l'acide chlorhydrique; la liqueur précipite en jaune par l'ammoniaque.	Turquoise osseuse.	Turquoise osseuse.
2,59	6	Bleu clair un peu verdâtre (peu employée).	Amazonite.	Feldspath microcline.
2,65	7	Se polit bien; rarement d'un beau bleu.	Jaspe.	Quartz.
2,65	7	Agates colorées en bleu par du bleu de Prusse. Au chalumeau, elles se décolorent.	Faux lapis.	Quartz.

PIERRES VERTES

	DENSITÉ	DURETÉ	COULEURS, ÉCLAT, ETC.	NOMS DES LAPIDAIRES	ESPÈCES MINÉRALES.
Vert pré ; vert émeraude. Les pierres sont transparentes à moins de défauts.	4	9	Vert tendant au jaune. Éclat vif.	Émeraude orientale.	Corindon.
	3,64	8,5	A la loupe dichroscopique, deux images très différentes. Rouge le soir.	Alexandrite.	Cymophane.
	3,3	5	Vert de gris ; poussière verte. A moitié transparente.	Dioptase.	Dioptase.
	2,7	7,5	A la loupe dichroscopique, une des deux images un peu jaune. Souv[t] le vert est mêlé d'un noir velouté.	Émeraude du Pérou.	Émeraude.
Vert émeraude, vert pomme. Pierres simplement	3,34	6,5 à 7	Quelquefois parties cristallines brillantes.	Néphrite.	Jadéite.
	2,65	7	Vert avec pointe de jaune.	Chrysoprase.	Agate.

Couleur	Caractères		Densité	Dureté	Caractères particuliers	Nom commercial	Espèce
	translucides		2,65	7	Particules brillantes incluses dans du quartz.	Aventurine des Indes.	Quartz.
			2,59	6	Souvent aventuriné.	Amazonite.	Microcline.
Vert olive ; vert bouteille ; vert pistache.	Réfraction simple; transparentes.		3,52	10	Éclat vif, au microscope taches vertes.	Diamant.	Diamant.
			9	7,5	Vert inclinant au jaune.	Olivine de Sibérie ou Demantoïde.	Grenat.
	Réfract on double; transparentes.	A la loupe dichroscopique, une image verte, l'autre jaune ou brune.	3,4	6,5	Éclat vitreux.	Vésuviane.	Idocrase.
			3,4	6,5	Éclat gras.	Épidote.	Épidote.
			3,1	7	Éclat vitreux.	Émeraude du Brésil.	Tourmaline.
		A la loupe dichroscopique, deux images peu différentes.	3,3	5 à 6	Éclat un peu gras, vif.	Chrysolithe ou olivine.	Péridot.
			3,3	5 à 6	Éclat vitreux.	Diopside.	Pyroxène.
	Translucides.		2,65	7	Vert poireau.	Prase.	Quartz.
			2,65	7	Vert pistache foncé.	Plasma.	Quartz.
			2,6	2,5 à 4	Nuances variables.	Serpentine.	Serpentine.

PIERRES VERTES (suite).

		DENSITÉ	DURETÉ	ÉCLAT, COULEURS, ETC.	NOMS DES LAPIDAIRES.	ESPÈCES MINÉRALES.
Transparentes d'un vert très clair, devenant quelquefois un peu jaune; réfraction.	Simple.	3,52	10	Éclat vif. Couleur verdâtre.	Diamant.	Diamant.
Réfraction.	Double; couleur vert d'eau	4	9	Éclat vif, souvent un peu bleuâtre.	Aigue-marine orientale.	Corindon.
		3,54	8	Éclat vif.	Aigue-marine	Topaze.
		2,7	7,5	Éclat assez vit.	Aigue-marine	Émeraude.
		2,65	7	Éclat vitreux.	Quartz.	Quartz.
	Double couleur verte un peu jaunâtre, ou jaune un peu verdâtre.. . . .	4,6	7,5	Éclat gras, adamantin.	Jargon.	Zircon.
		4	9	Éclat très vif.	Chrysolithe orientale.	Corindon.
		3,7	8,5	Éclat vif, souvent un reflet bleuâtre chatoyant.	Chrysobéryl.	Cymophane.
		3,5	5	Éclat vif, adamantin.	Sphène.	Sphène.
		3,54	8	Éclat vif et vitreux.	Topaze.	Topaze.
		3,3	5 à 6	Éclat un peu gras.	Chrysolithe.	Péridot.

	2,7	7,5	Éclat vif et vitreux.	Béryl.	Émeraude.
	2,7	7	Éclat vitreux.	Quartz.	Quartz.
Translucides, vert mêlé de beaucoup de blanc ou de jaune	3,34	6,5 à 7	Fond aisément au chalumeau.	Néphrite.	Jadéite.
	2,9 à 3,1	6 à 6,5	Fond moins facilement au chalumeau.	Jade.	Jade.
	2,6	2,5 à 4	Éclat médiocre.	Serpentine.	Serpentine.
Opaques ou faiblement translucides.	3,5 à 4	3,5 à 4	Vert de diverses nuances entremêlées.	Malachite.	Malachite.
	2,65	7	Nuances variables.	Jaspes.	Quartz.
	2,65	7	Vert foncé semé de taches d'un rouge de sang.	Héliotrope.	Quartz.
	2,59	6	Vert, ou bleu verdâtre, souvent aventuriné de points blancs.	Amazonite.	Microcline.
	2,7	6	Vert clair, reste verte le soir.	Turquoise noble.	Turquoise.
	2,27	infér. à 3	Vert de nuances diverses.	Garniérite ou nouméite.	Garniérite.
	2,7 à 3	6	Fond vert avec cristaux blancs.	Porphyre vert.	Feldspath et Pyroxène.

PIERRES JAUNES

Transparentes et translucides.

DENSITÉ	DURETÉ	COULEURS, ÉCLAT, ETC.	NOMS DES LAPIDAIRES	ESPÈCES MINÉRALES.
4,6 à 4,7	7,5	Éclat gras, vif, adamantin.	Jargon.	Zircon.
4	9	Éclat vif, adamantin.	Topaze orientale.	Corindon.
3,7	8,5	Éclat vif.	Chrysobéryl.	Cymophane.
3,54	8	Éclat vif, jaune d'or, passant quelquefois à l'orangé.	Topaze du Brésil.	Topaze.
3,54	8	Jaune de paille.	Topaze de Saxe.	Topaze.
3,52	10	Éclat des plus vifs. Réfraction simple.	Diamant.	Diamant.
3,5	5	Éclat adamantin.	Sphène.	Sphène.
2,7	7,5	Éclat vif.	Béryl.	Émeraude.
2,62	7	Éclat vitreux : jaune de topaze, jaune citron.	Fausse topaze Citrin.	Quartz.
2,2	7	Éclat gras.	Opale commune.	Quartz.
1,07	2 à 2,5	Translucide plutôt que transparent.	Ambre ou succin.	Succin.
Opaques.				
2,7	7	Se polit bien. Éclat un peu terne.	Jaspe.	Quartz.

PIERRES DE COULEUR ORANGÉE TIRANT SUR LE JAUNE

		DURETÉ	DENSITÉ	COULEURS, ÉCLAT, ETC.	NOMS DES LAPIDAIRES.	ESPÈCES MINÉRALES.
Transparentes. Réfraction.	Simple.	3,5 à 3,7	7,5	Éclat vif.	Essonite topazolithe.	Grenat.
		3,52	10	Éclat des plus vifs Couleur souci.	Diamant.	Diamant.
		3,5	8	Éclat vif.	Rubicelle.	Spinelle.
	Double.	3,54	8	Éclat vif.	Topaze.	Topaze.
		3,1	7,5	Éclat ordinaire.	Tourmaline.	Tourmaline.
Translucides.		2,65	7	Orangé brun.	Topaze d'Espagne.	Quartz.
		2,65	7	Orangé tirant sur le brun.	Sardoine.	Quartz.
		2,2	7	Rousse.	Opale commune.	Quartz.
		1,07	2 à 2,5	Propriétés électriques très caractérisées.	Ambre.	Succin.

PIERRES D'UN ROUGE ORANGÉ AVEC ROUGE

		DENSITÉ	DURETÉ	ÉCLAT, COULEURS, ETC.	NOMS DES LAPIDAIRES.	ESPÈCES MINÉRALES.
Rouge orangé avec jaune; pierres transparentes. Réfraction.	simple.	3,6	7,5	Éclat vif. Rouge orangé presque rouge par réflexion; jaune orangé par transparence.	Hyacinthe de Ceylan.	Grenat.
		3,6	8	Éclat vif.	Rubicelle.	Spinelle.
	double	2,7	7,5	Ordinairement beaucoup de défauts.	Béryl.	Émeraude.
		2,7	7	Assez d'éclat.	Topaze d'Espagne.	Quartz.
Translucides.		2,7	7	Rouge cerise, orangé.	Cornaline.	Quartz.
		4,5 à 4,7	7,5	Éclat vif, adamantin cristaux trop petits.	Hyacinthe.	Zircon.
		3,7	6,5 à 7	Rarement employée; trop foncée.	Staurotide.	Staurotide.
	Double	3,27	5 à 6	Couleur un peu violacée.	Axinite.	Axinite.

Rouge orangé avec brun. Réfraction.		3,1	7,5	Rare de cette couleur.	Tourmaline.	Tourmaline.
		2,7	7,5	Rousse.	Béryl.	Émeraude.
	Simple.	3,6	8	Éclat vif.	Spinelle vinagre.	Spinelle.
		3,7	7,5	Ardente à la lumière d'une bougie.	Grenat de Bohème Escarboucle	Grenat dit Pyrope.
Rouge avec pointe presque imperceptible de jaune. Réfraction simple.		3,7 env.	7,5	Éclat vif. Couleur du vin rouge clair.	Vermeille.	Grenat.
		3,8 env.	7,5	Rouge vineux ardent.	Grenat du Cap.	Grenat.

PIERRES ROUGES

	DENSITÉ	DURETÉ	ÉCLAT, COULEURS, ETC.	NOMS DES LAPIDAIRES.	ESPÈCES MINÉRALES.
Rouge ardent vif	4	9	Rouge de sang de bœuf; cramoisi; écarlate. Éclat gras, adamantin, vif. Réfraction double.	Rubis oriental.	Corindon.
	3, 6	8	Éclat vif. Rouge ardent très transparent. Réfractiou simple.	Rubis spinelle.	Spinelle.
Rouge ardent mêlé de noir	4	9	Éclat vif, couleur plus claire, groseille le soir. Réfr. double.	Rubis oriental.	Corindon.
	4	7, 5	Réfraction simple; groseille par transparence.	Grenat oriental.	Grenat.
	3, 1	7, 5	Couleur persistante le soir. Réfraction double.	Rubellite, Sibérite.	Tourmaline.

Rouge rosé. Réfraction	Simple	3, 6	8	Éclat vif.	Rubis spinelle.	Spinelle.
	Double.	4	9	Éclat vif, adamantin.	Rubis oriental.	Corindon.
		3, 54	8	Éclat vif. A la loupe dichroscopique, une image violette, une jaune.	Topaze brûlée Rubis du Brésil.	Topaze.
		3, 1	7, 5	. . . .	Rubellite.	Tourmaline.
		2; 65	7	Le soir, tire un peu sur le jaune.	Améthyste rubis de Bohème.	Quartz.
Rouge violacé. Réfraction	Simple.	3, 6	8	Éclat vif; reflets bleuâtres.	Rubis balai.	Spinelle.
		4, 1 à 4,3	7, 5	Agit sur une aiguille aimantée sensible. Couleur violette très manifeste; plus rouge et moins éclatant le soir.	Almandine ou grenat syrian.	Grenat.
	Double.	3, 54	8	Rouge violacé; deux images à la loupe dichroscopique souvent différentes.	Topaze brûlée	Topaze.

PIERRES ROUGES OU ROSES

Opaques ou à peine translucides.

DENSITÉ	DURETÉ	COULEURS, ÉCLAT, ETC.	NOMS DES LAPIDAIRES.	ESPÈCES MINÉRALOGIQUES
2,65	7	Rouge brique, faiblement translucide.	Cornaline.	Quartz.
id.	id.	Rouge brique, opaque.	Jaspe.	Quartz.
3,6	6 env.	Rouge de chair.	. . . .	Rhodonite.
2,6	6	Rose.	Opale rose.	Quartz.
2,76	6 env.	Fond rouge semé de cristaux blancs avec quelques cristaux noirs.	Porphyre rouge.	Feldspath.
2,7	6 env.	Fond rouge dans l'ensemble, composé de cristaux rouges, mêlés de cristaux noirs.	Syénite.	Feldspath et amphibole.
2,6	7	Bandes parallèles ou cercles concentriques, alternativement rouges et blancs ou rouges et noirs.	Agate onyx et agate œillée.	Quartz.

PIERRES INCOLORES

	DENSITÉ.	DURETÉ.	ÉCLAT, ETC.	INDICES de RÉFRACTION	NOMS DES LAPIDAIRES.	ESPÈCES MINÉRALES.
Réfr. double.	4	9	Gras, adamantin.	2,4	Diamant.	Diamant.
	....	4	Vitreux, n'est pas employée.	...	Fluorine.	Fluorine.
	3,54	8	Vif.	1,616	Goutte d'eau.	Topaze.
Réfraction simple.	3,1	7,5	Vitreux.	1,618	Tourmaline.	Tourmaline.
	2,98	7,5	Vitreux.	1,67 env.	Phénacite.	Phénacite.
	2,7	7,5	Vif.	1,58	Béryl.	Émeraude.
	2,65	7	Vitreux.	1,55	Cristal de roche.	Quartz.

PIERRES IRISÉES

DENSITÉ	DURETÉ	ÉCLAT, COULEURS, ETC.	NOMS DES LAPIDAIRES.	ESPÈCES MINÉRALOGIQUES.
2, 2 env.	6 env.	Reflets d'un jaune d'or, d'un rouge de feu, d'un bleu d'azur, d'un vert émeraude, sur fond incolore.	Opale noble.	Quartz.
2,646	6	Reflets irisés d'un jaune d'or, d'un bleu d'azur, d'un vert émeraude, sur fond gris.	Labrador.	Feldspath Labrador.
2,62	7	Couleurs de l'arc-en-ciel pour certaines incidences de la lumière réfléchie.	Iris.	Quartz.
2,7	3	Irisations d'un rouge vif sur fond noirâtre.	Lumachelle irisée.	Calcaire.

PIERRES CHATOYANTES

DENSITÉ	DURETÉ	ÉCLAT, COULEURS, ETC.	NOMS DES LAPIDAIRES.	ESPÈCES MINÉRALOGIQUES.
4	9	Étoile à six branches mobile à la surface de la pierre, visible en face d'une lumière vive.	Saphir astérié	Corindon.
3,73	8,5	Reflet bleuâtre.	Cymophane.	Cymophane.
2,6	7	Chatoiement proprement dit.	Œil-de-chat.	Quartz.
2,56	7	Lueur d'un blanc laiteux mobile sur un fond incolore transparent.	Pierre de lune.	Feldspath Orthose.
id.	id.	Ligne chatoyante avec un fond gris.	Œil-de-chat.	Labrador.
2,7	3	Éclat soyeux.	Calcaire fibreux.	Calcaire.
2,3	2	Id.	Gypse fibreux.	Gypse.

PIERRES NOIRES

DENSITÉ	DURETÉ	COULEURS, ÉCLAT, ETC.	NOMS DES LAPIDAIRES.	ESPÈCES MINÉRALES.
4,9 à 5,2	5,5 à 6,5	Noir un peu terne; sur biscuit de porcelaine raie noire. Agit fortement sur l'aiguille aimantée. Opaque.	Pierre d'aimant.	Magnétite.
4,8	5	Noir souvent brillant. Sur biscuit de porcelaine raie rouge. Opaque.	Oligiste.	Oligiste.
3,52	10	Éclat vif, à demi transparent.	Diamant noir.	Diamant.
3,7	8	Éclat vif.	Pléonaste.	Spinelle pléonaste.
3,1	7,5	Chauffée attire les corps légers.	Tourmaline.	Tourmalin.
2,5	5 à 6	Souvent soyeuse.	Obsidienne.	Feldspath.
1,3	2 à 3	Sur biscuit de porcelaine, raie d'un brun noir.	Jais, Jayet.	Lignite.
2,7 à 3	6	Fond noir avec cristaux blancs.	Porphyre noir.	Feldspath et pyroxène ou amphibole.
2,65	7	Cercles concentriques alternativement noirs et blancs, ou noirs et rouges.	Agates onyx. Agates baignées.	Quartz.

TABLEAU GÉNÉRAL

DES *ESPÈCES MINÉRALOGIQUES* QUI FOURNISSENT LES PRINCIPALES *PIERRES PRÉCIEUSES*

NOMS DES ESPÈCES minéralogiques.	BLEU	BLEU verdâtre.	VERT PRÉ VERT d'herbe.	VERT bouteille VERT olive.	VERT clair. VERT jaunâtre.	JAUNE	ORANGÉ	ROUGE orangé.	ROUGE ET ROUGE violacé.	VIOLET	BRUN et NOIR	INCOLORE	DENSITÉ	DURETÉ	RÉFRACTION
Diamant.......	Bleu	....	Vert	....	Vert jaunâtre.	Jaune....	Souci....	Orangé...	....	....	Noir......	Incolore....	3,52	10	Simple.
Corindon......	Saphir de Birmanie, de Ceylan	....	Émeraude orientale.	Émeraude orientale	Aigue-marine orientale.	Topaze orientale	....	....	Rubis oriental.	Améthyste orientale.	....	Saphir blanc	4	9	Double.
Spinelle.......	Spinelle bleu.	....	....	....	....	....	Rubicelle.	....	Rubis spinelle.	Almandine spinelle.	Pléonaste.	....	3,6	8	Simple.
Cymophane....	....	....	Alexandrite.	....	Chrysolithe orientale.	Chrysobéryl.	....	....	....	....	....	....	3,8	8,5	Double.
Émeraude.....	Béryl.....	Béryl.....	Émeraude	....	Aigue-marine.	Béryl....	Béryl.....	....	....	....	....	....	2,7	7,5	id.
Topaze........	Bleue	Bleu verdâtre	Topaze ...	....	Aigue-marine.	Topaze..	Topaze...	....	Rubis du Brésil.	....	....	Goutte d'eau	3,54	8	id.
Phénacite.....	....	....	....	....	....	....	....	....	....	....	....	Incolore....	2,98	7,5	id.
Tourmaline....	Saphir du Brésil ou indicolithe	Bleu verdâtre.	....	Émeraude du Brésil.	Tourmaline.	....	Orangé ..	....	Rubellite Sibérite.	....	Noire.....	....	3.1	7,5	id.
Cordiérite.....	Saphir d'eau.	....	....	....	....	....	....	....	....	....	....	....	2,61	7,5	id.
Grenat........	....	....	Ouwarovite.	Olivine de Sibérie.	Vert clair.	....	Orangée..	Hyacinthe de Ceylan	Grenat oriental. Gr. de Bohême. Gr. syrian. Gr. du Cap. Vermeille.	Grenat syrian.	....	....	3,6 à 4,3	7,5	Simple.
Zircon.........	Zircon bleu	....	....	....	Jargon...	Jargon..	....	Hyacinthe	....	....	....	Jargon.....	4,5 à 4,7	7,5	Double.
Disthène.......	Sappare..	....	....	....	....	....	....	....	....	....	....	....	2,61	5 à 6	id.
Péridot........	....	....	....	Olivine...	Olivine...	....	....	....	....	....	....	....	3,4	env. 7	id.
Quartz hyalin..	Bleu......	....	....	....	Vert......	Fausse topaze.	Topaze d'Espagne	Topaze d'Espagne	....	Améthyste..	Quartz enfumé.	Cristal de roche......	2,66	7	id.
Quartz agate..	Saphirine.	....	Chrysoprase.	Prase Plasma.	....	Sardoine.	Sardoine	Cornaline.	....	....	Agates...	Calcédoine..	2,66	7	id.
Quartz résinite.	....	....	....	....	....	....	....	....	Opale rose.	....	....	Opale	2,66	7	id.
Feldspath......	....	Amazonite	Amazonite	....	....	....	....	....	....	....	....	Pierre de lune........	2,59	6	id.

OBSERVATIONS

SUR LES TABLEAUX PRÉCÉDENTS

PIERRES VIOLETTES

Les unes tendent vers le bleu, les autres vers le rouge.

Améthystes. — La plus franchement violette est l'améthyste proprement dite, d'un violet un peu lilas, de couleur peu uniforme. Elle est beaucoup moins éclatante que l'améthyste orientale. Celle de Sibérie est pourtant fort belle ; elle a des reflets bleuâtres. Plongée dans un verre d'eau, elle montre des points à coloration intense, qui colorent tout le reste de la pierre. L'orientale se distingue par ses reflets d'un rouge rosé et pourpre.

L'améthyste, proprement dite, est une variété de quartz (page 304).

L'améthyste orientale est une variété de coriadon (p. 243).

Balais. —Le rubis balais est d'un rouge bleuâtre un peu laiteux (p. 254).

PIERRES BLEUES TRANSPARENTES

Couleurs. — Le *Saphir* est d'un bleu tantôt indigo, tantôt céleste. C'est une variété du corindon, que son éclat particulier empêche de confondre avec l'*indicolithe* ou *saphir du Brésil*, variété de tourmaline qui est rare, ou même avec le *saphir d'eau.* Une variété de disthène a nu reflet un peu soyeux fort agréable. On l'appelle *sappare* ou *cyanite*.

La densité est de 4 dans le saphir ; de 3,12 dans l'indicolithe ; elle est d'environ 3,66 dans le disthène bleu, 2,65 à 2,66 dans le saphir d'eau et dans le quartz bleu. Dans ces trois dernières matières les indices de réfraction diffèrent peu ; mais le quartz bleu transparent, le disthène d'un beau bleu sont des plus rares ; la dureté du quartz est de 7, celle du disthène assez faible, de 5 à 6.

Dichroïsme. — La cordiérite est fortement dichroïque ; au moyen de la loupe dichroscopique, on y aperçoit nettement deux images, l'une d'un beau bleu de saphir, l'autre grisâtre. Dans le disthène, les deux images sont l'une bleue, l'autre incolore.

PIERRES BLEUES TRANSLUCIDES

La *saphirine*, ou calcédoine bleue, variété d'agate, se polit bien, mais elle a peu d'éclat ; elle est franchement translucide, mais non transparente ; elle dépolarise la lumière, mais vaguement.

Opaques. — Le *lapis-lazuli* et la *klaprothine* sont faciles à distinguer chimiquement et cristallographiquement. Après la taille, certaines variétés se ressemblent davantage, mais ce sont les variétés d'un bleu moins recherché, en sorte qu'on hésite moins à faire les essais chimiques indiqués (p. 324). Une lamelle très mince de klaprothine devient assez transparente pour qu'on puisse l'étudier sous un microscope muni de deux nicols. Certaines *agates colorées artificiellement en bleu* pourraient être confondues avec le lapis ; mais l'agate raie le lapis, elle a une densité moindre; on dit que cette teinture n'est pas stable, et que sa belle couleur s'altère au bout de quelque temps. Les *jaspes bleus* se distinguent des agates colorées par leur opacité plus complète. Les *turquoises* prennent un moins beau poli ; elles sont moins dures. Le tableau indique les caractères différentiels des deux turquoises.

Dans le saphir, à la loupe dichroscopique, on observe deux images, tantôt de même couleur; tantôt différentes, l'une bleue, l'autre verte.

Duretés, pierres d'un bleu clair. — La densité = 4 dans les corindons, 3,5 environ dans la topaze et le diamant, 3,1 dans la tourmaline et l'euclase, 2,65 à 2,7 dans le béryl et le quartz, permet d'établir trois groupes faciles à distinguer. Le diamant a une dureté = 10, la topaze une dureté = 8 ; de plus, le diamant, s'il est taillé à facettes, montre des effets de lumière qui n'existent pas dans la topaze malgré son vif éclat ; enfin, la topaze a une double réfraction assez forte.

L'euclase ne serait pas toujours facile à distinguer de la tourmaline ; elle est plutôt verdâtre et rarement employée. La tourmaline est pyro-électrique et l'euclase ne l'est pas. L'euclase a une direction de clivage facile, et la tourmaline se clive mal. Les cristaux de tourmaline ont des formes tout à fait différentes de celles des cristaux de l'euclase. (Pour plus de détails, voir la description de ces espèces, p. 294 et p. 324.)

Le béryl et le quartz peuvent être confondus lorsqu'ils sont taillés. L'éclat du béryl est beaucoup plus vif que celui du quartz. Le quartz frotté attire beaucoup plus un cheveu, une barbe de plume que le béryl (pour les distinctions spécifiques, voir les mots Émeraude, p. 262) et Quartz, page 300).

Dichroïsme. — A la loupe dichroscopique, les deux images diffèrent peu l'une de l'autre dans les pierres peu colorées. L'aigue-marine orientale donne souvent une image jaune et une bleue. Dans les tourmalines, les deux images diffèrent surtout par leur inégale intensité.

PIERRES VERTES

Celles d'un vert émeraude sont faciles à distinguer.

L'*émeraude orientale* est tellement rare, qu'on doit avoir sans doute peu de chance d'en rencontrer; en tout cas, ce serait un corindon à densité d'environ 4. L'*émeraude* proprement dite n'a que 2,7 pour densité ; elle raie faiblement le quartz. Il serait difficile de confondre avec elle la dioptase, qui a pour densité 3,3, et que son peu de dureté comme la petitesse de ses cristaux empêchent d'employer couramment.

Quant aux pierres vertes fournies par les autres espèces minérales, elles ne sont plus d'un vert émeraude proprement dit. Certaines néphrites et quelques chrysoprases s'en rapprochent; les chrysoprases sont toujours d'un vert pomme ; les néphrites sont plus lourdes ; elles ne sont jamais que translucides; l'aventurine des Indes est semée de points brillants. Une variété nouvelle de grenat, grenat demantoïde, que les lapidaires appellent olivine, qu'ils devraient appeler au moins olivine de Sibérie, a beaucoup d'éclat, une couleur d'un beau vert; sa densité, 3,83, est supérieure à celle de l'émeraude; il est uniréfringent, tandis que l'émeraude est biréfringente. Il est plus lourd aussi à égalité de volume que la tourmaline, et même que l'épidote et l'idocrase. La tourmaline joue parfois un peu l'émeraude; mais un œil exercé ne s'y trompe pas ; le vert en est toujours olivâtre ; la densité en est de 3,1 ; à la loupe dichroscopique, elle montre en général des images très différentes l'une de l'autre, l'une jaune et l'autre brune. Ce dernier caractère se retrouve dans l'idocrase, *gemme du Vésuve* ou *vésuviane,* et dans l'épidote. Ces deux substances, à densité 3,4 supérieure à celle de la tourmaline, mais de dureté un peu moindre, sont difficiles à distinguer l'une de l'autre, une fois taillées. L'éclat de l'épidote est un peu plus gras. Ce sont des pierres de peu de valeur. Leurs cristaux ont des formes très différentes. Au chalumeau, on les reconnaît facilement, en ce que l'idocrase y bouillonne, mais y fond nettement, tandis que l'épidote s'y boursoufle, mais ne fond pas d'une manière sensible.

Le péridot taillé ne se distingue du diopside que par son éclat plus vif. Les cristaux des deux matières sont tout à fait différents. Si on peut en sacrifier un fragment, la distinction devient facile ; le péridot est infusible au chalumeau, et soluble dans les acides ; le diopside, espèce du groupe des pyroxènes, est au contraire fusible au chalumeau et insoluble dans les acides.

PIERRES VERTES TRANSLUCIDES

Quartz aventuriné ; chrysoprase ; prase ; plasma ; héliotrope.

Ce sont des agates, variétés de quartz, ayant des densités voisines de 2,65 ; la même dureté, 7. La chrysoprase est d'un vert pomme ; la prase d'un vert poireau ; le plasma d'un vert foncè ; l'héliotrope d'un beau vert parsemé de points d'un rouge de sang, devenant souvent opaque.

Pierres vertes opaques. — Les jaspes, variétés de quartz.

Pierres d'un vert clair. Aigues-marines. — On les distingue aisément les unes des autres par leurs densités. La topaze fournit, par exemple, une pierre appelée aigue-marine comme celle du même nom qui appartient à l'espèce minérale émeraude ; les deux pierres ont le même éclat, le même nom en joaillerie ; la densité de la topaze et sa dureté sont supérieures à celles de l'émeraude.

Pierres d'un vert clair jaunâtre, et d'un jaune verdâtre. — Le béryl, variété d'émeraude d'un jaune verdâtre se reconnaît à sa densité 2,7 ; la densité est de 3,1 dans la chrysolithe de Ceylan, variété de tourmaline ; de 3,32, dans la chrysolithe proprement dite ou péridot ; elle s'élève à 3,81 dans la chrysolithe ehatoyante, variété de chrysobéryl ou cymophane ; à 4,1 dans les chrysolithes orientales, et enfin à 4,4 dans le jargon ou zircon de Ceylan. De plus, la chrysolithe chatoyante a un reflet mobile bleuâtre et un peu laiteux, l'orientale un éclat très vif ; le zircon un éclat adamantin très gras ; la chrysolithe de Ceylan, quand elle a été chauffée, attire les cendres ; le péridot, dont la densité est voisine de la sienne, ne possède pas cette propriété électrique.

Le péridot n'attire pas un cheveu, une barbe de plume, même lorsqu'il a été frotté fortement contre du drap, ce que font le quartz, le béryl, la topaze, la tourmaline.

Nous n'avons rien à ajouter aux tableaux à propos des pierres opaques ; il faudrait répéter ce qui a été amplement expliqué plus haut (voir description des espèces malachite, etc.).

PIERRES JAUNES

1° *D'un jaune d'or et transparentes :*

Diamant ; topaze ou chrysolithe orientale ; topaze ; zircon ; béryl : citrin ou quartz citrin ; chrysobéryl.

Éclat vif et adamantin dans le diamant, vif et très gras dans le zircon. La densité du diamant est 3,52 ; celle du zircon est 4,4.

Éclat très vif dans la topaze, mais vitreux ; vif dans le béryl ; moins vif dans le quartz. Densité 3,54 dans la topaze ; à peu près la même dans le béryl que dans le quartz, un peu plus grande dans le béryl. Densité du béryl 2,7 ; du quartz 2,65. Au microscope le béryl a une texture plus fibreuse, moins régulière que le quartz.

2° *D'un jaune tournant au roussâtre et transparentes. Topaze ; tourmaline.* — La topaze a un éclat vif, une densité 3,54 ; la tourmaline a pour densité 3,1, un éclat moins vif.

3° *D'un jaune roussâtre, mais translucides. Opales de feu ; sardoine.* — Même composition chimique. L'opale de feu est plus tendre, elle a un éclat plus vif et plus gras ; elle approche plus de la transparence. Densité de la sardoine 2,65 ; de l'opale, environ 2,2.

L'*ambre* se distingue facilement par l'attraction vive qu'il exerce sur les corps légers, lorsqu'il a été frotté. Frottés contre du drap, le quartz, le béryl attirent comme la topaze et la tourmaline. La topaze et la tourmaline attirent les corps légers, lorsqu'elles ont été chauffées, ce que ne font pas le quartz et le béryl dans les mêmes conditions.

PIERRES ROUGES

Les unes sont d'un rouge ardent, écarlate ou carmin, d'un rouge rose tirant sur le violet ; cè sont les rubis ; dans les autres le rouge passe peu à peu au jaune ou à l'orangé. Un petit nombre d'espèces minéralogiques fournissent toutes ces nombreuses variétés. A l'exception de l'andalousite, de la staurotide, qui ne comptent pas pour ainsi dire en joaillerie, on n'utilise que le corindon, le spinelle, la topaze, la tourmaline, les grenats, le quartz. De ces espèces, plusieurs n'ont que la réfraction simple (voir la conduite de cet essai, p. 72); ce sont les grenats et le spinelle. Les autres ont la réfraction double. Souvent les grenats sont taillés en cabochon, ce qui ne rend l'observation possible que sous un microscope muni de deux nicols. Encore faut-il prendre garde aux réflexions intérieures, mettre la main devant le porte-objet pour qu'il ne reçoive pas de lumière directe ; on rencontre même quelquefois une difficulté encore plus grande : c'est la couleur trop foncée de la pierre. Alors, on est obligé d'avoir recours à la dureté. Le grenat est rayé par la topaze, qui l'est elle-même par le rubis, et c'est avec le rubis qu'on aurait le plus de chance de confondre quelques-unes de ses variétés à densité un peu forte.

Les pierres à réfraction simple, grenat et spinelle, se reconnaissent facilement l'une et l'autre par leurs densités, lorsqu'elles sont d'un rouge ardent tirant sur l'écarlate ; mais, lorsqu'ils sont d'un rouge un peu jaunâtre, les grenats ont une densité voisine de celle du spinelle. Leur ton de couleur les distingue pourtant, comme l'explique le tableau. Les pierres à réfraction double : corindon, topaze, tourmaline et quartz, ont des densités tellement différentes les unes des autres, que leur détermination n'offre aucune difficulté.

A la loupe dichroscopique, on y observe deux images qui ne sont pas toujours très différentes. Certains rubis orientaux offrent une image rouge ou d'un rouge bleuâtre, et l'autre tirant sur l'orangé. Dans les rubellites ou sibérites (tourmalines rouges), les deux images diffèrent un peu plus, l'une tirant sur le rouge bleuâtre ou violacé ; l'autre sur l'orangé, quelquefois sur le verdâtre. Dans les topazes brûlées, il y a d'assez grandes variations ; l'une des images varie du rouge au violet; l'autre du rouge jaunâtre au jaune d'or.

CHAPITRE VII

REPRODUCTION ET IMITATION DES PIERRES PRÉCIEUSES

Il faut distinguer la reproduction de l'imitation des pierres précieuses. Reproduire une pierre, c'est, au moyen de ses éléments chimiques, la refaire de toutes pièces avec ses propriétés de formes, de couleur, d'éclat, de dureté, de densité. L'imiter, c'est, avec des éléments quelconques, former une matière qui ait des propriétés analogues, assez semblables pour permettre la confusion de la pierre précieuse vraie et de la pierre fausse.

Les imitations remontent à la plus haute antiquité. Les tombes qui nous restent du monde romain ou de l'Égypte nous ont conservé un grand nombre de pâtes vitreuses qui attestent le goût des anciens verriers et leur habileté dans cet art.

REPRODUCTION

La reproduction est beaucoup plus récente. Il y a un demi-siècle à peine qu'on a commencé à reproduire les espèces minérales.

Berthier. — En 1823, Berthier, en fondant de la silice avec de la magnésie et de la chaux, obtenait du pyroxène.

Mitscherlich. — En 1823, Mitscherlich a reconnu que les scories d'affinage des hauts fourneaux d'Osterberg et de Karmonnionna, en Pologne, contenaient des cristaux ayant les formes, le clivage et la densité de ceux de péridot. En général leur composition les rapproche de la fayalite, péridot très chargé de fer.

Gaudin. — En 1837, M. Gaudin a porté de l'alun d'ammoniaque à une très haute température, celle de la flamme du chalumeau à gaz oxyhydrogène, capable de volatiliser l'eau, l'ammoniaque et l'acide sulfurique, de façon qu'il reste seulement de l'alumine. A cette température élevée, l'alumine fond, et après refroidissement elle a une dureté voisine de celle du corindon. En y ajoutant de l'oxyde de chrome ou du chromate d'ammoniaque, on obtient de l'alumine colorée comme le rubis.

Ebelmen. — La méthode qu'il a imaginée est fort simple; mais ce fut un trait de génie. Pour la comprendre, répétons ce que nous avons dit en tête de cet ouvrage sur la cristallisation du sel gemme. On met dans de l'eau du sel de cuisine; l'eau le dissout, lui donne sa forme liquide, mais en s'évaporant elle dépose des particules de sel, et celles-ci, grâce à la mobilité que leur donne le milieu d'où elles sortent, s'agrègent en cristaux. L'idée simple et hardie d'Ebelmen fut de mêler à la matière à reproduire une substance autre que l'eau, capable de la dissoudre à une haute température, mais volatile elle-même à une température encore plus élevée. L'acide borique, par exemple, dissout, puis abandonne en se volatilisant l'alumine et la magnésie. Tout cela se passe à des températures où ces deux derniers oxydes se combinent pour former de l'aluminate de magnésie qui cristallise. On obtient finalement des octaèdres réguliers, qui ont la composition chimique, la forme cristalline, la dureté, la densité, l'éclat du spinelle qu'on rencontre dans la nature. En y ajoutant, comme l'avait fait M. Gaudin, du chromate d'ammoniaque, on a du véritable rubis spinelle en cristaux, petits il est vrai, relativement aux cristaux de la nature, mais ayant déjà deux ou trois millimètres de hauteur.

En mêlant 47,5 pour 100 d'alumine, 12,8 de glucine, 39,6 de borax, on produit du chrysobéryl ou cymophane, auquel il suffit d'ajouter une très petite quantité d'oxyde de fer, pour lui donner la couleur de la matière naturelle.

Pour produire le corindon, Ebelmen fut obligé de recourir à la température des fours à porcelaine. Mêlée à de l'acide borique, dissoute par cet acide, puis redevenue libre, une fois l'acide évaporé, l'alumine passe à l'état de corindon cristallisé en petites lamelles hexagonales nacrées. Un peu de chromate d'ammoniaque en fait du rubis.

De Senarmont. — De 1850 à 1851, en portant de l'eau de 130 à 300°, de Senarmont a pu amener à l'état cristallin plusieurs espèces minérales des filons métallifères, et entre autres le quartz. Il a décomposé le chlorure d'aluminium, et obtenu de l'alumine cristallisée, c'est-à-dire du corindon.

Daubrée. — M. Daubrée a donné de la mobilité aux matières qu'il veut faire cristalliser par d'autres méthodes. Il a fait arriver du chlorure d'aluminium sur de la magnésie portée elle-même à une haute température ; il a donné lieu ainsi à la formation du spinelle. Puis il a fait réagir l'un sur l'autre un courant de chlorure de silicium et un courant de vapeur d'eau dans un tube de porcelaine chauffé au rouge. Il se forme dans ces conditions de l'acide chlorhydrique et de la silice. Si la réaction se produit en présence de bases, telles que la magnésie ou même l'alumine, la potasse, la chaux, la silice formée peut se combiner à ces bases et donner lieu des à silicates.

M. Daubrée a obtenu du quartz cristallisé en portant à une température d'environ 400° de l'eau contenue dans un tube de verre, qui était lui-même renfermé dans un canon de fusil. A cette température, l'eau suréchauffée attaque le verre qui est un silicate de potasse ; elle en sépare de la silice cristallisée en prismes hexagonaux terminés par des pyramides à six faces ; les prismes ont leurs pans marqués de stries perpendiculaires à leur hauteur ; ces cristaux, malgré leur petitesse, sont identiques à ceux de la nature.

Comme nous n'avons à parler que des pierres utilisées dans l'ornementation, nous ne pouvons que mentionner les explications que M. Daubrée a tirées de ses nombreuses expériences pour la formation des filons.

Sainte-Claire Deville et Caron. — Leur procédé consiste aussi à mettre en présence dans un espace confiné des matières volatiles. Ces matières en se rencontrant réagissent l'une sur l'autre, et donnent naissance à des combinaisons solides, qui se trouvent dans des circonstances favorables à la cristallisation. Au fond d'un creuset de charbon enfermé lui-même dans un creuset d'argile, ces savants expérimentateurs introduisent du fluorure d'aluminium ; au-dessus du creuset ils assujettissent une petite coupelle de charbon remplie d'acide borique. A une haute température l'acide borique émet des vapeurs, et le fluorure d'aluminium, également volatilisé, cède son fluor au bore, son aluminium à l'oxygène de cet acide. Il se forme ainsi du fluorure de bore qui se dégage sous la forme de gaz et de l'alumine qui se dépose sur la capsule plate de charbon. En modérant le dégagement des vapeurs, on voit se développer des cristaux de corindon incolore de plus d'un centimètre de large, mais très minces. Pour produire le rubis, on n'a qu'à mêler au fluorure d'aluminium un peu de fluorure de chrome. L'addition du fluorure de chrome en plus ou moins grande quantité donne tantôt du rubis, tantôt du saphir. On obtient même au moyen du chrome des cristaux verts d'émeraude orientale ou corindon à couleur de chrome sur les bords du creuset, où se concentre le fluorure de chrome.

L'action de la silice sur du fluorure de zirconium, ou l'action inverse du fluorure de silicium sur de la zircone terreuse déterminent également la production de petits cristaux de zircon. Au moyen de fluorure de glucinium mêlé à celui d'aluminium, MM. Sainte-Claire Deville et Caron ont formé de la cymophane.

Fremy et Feil. — Si on chauffe au rouge vif un aluminate fusible avec une substance siliceuse, la silice forme avec la base unie à l'alumine un silicate fusible, et l'alumine qui s'en dégage lentement cristallise. MM. Fremy et Feil mettent dans un creuset de terre réfractaire un mélange à poids égaux d'alumine et de minium; ils calcinent au rouge vif un temps suffisant. Dans le creuset après refroidissement, on trouve deux couches : une vitreuse de silicate de plomb; l'autre cristalline, qui présente souvent des géodes remplies d'alumine. Les parois du creuset fournissent la silice. Aussi on opère dans un double creuset. On a ainsi du corindon blanc. Pour avoir du rubis, on ajoute 2 à 3 pour 100 de bichromate de potasse. Le saphir est coloré par un peu de colbat ajouté à du bichromate.

Le rubis se présente en masses volumineuses, formées de belles tables, larges, de riche couleur, souvent transparentes.

Le rubis est donc réellement reproduit en grand. Le commerce s'est ému de ce beau succès, qui dépassait ceux déjà obtenus par MM. Sainte-Claire Deville et Caron. Certes, le rubis de M. Fremy et Feil, a, comme les précédents, un haut intérêt scientifique; mais, bien que la reproduction en soit complète, et qu'il ne manque à cette pierre sortie d'un creuset ni la couleur, ni les qualités de forme, d'éclat, de dureté, de densité, ni enfin les qualités optiques du corindon, cependant elle n'a pas l'épaisseur des pierres naturelles; c'est que la nature a du temps devant elle, et son vaste laboraratoire, tandis que le savant le plus désintéressé, borné par l'espace et par le temps, veut au moins voir son œuvre.

Desprez. — Les essais de reproduction du diamant ont été moins heureux. Il est vrai que Despretz a eu l'idée ingénieuse d'entretenir pendant un mois dans un espace à air raréfié la lumière d'un arc voltaïque produite par un fort courant d'induction, en prenant pour pôle positif une tige de charbon, pour pôle négatif une tige de platine. De cette façon le courant électrique emmène le charbon du pôle positif et en recouvre le pôle négatif, comme d'une couche noirâtre. C'est dans cet enduit qu'on a observé au microscope de très petits cristaux capables, dit-on, de polir le rubis. Nous comptons étudier de plus près cette expérience.

Toutes les tentatives ont échoué jusqu'ici. Les matières obtenues par Cagniard de Latour, par Gannal, n'étaient point du carbone.

Hautefeuille. — M. Hautefeuille a reproduit le quartz

en maintenant de la silice amorphe pendant plusieurs centaines d'heures dans du tungstate de soude porté à la température de 750° (1).

Friedel et Sarrazin. — MM. Friedel et Sarrazin viennent de le former dans des conditions plus analogues à celle de la nature, en maintenant pendant 38 heures à une température inférieure au rouge sombre, dans un tube d'acier garni intérieurement d'un tube de platine, en présence de leau, un mélange de potasse, d'alumine précipitée et de silice gélatineuse (2).

Nous mentionnerons enfin les masses cristallines d'orthose obtenues par MM. Fouqué et Michel-Lévy au moyen du même feldspath fondu.

IMITATION DES PIERRES PRÉCIEUSES

Depuis la plus haute antiquité, ces imitations se sont transmises d'âge en âge; elles ont eu de tout temps la même base, c'est-à-dire le verre coloré par des oxydes métalliques.

Les chimistes modernes emploient comme verre du strass fabriqué au moyen de 100 parties cristal de roche, 135,3 minium, 53,1 potasse caustique à l'alcool, 6,8 borax calciné, 0,3 arsenic. Tels sont les éléments d'un strass propre à l'imitation des pierres précieuses, d'après Douanet-Wielland. Son nom lui vient de son inventeur Joseph Strasser.

Les anciens, comme nous l'avons dit plus haut, savaient faire du verre coloré.

(1) *Bull. Soc. minéralogique de France*, t. I, p. 1.
(2) *Ibid.*, t. II, p. 113.

Les plus célèbres artistes en ce genre étaient ceux d'Alexandrie. Il y en eut des fabriques à Rome sous Néron ; mais leurs produits ne valaient pas ceux de l'Égypte, surtout au point de vue de la transparence et de la solidité.

Klaproth et John ont analysé un assez grand nombre de verres provenant de tombeaux et de monuments égyptiens.

Uue pâte vitreuse d'un rouge de cuivre contenait : silice 71, oxyde de plomb 14, oxyde de cuivre 7,5, oxyde de fer 2,5, alumine 1, chaux 1,5.

Un verre transparent d'un bleu de saphir renfermait 9, 5 pour 100 d'oxyde de fer avec 0, 5 pour 100 d'oxyde de cuivre. Dans un verre bleu opaque, c'était l'oxyde de cuivre qui dominait, sans trace de cobalt. Cependant les anciens employaient aussi le cobalt pour obtenir des colorations bleues, comme l'attestent les analyses qui ont été faites de verres trouvés à Thèbes, en Égypte et à Pompéi. Ils obtenaient le violet avec l'oxyde de manganèse, Ils savaient donc déjà que le plomb donne au verre un éclat gras, adamantin, un pouvoir dispersif considérable, qui le rend tout-à-fait propre à jouer les pierres précieuses ; ils savaient aussi que le strass paie toutes ces qualités brillantes par un défaut de dureté qui lui fait perdre rapidement son poli lorsqu'il a été taillé ; il n'a en effet que 6 au maximum pour dureté.

Pline disait qu'on peut distinguer une pierre fausse d'avec une vraie, en la frottant sur une plaque de fer ou contre une lime, et que la pierre noble résiste à cette épreuve, tandis que le verre est fortement attaqué.

Pendant de longs siècles, cet art a fait peu de progrès. De nos jours, des verriers instruits l'ont remis en honneur. Les recettes pour colorer le verre sont les suivantes : à

1000 parties de strass on ajoute pour la coloration en améthyste 8 parties oxyde de manganèse, 15 oxyde de cobalt, 0,2 pourpre de cassius; pour donner la couleur du saphir 5,5 d'oxyde de cobalt; 10 d'oxyde de cuivre, et 0,25 d'oxyde de chrome pour obtenir le verre émeraude; 40 de verre d'antimoine et 2 de pourpre de Cassius pour produire le jaune de topaze. Pour le verre appelé rubis, au strass on ajoute 2 pour 100 de pourpre de Cassius ou de chlorure d'or. On laisse le mélange pendant 30 heures dans un four de potier. On le retire jaune; mais, quand on le réchauffe lentement, sans arriver au ramollissement, on voit le rouge apparaître. Une très petite quantité d'or donne un verre rougeâtre à reflets azurés.

La couleur du grenat syrien est imitée au moyen de 500 parties de verre d'antimoine, 4 de pourpre de Cassius, 4 de peroxyde de manganèse mêlés à 1000 de strass.

Pour le rouge de cuivre ancien, à l'oxyde de cuivre on ajoute de l'oxyde d'étain, qui empêche le cuivre de passer au degré d'oxydation où il colore en vert.

La couleur noire est donnée au verre par un mélange d'oxyde de fer, de cuivre, de cobalt, de manganèse, ou mieux par du sesquioxyde d'iridium.

Les pâtes opaques se font avec du strass auquel on ajoute de l'oxyde d'étain; on a ainsi une sorte d'émail qu'on colore. La couleur turquoise est donnée par 3 pour 100 d'oxyde de cuivre avec traces d'oxyde de cobalt et de manganèse. La pâte à corail rouge s'obtient en ajoutant 6 pour 100 d'oxyde de fer et un peu de cuivre sulfuré.

Pour imiter l'opale, on ajoute de la cendre d'os, environ 5 pour 100, à du strass fondu, ou du chlorure d'argent.

Pour reproduire l'aventurine, à du verre à glace,

2,000 parties, on mêle nitre 200; peroxyde de fer 60; battitures de cuivre 115 (Hautefeuille).

Feil, Gaudin. — En 1869, MM. Feil et Gaudin présentèrent chacun de leur côté, le même jour (1), à l'Académie des sciences des verres beaucoup plus durs que le strass employé jusqu'alors pour contrefaire les pierres précieuses.

Ces verres ne sont plus à base de plomb; ce sont des silicates d'alumine. La silice, comme le fait observer M. Gaudin, donne la ductilité; l'alumine, la dureté. D'après cet habile chimiste, aux températures élevées auxquelles il faut recourir pour fondre ces silicates, le manganèse et le nikel déterminent la coloration en jaune orangé, le chrome colore en bleu céleste un peu verdâtre, au feu réducteur, en vert sombre en quelque sorte enfumé au feu oxydant. Quant au cuivre, il procure toutes les nuances.

Nous devons à M. Feil, lui-même, les détails suivants sur ses procédés. Les saphirs sont des silicates d'alumine et de magnésie colorés par le cobalt. La densité de ces pierres est de 3,25; la dureté, à près celle du quartz; elles raient les faces polies des pyramides du cristal de roche.

Le rubis n'en diffère que par la matière colorante qui est un oxyde de chrome.

M. Feil obtient une matière qui imite l'émeraude à s'y méprendre en employant un mélange de feldspath et de béryl de Limoges, auquel on ajoute environ 8 pour 100 de fluorure de barium.

Le savant Verrier a donné au Muséum d'histoire naturelle de jolis échantillons de grenat, d'émeraude, d'améthyste, de

(1) *Comptes rendus, Acad. sc.*, 1869, vol. LXIX, p. 1342.

saphir artificiel. Ces verres sont taillés; ils ont un éclat très vif; on pourrait facilement les confondre au premier abord avec des pierres naturelles. En regardant une bougie à travers la table et la culasse, on voit autant d'images de la bougie qu'il y a de facettes; toutes ces images sont entourées d'étoiles à 6 branches, qu'on appelle astéries, et qui dénotent évidemment une texture fibreuse de la masse. Les images données par chaque facette sont simples, et ne s'éteignent pas quand on interpose entre l'œil et la pierre (ou verre qui l'imite) une tourmaline, quelle que soit la position qu'on donne à celle-ci. En un mot, toutes ces pierres ont la réfraction simple, tandis que l'émeraude, le saphir, l'améthyste ont la réfraction double. Le grenat ne présente aussi que la réfraction simple; mais il a une densité plus forte, et enfin, ces pierres précieuses artificielles, bien qu'à peu près aussi dures que le quartz, sont un peu moins dures que les naturelles, et sont rayées par ces dernières.

Pierres doublées. — Nous ne croyons pas utile de prévenir le lecteur que certaines pierres taillées ne sont vraies qu'en partie. On appelle demi-doublées celles qni n'ont que la couronne en vrai, et dont le dessous est en verre ou en pierre de nature et de valeur moindres.

Autres contrefaçons. — Quelques-unes consistent en morceaux de verre taillés renfermant dans leur épaisseur des fragments de pierres vraies, de métaux ou de papier de gélatine coloré. On y a introduit jusqu'à des liquides à coloration vive. On entoure quelquefois de feuilles d'un métal coloré naturellement ou par une peinture la ceinture d'un morceau de verre taillé à facettes. Quand on a ces contrefaçons dans les mains, on peut, en regardant à travers la matière dans différents sens, voir que sa couleur change suivant l'inclinaison. Quelquefois, en les mettant dans l'eau, on les voit se diviser en fragments après la dissolution du mastic qui en unissait les parties.

Les métaux colorés s'emploient surtout pour le simili-brillant, verre qui imite le diamant, et dans la fabrication duquel on fait entrer tant de plomb, qu'il est facilement altérable à l'air.

Enfin, on fabrique aujourd'hui un strass auquel une certaine quantité de thallium communique un pouvoir biréfringent, un pouvoir dispersif, et par suite un éclat et des feux qui rivalisent avec ceux du carbone cristallisé, c'est-à-dire de la pierre sans rivale. Mais ce strass n'est que du verre, et le diamant a toujours sa dureté qui lui garantit son éclat et sa place exceptionnelle parmi les plus jolies matières produites par la nature.

Nous ne regardons pas comme contrefaçons ces changements de couleur qu'on peut faire subir aux pierres en les soumettant à des températures élevées. Nous en avons suffisamment parlé en décrivant les diverses espèces minérales (voyez *Agates, Quartz, Topaze, Corindon, Diamant*). Nous rappellerons seulement que les diamants décolorés de cette façon reprennent généralement leur couleur au bout de peu de temps.

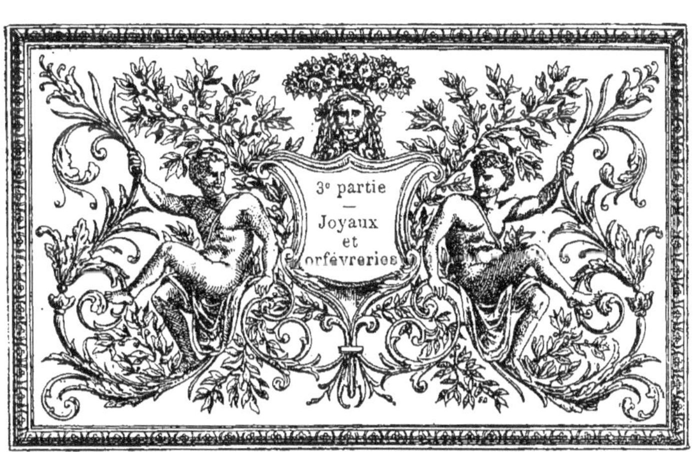
3e partie
—
Joyaux
et
orfévreries

BIJOUX ET JOYAUX

ORFÈVRERIES

PREMIÈRE SECTION

ORFÈVRERIE ANCIENNE

Temps préhistoriques. — Le mot *bijou* éveille en nous l'idée d'une chose précieuse, autant par la finesse et la recherche du travail que par la valeur de la matière employée. Si, cependant, écartant cette interprétation un peu absolue, nous cherchons le sens véritable de ce mot, c'est la destination de l'objet et l'usage qu'on en fait qui nous le donnent.

Il est excessivement flatteur pour l'industrie de la bijouterie que les qualités qu'on a coutume d'admirer dans ses ouvrages aient pu faire adopter le nom dont on les appelle comme un synonyme de l'idée de perfection ; mais nous ne voyons là qu'une sorte d'abus coutumier qui ne doit pas nous faire oublier les commencements et les origines.

Bien certainement, les premières parures, si grossières qu'elles puissent avoir été, représentaient, aux yeux de ceux qui en faisaient usage, l'idéal du beau. Bien certainement aussi, tel bijou sorti de nos ateliers modernes trouve acquéreur, qui ne soutiendrait pas la comparaison avec les rudimentaires conceptions de nos premiers pères.

Il résulte de ces observations que nous ne pouvons discuter sur le fini plus ou moins parfait d'un objet, sur sa valeur plus ou moins grande, pour savoir s'il appartient à la catégorie des bijoux, ou s'il doit en être écarté. Le voulût-on, d'ailleurs, qu'il serait impossible de déterminer, même d'une façon imparfaite, la limite précise qui servirait à établir ce classement. L'expérience qui en a été faite, lors des expositions industrielles, l'a suffisamment démontré. Voici, au surplus, la nomenclature des produits compris dans la classe 39 (bijouterie-joaillerie) et qui figuraient à l'Exposition universelle de 1878, à Paris :

Les objets d'art en matières précieuses, les joyaux en diamants, perles et pierreries, les bijoux d'or, d'argent, de doublé d'or, de cuivre doré, d'acier, ceux en fil de fer, en corail, en jaïet, en jais ou verroterie, en écaille, en ivoire, en nacre, en buffle, en bois durci, en étain et même en plumes d'oiseau.

Ces matières ne sont certainement pas toutes également riches, et on peut affirmer, sans témérité, que les pièces exposées dans les vitrines n'atteignaient pas toutes le dernier degré de la perfection. Nous sommes donc conduits logiquement à considérer comme bijouterie tous les objets qui ont servi de parures et d'ornements aux peuples les plus anciens, et à les examiner au même titre que ceux qui de nos jours se fabriquent en nacre et en bois durci et que ceux qui, aussi précieux par la matière employée que par le travail, servent à la toilette de nos dames élégantes.

Un des premiers penchants de l'homme, même à l'état sauvage, est de chercher à se couvrir d'ornements. Ces ornements, empruntés aux trois règnes de la nature, doivent avoir été d'abord un signe de la force, de la puissance et de la richesse, et, à ce titre, être restés pendant un temps l'apanage exclusif du sexe fort. La femme, asservie à des travaux que son maître dédaignait, ne pouvait prétendre à l'honneur de se parer.

A mesure que des civilisations primitives commencèrent à s'ébaucher, la richesse relative s'augmenta, la hiérarchie s'établit, et celui qui sut devenir le maître des autres fut le plus chargé d'ornements. La somme qu'il en posséda devint bientôt assez considérable pour qu'il pût en couvrir ses armes, ses chevaux et ses femmes. Il donnait ainsi la mesure de sa supériorité, et l'affirmation de son orgueil fut le premier titre de richesse de la femme. En réalité, ces ornements allaient ainsi à leur véritable destination, qu'ils n'ont pas quittée depuis. L'influence féminine dut les modifier et leur faire perdre une partie de leur rudesse primitive. A son contact et sous son inspiration, ils durent acquérir les qualités de grâce et de légèreté.

Parmi tous les corps qui, par leur forme, leur éclat ou leur couleur, pouvaient servir à l'usage de la parure, l'or dut être un des premiers employés. La nature, qui semble avoir voulu cacher tous les autres métaux en les laissant à l'état de minerai, et en les enfouissant dans les profondeurs de la terre, a donné à celui-ci ses propriétés métalliques définitives et a pris soin de le répandre à la surface du sol. L'homme n'eut donc qu'à le ramasser.

Sans nul doute, ses yeux furent ravis, sa satisfaction fut grande, à la première découverte qu'il en fit. Ce beau ton jaune, riche et chatoyant, qui nous charme encore si puissamment, qui est resté et qui restera un signe parlant des plus grandes magnificences de la nature, dut magnétiser ce sauvage par son rutilant éclat. Il le suspendit tout simplement après lui. Voilà le premier bijou d'or, une pépite.

La malléabilité et la ductilité de l'or ne tardèrent pas à être découvertes. Quelques-uns durent trouver le moyen de l'aplatir et de l'allonger en le frappant; puis de le contourner autour du bras, autour du cou, autour de la tête. D'où il résulterait que le premier outil de l'orfèvre fut le marteau, marteau de pierre probablement, car l'homme que nous venons d'entrevoir le cou et les bras cerclés d'or et le front ceint d'un diadème, ne connaît pas encore les autres métaux. Les objets à son usage sont en terre, en pierre, en bois, en corne, en os, en arêtes de poisson. Mais ils s'augmenteront bientôt et se modifieront, sous l'influence de sa nouvelle découverte. On cherchera à tirer tout le parti possible du seul métal connu. Il ne peut servir à fabriquer des armes, il est trop mou pour cela; tout au plus peut-il servir à les orner. On l'emploiera à tous les besoins de la vie civile. A un moment donné, la plus grande partie des objets mobiliers seront en or, même ceux destinés aux usages les plus vulgaires. L'homme accoutumé à s'en voir entouré dans son intérieur, au moment du repos, sera naturellement amené à associer dans son esprit l'idée de paix à l'usage de l'or.

Et plus tard, lorsque l'airain et le fer auront servi à dépouiller ceux qui jouissaient paisiblement de ces biens, le souvenir qu'il en restera, dans la mémoire de nos pères, ne pourra-t-il pas devenir, par une ellipse naïve et charmante, celui de l'*Age d'or*?

Tous les historiens s'accordent à dire que l'art de travailler l'or est un des plus anciens. Ce métal, le plus parfait de tous, semble avoir été placé sous les yeux de l'homme et à portée de sa main, par une paternelle providence qui aurait craint de l'embarrasser, en le mettant tout d'abord aux prises avec un minerai quelconque. Elle lui fit faire en quelque sorte un apprentissage facile, avant de le conduire à s'élancer plus loin. En effet, les premiers essais de fusion, de martelage et de tréfilage durent être faits sur l'or. Et lorsque successivement les autres métaux furent connus, l'homme n'eut plus à vaincre que les difficultés inhérentes à la substance de chacun d'eux. Les procédés généraux étaient découverts.

Ainsi que tout le monde le sait, l'or natif n'est pas pur. On le trouve mélangé à une certaine quantité d'argent qui peut varier entre six et vingt pour cent, suivant les contrées. C'est dans cet état que les premiers artisans durent l'employer. Ils n'avaient aucune raison de chercher à le modifier; en eussent-ils eu, que les moyens et la connaissance des moyens leur manquaient.

Les premiers bijoux durent être faits de lames martelées et de fils contournés et entrelacés, mais toujours d'un seul morceau d'or. On ne découvrit sans doute que beaucoup plus tard la soudure qui permet de réunir entre elles, et avec une adhérence absolue, toutes les parties qui peuvent servir à composer une pièce compliquée. La plus ancienne tentative de gravure, pour décorer la surface de l'or, semble avoir été faite sur le métal battu très mince, à l'aide d'une pointe qui n'enlevait pas la matière, mais qui la gaufrait en quelque sorte, et qui faisait paraître en relief, par devant, le tracé qui avait été exécuté en creux par derrière.

Il y a, au musée du Louvre, une petite plaquette d'or recouvrant un scarabée, qui représente un spécimen curieux de ce travail. Le dessin en est enfantin, la conception étrange, l'exécution très fine. Rien n'y révèle l'emploi nécessaire d'un outil en acier. Il est vraisemblable que le relief a été obtenu à l'aide d'un petit traçoir, qui pouvait être aussi bien une arête de poisson qu'un style d'ivoire ou un éclat de pierre. Ce bijou est au nom du roi Ménès, de la première dynastie. Il aurait donc cinq mille sept cent soixante-dix neuf ans. Il toucherait aux temps préhistoriques que nous venons de chercher à reconstituer hypothétiquement, et au point de vue des seules origines de l'orfèvrerie. Bien que l'authenticité n'en soit pas absolument démontrée, la classification dont il a été l'objet suffit pour indiquer que, par ses caractères, il remonte à la plus haute antiquité (fig. 230).

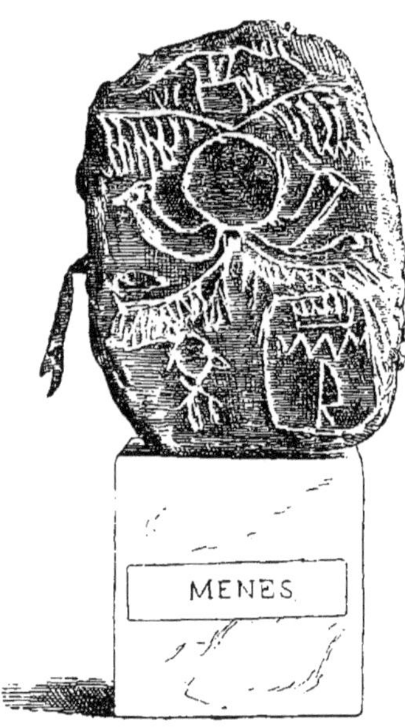

Fig. 230. — Plaquette d'or recouvrant un Scarabée (Musée du Louvre).

Égyptiens, Grecs, Romains. — C'est dans leur ensemble qu'il faut juger les parures exposées au musée Égyptien du Louvre. Le classement chronologique ne paraît pas encore en avoir été fait complètement, tout au moins pour l'usage du public. Peut-être manque-t-on de notions précises pour cela. Nous sommes donc en présence d'une collection résumant, sans ordre déterminé, les quarante siècles qui se sont écoulés depuis la première jusqu'à la dernière dynastie, en passant par la renaissance Saïte.

Elle nous laisse voir, à côté de colliers en verres et en terres émaillées, des intailles sur pierres dures gravées d'une façon remarquable. L'inscription hiéroglyphique que porte chacune d'elles nous révèle son âge. Il y en a aux noms d'Aménophis II, d'Aménophis III et de Ramsès II, d'autres datent du grand règne de Touthmès III. Une sardoine plus ancienne encore forme le chaton d'une bague. La gravure représente le roi Amenemha III (douzième dynastie) terrassant un guerrier. Cet ouvrage nous fait connaître que les Égyptiens possédaient l'art de graver la pierre fine, près de deux mille ans avant l'ère chrétienne.

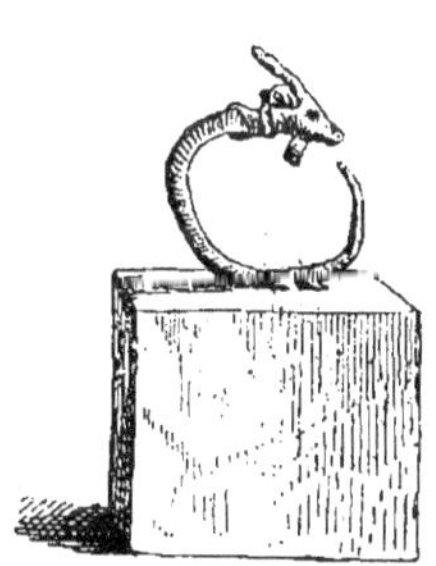

Fig. 231. — Anneau d'oreille à tête d'Antilope. (Musée du Louvre.)

Nous y voyons encore un sphinx royal de bronze incrusté d'or, dont le travail date de onze cents ans avant Jésus-Christ, un grand nombre d'amulettes en pierres gravées, de petits animaux (fig. 231), de mignonnes statuettes très fines, des sceaux gravés en creux dans l'or, parmi lesquels il faut remarquer un lion en marche d'un style admirable (dix-huitième dynastie.)

Les Égyptiens faisaient une sorte de mosaïque composée de pierres presque toujours opaques et de couleurs variées, jaspes, jades, cornalines, lapis, etc., qu'ils tail-

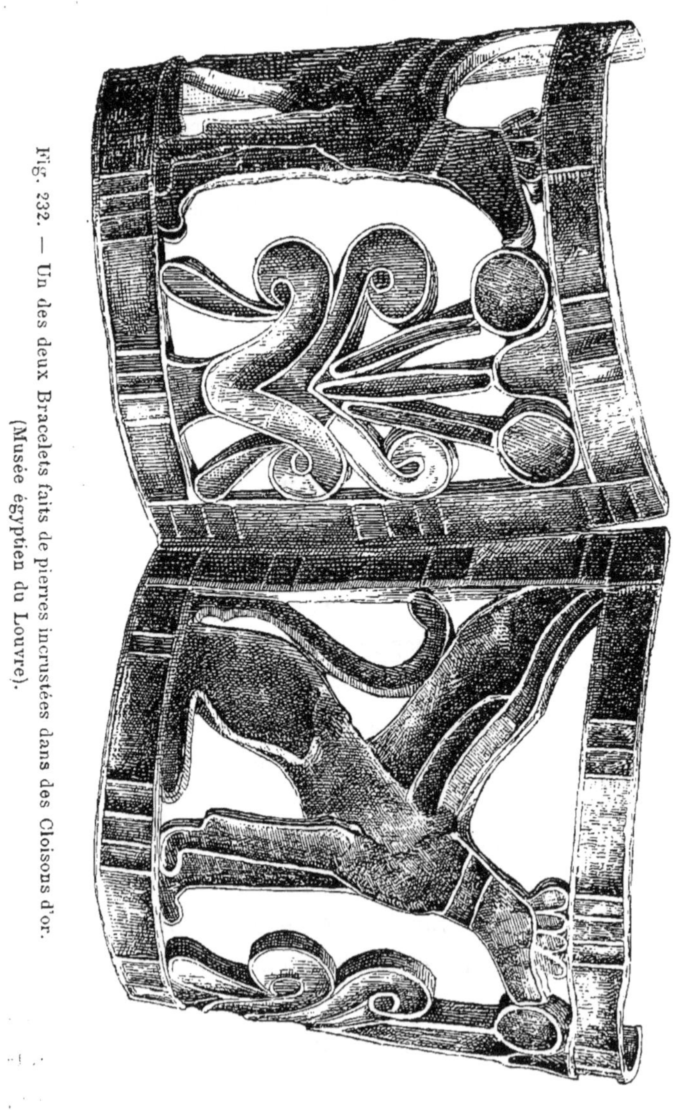

Fig. 232. — Un des deux Bracelets faits de pierres incrustées dans des Cloisons d'or. (Musée égyptien du Louvre).

laient et incrustaient dans des dessins formés par des cloisons d'or (fig. 232). Deux fort beaux bracelets larges ouvrant à charnières, un pectoral en forme de naos, dans lequel sont juxtaposés un vautour et un uræus au-dessus duquel plane un épervier, deux autres éperviers et quelques objets encore, offrent des spécimens précieux de cette ingénieuse fabrication. Ils exécutèrent ensuite le même travail avec des verres colorés. Plusieurs archéologues affirment que plus tard encore, sous les Ptolémées, ils surent fondre l'émail dans les alvéoles mêmes. C'était l'émail cloisonné.

Ils fabriquaient, en pâtes de verre diaprées, de grandes quantités d'objets destinés à la parure; ils recouvraient de certains émaux opaques des pierres préalablement sculptées, particulièrement des schistes. Ils faisaient, en or, des chaînes-cordons aussi fines, aussi souples que nos chaînes modernes. Ils connaissaient les procédés d'estampage et savaient réunir deux estampes et les assembler par la soudure, afin d'obtenir une forme de ronde-bosse. Ils savaient faire des moules, y couler l'or et réparer les pièces. Ils fabriquaient également des vases et des coupes en or. Ils façonnaient et polissaient les coraux, les lapis, le basalte, le spath, les jaspes, les cornalines, les onyx, les pierres à sardoines et le cristal de roche. Enfin, ils gravaient des pierres à deux couches de façon à obtenir le dessin d'une autre couleur que le fond. Ce sont les premiers camées.

Un collier, dont les motifs sont obtenus par les procédés de l'estampage, nous semble avoir un grand air de famille avec les bijoux que nous rencontrerons plus tard chez les Grecs et chez les Étrusques, et deux ou trois essais timides de l'emploi des fils et des grains peuvent nous faire supposer que ce fécond pays a été aussi le berceau du filigrane, bien que les archéologues soient à peu près d'accord pour en attribuer l'invention aux orfèvres phéniciens (1).

Homère nous apprend que de son temps l'or ne valait que onze fois le prix du bronze (2). Or le bronze vaut actuellement deux francs le kilogramme en moyenne, et l'or trois mille francs (3).

(1) Nous trouvons dans le rapport qu'a fait M. Alexandre Castellani, de Rome, à propos de la bijouterie à l'Exposition universelle, une si ingénieuse définition de l'origine des travaux en grenailles d'or, que nous ne pouvons résister au plaisir de la citer :

« On peut admettre, comme principe, que toutes les sociétés primitives tirèrent leurs ornements des éléments mêmes que leur fournissait la nature au milieu de laquelle elles vivaient. Ainsi les Égyptiens, entourés d'une végétation marécageuse, trouvèrent dans la fleur de lotus le point de départ de leur vaste système d'ornementation. Les Chinois, les Japonais et les Indiens copièrent les belles fleurs et les oiseaux de l'Asie, et les adaptèrent admirablement à la décoration de la céramique, des étoffes, des laques et des métaux.

Depuis quelques années déjà, je me demandais, en étudiant les travaux de grenailles d'or, dans les différents musées, quel pouvait être le type originel qui en avait suggéré l'idée aux Phéniciens et aux Étrusques. Ayant eu récemment l'occasion de lire un ouvrage important, publié par les soins du gouvernement anglais, sur les oursins fossiles, je trouvai dans les espèces dénommées dryades et hamadryades la solution du problème. Par le fait, il est assez naturel que les premiers habitants des côtes de la Méditerranée, dans leurs courses sur la mer, trouvassent intéressantes et jolies ces coquilles bigarrées de différentes couleurs et pointillées en relief, qu'ils ramenaient accrochées après les mailles de leurs filets. Il est encore plus naturel que leurs femmes s'ornassent, au commencement, avec ces produits de la mer, tels qu'ils les trouvaient, et qu'ensuite les orfèvres les aient copiés, en imitant avec de petits grains d'or placés sur les bijoux, les dessins harmonieux formés par leurs aspérités. »

(2) « ... Or pour airain, le prix d'une hécatombe contre la valeur de neuf bœufs. » (*Iliade*. ch. VI.)

(3) L'or fin vaut actuellement 3,465 francs le kilogramme. Nous prenons le prix de 3,000 francs comme chiffre correspondant au titre de l'or qu'employaient les anciens.

S'il est permis de juger des changements successifs qui ont dû avoir lieu avant Homère, dans le rapport du prix des métaux entre eux, par ceux qui se sont produits depuis son époque, on est conduit à penser qu'avant lui, l'or devait avoir une valeur relative bien moindre encore, et nous ne pouvons nous empêcher de constater combien ce fait vient corroborer l'hypothèse que nous avons risquée dès le début, concernant l'abondance de l'or et l'absence ou la rareté des autres métaux, pendant la première période du séjour de l'homme sur la terre.

On ne sera donc pas étonné, à la suite de l'observation qui précède, de voir que les orfèvres des temps héroïques employaient conjointement l'or et l'étain comme élément décoratif.

La cuirasse d'Agamemnon avait dix bandes d'acier *noir*, douze d'or et vingt d'étain. Sur le bouclier d'Achille, nous voyons représentée une belle vigne d'or surchargée de raisins. Les grappes qu'elle portait étaient *noires*. Des échalas d'argent la soutenaient dans toute son étendue. Elle était entourée d'un fossé de *couleur sombre* que fermait une barrière d'étain. Puis un troupeau de génisses aux cornes relevées; elles étaient d'or et d'étain; le berger était d'or, etc., etc.

La description si vivante, si détaillée de ce bouclier nous transporte dans un milieu remarquablement industriel. Homère est un peintre fidèle. Tout indique chez lui la plus entière et la plus naïve bonne foi. Si le bouclier d'Achille n'a pas existé, d'autres évidemment avaient été fabriqués, dont les qualités lui ont fourni le type du chef-d'œuvre qu'il décrit. Il paraît donc certain qu'au temps d'Homère, les Grecs poussaient déjà très loin l'art de travailler les métaux. C'était, disaient-ils, Vulcain qui l'avait enseigné aux hommes, et ceux qui le pratiquaient s'appelaient fils de Vulcain.

Ce Vulcain travaillait indifféremment le fer et l'airain, l'étain, l'or et l'argent. Il était tout à la fois fondeur et forgeron, serrurier (1), armurier et orfèvre. Il avait fabriqué, avec l'aide des Cyclopes, les armes d'Achille et celles d'Énée, le collier d'Hermione et le sceptre d'Agamemnon. Il avait, seul dans sa retraite, au fond de l'Océan, forgé pour Thétis et Eurynome, qui lui donnaient asile, des agrafes, des bracelets, des épingles à cheveux et des colliers (2).

Cette variété de métiers réunis en une seule main n'a rien qui doive nous surprendre. Le fait en lui-même, quoique placé au milieu de récits fabuleux, est empreint d'un remarquable accent de vérité. Car c'est bien ainsi, avec leurs grands traits généraux que les industries ont dû prendre naissance. Les spécialités ne se sont dessinées que plus tard. Aussi les Grecs avaient-ils fait de Vulcain le dieu du feu et des arts qui s'exercent à l'aide du feu.

Quoi qu'il en soit, nous devons admettre que les orfèvres grecs, au xe siècle avant Jésus-Christ, étaient déjà fort habiles. On n'en peut douter après avoir lu la description du bouclier d'Achille, qu'il faut prendre, nous le répétons, pour une constatation du degré d'avancement où se trouvait l'art de l'orfèvrerie en Grèce, au temps où fut composée l'*Iliade*. Le soin méticuleux avec lequel les scènes qui y sont représentées sont décrites, ne nous laisse pas de

(1) « Junon se rendit dans la chambre que son fils Vulcain lui avait bâtie, et dont il avait assujetti les portes aux solides jambages, à l'aide d'*un fermoir secret* qu'aucune autre divinité ne pouvait ouvrir. » (*Iliade*, ch. XIV.)

(2) *Iliade*, ch. XVIII.

doute sur la précieuse recherche apportée à l'exécution ; il révèle surtout une grande justesse dans l'observation des mouvements, dans la vérité des attitudes et de l'expression.

Si nous ajoutons cette remarque, que, pour augmenter le charme et la clarté de sa composition, l'artiste a pris

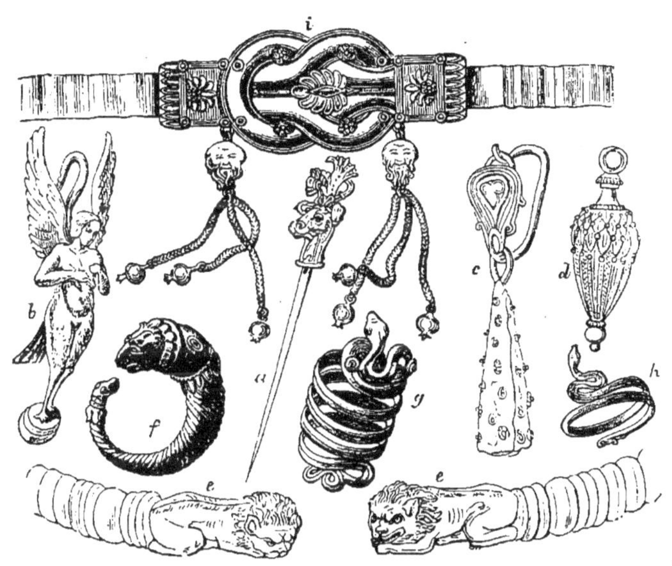

Figures 233 à 242.

a. — Épingle de cheveux.
b. — Boucle d'oreille en or trouvée à Ithaque (sirène tenant une flûte).
c. — Boucle d'oreille composée d'une massue suspendue à un anneau rehaussé d'un grenat syrien (trouvée à Panticapée).
d. — Idem, trouvée à Panticapée.
e. — Collier trouvé à Panticapée.
f. — Boucle d'oreille (tête de lion et serpent garnis de grenats).
g, h. — Bracelets trouvés à Ithaque.
i. — Ceinture trouvée à Ithaque.

soin d'opposer les uns aux autres les différents métaux, qu'il a su les colorer diversement et obtenir ainsi ces effets auxquels l'art moderne a donné le nom de patines, nous sommes forcés de convenir qu'aujourd'hui nous ne savons rien faire de plus.

Lorsque Homère décrit des bijoux à l'usage des femmes, ils sont pour la plupart en or (fig. 233 à 242). Cependant il nous dit que les boucles d'oreilles de Junon étaient à trois pierres, d'un travail achevé, qui dardaient un vif éclat. Les boucles d'oreilles à trois pierres étaient probablement un type préféré parmi les bijoux grecs de l'antiquité, car, dans l'*Odyssée*, nous les retrouvons une seconde fois, décrites comme faisant partie de la toilette d'une reine ou d'une princesse.

On doit croire que, dans les premiers temps de la civilisation grecque, les idées et les formes s'y sont beaucoup inspirées de l'Égypte. Nous retrouvons encore de petits colliers en verre composés de plusieurs couleurs. Les perles de ces colliers sont de la grosseur de petits pois et affectent la forme de cylindre écrasé du grain de maïs. D'autres ont l'aspect d'un granit à éléments incrustés et mélangés. Ils sont tous percés par le milieu, pour laisser passer le fil d'or ou d'airain qui les rassemblait au cou des matrones, car les jeunes filles grecques ne portaient pas de bijoux.

Les Grecs ornaient leur bijouterie de rosaces et de bordures faites de petits morceaux de pierres de couleur, d'émail ou de verre transparent lapidés à plat. Ils formaient ainsi de gracieux dessins qui furent réellement les premières mosaïques, car ils avaient supprimé les cloisons des Égyptiens. Ils savaient se servir du tour, pour rétreindre le métal et obtenir des pièces sphériques et creuses sans assemblage, opération qui, du reste, leur était rendue plus facile par la malléabilité de l'or presque pur qu'ils employaient. Ils repoussaient l'or et l'argent avec une admirable perfection. Les deux vases faisant partie de la découverte de Bernay, exposée au cabinet des Antiques et dont l'un représente l'enlèvement du Palladium, et l'autre les Bacchantes et les Centaures, ne peuvent donner qu'une idée incomplète du degré d'habileté qu'ils avaient atteint dans ce genre de travail, car ces pièces, probablement

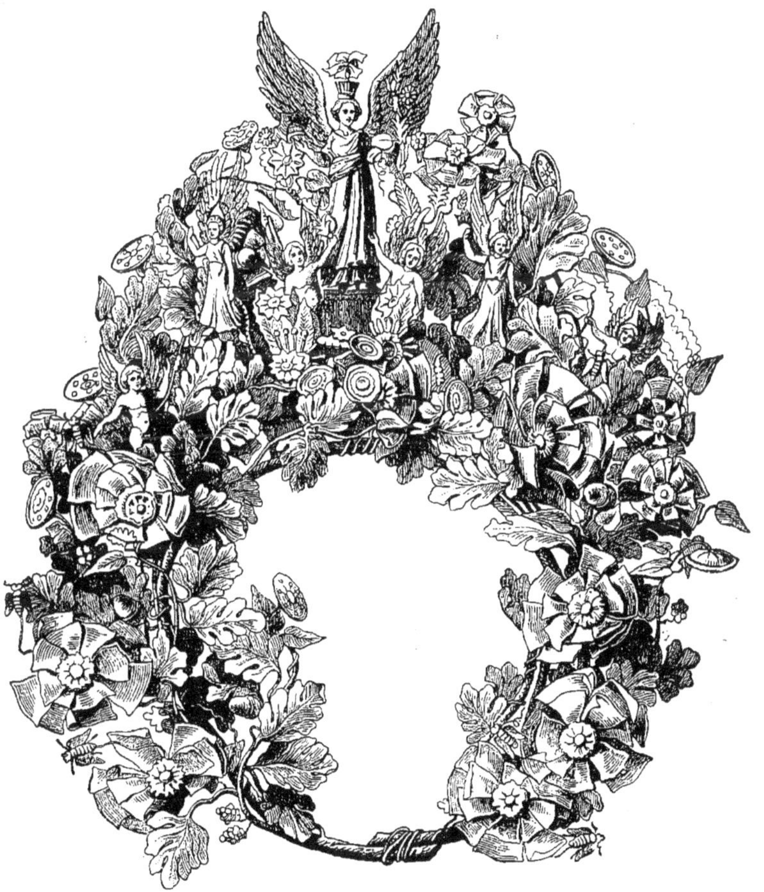

Fig. 243. — Guirlande d'or grecque trouvée à Armento.

exécutées au troisième ou au quatrième siècle de notre ère, se ressentent un peu de la décadence.

Il nous a été donné de contempler, entre les mains du savant archéologue M. Castellani, une des œuvres si rares de l'art grec pur, et nous avouons qu'elle était exquise et qu'elle dépassait en beauté tout ce que nous avons jamais vu dans ce genre. On y retrouvait toutes les qualités que nous admirons dans les métopes du Parthénon : la grâce et l'ampleur dans la composition, la pureté et l'élégance des profils, la suavité des contours, la nerveuse vigueur des premiers plans, quelquefois traités en plein relief, et si bien mis en valeur par la légèreté spirituelle avec laquelle sont indiqués les plans les plus reculés.

Nous regrettons de ne pouvoir donner à nos lecteurs le dessin de ce chef-d'œuvre, mais nous mettons sous leurs yeux une guirlande en or trouvée à Armento, formée d'un entrelacement de feuilles de chêne, de lierre et de myrte, au milieu de laquelle six génies montrent une déesse qui occupe le sommet de la composition (fig. 243). Il faut admirer dans cet objet la hardiesse et la liberté qui servaient de guide aux artisans d'alors. Deux bijoux trouvés à Ithaque (fig. *g* et fig. *h*) indiquent que les bracelets-serpents ne sont pas de moderne invention, et la ceinture de même provenance, à laquelle sont suspendus deux masques ornés de grelots, peut faire croire que la marotte date de bien loin (fig. 233 à 242).

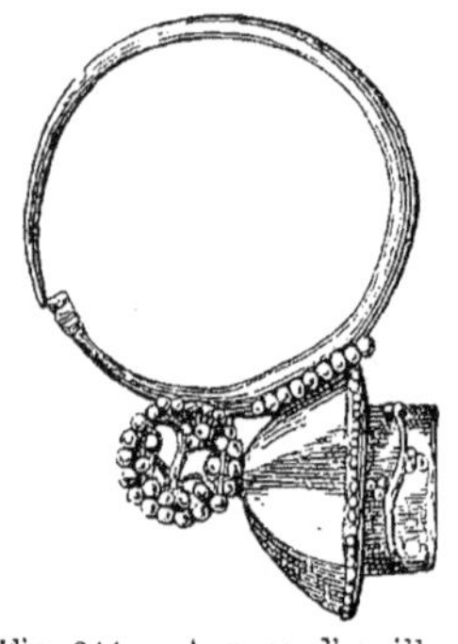
Fig. 244. — Anneau d'oreille en or (Cabinet des antiques, Bibliothèque nationale).

C'est par les Grecs que l'art de travailler l'or s'est propagé en Italie, de même que l'art, dans lequel ils excellaient, de graver les camées et les intailles. Du reste, le commerce et les échanges étaient si nombreux et si fréquents entre ces deux peuples, le Romain vainqueur et conquérant mettait tant de recherche à imiter les élégances de son vaincu, qu'il est difficile d'attribuer avec certitude à chacun d'eux la part qui lui revient. Aussi les bijoux de cette époque sont-ils ordinairement désignés, dans les collections, par la dénomination générale de grecs, étrusques et romains. La section des médailles et antiques, à la Bibliothèque nationale, possède des pendants d'oreilles et des bagues qui, avec la collection

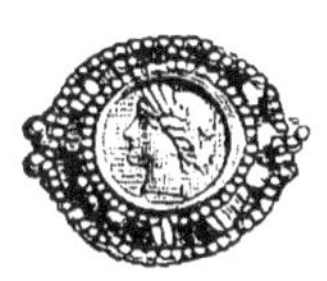

Fig. 245. —Chaton de Bague étrusque (Musée Campana du Louvre)

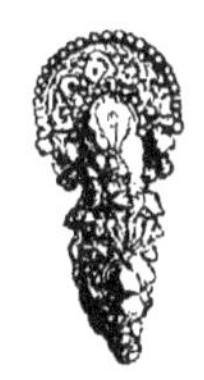

Fig. 246.— Boucle d'oreille en or (Musée Campana du Louvre).

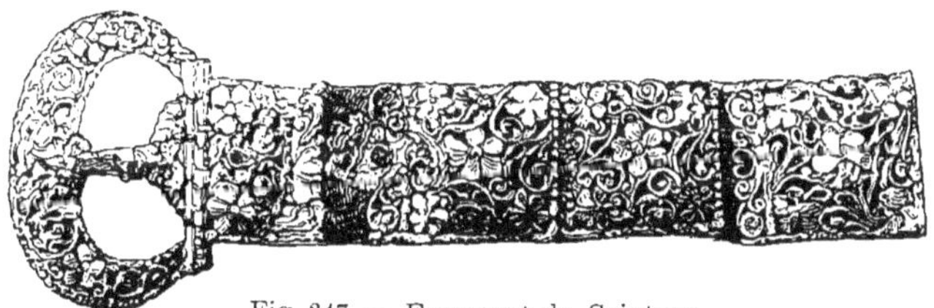

Fig. 247. — Fragment de Ceinture d'une dame romaine (Musée Campana).

dite Campana (fig. 244 à 246), Musée du Louvre, peuvent suffire à donner une idée de cette intéressante fabrication (fig. 247).

Les Italiens se servaient du gaufrage et de l'estampage (fig. 248), ils employaient aussi le tour pour fabriquer des pièces creuses et légères qu'ils décoraient fréquemment de filigranes.

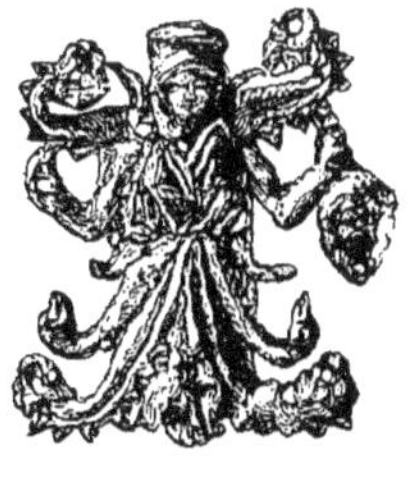

Fig. 248. — Estampe italo-grecque en or (Cabinet des Antiques).

Les filigranes, le mot l'indique, sont des ornements composés de fils et de grains disposés en cent manières, tantôt sur des fonds, tantôt indépendants, pour produire des dessins à jour. Souvent le fil est remplacé par deux fils très fins tordus ensemble en manière de corde. Cet élément, d'un effet plus riche que le fil simple, produit des tons mats qui font opposition à la surface unie sur laquelle il repose (fig. 249).

Ce que ces principes si élémentaires ont fourni de motifs de décoration au monde entier est prodigieux. Tous les peuples ont eu leur filigrane. Dans la Chine, au Japon, aux Indes, chez les nègres du Soudan (fig. 250), tout le long de la côte Barbaresque, en Espagne, en Portugal, dans la Scandinavie, le filigrane a été employé de temps immémorial, et, dans chaque contrée, avec une allure et un caractère particuliers. Mais il était réservé à la grâce italienne de dire le dernier mot de cet art exquis et charmant.

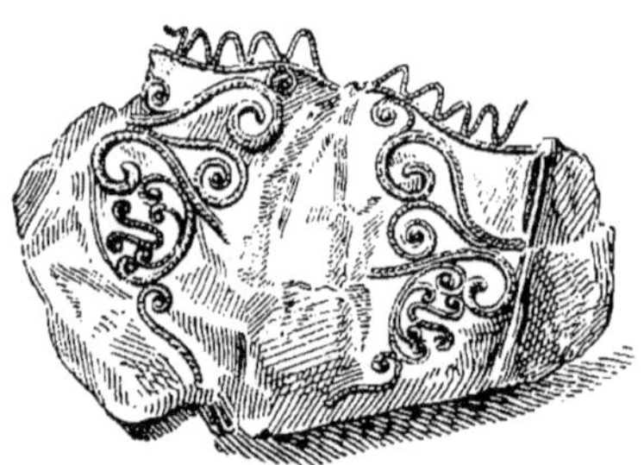

Fig. 249. — Fragment probable d'un bracelet d'or. Feuille mince ornée de filigranes, trouvée à Chypre (Musée de St-Germain.)

Les Étrusques et les Romains nous ont laissé, dans ce genre, des types impérissables qui réunissent des qualités extraordinaires de style, d'arrangement, de finesse et d'ingéniosité. Ils ont su, en opposant savamment, les uns aux autres, différents modes de travaux, et en obtenant des profondeurs calculées, à côté de reliefs mis en lumière, rompre la monotonie du ton de l'or (fig. 251). Quelquefois ils ont marié à leur travail un semis de petites perles en verres de couleur, qu'ils ont fixées à l'aide d'un fil, comme sur le mignon diadème qui est au musée du Louvre. Ils ont excellé dans l'art de travailler l'or au repoussé. Ils ont, comme les Égyptiens et les Grecs, employé les pâtes

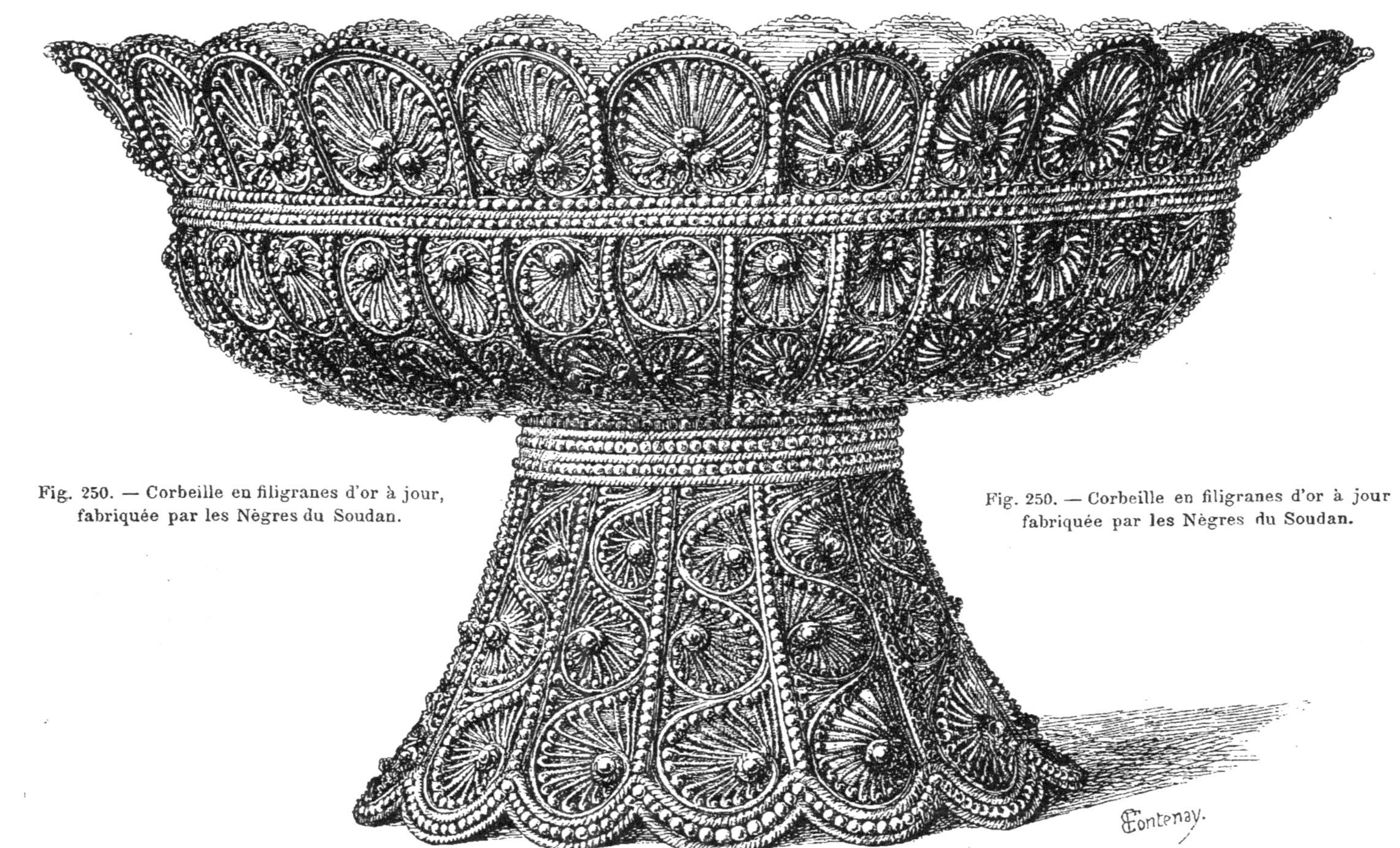

Fig. 250. — Corbeille en filigranes d'or à jour, fabriquée par les Nègres du Soudan.

Fig. 250. — Corbeille en filigranes d'or à jour fabriquée par les Nègres du Soudan.

de verre diaprées, pour composer des perles qu'ils enfilaient en colliers et en bracelets (fig. 252).

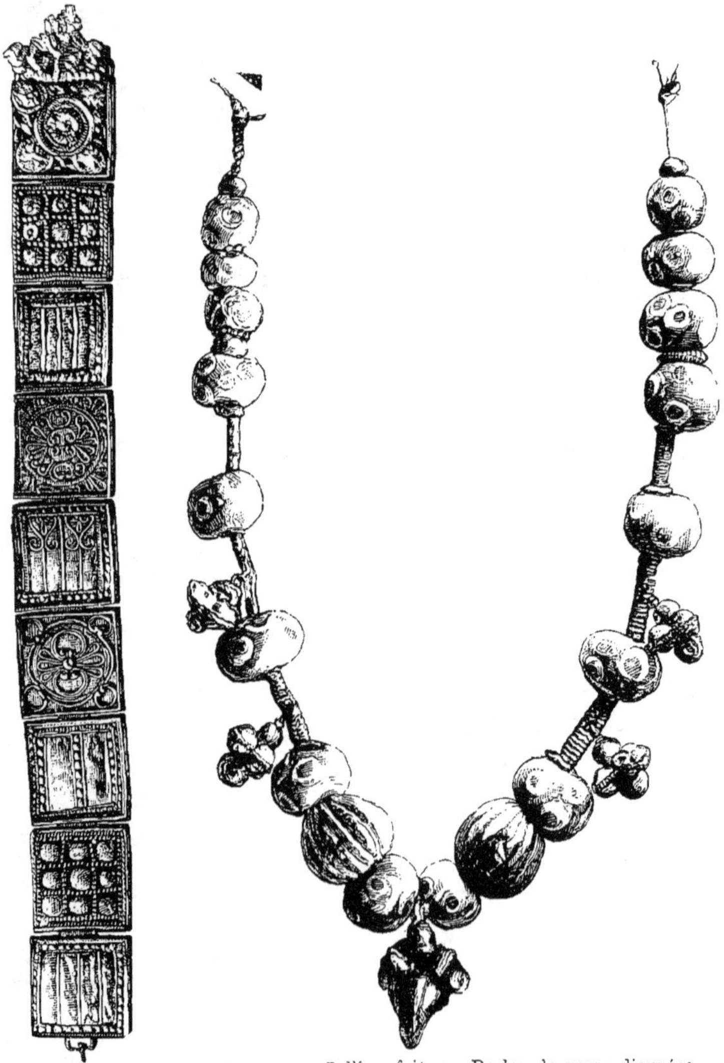

Fig. 251. — Bracelet étrusque en or (Musée Campana).

Fig. 252. — Collier fait en Perles de verre diaprées, rehaussées d'une Chaîne, de deux grains et de pendants d'or. Au centre une tête de Bélier en or (Musée Campana.)

En général, leurs conceptions sont simples, franches

et d'un bel effet décoratif. Mais leurs inventions avaient quelquefois de grandes analogies avec nos fantaisies modernes. On en verra la preuve dans la petite chaîne dont nous donnons le dessin, longue de quinze à seize centimètres, après laquelle sont suspendues cinquante différentes breloques, instruments de toutes sortes, en miniature (fig. 253).

L'Italie a aussi produit beaucoup de camées et d'intailles, mais à cette époque la plupart de leurs graveurs étaient

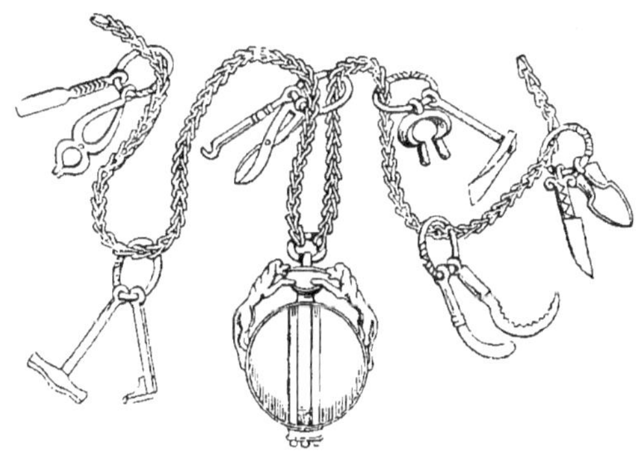

Fig. 253. — Collier-chaîne. Travail romain en or. Longueur 16 cent. environ. Cinquante différents instruments en miniature y sont suspendus en manière de breloques. Trouvé en Transylvanie (au Cabinet des Antiques à Vienne).

Grecs d'origine. C'étaient Apollonius de Sicyone, Artémon Rhodien, Lysias de Corinthe, Évodus, etc.

Gaulois, Gallo-Romains, Mérovingiens. — Parmi les pièces de bijouterie préhistorique, travaillées de main d'homme, que possède le musée de Saint-Germain, nous remarquons un collier de cailloux percés, trouvé à Saint-Acheul. Ces pierres, grossièrement arrondies, sont à peu près de la grosseur d'une noisette. Nous remarquons encore d'autres colliers faits, on pourrait presque dire, en ossements, car ils se composent simplement de rondelles enfilées qui ont été sciées à même un os, sans recevoir d'autre façon.

Nous ne savons si nos grands-parents se sont longtemps contentés d'ornements aussi simples, mais, à l'époque où l'histoire nous les fait connaître sous le nom de Gaulois, leur coquetterie devait encore s'en tenir à des satisfactions assez primitives, car il ne paraît pas qu'avant la conquête romaine, ils aient fait usage d'aucune matière précieuse. Ils enfilaient, pour composer des colliers, des grains d'ambre et des grains en pâte de verre, tantôt à part, tantôt mélangés.

Les torques, les bracelets, les pendeloques, les amulettes, les colliers, les fibules, les boucles d'oreilles, les pinces à épiler des Gaulois étaient soit en fer, soit en bronze. Les types que nous en avons vus ne présentent, au point de vue de l'ornementation, aucun caractère intéressant, si ce n'est leur rudesse.

Mais, en revanche, l'époque gallo-romaine nous montre des spécimens curieux d'orfèvrerie. L'or apparaît alors en quantité remarquable, l'ampleur avec laquelle il est travaillé indique son abondance. Les torques, les bracelets sont en or massif. Le musée de Saint-Germain en possède une belle collection, tant en originaux qu'en surmoulage, mais les plus beaux types appartiennent au musée de Cluny. Il y a là six grands bracelets faits chacun d'une spirale à quatre tours, un bracelet massif énorme, n° 8071 de l'inventaire, du poids de six cent dix-huit grammes, et une torque, n° 3103 du catalogue, pesant quatre cent quatre-vingt-deux grammes. Le mode de torsion de cette dernière pièce, dont le Cabinet des antiques possède un second exemplaire, est assez intéressant. Il est fait d'une longue tige d'or préalablement forgée de façon à offrir quatre canaux à angles vifs se suivant parallèlement dans toute la longueur. La section du fil donnerait la forme d'une croix à quatre branches égales. Le fil ainsi préparé a été ensuite tordu régulièrement. Ce travail si simple produit un effet excessivement agréable et puissant.

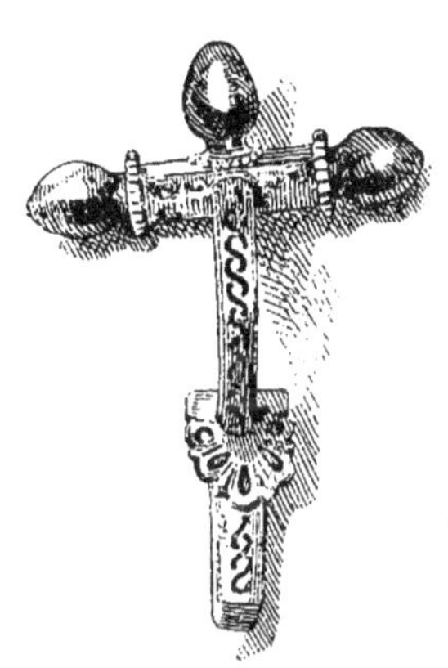

Fig. 254. — Fibule en or (Musée de Saint-Germain).

Dans la plupart des objets retrouvés, le caractère viril et guerrier nous paraît dominer. Le musée de Saint-Germain possède une fibule d'une simplicité élégante (fig. 254). Elle est massive, grande et forte. Il nous montre également des fils d'or contournés en spirales qui ont dû servir de bracelets, d'autres en spirales plus petites dont l'usage nous échappe, à moins qu'ils n'aient été portés autour du doigt, en guise de bagues. Mais l'une d'elles, faite d'un double fil d'or, mesure au moins trois centimètres de long; cela donne à supposer que la moitié du doigt en aurait été couverte (fig. 255). Deux tours de bras plats, larges de huit centimètres au moins et striés de bandes, en or repoussé, semblent indiquer qu'alors les bracelets se portaient par paires.

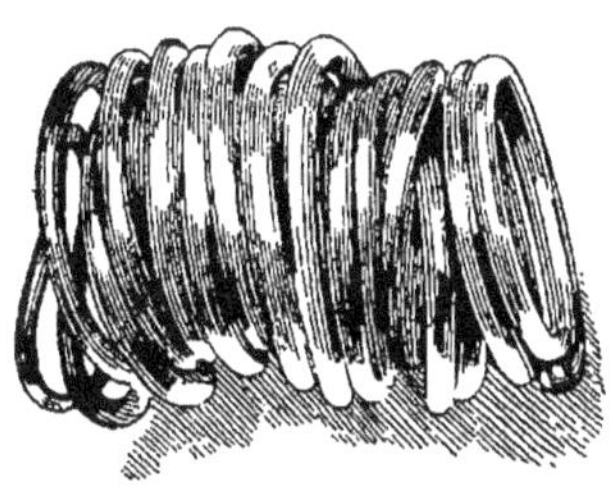

Fig. 255. — Fils d'or tournés (Musée de Saint-Germain).

Certains tours de bras sont faits d'un lingot préparé en godron se terminant tantôt en fuseau, tantôt en champignon. De larges anneaux d'oreilles, des rouelles, de petites chaînettes, des bagues à chatons également en or, complètent ces collections (fig. 256 et 257).

Tout cela reste grave et sévère dans son élégance et nous donne l'idée d'une civilisation riche et déjà raffinée.

L'époque mérovingienne se présente sous un tout autre aspect. L'or y devient rare. Il est, ainsi que l'argent, employé par couches minces qui revêtent des pièces faites, soit en terre, soit en un mastic ou une composition dont la nature nous échappe. Le mauvais état dans lequel sont ces pièces lorsqu'on les découvre, indique qu'elles ne résistaient pas à l'usage. Elles sont presque toutes froissées et détériorées. Cependant quelques-unes trahissent encore les moyens perfectionnés qui ont été employés pour les fabriquer. Nous avons vu chez M. Frédéric Moreau père, qui a bien voulu nous permettre de visiter sa belle collection, provenant de ses fouilles de Caranda, de petites olives faites d'une feuille d'or mince bourrée de mastic, qui gardaient encore les traces du tour sur lequel elles avaient été arrondies. C'est aussi chez M. Moreau que nous avons admiré, au milieu de plusieurs pièces remarquables, des fibules franques dans la décoration desquelles le nielle est employé.

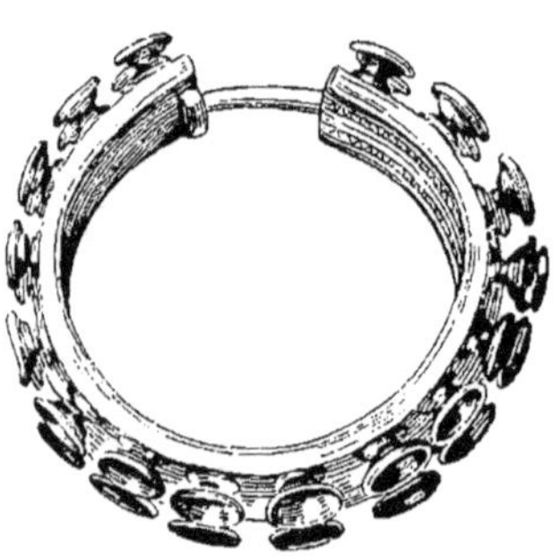

Fig. 256. — Anneau d'oreille en or (Musée de Saint-Gemain).

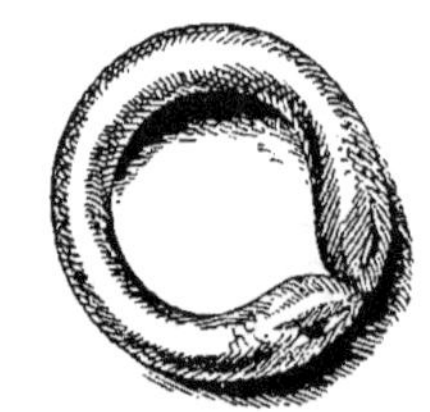

Fig. 257. — Bagues à deux têtes de serpent en argent massif (Musée de Saint-Germain).

Le genre d'ornementation qui nous a paru former un des caractères saillants de l'époque mérovingienne, est un travail qui offre une grande analogie d'exécution avec la mosaïque d'incrustations de pierres dans des alvéoles, que nous avons eu l'occasion de remarquer chez les Égyptiens. Seulement le motif, au lieu de représenter un sujet, est composé de petites figures géométriques répétées et enchevêtrées les unes dans les autres. Il procède le plus souvent par bandes.

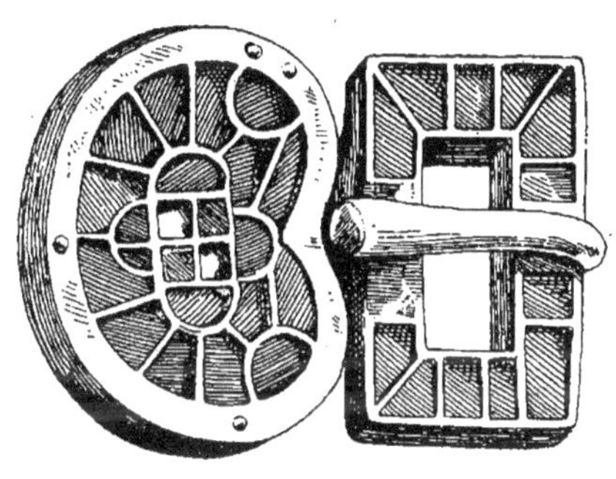

Fig. 258. — Boucle de ceinturon en verre rouge jouant sur Paillon (Collection de M. Frédéric Moreau père).

La seule pierre employée est le grenat, ou plus fréquemment le verre rouge transparent, posé sur un paillon gaufré (fig. 258 et 259). M. Moreau a trouvé, dans ses fouilles, un glaive dont la garde offre un spécimen de ce travail. La poignée en est de fer et recouverte d'une feuille d'or pelliculaire. Il existe, au Cabinet des antiques, une arme à peu près semblable, que le catalogue nous dit avoir appartenu à un chef barbare. Mais le type le plus remarquable en ce genre est la belle épée de Chidéric Ier, exposée dans la même salle. La poignée, recouverte comme les deux autres d'une feuille d'or mince, est ornée d'un pommeau et d'une garde en grenats incrustés à plat, dont les dessins et la pureté d'exécution sont remarquables. Un prolongement du même travail forme la garniture du fourreau. Ce morceau offre le plus grand intérêt.

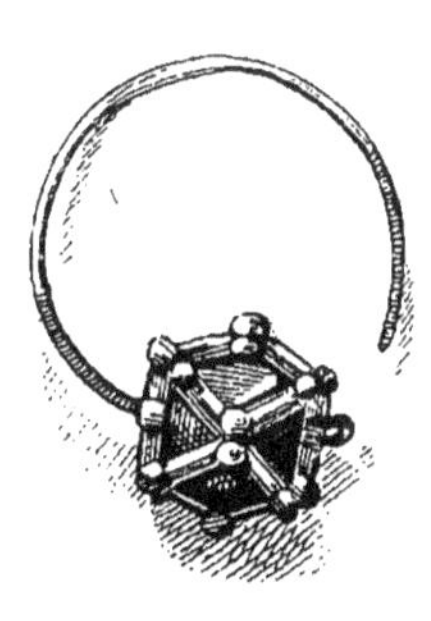

Fig. 259. — Boucle d'oreille en grenats plats (Musée de Saint-Germain).

Le musée de Cluny nous montre la moitié d'une fort jolie boucle ornée de grenats à plat et nous retrouvons, au musée de Saint-Germain, une fibule en bronze d'un dessin original et d'une exécution très soignée, où sont figurés, par le même procédé, divers motifs, entre autres un poisson dont les écailles sont indiquées par les sertissures d'or. Le tour de cette belle pièce répète sept fois cette tête d'oiseau au bec fortement recourbé, bec dont on retrouve fréquemment le contour accen-

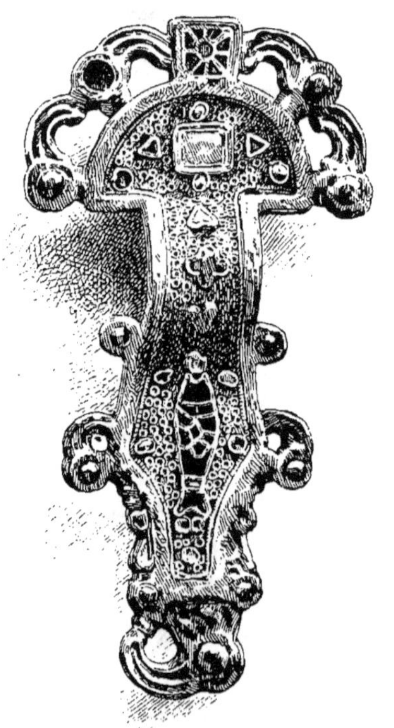

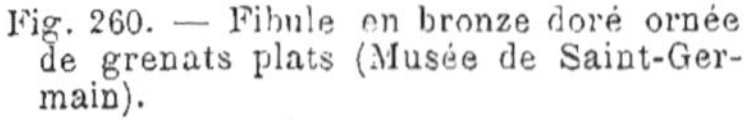

Fig. 260. — Fibule en bronze doré ornée de grenats plats (Musée de Saint-Germain).

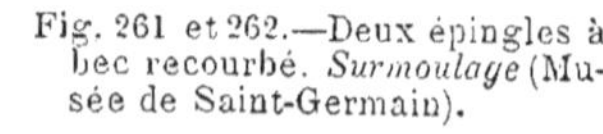

Fig. 261 et 262. — Deux épingles à bec recourbé. *Surmoulage* (Musée de Saint-Germain).

tué dans d'autres objets de la même époque (fig. 260 à 262).

Elle a été découverte à Jouy-le-Comte en même temps que l'agrafe d'or représentant un animal accroupi et la bague à chaton (fig. 263 et 264),

Les fibules ainsi que les fermoirs de ceintures en bronze, qui ont été retrouvés en grand nombre, révèlent par l'étrangeté de leur dessin et le caractère de leurs formes, l'introduction d'un élément nouveau dans l'histoire de notre art national. C'est la première manifestation de la lutte ou de l'accord, selon la manière dont on voudra l'envisager, entre le génie septentrional et les traditions de l'antiquité.

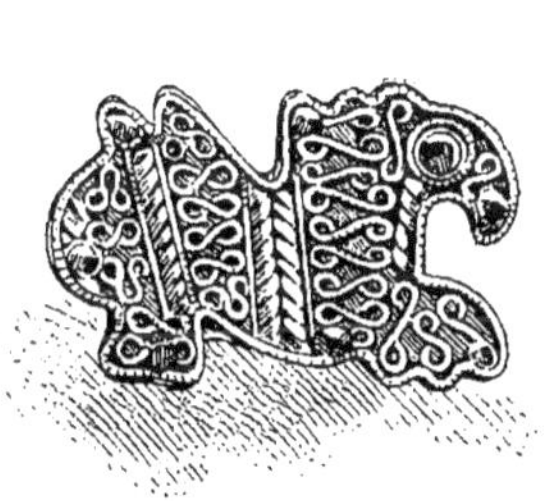

Fig. 263. — Bijou d'or trouvé à Jouy-le-Comte (Musée de Saint-Germain).

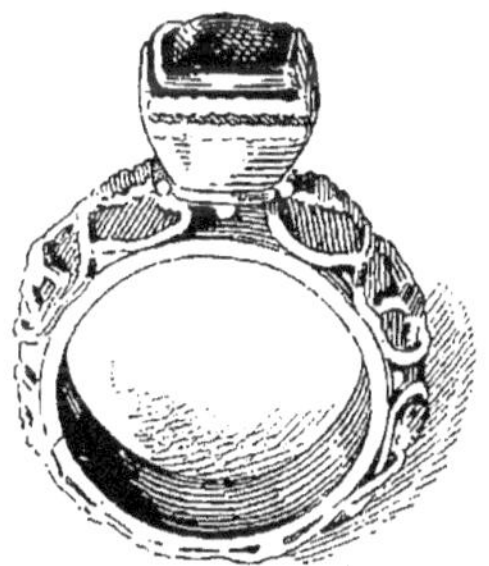

Fig. 264.—Bague trouvé à Jouy-le-Comte (Musée de St-Germain).

Nous verrons plus tard les mêmes éléments se rencontrer encore sur le même terrain et s'y marier de nouveau.

Bien que le style de ces boucles soit remarquable, la fabrication ne laisse pas que de nous en paraître rudimentaire (fig. 265). Elles sont obtenues par le moulage. Quelques-unes ont pu être retouchées ensuite au burin. Dans les plus belles, les tailles sont profondes et indiquent d'un trait vigoureux le motif d'entrelacs qui couvre toute la surface, sans laisser apercevoir le fond. Ces objets, verdis par leur séjour dans la terre, ne se présentent pas sous leur aspect réel (fig. 266). Le métal employé à leur fabrication est un alliage presque blanc, très fusible, composé de quatre parties de cuivre et d'une partie d'étain, à peu près le bronze des cymbales et des tamtams, prenant un poli très vif (1) qui le fait ressembler à l'argent, mais avec une tonalité plus chaude. Il est donc probable que ceux qui en faisaient usage le polissaient.

Mentionnons encore d'autres plaques de très grandes dimensions, destinées sans doute aux harnais des chevaux, dont le dessin, fait de cloisons, paraît avoir contenu, soit

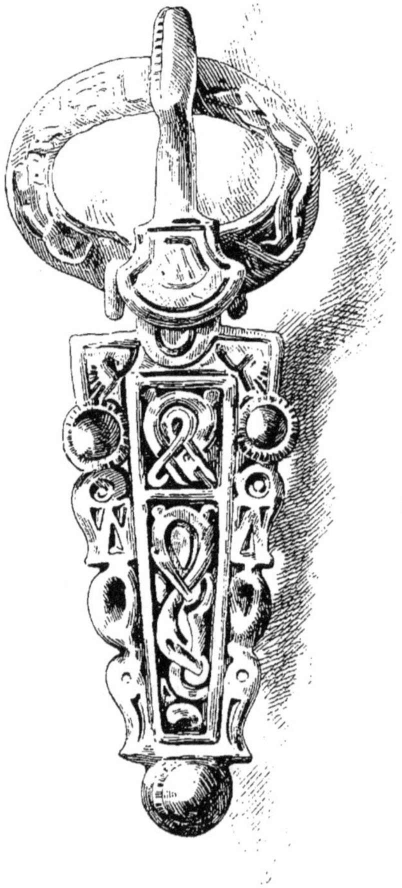

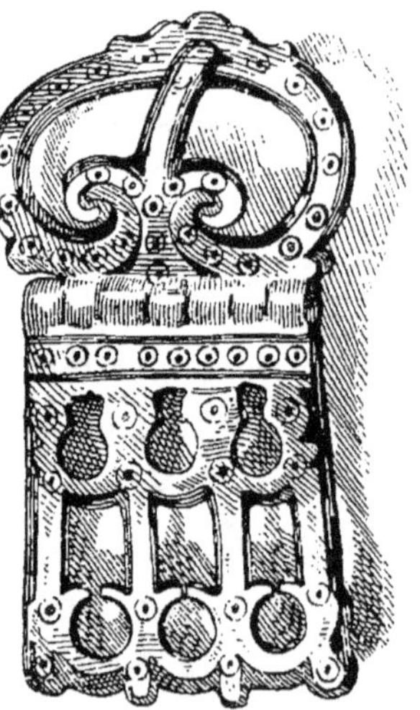

Fig. 265. — Boucle de ceinture en Bronze (Collection de M. Frédérick Moreau).

Fig. 266. — Boucle de ceinture en Bronze (Musée de St-Germain).

une pâte, soit une terre colorée en manière d'émail.

On trouve dans les sépultures mérovingiennes des bra-

(1) L'éclat de cet alliage, lorsqu'il est fraichement poli, correspond assez à celui de l'*airain étincelant*, dont Homère se plait à revêtir ses héros.

celets et des bagues en verres transparents, bleus, verts, jaunes et bruns. Ces pièces sont façonnées, la matière est tordue et modelée (fig. 267 et 268), les bagues faites d'un fil de verre contourné ont reçu le plus souvent une petite

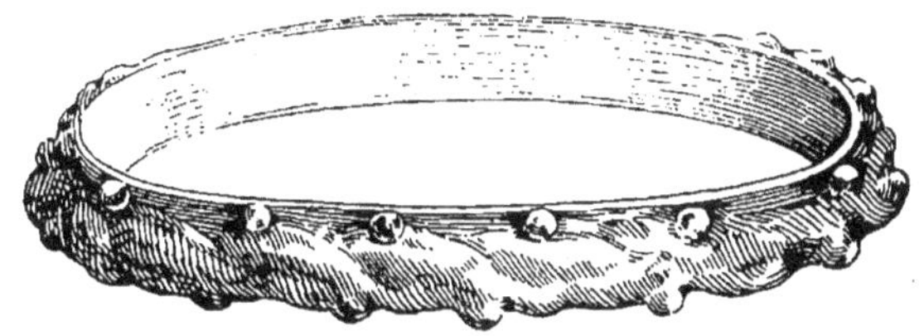

Fig. 267. — Bracelet en verre bleu foncé (Musée de Saint-Germain).

empreinte sur la goutte de verre écrasée qui leur sert de chaton.

La pauvreté de la matière employée, pendant l'ère mérovingienne, fait un contraste frappant avec la richesse des bijoux de l'époque gallo-romaine. La différence de l'une

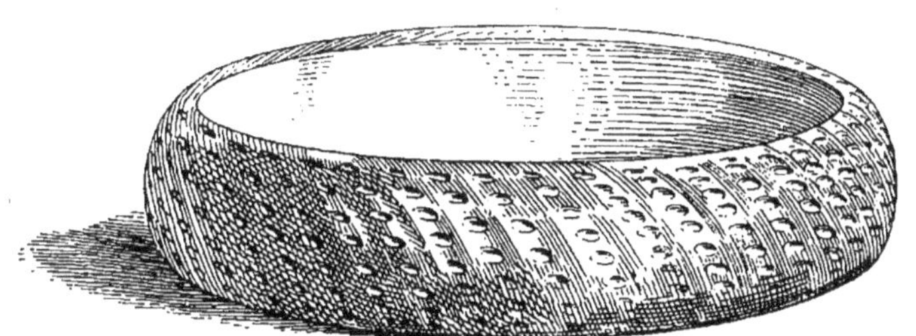

Fig. 268. — Bracelet en verre vert pâle (Musée de Saint-Germain).

à l'autre est trop grande, la transition est trop tranchée pour échapper à l'observation. Il semble que le trouble dans lequel la grande invasion de 406 jeta les Gaules, fut tel, que l'or se cacha, au moins pendant un temps. Les nombreuses trouvailles faites d'objets précieux qui paraissent avoir été enfouis avec intention, — on en a trouvé de toutes sortes, trésors de temples, trésors d'orfèvres, trésors particuliers, — rendent cette supposition vraisemblable. Toujours est-il, qu'à cette date, le caractère de l'ornementation apportée par les Francs, et peut-être par les Saxons et les Visigoths, se substitua dans les Gaules à l'inspiration romaine. Des formes nouvelles apparurent, qui eurent certainement leur action dans le développement ultérieur de notre génie propre. Les origines des objets trouvés à même le sol ne paraissent pas encore toutes absolument certaines, car les armes et les ornements des envahisseurs ont dû souvent rester dans le pays envahi, mais de nouvelles révélations nous attendent sans doute. Peut-être le jour n'est-il pas très éloigné, où il sera possible d'écrire avec certitude l'histoire du développement des arts industriels dans tous les pays.

Moyen Age. — Lorsque le christianisme se fut établi dans les Gaules, l'orfèvrerie religieuse prit une extension considérable. L'or y fut employé avec une profusion surprenante. Limoges devint en très peu de temps un centre de fabrique, dont les produits ne tardèrent pas à être recherchés, même à l'étranger. Les pièces qui s'exécutaient à cette époque avaient des proportions et des poids énormes. Les ornements et les vases à l'usage des évêques étaient d'or massif. L'orfèvrerie était alors en grand honneur, c'était une des industries dont s'enorgueillissait le plus notre pays. Rien malheureusement ne nous en est resté, si ce n'est le trésor de Gordon (Cabinet des antiques) dont la fabrication, qui date du commencement du ve siècle, tient encore trop à l'époque mérovingienne, pour pouvoir nous donner une idée de ce qui se fit ensuite.

Lorsque saint Éloi apparut, il trouva donc le terrain tout préparé. Son génie sut en tirer un fécond parti. Sous sa direction, se fondent de nombreux ateliers où l'art de travailler les métaux précieux et de tailler les pierres se perfectionne tous les jours. L'emploi des émaux devient général et usuel. La profusion avec laquelle l'or est employé est étonnante. Les tombeaux de saint Martin et de saint Denis sont couverts d'or, l'autel et les balustrades dans la basilique de Saint-Denis sont en or, la grande croix derrière l'autel est en or pur et ornée de pierres précieuses, le tout d'un ouvrage remarquable et d'un travail très délicat. Le faste religieux dont le grand Constantin a donné l'exemple est partout suivi, particulièrement en France, mais nulle part on ne pousse la perfection dans le travail aussi loin que le sait faire l'habile orfèvre Éloi. L'admiration qu'inspiraient ses travaux dura longtemps après sa mort. La chronique intitulée *Gesta Dagoberti*, écrite vers le milieu du IXe siècle, et dont l'auteur avait vu les ouvrages de saint Éloi, parle dans les termes les plus élogieux de la délicatesse du travail de lapidaire et d'enchâsseur de pierres, et dit qu'on cherchera en vain, pendant un grand nombre d'années, un artiste qui puisse lui être comparé.

Nous retrouvons l'orfèvrerie plus en faveur encore, s'il est possible, sous le règne de Charlemagne. On peut affirmer, qu'à cette époque, les ouvriers martelaient des quantités et des volumes d'or tels, que le travail de nos chaudronniers modernes, ou celui des dinandiers belges, peut seul en donner une idée. Les tables, les baldaquins d'autel, les fonts baptismaux, les pupitres, les bassins, les encensoirs, les aiguières, les patènes, les chandeliers, les châsses, les crosses, se font en or. Charlemagne possède trois tables d'argent et une d'or *d'une grandeur et d'un poids remarquables*. On peut regretter qu'il ne soit venu jusqu'à nous que peu de renseignements sur la valeur artistique de ces objets.

Le grand empereur paraît avoir emporté dans sa tombe cet art et cette magnificence. Après lui tout rentre dans l'obscurité. La main-d'œuvre se perd, les orfèvres ne travaillent plus que l'argent et même le cuivre et l'étain. Vers la fin du XIe siècle, ils ne sont pas bien fortunés encore, car Jean de Garlande rapporte que quelques-uns s'en vont, par les rues de Paris, criant : « Faites raccommoder vos hanaps avec du fil de laiton et d'argent. » L'art de l'émailleur, que saint Éloi avait importé à Paris, y est oublié, bien qu'il soit encore florissant à Limoges. Il devient à cette époque complètement distinct de celui de l'orfèvre. Au XIIe siècle, l'orfèvrerie religieuse seule se tient encore avec quelque éclat. Elle quitte le style roman pour le style gothique, martèle des flèches élancées, cisèle et fouille des chicorées sur les châsses, les reliquaires et les ostensoirs.

La prodigalité du duc d'Orléans et la magnificence des ducs de Bourgogne remirent, au XIVe siècle, l'orfèvrerie en honneur. Les dames prirent la mode des ceintures, des chapels et des carcans en or, on couvrit les habits d'or et de pierreries. On fabriqua des hanaps, des flacons, des reliquaires en or, garnis de pierres précieuses. Le luxe atteignit un développement inouï, tous les petits ouvrages d'orfèvrerie furent couverts d'images en relief et émaillées. C'est alors qu'apparût la mode des tableaux d'or; ces tableaux représentaient presque toujours des mystères ou des images de saints. Ils étaient souvent rehaussés d'émaux, de perles et de pierreries. La plupart de ces objets ne se fabriquaient pas en France, ils venaient surtout des Flandres. La ville de Gand était alors célèbre par sa belle orfèvrerie. Les Belges forgeaient et ciselaient mieux que partout ailleurs, ils niellaient, ils gravaient comme à Florence et à Venise, ils émaillaient comme à Limoges, ils montaient les pierres comme à Paris. Mais peu de ces pièces sont venues jusqu'à nous.

A cette époque, se produit un fait dont l'influence fut considérable sur l'industrie qui nous occupe. Le diamant était connu depuis les temps les plus reculés, mais on ignorait en Europe l'art de le tailler de façon à lui donner tout son éclat. Cette découverte, faite en 1476, et les perfectionnements successifs qu'elle reçut, firent rechercher le diamant, qui jusque-là était, le plus souvent, resté sans emploi.

Pendant tout le cours du XVe siècle, l'orfèvrerie française fut loin de prospérer. Les temps malheureux sont peu favorables à l'expansion des arts et des industries de luxe. C'est à cette époque que la vaisselle d'or disparut pour être remplacée par la vaisselle d'argent. Ce fait par lui-même est important, non seulement si on l'examine au point de vue professionnel, mais encore si, cherchant à voir de plus haut, on veut bien se rendre compte qu'il était logiquement nécessaire, et qu'il est une conséquence naturelle de l'histoire de la civilisation.

Nous avons vu, aux époques préhistoriques, l'or servant aux usages les plus vulgaires et n'ayant d'autre valeur que celle attribuée aux services qu'il rendait. Plus tard nous l'avons vu employé dans les arts de luxe conjointement avec l'étain. A mesure que l'homme augmente les conquêtes qu'il fait sur la nature, il modifie leur classification. La connaissance d'un plus grand nombre d'éléments lui fait assigner, par la comparaison, une place plus rationnelle à chacun d'eux. L'or, d'auxiliaire utile qu'il a pu être d'abord, était destiné, par ses caractères, à devenir tôt ou tard l'élément essentiel du luxe. Tous les autres métaux peuvent le suppléer pour l'usage, aucun ne peut l'égaler pour la richesse. L'argent devra, à un jour donné, le remplacer dans la grande orfèvrerie, et l'emploi s'en restreindra naturellement à la bijouterie seule, à mesure que la consommation de celle-ci deviendra plus générale. Il est probable qu'on ferait actuellement une table d'or plus pesante que celle qui a appartenu à Charlemagne, et un autel plus volumineux que celui qui orna la basilique de Saint-Denis, en réunissant, en un seul lingot, rien que ceux des bijoux portés en France dont la valeur n'excède pas la somme de cent francs.

Renaissance. — L'orfèvrerie française sortit enfin de la torpeur passagère dans laquelle elle était plongée, pour participer avec éclat à ce merveilleux élan artistique qui prit le nom de Renaissance, et auquel Louis XII d'abord, puis François Ier, sous l'influence du cardinal d'Amboise, grand amateur de beaux-arts, contribuèrent si puissamment. Lorsque le cardinal de Ferrare présenta Benvenuto Cellini au roi chevalier, en 1540, l'évolution était déjà commencée en France. Nos orfèvres, entraînés par le mouvement parti de l'Italie, changeaient leur manière, délaissaient le style gothique et ses raideurs, et cherchaient des compositions dont l'art antique fournissait les matériaux et les sujets (fig. 269 et 270). L'allégorie et la mythologie étaient en grand honneur. Les saints furent délaissés au profit des dieux. L'influence de Cellini, soutenu par la faveur royale, contribua puissamment à développer et à asseoir ces tendances.

Les quelques pièces qui restent de cette époque sont pour la plupart merveilleuses. Il est certain que jamais la

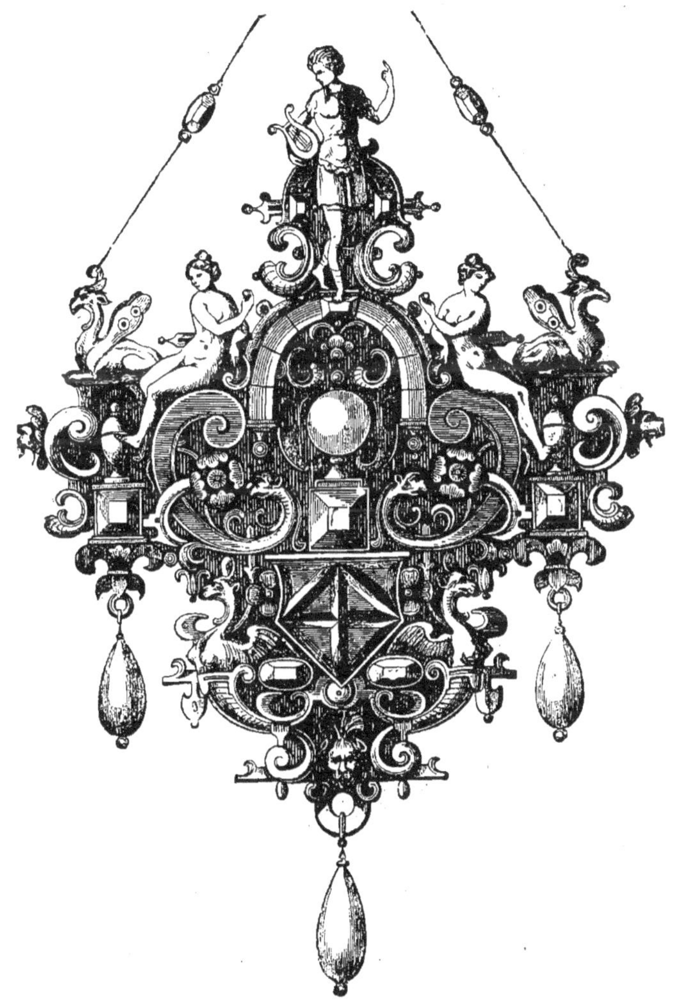

Fig. 269. — Pendant par Benvenuto Cellini (Musée de Florence).

finesse d'exécution des sujets ciselés et émaillés n'a été poussée aussi loin. Il faut voir au Cabinet des antiques le petit cadre, n° 189, qui sert de monture à un camée repré-

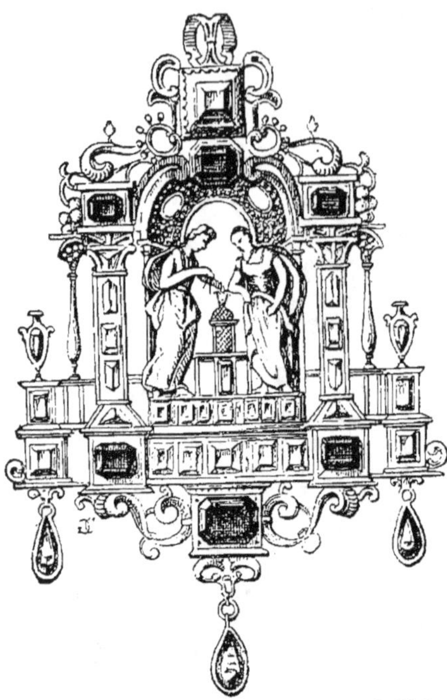

Fig. 270. — Pendant par Benvenuto Cellini (Musée de Florence).

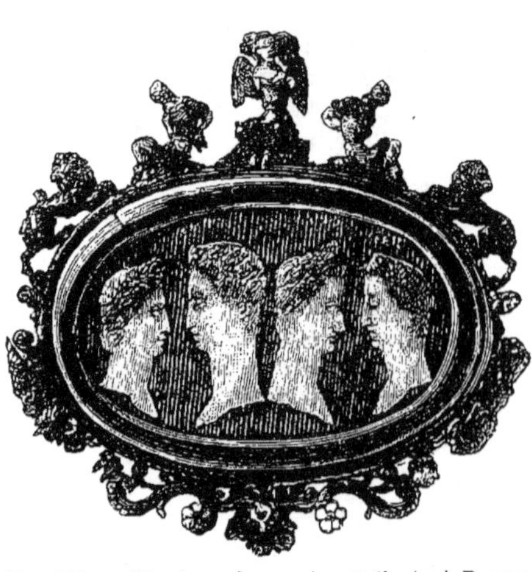

Fig. 271. — Monture de camée attribuée à Benvenuto Cellini (n° 189, Cabinet des Antiques).

sentant quatre profils d'empereurs romains (fig. 271). Le sujet qui couronne la composition est une Renommée entre deux captifs enchaînés. Une tête de bouc, des lions et des trophées complètent l'ensemble.

Le n° 2721 est également très curieux. C'est une bataille exécutée dans un ovale de 45 millimètres sur 50. Comme dans l'autre les petits personnages sont émaillés. Il faut admirer l'exécution extraordinaire de ces deux morceaux. Le modelé des sujets est surprenant. Les muscles sont saillants, les attaches sont fines, les barbes et les cheveux sont indiqués sans mesquinerie, les profils sont élégants. Ces travaux quasi microscopiques sont, on pourrait le dire, grands dans l'exécution. L'habile prévoyance dont il a fallu faire preuve, lorsqu'on a préparé l'or destiné à recevoir l'émail, l'art qu'il a fallu déployer ensuite pour poser cet émail, sans empâter le modelé et en l'accentuant au contraire davantage, ne sauraient échapper à ceux qui connaissent la matière et ses difficultés. On est cependant en droit de supposer que les pièces aussi parfaites que celles que nous venons de citer étaient peu communes.

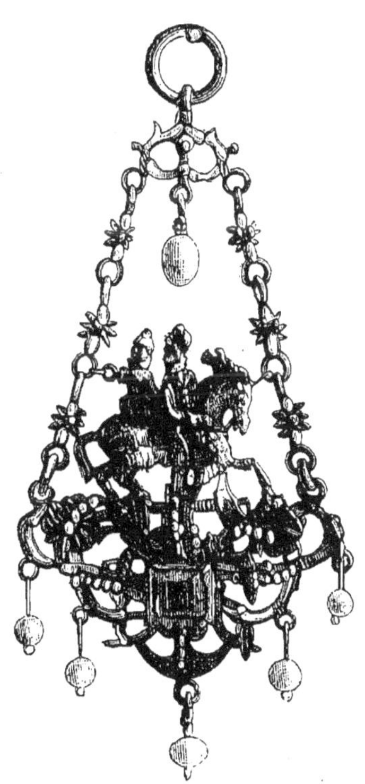
Fig. 272. — Pendant nº D. 819, au Musée du Louvre.

Ces plaquettes s'appelaient alors des *enseignes*. Les hommes les portaient à leur chapeau, les femmes dans leurs coiffures. Quelques-unes affectaient la forme d'un petit temple (voir le nº 79 au Cabinet des antiques), d'autres étaient simplement en or repercé et ciselé (voir le nº 2093). Elles se composaient souvent de cuirs roulés, ornés de quelques pierres, recouverts ou entremêlés de groupes de fleurs et de fruits très finement ciselés et émaillés.

La pièce nº D. 819 (fig. 272), au musée du Louvre, est excessivement curieuse. Dans un cadre d'entrelacs agrémentés de fleurs émaillées, s'avance un cheval portant un cavalier en justaucorps vert, en haut chapeau à plumes, un faucon sur le poing, avec une dame en croupe. Les costumes du temps de Charles IX ne laissent pas de doute sur la date de la fabrication de cet objet.

La Renaissance nous a laissé des chefs-d'œuvre en petite orfèvrerie d'or, entre autres les coupes en agates orientales montées en or, émaillées et enrichies de rubis et de perles portant les n^os^ E. 45, 46, 47, 48 et 49. Le pied de

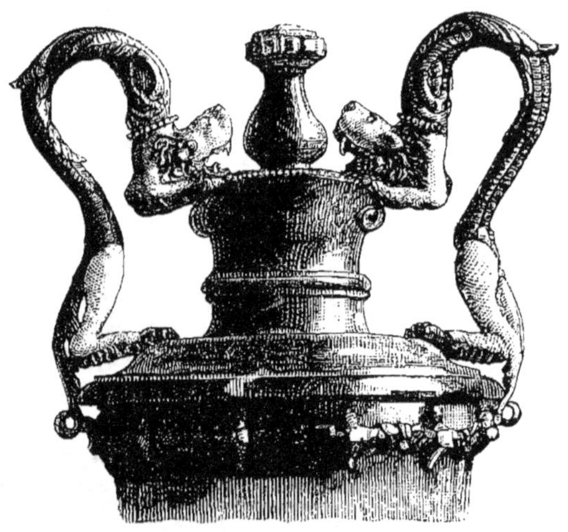

Fig. 273. — Anses et col du Vase; n° E. 231 au Musée du Louvre.

la coupe n° 47 nous montre ce chaton carré muni d'une griffe à chaque angle, qui fut un des caractères du bijou de cette époque. Le n° 45 nous semble un premier essai du genre d'émail qui va se développer et devenir un type usuel au XVIIe siècle. Ce sont des émaux de couleurs variées, blancs, bleus, verts et rouges, posés dans des champs, ramageant ensemble et entremêlés à plat en guirlande de feuillages et en enlacements.

Le n° E, 231, vase en jaspe oriental, monture d'or émaillé, est attribué à Benvenuto. S'il n'est pas de lui, il est certainement d'un grand artiste (fig. 273). Les animaux chimériques qui forment les anses recourbées ont un caractère remarquable. La couleur, en parfaite harmonie avec la sévérité et la singularité de la forme, produit un effet à la fois riche et discret qu'il faut prendre comme exemple. La ciselure et l'émail des petites sirènes et du reste de l'ornementation sont irréprochables. Enfin, pour terminer, nous ne pouvons nous empêcher de citer encore la coupe n° E, 112, en cristal de roche, anse et monture d'or émaillé. Nous ne connaissons rien de plus élégamment coquet.

Benvenuto prend la peine de nous éclairer lui-même, dans son Traité de l'orfèvrerie, sur l'état dans lequel il a trouvé cette industrie, lors de son arrivée en France. Il nous dit qu'à Paris on faisait mieux que partout ailleurs la grosserie, c'est-à-dire l'orfèvrerie d'église, la vaisselle de table et les figures d'argent, et que ces pièces étaient fabriquées au marteau, avec une perfection qu'on n'égalait dans aucun pays. Cette perfection, nous avons vraisemblablement dû la conserver. Il est certain qu'elle se continua sous les Valois, car Germain Pilon et Jean Goujon fournirent à l'orfèvrerie des motifs et des dessins, ce qu'ils n'eussent pas fait, si l'exécution n'eût pas répondu à leur attente. Ces grands hommes dirigèrent l'orfèvrerie dans le sens de leur propre génie et de leurs tendances personnelles, c'est-à-dire vers le goût de l'antique. Ils continuaient en cela les traditions de l'École italienne qui sous Charles IX et Henri III se maintinrent en faveur.

Mais bientôt cette direction fut contre-balancée. Ce fut un Français, Étienne Delaulne, qui, venu de Strasbourg, où il avait longtemps résidé, apportait chez nous les idées de l'art allemand (fig. 274). Son action fut énorme. Pendant quinze ou vingt années, les orfèvres et les joailliers de Paris puisèrent dans ses compositions les éléments décoratifs dont ils couvraient leurs ouvrages. Notre orfèvrerie, placée sous ces influences successives, s'enrichissait des idées nouvelles que chaque école lui fournissait. Elle fut pendant tout le XVIe siècle en pleine prospérité à Paris et dans toute la France. La seule ville de Rouen comptait deux cent soixante-cinq maîtres orfèvres ayant droit de marque. Mais les beaux ouvrages d'orfèvrerie de table que le XVIe siècle a produits

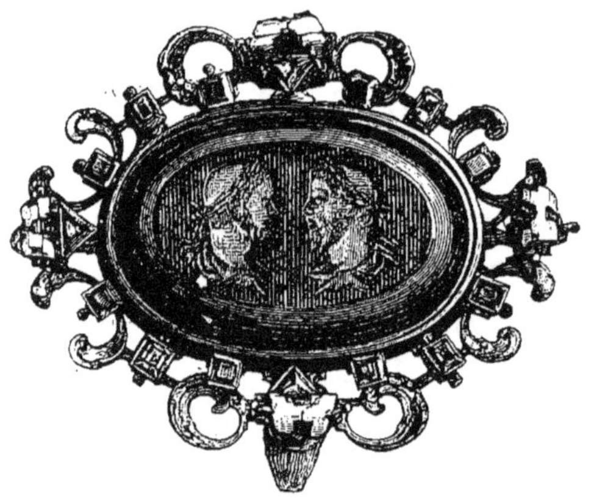

Fig. 274. — Monture de Camée (Cabinet des Antiques).

en si grande abondance n'existent plus depuis longtemps. Il est heureux que l'armure de Charles IX, conservée au musée du Louvre, soit encore là, comme pour attester l'habileté des ouvriers de cette époque. Ce casque et ce bouclier en or repoussé, ciselé, émaillé et orné d'émaux cloisonnés, nous en donnent la plus haute idée, et nous permettent de juger, par analogie, de ce que devaient être leurs autres travaux.

La Renaissance fut une époque de rare mesure dans les choses du goût. On pourrait l'appeler l'époque des proportions justes. Il n'est donc pas extraordinaire qu'elle soit la plus élégante, car l'élégance réside sûrement dans la justesse des proportions.

Elle nous offre la richesse en sachant éviter la lourdeur, la simplicité en gardant l'esprit, la grandeur sans tomber dans le démesuré, le fin détail sans devenir mièvre. Elle sait unir la douceur des contours à la fermeté de la ligne, et fondre l'éclat des couleurs dans une sobriété harmonieuse. Nous admirons sans réserve les belles choses qu'elle nous a laissées, et nous croyons qu'on ne pourra jamais faire mieux.

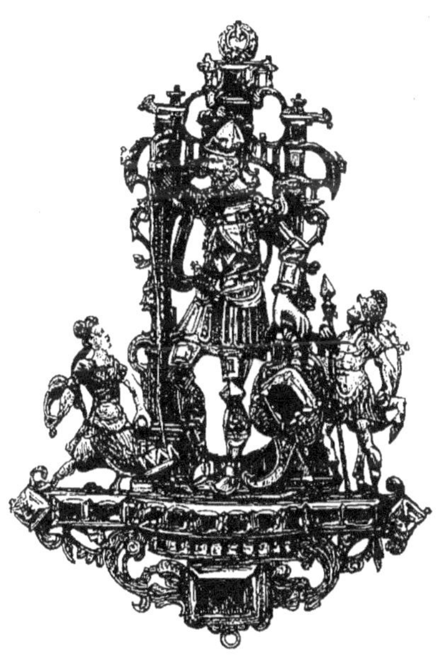
Fig. 275. — Pendant du XVIIe Siècle (École allemande. Musée de Dresde).

L'orfèvrerie allemande n'avait pas suivi le mouvement qui entraînait le Midi vers l'art grec. Elle en était restée à la représentation de scènes et de personnages empruntés à l'histoire religieuse.

La pendeloque n° D, 773, au musée du Louvre, en émail à froid sur cuivre doré, représentant saint Georges et exécutée vers la fin du XVIe siècle, nous fournit un type de cette fabrication, qui n'était, du reste, pas absolument délaissée chez nous. Le musée de Dresde possède des pendeloques et des enseignes très intéressantes du XVIIe siècle. Nous citerons un David se préparant à combattre Goliath (fig. 275). Sur un terrasson dont le contour est cerné par une ligne de rubis, se tient le géant armé de pied en cap. Son armure (cuirasse, genouillères, brassards) est faite de diamants taillés, tantôt en tables, tantôt en tête de clou, selon le besoin. Un rubis orne son bouclier, qui, ainsi que le portique devant lequel il se tient, est fait de ces cuirs (1) étirés en grande faveur à cette époque et dans cette école. A gauche, David; à droite, un guerrier et son cheval.

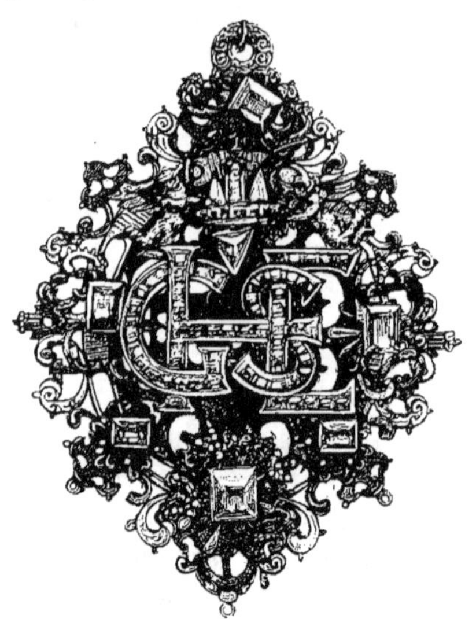

Fig. 276. — Pendant Monogramme (Musée de Dresde).

Un autre pendant représente la Foi. Sa robe est couverte de pierreries qui, posées sans raison, n'arrivent qu'à en gâter l'aspect. Elle tient une croix faite de petits diamants rapprochés. Quelquefois le centre de ces petits tableaux est occupé par un monogramme avec ou sans couronne (fig. 276). Les lettres qui composent ces

(1) Les ornements appelés *cuirs* tirent leur origine de l'usage qui avait existé de dessiner et de peindre les cartouches d'armoiries sur une peau de bête. Ces peaux, exposées au soleil et aux intempéries, se gondolaient et se roulaient sur elles-mêmes, surtout dans leurs parties les plus isolées, comme la tête, les pattes et la queue. Ce principe d'ornementation fut donc, comme tous les autres, suggéré à l'homme par la nature. Il n'est pas difficile de retrouver dans les premières compositions de ce genre, qui gardaient encore une sorte de simplicité, les indications que nous venons de donner. L'imagination des artistes s'empara ensuite de cet élément décoratif et le développa en cent manières, lui faisant subir des modifications successives qui l'ont emporté bien loin de son point de départ.

monogrammes sont, ainsi que la croix dont nous venons de parler, exécutées en diamants table juxtaposés, tendance très nettement accentuée vers le travail qui prendra plus tard le nom de joaillerie. Citons encore une pendeloque dont le sujet est le jugement de Pâris. Ce poème en miniature contient, outre les trois déesses et l'heureux berger, un petit Cupidon accroupi sur le devant, Mercure, qui paraît aider Vénus de ses sages conseils, et le paon de Junon. Le cadre est formé de chatons carrés, faisant le centre de fleurs de fantaisie rehaussées d'émail et reliées entre elles par un ovale auquel se rattache le terrasson.

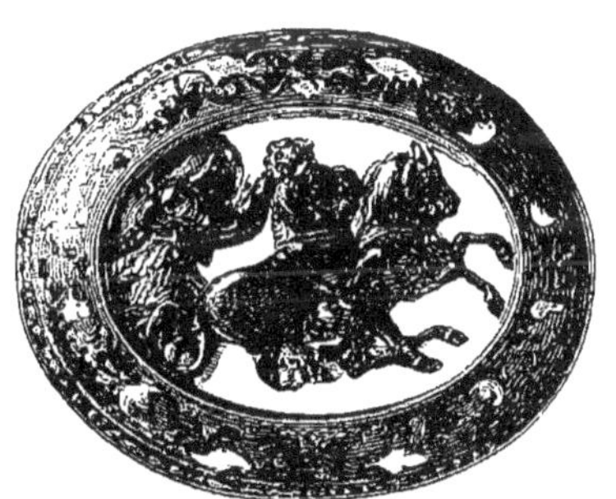
Fig. 277. — Type d'Émaux à plat.

Rien n'est plus amusant à examiner que toutes ces petites scènes composées avec tant de bonne foi et de sincérité. Tantôt elles se passent sur une nef, tantôt sous un pavois, le plus souvent devant un portique ou dans un berceau soutenu par des colonnettes enguirlandées, ou bien encore au milieu des cuirs déchiquetés et émaciés de la Renaissance allemande. Mais toujours le cadre, quel qu'il soit, et souvent le sujet, sont ornés de pierreries disposées sans autre raison appréciable que le désir d'enrichir l'objet.

A mesure que nous avançons dans le XVIIe siècle, ce type si curieux disparaît pour faire place aux fleurs (fig. 277). Sous Henri IV on commence à champlever des guirlandes qu'on émaille ensuite et qu'on polit à plat avec l'or. Puis, petit à petit, l'émail se modèle, les fleurs prennent du relief, tandis que les entrelacs bleus restent à plat dans les fonds.

Le Cabinet des antiques possède un grand nombre de montures en ce genre, où les verts, les blancs teintés, les rouges et les bleus sont agréablement mariés (fig. 278). Le goût de cette ornementation se continuera en se perfectionnant, et plus tard on fera disparaître tout à fait le fond d'or, la guirlande de fleurs émaillées sera découpée à jour. La monture du camée représentant Louis XV jeune, au Cabinet des antiques, est un joli spécimen de ce genre de travail.

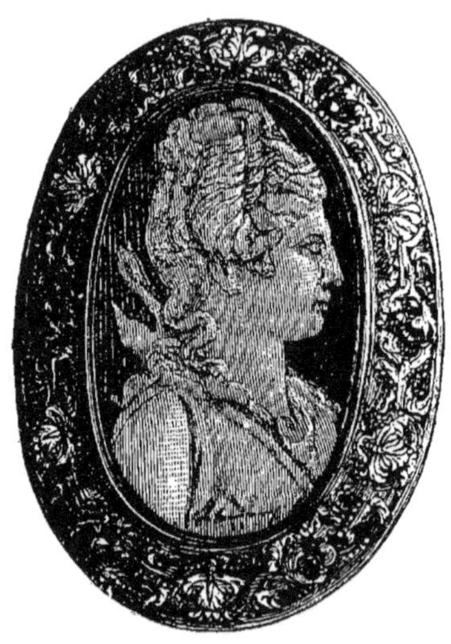
Fig. 278. — Type d'émaux modelés en Relief.

Il faut voir aussi, pour juger de la perfection avec laquelle les artistes de ce temps posaient leur émail, la pièce n° D, 886, au musée du Louvre. C'est un médaillon ovale couvert d'un bouquet de fleurs resté blanc. Cet objet semble inachevé. On est porté à croire qu'on a négligé à dessein de le colorier, afin de laisser toute sa valeur au modelé si remarquable de l'émail.

XVIIe et XVIIIe Siècle. — Les orfèvres du XVIIIe siècle ont continué cette fabrication de buires et de coupes couvertes de sujets ciselés et émaillés, qu'avait inaugurée la Renaissance, mais, le dirons-nous? avec moins de bonheur. Au XVIIe, on rencontre encore des morceaux très fins et très mignons, témoin les pièces n° E, 258, et E, 262, au musée du Louvre, qui sont de petites merveilles de grâce et de légèreté; mais, à mesure qu'on avance vers le grand siècle, l'allure devient pompeuse, chargée, parfois lourde, et, quoique les ouvriers fassent preuve encore des mêmes qualités dans l'exécution, le dessin, la composition laissent à désirer et ne nous satisfont plus autant. L'équilibre dans les formes, l'harmonie dans la coloration, ne sont plus aussi bien observés. Cependant, nous admirons encore la pièce dite *la nacelle* n° E, 242.

De l'orfèvrerie d'argent, que pouvons-nous dire? Il n'en reste plus une pièce. Tout a été détruit en 1688, et, n'étaient les dessins de Pierre Germain et les descriptions qui nous ont été transmises, nous ne pourrions nous en faire aucune idée. La splendeur du grand règne devait rayonner sur cet art, dont il ne pouvait se passer, et qui lui fournissait de si merveilleux appoints de mise en scène. Aussi, placée sous l'impulsion féconde de Ch. Lebrun, confiée aux mains habiles de grands artistes, la fabrication de la vaisselle d'argent atteignit-elle alors le dernier point de la perfection. Revêtue d'un grand caractère, riche plus encore par l'ampleur des formes et le choix des sujets que par le métal employé, elle est inséparable de cette époque fastueuse dont on ne saurait, sans elle, reconstituer en entier l'imposant apparat. Le récit de la *Gazette de France* sur la visite que fit Louis XIV, le 15 octobre 1667, aux Gobelins, où il avait logé ses orfèvres, peut en donner une idée.

« La grande cour était tendue des superbes tapisseries « qui s'y fabriquent, avec un buffet de neuf toises de long « et élevé de douze degrés, sur lesquels étaient disposés, « d'une manière aussi ingénieuse que magnifique, les « riches ouvrages d'orfèvrerie qui se font dans ce même » lieu. Ce buffet était composé de vingt-quatre grands

« bassins, chacun avec son vase, d'autant de brancards « pour les portes, de deux cuvettes, chacune de cinq à six « pieds de diamètre, de quatre grands guéridons, de « vingt-quatre vases à mettre des orangers et de plusieurs « autres pièces, le tout d'argent ciselé, mais d'un travail « qui passait encore le prix de la matière, quoique du « poids de plus de vingt-cinq mille marcs. »

Il semble, du reste, que tout dût concourir à satisfaire les tendances fastueuses d'alors, car c'est vers cette époque que les joailliers commencèrent à fabriquer des pièces entièrement couvertes de brillants juxtaposés, sans que l'or ni l'argent fussent apparents nulle part.

Les femmes se mirent à porter au corsage des nœuds, des entrelacs, dans les cheveux des aigrettes à tiges mouvantes tout en brillants. Les ouvrages en joaillerie ne présentèrent plus aux yeux éblouis que des flots de diamants, des ruissellements étincelants, et le plus gros de tous ces flots, qui contournait de blanches épaules, fut appelé *rivière*.

L'introduction de cette nouvelle mode peut être attribuée autant à la quantité de pierreries qui fut importée en Europe par Tavernier en 1668 et par Chardin en 1670 et 1677, qu'aux exigences du luxe de la toilette, qui allait toujours croissant, et à l'imagination des joailliers.

Toujours est-il qu'elle fut la cause déterminante d'un notable changement dans les idées qui, jusqu'alors, avaient dirigé nos artistes.

Jusqu'à ce jour, la pierre avait été considérée par eux comme un accessoire obligé de la parure, mais non comme son objet principal. En effet, ils modelaient, ils ciselaient, ils fouillaient leurs compositions et les ornaient ensuite, plus ou moins heureusement, de pierreries dans certaines parties, mais sans jamais sacrifier le motif, soit dans ses plans, soit dans ses contours. Ils appliquaient à leurs ouvrages les procédés de la sculpture, ils en combinaient avec art les reliefs, et savaient mettre en valeur les parties intéressantes en sacrifiant les autres. Le nouveau mode d'emploi du diamant vint déjouer toute cette science. Les surfaces alourdies par l'amas des pierres perdaient leur modelé, les finesses devenaient inexécutables. Les propriétés mêmes du diamant, cette faculté qu'il possède

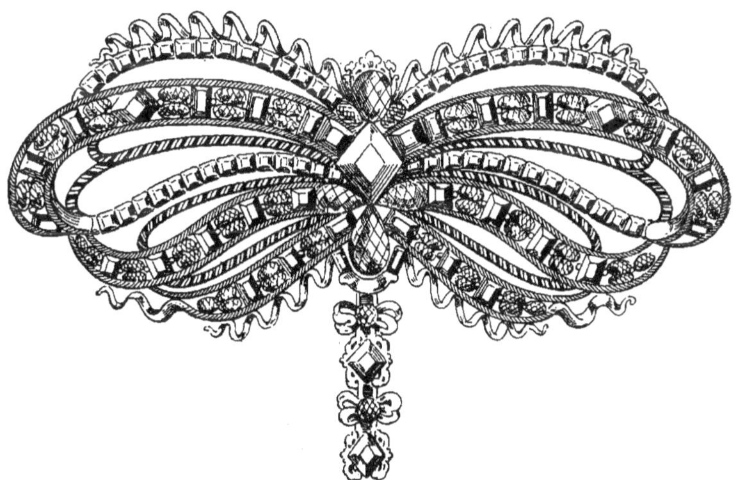

Fig. 972. — Nœud en Joaillerie, par Gilles l'Égaré.

de refléter la lumière avec une intensité telle qu'il supprime et confond tous les plans superposés, offraient un écueil insurmontable. Il fallut créer un art nouveau. Ils le firent avec succès. L'impossibilité d'obtenir un bon résultat par la superposition des motifs leur fit rechercher des compositions tirant leur effet principal de la découpure extérieure (fig. 279). Ils trouvèrent d'élégantes silhouettes, dont les quelques dessins qui nous restent de Gilles l'Égaré peuvent nous donner une idée. Sans abandonner absolument le modelé, ils le traitèrent d'une façon beaucoup moins accentuée et se contentèrent de donner à leurs ouvrages des ondulations douces, leur laissant une sorte de repos qui en fit le caractère.

Cette tradition fut continuée pendant le XVIIIe siècle. Nous le voyons par les dessins d'Augustin Duflos, qui fit la couronne pour le sacre du roi Louis XV en 1722. Le recueil qu'il nous a laissé, et qui est à peu près le seul que nous

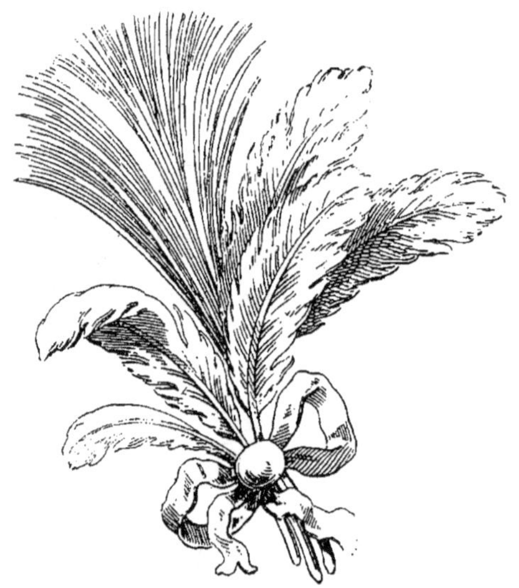

Fig. 280. — Aigrette, par Augustin Duflos.

possédions, contient quelques compositions intéressantes, entre autres une aigrette simulant des plumes (fig. 280), un joli nœud fait d'un ruban de fleurs à jour avec des pendants frangés, et un corsage tout en fleurs, en feuillages et en rubans (fig. 281). Dans une sorte d'avant-propos, le regret qu'il exprime que la mode des pierres de couleur mêlées aux diamants soit passée (fig. 282), nous indique clairement que leur emploi avait été un des caractères distinctifs de la joaillerie sous le règne de Louis XIV (fig. 283).

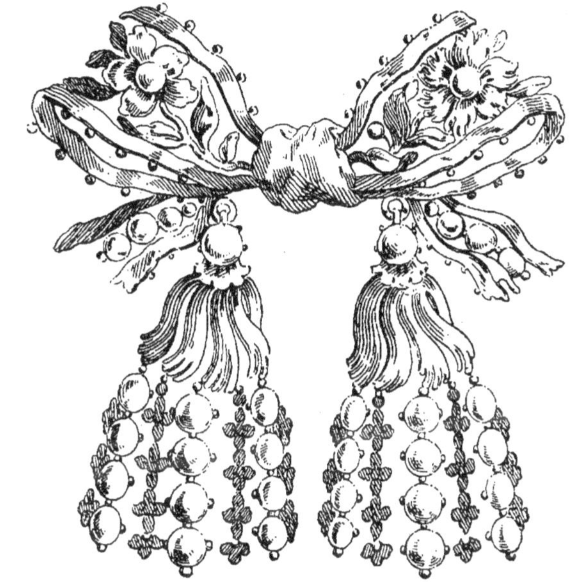

Fig. 281. — Nœud, par Augustin Duflos.

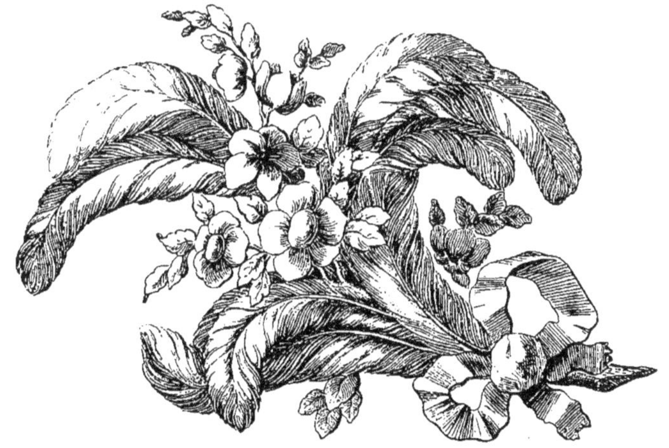

Fig. 282. — Type de Joaillerie aux XVIIe et XVIIIe Siècles.

Les bijoux à pendeloques eurent aussi une grande vogue à cette époque (fig. 284).

Il existe au Cabinet des antiques, n°s 333 et 351, deux fermoirs ayant appartenu à Mme de Pompadour, dont l'exécution est admirablement soignée. Ce sont des entou-

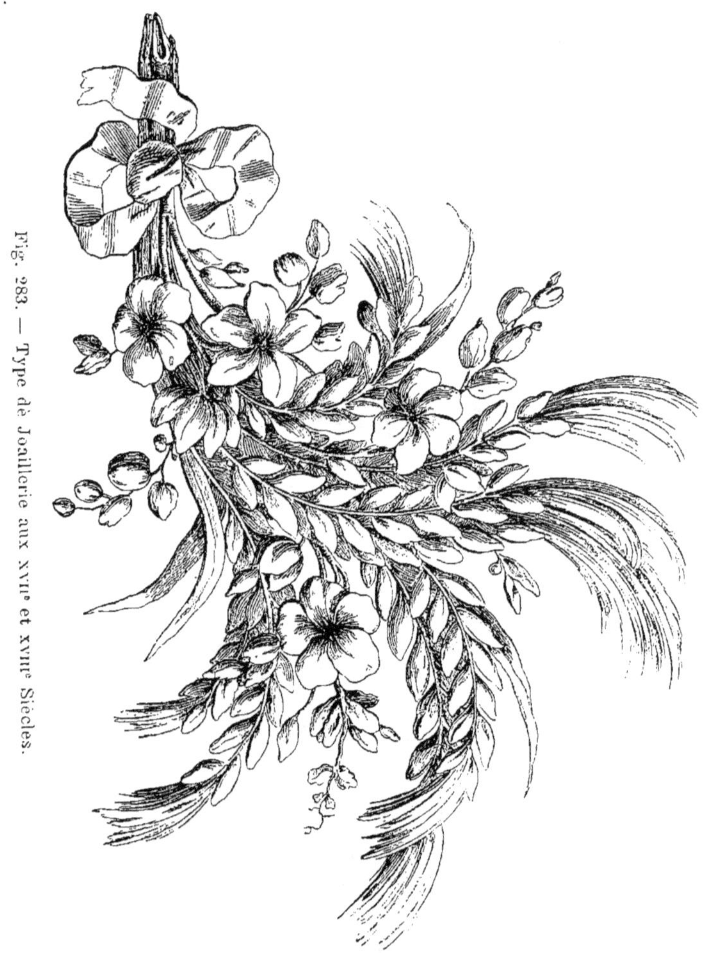

Fig. 283. — Type de Joaillerie aux XVIIe et XVIIIe Siècles.

rages de camées. Ils sont faits d'émeraudes taillées de manière à simuler un ruban froncé, resserré de distance en distance par des liens en petites roses. Ces liens sont les extrémités prolongées du nœud qui orne le sommet de la composition.

La date de 1688, ainsi que nous l'avons dit plus haut, avait été fatale à la grande orfèvrerie d'argent. La nécessité de parer aux frais de guerre avait fait fondre tout ce qu'il en existait. Les pertes qui résultèrent de l'anéantissement de façons considérables, aussi bien que les édits somptuaires qui furent alors mis en vigueur, en firent disparaître le goût et l'habitude.

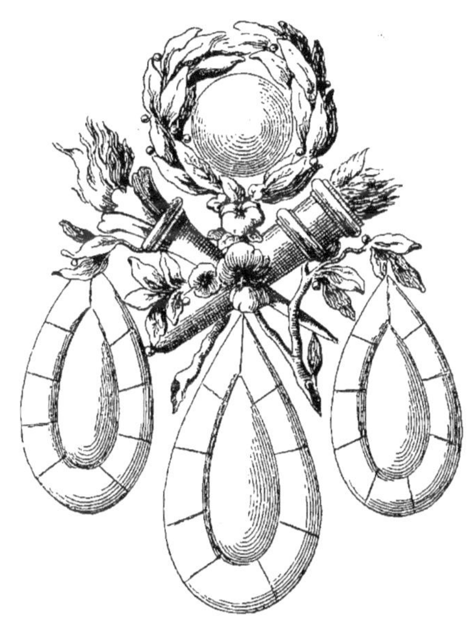

Fig. 284. — Bijou à Pendeloque. Perles et Brillants (XVIIIe Siècle).

Cette industrie, cruellement atteinte, chercha cependant à se relever au commencement du XVIIIe siècle, et, suivant la mode qui dominait alors, elle introduisit le goût de la rocaille dans ses ouvrages. Le recueil, *Orfèvrerie du XVIII*, *coté le* 39, à la Bibliothèque, renferme quelques dessins assez curieux en ce genre. Les soupières et les légumiers à côtes tourmentées et étreintes par des coquilles fantastiques, ont pour anses et pour boutons des têtes de choux-fleurs, des écrevisses, des céleris, des fruits, des branches de chêne, etc. Ce goût contourné avait cependant bien son originalité, et, parmi les bizarres conceptions auxquelles il a donné naissance, on rencontre parfois des formes plus assagies, dont la molle élégance ne manque pas de charme.

La bijouterie suivit de loin la même voie. Bientôt l'émail

disparut pour faire place à la ciselure. Les châtelaines, les ménagères, les chaînes en tout or, devinrent à la mode. Aux entrelacs, aux enchevêtrements de fleurs qu'on délaisse, succèdent des compositions dans le style rococo, entremêlées d'attributs de bergerie (fig. 285 à 288).

Un peu plus tard, lorsque la grande orfèvrerie paraît avoir été abandonnée, la bijouterie et la joaillerie ne cessèrent de produire des ouvrages fins et précieux. Les tabatières, les boîtes de senteur, les bonbonnières et les cassolettes, devinrent en grande faveur. Les ciseleurs et les graveurs purent tout à leur aise donner cours à leurs jolies fantaisies, sur des surfaces encore assez étendues pour leur laisser du champ. Ils en profitèrent pour atteindre à la perfection et pour produire des merveilles. L'art de l'émailleur redevint en faveur (fig. 289). Les émaux transparents, jouant sur les moires du guilloché, furent

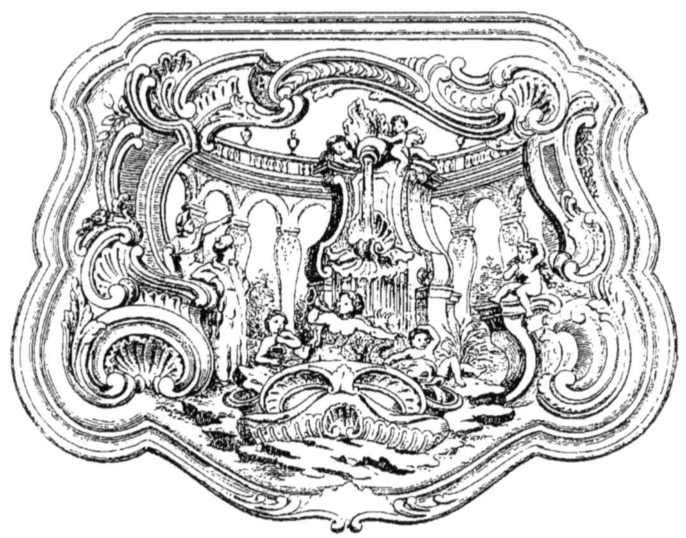

Fig. 285. — Tabatière en or ciselé, Époque Louis XV.

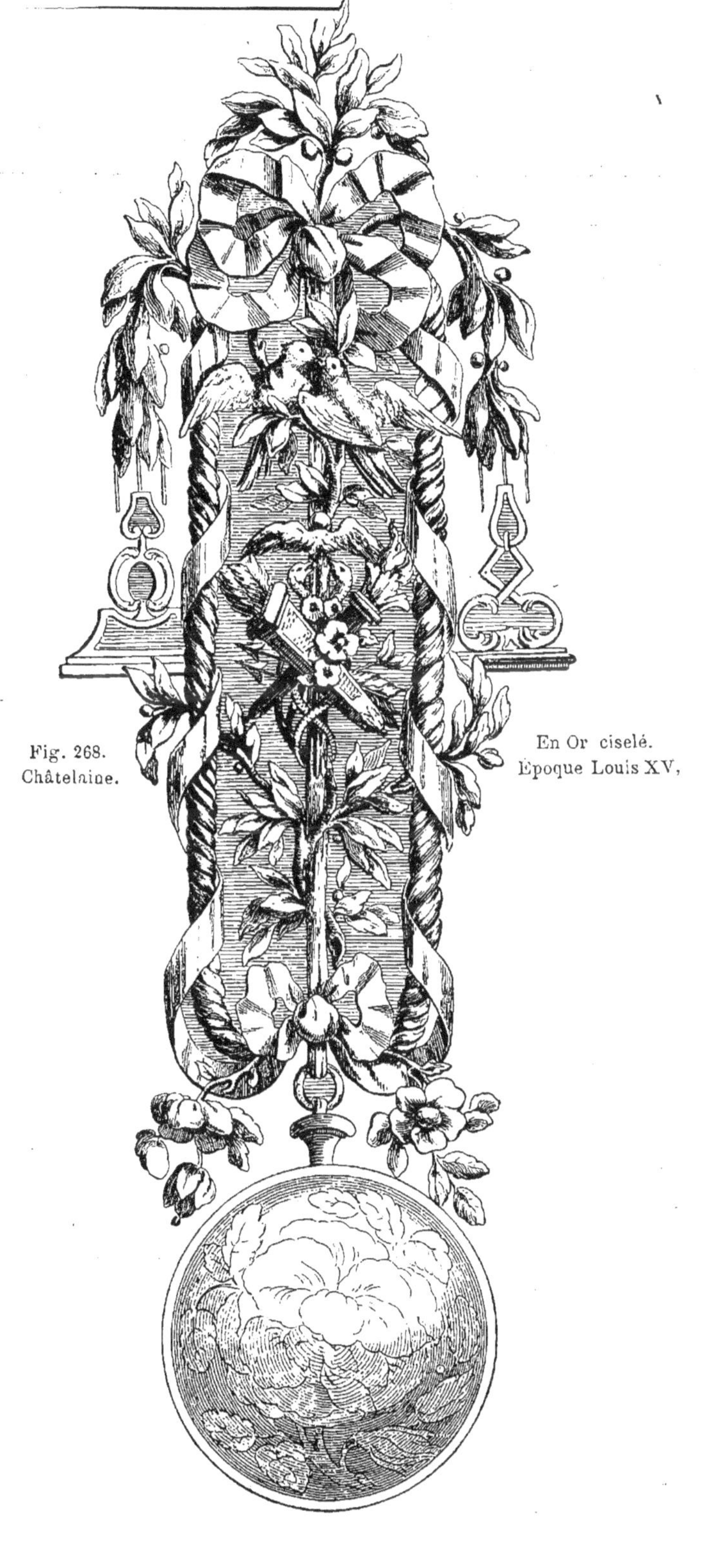

Fig. 268.
Châtelaine.

En Or ciselé.
Époque Louis XV,

heureusement mariés aux ors de couleur ciselés. On introduisit dans le bijou l'emploi du verre bleu, dont le voisinage faisait ressortir agréablement les demi-perles, les perles et les roses qui les rehaussaient.

Le goût des bagues, des boutons, des boucles de

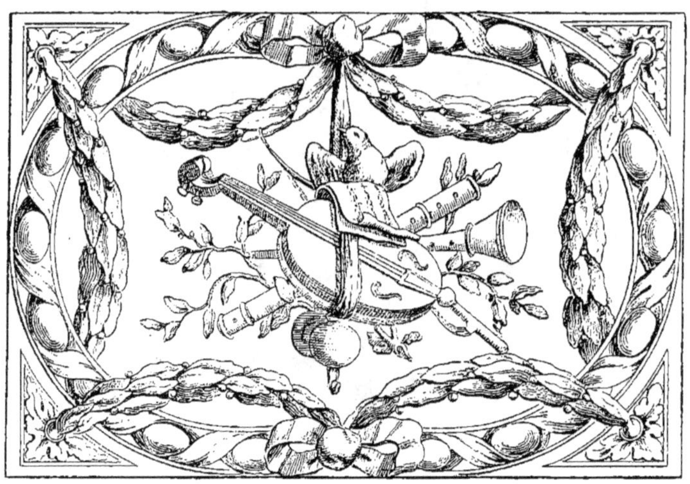

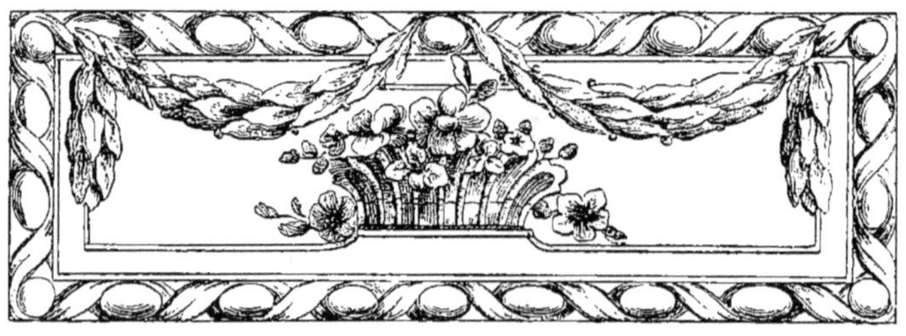

Fig. 287 et 288. — Tabatière. — Époque Louis XV.

souliers, des étuis, des entourages de portraits et de tous les mignons objets fut alors poussé très loin. Les hommes et les femmes en étaient couverts, ils en avaient jusque dans leurs poches (fig. 290). Ces types de bijouterie qu'a fournis la seconde moitié du XVIIIe siècle, grâce au charme qui a présidé à leur invention et à la finesse précieuse de leur exécution, sont restés absolument caractéristiques et inséparables de l'époque qui les a vus naître. On les appelle encore les bijoux Louis XVI. Lempereur et Chéret furent les deux plus célèbres bijoutiers-joailliers de ce règne.

C'est vers la même époque que prend

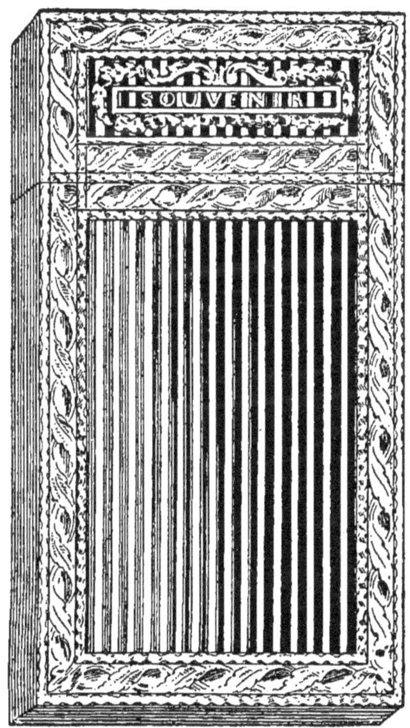

Fig. 289. — Carnet. — Époque Louis XVI (Collection du Louvre).

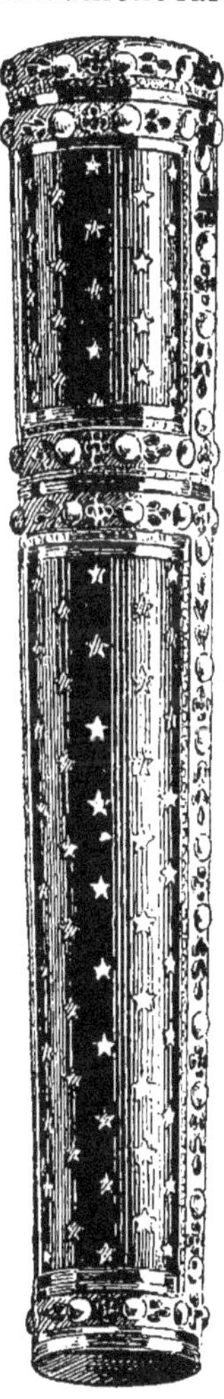

Fig. 290. — Étui en émail bleu, Époque Louis XVI (Collection du Louvre).

naissance le bijou en acier poli, que se propage le plaqué, que sont tentés les premiers essais, essais grossiers, de bijouterie en doublé d'or et d'argent, qu'apparaît le strass, et que les fabricants en imitation, qu'on appelle alors bijoutiers-faussetiers, deviennent assez nombreux pour former une corporation à part.

Nous avons pu voir, par les traits de cette esquisse rapide, combien les époques troublées sont peu favorables à l'expansion des industries que nous étudions. La fin du dernier siècle leur fut tellement fatale, qu'un instant il put sembler qu'elles étaient anéanties.

Elles laissaient en disparaissant de grands souvenirs.

Si, comme nous le pensons, l'orfèvrerie, déjà florissante aux époques héroïques des différents peuples du monde, est le plus ancien de tous les arts d'ouvrer le métal, ceux qui l'exercèrent surent aussi comprendre et appliquer les principes de la fraternité.

Dès l'année 1400, la communauté des orfèvres fondait, rue des Deux-Portes, un hôpital pour recevoir les compagnons orfèvres de Paris, affaiblis par la vieillesse et dépourvus de moyens de subsistance. Cet hôpital, devenu trop petit, fut agrandi par l'acquisition d'un nouvel immeuble adjacent au premier et faisant le coin de la rue Jean-Lointier. Il fut augmenté successivement et subsista fort longtemps. Il existait encore au XVIIe siècle.

La corporation des orfèvres, non seulement logeait des ménages pauvres, mais distribuait en outre des aumônes extraordinaires dans les hivers rigoureux, et offrait des secours et des logements gratuits aux orfèvres étrangers en passage à Paris.

Paul Lacroix (1), auquel nous avons fait de nombreux emprunts et spécialement celui-ci, ajoute que le corps des orfèvres était le plus généreux, quoiqu'il ne fût ni le plus

(1) *Histoire de l'orfèvrerie*, par PAUL LACROIX, p. 68.

riche, ni le plus privilégié. Les liens étroits qui l'unissaient à l'art pur, joints à ce sentiment de générosité, en firent les fondateurs de la première collection de tableaux qui existât dans la capitale, et qui commença par une série de dons successifs faits à la cathédrale. Il n'y avait à Paris au XVIIe siècle, nous apprend le même auteur, d'autre musée public que celui de Notre-Dame, dû à la munificence des orfèvres et à leur zèle intelligent pour les arts. Plusieurs de ces toiles, œuvres des plus célèbres artistes de toutes les époques, sont entrées depuis dans les galeries du Louvre.

Le caractère honnête et sincèrement droit de la nation française devait aussi rencontrer des interprètes fidèles et convaincus dans les orfèvres. De tout temps, le titre de l'or qu'ils employaient fut garanti par les propres soins de la corporation. Nous devons ajouter que cet or fut toujours plus élevé qu'en aucun pays du monde et que la dénomination d'*or français*, employée de nos jours dans le monde entier pour désigner un métal de bon aloi, ne date pas d'hier (1). Cette locution est aussi vieille que l'orfèvrerie française elle-même, tandis que les fabriques étrangères, surtout allemandes et italiennes, ont toléré de tout temps et même recommandé des alliages que celles de France regardaient comme des fraudes.

(1) Nul orfèvre ne peut, à Paris, travailler l'or qui ne soit *à l'étalon de Paris* ou meilleur, lequel étalon surpasse tous les ors qu'on travaille dans tous les pays du monde. (Extrait des règlements en usage parmi les maîtres-orfèvres dès avant le XIIIe siècle, recueillis et rédigés par Étienne Boileau, titre XI du *Livre des métiers*.) — Le règlement donné aux orfèvres de Gand, en 1338, par Jacques Arteveld, porte que les pièces d'orfèvrerie seront en or *à la touche de Paris*.

DEUXIÈME SECTION

ORFÈVRERIE MODERNE

Première Moitié du XIXe Siècle. — Les premières tentatives de résurrection qui se manifestèrent au commencement du XIXe siècle furent toutes faites dans le sentiment pseudo-grec alors à la mode. C'est d'après les dessins de Percier et de Fontaine qu'Odiot le père exécuta ses pièces d'orfèvrerie. Un peu plus tard Fauconnier, chercheur infatigable, s'appliqua à substituer aux formes de convention les modèles pris dans la nature. Il fut secondé par Wagner, qui remit en faveur les travaux de repoussé. Enfin Froment Maurice le père, s'inspirant directement des chefs-d'œuvre du moyen âge et de la Renaissance, prit une part considérable au mouvement de renouveau qui se produisait. Mais les commencements furent un peu hésitants, l'étude n'avait pas encore mis en lumière les caractères réels de ces deux époques. Ce n'est guère que vers la moitié du siècle que nos artistes entrèrent en pleine possession de ces éléments si féconds.

Une découverte qui devait porter un coup fatal à l'orfèvrerie d'argent, bien qu'elle ne parût d'abord menacer que l'industrie du plaqué, fut faite vers l'année 1840. Nous voulons parler de l'argenture par les procédés électro-chimiques. La possibilité de fabriquer à bon marché de beaux services de table en alliage de cuivre argenté fit surgir une clientèle plus nombreuse, il est vrai, mais, en même temps, détourna une partie de celle qui avait l'habitude de se fournir en orfèvrerie d'argent. Ici se place tout naturellement une observation au sujet de notre appellation professionnelle.

La dénomination d'*orfèvre*, qui tire son étymologie de la matière employée et qui, logiquement, ne devrait être appliquée qu'aux ouvriers travaillant l'or, après avoir une première fois été détournée de sa véritable signification, en servant à désigner ceux qui travaillaient l'argent, devient aussi maintenant le nom de ceux qui emploient le cuivre ou des alliages équivalents (dès longtemps l'orfèvrerie religieuse ne se fabrique plus qu'en cuivre). De sorte que ce mot, détourné de son sens étymologique, est employé maintenant pour désigner celui qui fabrique la vaisselle et autres gros objets, qu'ils soient en argent ou en cuivre.

Presque au moment où Ruolz et Elkington faisaient leur précieuse découverte, un autre inventeur, Allard, trouvait les procédés de laminage et d'impression au rouleau, pour la fabrication des couverts qui autrefois se faisaient à la main, et seulement, depuis 1827, au balancier. La coïncidence de ces deux évènements industriels permit de livrer à la consommation d'excellents couverts, à un prix relativement peu élevé, et par conséquent contribua beaucoup à en universaliser l'usage, fait dont l'intérêt augmente, si l'on se rappelle que la fourchette n'était pas connue il y a quatre cents ans, et que, de nos jours encore, nombre d'Européens déchirent leurs aliments et les portent à leur bouche à l'aide de leurs doigts (1).

A côté de l'orfèvrerie qui ressuscite, la joaillerie et la bijouterie font aussi de grands efforts. Quelques habiles ouvriers reconstituent les traditions du joaillier. De cette école sort Fossin le père, dont le goût ne tarde pas à dominer et bientôt à diriger les autres. Ses premières créations sont un peu plates, selon la mode d'alors. Mais bientôt il modèle avec élégance et mouvemente avec esprit des fleurs et des feuillages. Il exécute de mignonnes pièces où la sévérité du goût s'allie à la grâce et à la finesse. Ces traditions sont maintenues quelque temps après lui par Fossin le fils, homme de goût et de savoir; mais, après ce dernier, l'avilissement des prix de façon et peut-être aussi le manque d'artistes font que la joaillerie décline sensiblement.

Pendant le Directoire et sous l'Empire, les bijoutiers enchâssent les aigues-marines, les topazes et les péridots dans des ornements en cannetille juxtaposés, sans grande invention et sans caractère; les chaînistes tressent, en fils d'or mat, de grosses ganses creuses au centre.

Puis viennent les ors de couleur. Les ouvriers assemblent à plat, à côté les unes des autres, de petites fleurs découpées en or rouge (alliage au cuivre), vert (alliage à l'argent), bleu (alliage au fer), qu'ils retouchent ensuite au burin ou au ciselet, souvenir amoindri des gracieux ouvrages de la fin du dernier siècle.

Plus tard, ils font des pièces composées de parties es-

(1) Les premières fourchettes servaient seulement à manger des confiseries. Le roi Henri III fut ridiculisé dans un pamphlet satirique de l'époque, parce que, au lieu de prendre ses aliments avec ses doigts, comme tout le monde, il avait fait usage de la fourchette.

tampées et rapportées à plat, soit autour d'un cadre, soit à côté les uns des autres. Les plus habiles découpent des feuilles d'ornement qu'ils emboutissent, qu'ils assemblent de la même manière et que le ciseleur achève ensuite. Les chaînistes font des sautoirs, de gros maillons formés de deux coquilles assemblées. Ces diverses tentatives ne sont pas très heureuses au point de vue du goût.

Enfin, vers 1840, Marchand aîné cherche des éléments dans les motifs de la Renaissance. Il enroule des cuirs. il reproduit avec succès des groupes de fleurs ou de fruits, des nœuds, des entrelacs. Son crayon hardi opère une révolution complète dans les idées. Robin crée un genre solide et artistique, le premier il donne à la bague un caractère qui la rend intéressante. Dutreih cherche la perfection dans le mignon. Aidé de l'habile Lefournier, qui a su conserver ou retrouver le secret des jolis émaux sur paillon, il fait de petits trophées pour épingles de cravate, dont les fins détails de ciselure et d'émail doivent être admirés à la loupe. Ce sont de petits chefs-d'œuvre.

Parallèlement aux habiles fabricants bijoutiers que nous venons de citer, mais dans un autre ordre, Morel, s'inspirant des merveilleux ouvrages qu'il admire dans nos musées, taille le jaspe, le lapis et le cristal de roche, il monte les gemmes avec des figurines ciselées et émaillées comme au XVIe siècle. Il expose en 1855 à Paris une grande coquille en jaspe sanguin supportée par des néréides. Ses efforts entraînent bientôt un émule, et Duron se met à reproduire avec une remarquable adresse différentes pièces de la galerie d'Apollon, des coupes, des vases en jaspe et en cristal rehaussés de sujets de ciselure et d'émaux. Sa vitrine, à l'Exposition de 1867 à Paris, contenait une douzaine d'œuvres dignes de figurer dans les plus belles collections.

Il faut rendre hommage à ces hommes courageux, qui surent mettre l'amour et le culte du beau au-dessus de leur propre intérêt, et qui tentèrent les premiers de relever notre industrie de l'état de médiocrité dans lequel elle était tombée.

Leur mérite était d'autant plus grand, qu'ils se trouvaient aux prises avec une difficulté nouvelle, résultant de l'abolition des communautés d'arts et métiers, effectuée à la fin du siècle précédent.

Lorsque les orfèvres étaient tenus de montrer leur talent, en produisant ce qu'ils appelaient *le chef-d'œuvre;* lorsqu'ils n'étaient admis dans la corporation qu'à la suite de cette suprême épreuve, nul ne pouvait vendre d'orfèvrerie, de bijouterie ou de joaillerie qui ne connût son métier.

La suppression de la maîtrise, en facilitant au premier venu l'accès de la profession, fit surgir une nouvelle catégorie de soi-disant orfèvres, qui se mirent à tenir boutique et à vendre ce qu'ils ne fabriquaient pas, ce qu'ils ne savaient pas fabriquer, ce qu'ils achetaient ou commandaient à des fabricants dont ils cachaient soigneusement les noms. L'habileté commerciale sut escamoter l'habileté industrielle et s'y substituer. Le savoir fut absorbé par le savoir-faire.

On pouvait craindre que le producteur, découragé par cette exploitation, ne devînt indifférent à un art qui ne lui donnait plus ni honneur ni profit, et qu'il ne le laissât déchoir, sous l'influence de ceux qui s'en étaient emparés, au rang inférieur de matière purement mercantile (1). Il

(1) Vers l'année 1850, l'avilissement des prix de main-d'œuvre fut tel, pour ne citer qu'un exemple, que les fabricants joailliers accep-

n'en fut heureusement rien. Notre industrie résista à cette épreuve, dont, avec l'aide de quelques esprits distingués, elle finit par sortir victorieuse. L'Exposition de 1878 a été la démonstration éclatante de ce fait important.

Parmi ceux dont le goût, la participation, et quelquefois la direction, vinrent, dans cette lutte, en aide à la fabrique, nous nous faisons un plaisir de citer les principaux, qui sont : Janisset, Duponchel, Deschamps, Mellerio dits Meller frères, Petiteau, Baugrand, etc.

Il faut mentionner ici, pour souvenir, un bijou qui a eu son jour de vogue. C'est celui qui se faisait en argent oxydé. De bonnes choses ont été exécutées dans ce genre qui prenait facilement l'aspect artistique; mais bientôt de grossières imitations, faites en nombre infini et à vil prix, le discréditèrent et le firent oublier.

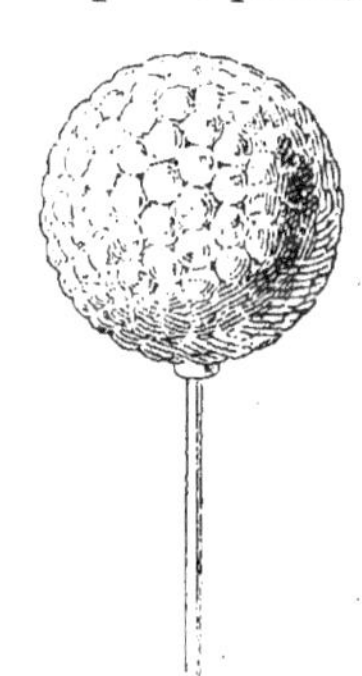
Fig. 291. — Épingle de Tête en pavé de Turquoises rondes.

Un autre bijou qui précéda l'oxydé eut aussi quelque succès. Il se fabriquait en nacre recouverte de petites perles fines. On faisait ainsi des peignes, des broches et des bracelets. Rappelons encore le bijou en pavé de turquoises rondes qui a été fort à la mode, à cause de son aspect suave et doux (fig. 291).

C'est aussi du commencement de ce siècle que date l'invention réelle du bijou en doublé d'or. A la suite de

taient des commandes de monture qui, au lieu de leur être payées à leur valeur, étaient marchandées à raison de 1 fr. 25, 1 fr. et même jusqu'à 0 fr. 75 la pierre. Cette manière de faire ne pouvait avoir d'autre résultat que de tendre à détruire chez le producteur le sentiment du goût, auquel elle substituait celui de l'intérêt aveugle.

tâtonnements et de difficultés sans nombre, les procédés de cette fabrication furent enfin complétés. Jusqu'en 1850, Savard, par ses efforts et par son intelligence, réalisa la séric de perfectionnements successifs qui contribuèrent à fonder cette industrie nouvelle et lui permirent d'acquérir les remarquables développements commerciaux qui en font une puissance, puissance dont Savard fut bien réellement le créateur.

Ainsi que son nom l'indique, ce bijou est fait d'une feuille d'or infiniment mince, renforcée ou *doublée* d'une épaisseur de cuivre suffisante pour lui donner la résistance et la solidité nécessaires. Voici comment s'obtient une planche de doublé. Sur une feuille de cuivre d'environ cinq à six millimètres d'épaisseur, on place une feuille d'or dont l'épaisseur n'atteint pas souvent un demi-millimètre. Les deux plaques doivent être de mêmes dimensions, et les surfaces de l'une et de l'autre, qui sont mises en contact, ont dû être préalablement décapées avec le plus grand soin. Maintenues ensemble, elles sont portées au feu, et, lorsqu'elles ont atteint la couleur rouge ardent, elles sont pressées l'une contre l'autre avec une telle puissance, qu'elles adhèrent absolument ensemble et ne font plus qu'une seule et même planche de métal. Cette planche est ensuite passée au laminoir, et, dans cette opération, chacun des métaux étant écrasé proportionnellement, il résulte que, lorsque la feuille est amenée à l'épaisseur convenable pour l'emploi, elle ne présente plus qu'une lame mince de cuivre recouverte d'une pellicule d'or inappréciable, mais qui suffit pour lui donner, sur cette face, la couleur et l'apparence de l'or.

Pour employer cette feuille et en fabriquer des bijoux, il faut un outillage spécial et coûteux qu'on demande au travail du graveur sur acier et de l'ajusteur. Le premier outil est la matrice, à l'aide de laquelle on lui donne les reliefs et on accuse les contours, par le moyen de l'estampage. Le second est le découpoir, dont la précision doit être telle, que tous les détails des contours extérieurs et intérieurs de la pièce soient découpés avec justesse, sans laisser ni la moindre bavure, ni la moindre rebarbe. Ces deux opérations terminées, les coquilles ainsi obtenues sont, soit assemblées par deux, si le bijou doit offrir une forme de ronde-bosse, soit soudées sur des fonds plats, s'ils ne doivent être vus que sur une seule face.

Il est facile de concevoir l'importance du rôle que jouent les matrices et les découpoirs dans cette fabrication, où celui de l'ouvrier bijoutier se trouve singulièrement amoindri. Aussi les bons graveurs et les bons ajusteurs sont-ils très recherchés dans les fabriques de doublé. Ces procédés se complètent par des moyens analogues qui servent à obtenir soit du fil, soit des tubes creux.

Cette industrie toute française s'accroît chaque jour dans des proportions considérables. Née d'hier, elle occupe actuellement à Paris de trois à quatre mille ouvriers et ouvrières, en y comprenant les graveurs et les mécaniciens. On peut, sans crainte, affirmer qu'elle doit son succès aux dispositions de la loi française, qui interdit la fabrication des bijoux à bas titre. Elle disparaîtrait en effet tout à coup si la faculté était donnée à l'industriel de la remplacer par une fabrication de produits analogues à ceux de l'Allemagne, qui sont avec juste raison assimilés à la quincaillerie, dans les tarifs allemands.

Nous ne croyons pas devoir clore ce résumé de l'histoire de notre industrie, pendant la première moitié de ce siècle, sans parler du service de table en or, brillants et pierres précieuses qui fut exécuté à Paris vers l'année 1860 pour le vice-roi d'Égypte, Saïd-Pacha. Ce service, composé de quarante-deux couverts en or et émaux couverts de brillants, dont chacun avait une valeur de soixante mille francs, était complété par un grand compotier occupant le centre d'un ensemble où figuraient deux candélabres à six branches, dans la composition desquels entraient des brillants, des perles, des rubis et des émeraudes d'une grosseur démesurée, valant seuls un million huit cent mille francs, et six vasques à fruits représentant de grandes feuilles naturelles de palmiers, de marronniers, etc. En outre de ces objets, il a été fabriqué des aiguières et des bassins à laver, des plateaux à rafraîchir, des plateaux de toilette. Une de ces dernières pièces était à elle seule estimée un million et demi de francs (1).

Lorsque Saïd-Pacha vint à Paris en l'année 1863, il reçut aux Tuileries, où il était logé, l'Empereur et l'Impératrice à dîner et leur fit honneur de ce splendide service.

(1) Toutes ces pièces ont été exécutées dans les ateliers de Fontenay.

EXPOSITION UNIVERSELLE DE 1878

A PARIS

Les Produits étrangers. — L'Exposition universelle de 1878, à Paris, nous a fourni presque tous les renseignements désirables pour clore cet aperçu par un examen des produits contemporains. Nous commencerons par les sections étrangères.

Les Indiens ont eu dès longtemps le secret des émaux transparents. L'or dont ils se servaient pour leur joaillerie était toujours d'un titre très élevé, presque fin. Ils affectionnaient particulièrement les ornementations dérivées de la palme et de la rosace (fig. 292). Ils employaient des émeraudes et des rubis cabochons, des brillants taillés en table auxquels ils donnent le nom de *labora,* et d'autres d'une forme particulière appelés *œils d'idole.* Toutes ces pierres, principalement les brillants, étaient montées à fonds et jouaient sur feuilles. Le serti en était caractéristique, mais parfois un peu lourd (fig. 293). Tous les dessous de leurs pièces étaient émaillés des tons les plus vifs et les plus harmonieux. Les rouges et les verts mariés aux blancs produisaient un ramage tel, que l'envers de leurs bijoux semblait quelquefois plus joli que l'endroit. Ils ne faisaient pas usage d'anneaux pour emmailler leurs brace-

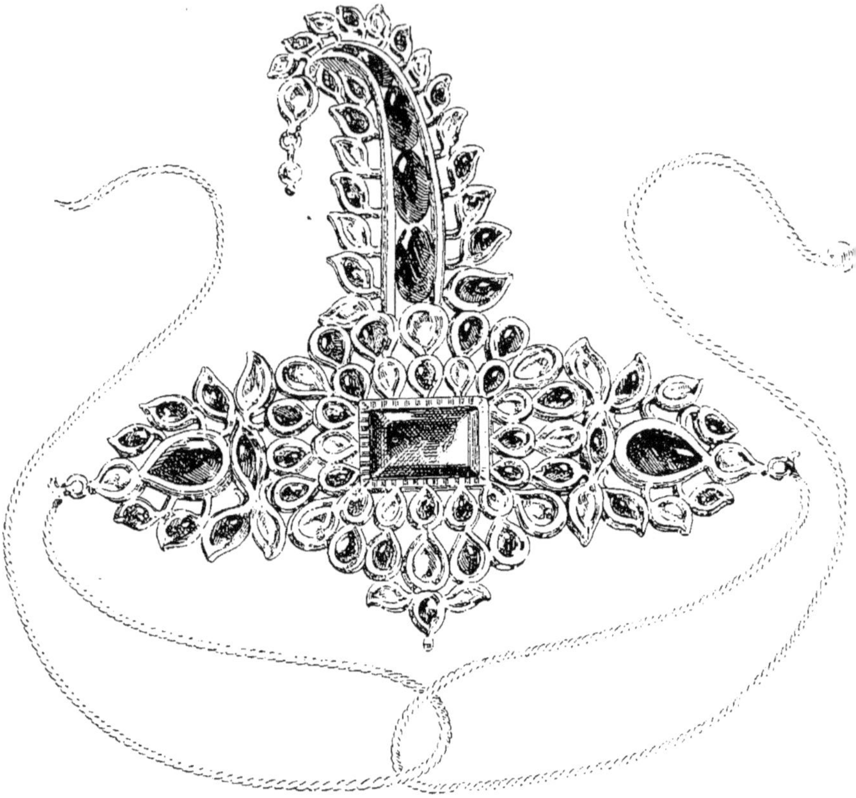

Fig. 292. — Aigrette indienne ornée de Rubis et d'Émeraudes cabochons et de Brillants Labora.

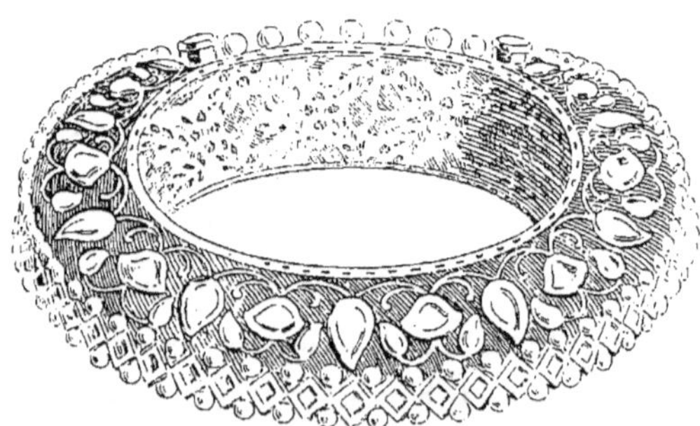

Fig. 293. — Bracelet indien en or émaillé vert orné de Diamants dits Labora. Envers émaillé.

lets et leurs colliers. La plupart étaient enfilés sur des cordons de soie (fig. 294). Nous croyons que ce type remarquable de bijoux appartient à leur histoire, ils n'en font plus.

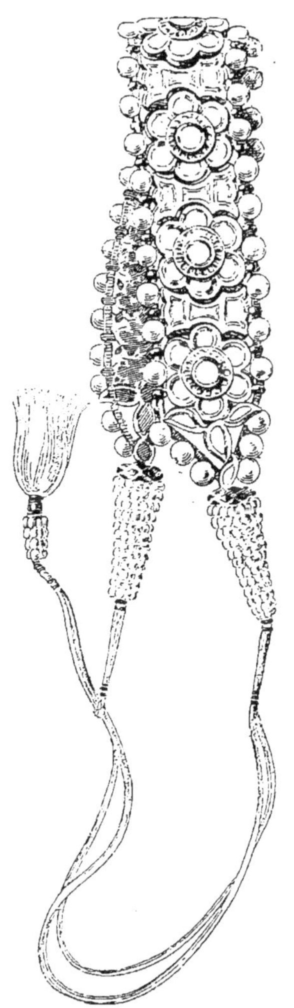

Fig. 294. — Bracelet indien à Mailles enfilées sur une soie. Envers émaillé.

Ils fabriquent actuellement des bijoux estampés et retouchés par la ciselure ; mais l'effet en est lourd, clignotant, le dessin confus et monotone. Nous préférons de beaucoup leurs petites boules recouvertes de pointes d'or serrées les unes contre les autres, qui ressemblent à des oursins et dans lesquelles la lumière, en se jouant, produit des tons et des reflets changeants. Les Indiens moulent encore une bijouterie en étain qui ne manque pas d'une certaine originalité. Ils font par ce procédé des pièces de toutes sortes et surtout des bracelets ayant des formes très originales et très caractérisées. Souvent l'étain est mélangé à des perles en verroterie, autour desquelles il paraît avoir été coulé dans le moule. Ces objets sont, quoique grossiers, d'un effet assez décoratif. Mentionnons encore ces imitations d'émeraudes incrustées de dessins d'or, obtenues à l'aide de verre qu'ils coulent et pressent probablement sur les sujets préalablement découpés (fig. 295).

Les remarquables collections exposées par le prince de Galles offraient les spécimens les plus variés de bijoux indiens. Elles étaient complétées par quelques autres également curieuses, particulièrement celle de M. Rivett-Carnac, qui renfermait des types en argent d'agrafes, de boucles d'oreilles et de colliers d'un style tout à fait original et d'une époque probablement antérieure à ceux que nous venons de décrire. Ils rappelaient, dans une certaine mesure, les formes et les inventions grecques, et quelquefois les conceptions barbaresques.

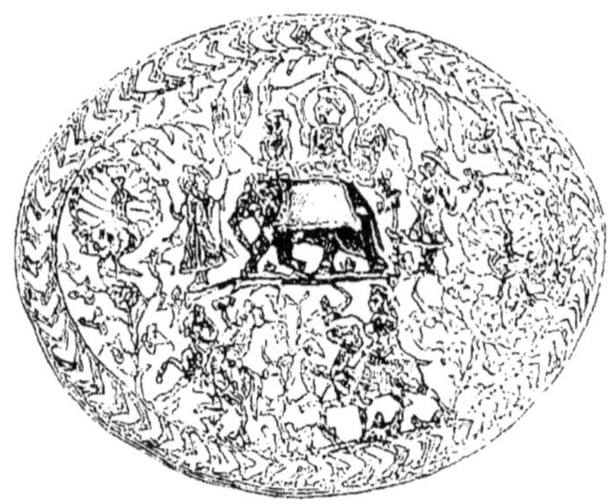

Fig. 295. — Émeraude incrustée de Dessins d'or.

Les Chinois font un genre de bijou qui se porte plus particulièrement sur la tête (fig. 296). Il se compose de fleurs, de feuilles et quelquefois d'ornements découpés en lames d'or excessivement minces, sur lesquelles ils collent à plat, retenus par un bord très fin, des parties également découpées de plumes d'oiseaux (fig. 297 à 300). Celles qu'ils emploient pour ce travail sont généralement bleues. Elles ressemblent à un émail mat et produisent des reflets agréables. Ils font aussi, par le même procédé, des bouquets pour le corsage et des pendants d'oreilles. On comprend le peu d'or qu'il faut pour soutenir un corps aussi léger et aussi flexible que la plume, aussi le poids de ces bijoux est-il presque nul.

Le charme de cette invention est un des jolis résultats

qu'obtiennent souvent dans leurs produits industriels les Chinois, ces tourmenteurs de la nature, qui imposent à leurs grosses moules de rivière la fabrication de magots, qu'elles trouvent certainement fort laids, et qu'elles recouvrent vite de leur belle nacre argentée, pour ne plus les voir (1).

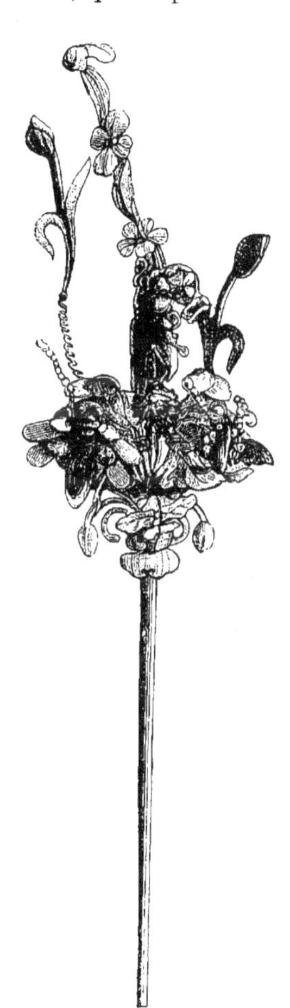

Fig. 296. — Épingle de Tête en plumes d'oiseaux accompagnées de toutes petites perles blanches (Musée du Louvre).

Les Japonais font des boîtes, des briquets, des épingles, des boutons, des objets de toutes sortes en acier et en cuivre incrustés d'autres métaux, en bas-reliefs ciselés qui sont des merveilles de dessin et d'exécution. Les sujets choisis y ont toujours un grand accent de nature et une originalité saisissante. Ils représentent des scènes dans lesquelles les végétations les plus variées se marient à l'eau, au ciel, à toutes les choses, à tous les êtres de la création, y compris l'homme. L'or et l'argent y sont employés mélangés dans la composition à tous les métaux, à tous les alliages susceptibles de fournir des patines différentes les unes des autres. Nous ne connaissons aucun travail d'aucune époque et d'aucun pays,

(1) Les Chinois, lorsque les moules bâillent au soleil, s'en approchent sans bruit, et introduisent rapidement entre les deux valves un petit bâton qu'ils assujettissent debout pour les empêcher de se refer-

dans lequel la finesse et la justesse d'exécution soit poussées plus loin.

Les Italiens vivent sur leur admirable passé. Ils ressuscitent ces bijoux étrusques et romains dont nous avons parlé au commencement de cette étude. Ils le font avec une passion et un savoir dignes des plus grands éloges. C'est Alexandre Castellani, l'illustre archéologue, qui a provoqué et dirigé ce mouvement. Quelques secrets de la fabrication antique ont été retrouvés par ses soins, et le plus grand éloge qu'on puisse faire du résultat obtenu, c'est que les reproductions sont aussi intéressantes que les types primitifs.

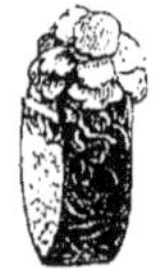
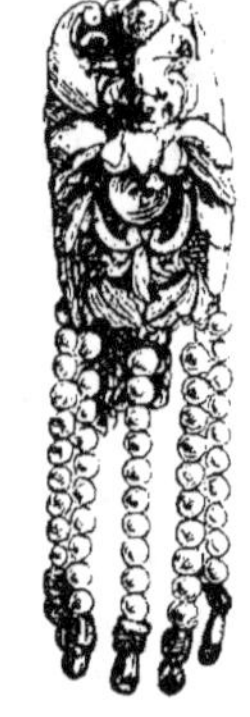

Fig. 297 et 298. — Deux boucles d'oreilles en Plumes d'oiseau (Musée du Louvre)

Mais on ferait erreur si l'on croyait que le but cherché est la reproduction pure et simple d'anciens objets. Elle n'est qu'un moyen de former des artistes et des ouvriers par l'étude. Il faut la considérer surtout au point de vue de l'enseignement. C'est une sorte d'école où se maintiennent les bonnes traditions, et dont l'influence salutaire s'est déjà fait

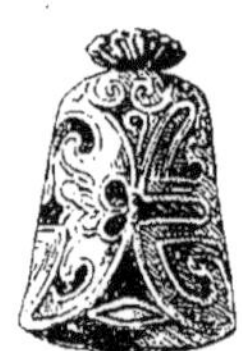
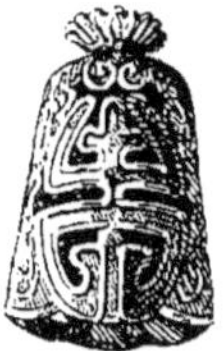

Fig. 299 et 300. — Clochette en Plumes d'oiseau, vue sur ses deux faces.

mer. Ils soulèvent ensuite doucement le mollusque et placent sur la surface interne de la coquille inférieure un certain nombre de figurines en étain estampé, qu'ils disposent symétriquement. Puis ils enlèvent le bâton, et la bête, livrée à elle-même, secrète instinctivement sa nacre sur les estampes qu'elle recouvre en épousant leur forme. Ils viennent chercher la coquille lorsqu'elle est à point, et la livrent au commerce, décorée de magots de nacre, en relief.

sentir ailleurs qu'en Italie, et particulièrement en France.

Parallèlement à ces travaux, leur fabrication s'exerce à des créations modernes. Parmi les œuvres réussies en ce genre, qui ont été soumises à notre appréciation, il faut citer un petit lustre en or, tout décoré de filigranes, qui est une charmante création. Nous avons encore remarqué un aigle placé sur le devant d'un casque, commandé par le roi Victor-Emmanuel (1). L'oiseau est d'un modelé nerveux; les plumes, pétries au ciselet, sont rehaussées par des tracés de cordes jetés avec esprit. Il est impossible de rien voir de mieux entendu et comme effet et comme emploi des moyens de fabrication.

Les habiles artistes italiens cherchent à maintenir dans leur travail une sorte de mol abandon, de nonchalance, qui les rapproche du faire ancien. Cette recherche est très intelligente et très heureuse, mais elle est pleine d'écueils dans son application, car elle subit si directement l'influence personnelle de l'ouvrier, que toute la réussite doit dépendre du plus ou moins d'intelligence de ce dernier. Peut-être n'est-il pas téméraire de voir dans ce procédé une manifestation spéciale du tempérament de la race. Quoi qu'il en soit, cette préoccupation vaut qu'on la signale, car elle donne là des résultats enviables.

Nous avons aussi admiré dans la section italienne de fort beaux camées en corail, sculptés avec une recherche très grande.

A côté de ces objets dignes d'éloges, nous ne pouvons que constater l'infériorité du reste. C'est une profusion banale de bijoux filigranés se répétant à l'infini, de mo-

(1) Augusto Castellani.

saïques et de camées fabriqués à la grosse et absolument dépourvus d'intérêt. Il se fait de ces produits, rien que commerciaux, un débit considérable, grâce à la réputation des autres. Notons en terminant les filigranes d'argent qui se font à Gênes et à Florence. Les Florentins surtout fabriquent des fleurs, des coffrets en filigranes à jour qui sont d'un joli effet, eu égard surtout à la modicité de leurs prix.

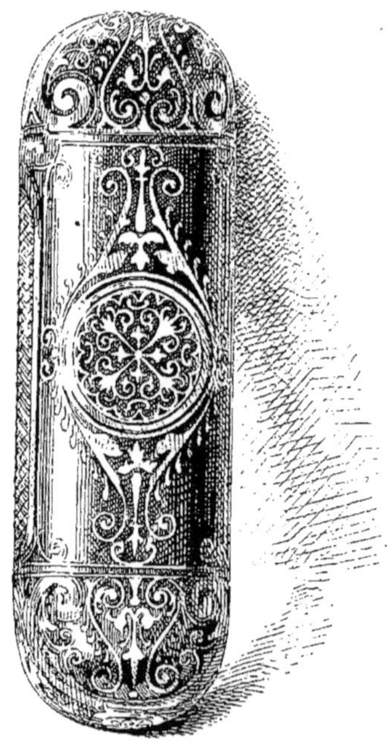

Fig. 301. — Briquet en Acier incrusté d'or et d'argent de Zuloaga.

L'Espagne n'expose pas de bijoux proprement dits, mais nous ne pouvons passer sous silence ses jolies créations en fer damasquiné et incrusté d'or et d'argent (1). Depuis les petits objets pour l'usage journalier, tels que briquets (fig. 301), boutons de manche, etc., jusqu'aux pièces de très grandes dimensions, tout y est traité avec la même recherche, la même science et le même soin. Les dessins des incrustations sont riches, fins et élégants, l'or et l'argent y sont agréablement accouplés. Nous avons pu admirer des morceaux de très grand style et de fière allure sortis de ces ateliers, dont, détail piquant, le fondateur, M. Zuloaga père, est venu apprendre à Paris, chez nos armuriers, l'art qui l'a rendu célèbre en

(1) Zuloaga.

Espagne. Il a su, en empruntant à l'Alhambra ses motifs d'ornementation et en donnant à ce travail une application nouvelle, créer en quelque sorte une industrie nationale.

L'Autriche n'avait exposé que des objets en grenats de Bohême et des bijoux de pacotille. Nous regrettons de n'avoir pas vu figurer cette belle joaillerie si soigneusement faite, qui a été justement admirée à l'Exposition universelle de Vienne, ainsi que sa bijouterie courante qui est généralement de bon goût, nette et bien fabriquée.

Les Russes excellent toujours dans la petite orfèvrerie niellée. Les formes qu'ils ont adoptées sont sévères et originales, les nielles irréprochables. Nous aimons moins celle qu'ils font avec des émaux de toutes couleurs, bien qu'elle ne manque pas de mérite. Mais les tons n'y sont pas toujours en parfaite relation les uns avec les autres, et offrent parfois des aspects un peu durs. Nous voudrions les voir s'adoucir et se fondre. Leur bijouterie ne peut être jugée sur le petit nombre d'échantillons qui nous ont été montrés. La fine joaillerie en petites roses, dont le merveilleux serti a fait la réputation des ouvriers russes, y manquait absolument.

En Norvège, nous avons admiré la collection de bijoux nationaux, exposée par le musée des arts industriels de Christiania. Ils sont en argent. Tous les types sont anciens et d'une conception très originale. Des dessins de filigranes, courant sur des plaques unies de formes variées, laissent échapper par groupes de petits disques d'argent concaves et brillants qui devaient fort éblouir lorsque, fraîchement polis, ils étaient mis en mouvement.

La fabrication de bijouterie d'or a conservé en Danemark un grand style. Le caractère runique y domine. Elle est bien faite et très soignée.

Les motifs en sont, le plus souvent, des entrelacs de cordons mats, faits de petites cordes posées à plat sur des fonds unis. Les dessins sont bons, les profils originaux (fig. 302). Ces bijoux, dans lesquels sont employés les filigranes, comme dans les bijoux italiens, sont aussi comme eux un joli écho artistique des temps passés.

Nous aurions aimé à parler de cette joaillerie anglaise sage et correcte, dont le serti, soigneusement fait, est ensuite rehaussé par le poli. Mais elle manquait complètement.

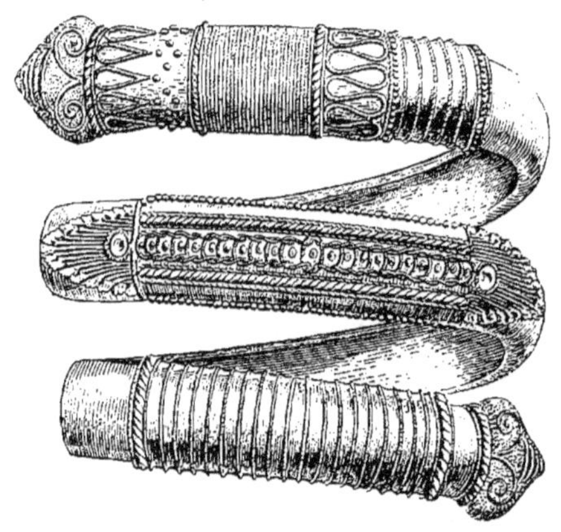

Fig. 302. — Bracelet d'or par Christesen de Copenhague.

L'orfèvrerie qui se fabrique dans le Royaume-Uni est de deux sortes. L'une est, on peut dire, nationale. Ample, commode, solide, elle répond à tous les besoins du confort. Les formes, sans être élégantes, sont souvent heureuses. Du reste, elles varient peu. L'autre recherche l'art. Elle nous montre de jolis morceaux bien ciselés, mais qui, pour la plupart, sont des œuvres d'artistes français résidant à Londres.

Ce que nous avons vu de bijouterie anglaise nous a

donné cette impression, que les fabricants sont plus studieux et plus recueillis que les bijoutiers français. Peut-être moins confiants dans leurs forces, ils observent davantage et cherchent des points d'appui ailleurs que seulement en eux-mêmes. Nous croyons qu'ils sont dans une voie profitable que nous voudrions voir suivre chez nous.

La bijouterie en jaïet que font les Anglais, et dont ils ont en quelque sorte la spécialité, est devenue chez eux un produit commercial assez important. — On sait que le jaïet est une variété de la houille. — Ils fabriquent en cette matière des colliers, des médaillons, des chaînes et des bracelets dont la netteté et le poli sont irréprochables. Ce produit est certainement de beaucoup supérieur à la plupart des verroteries de deuil qui se débitent en France, sous la dénomination de jais.

Avant de quitter la Grande-Bretagne, il nous faut encore mentionner les agrafes de plaids, en argent incrusté de jaspes et de quartz, de forme ronde et munies d'une épingle tournante. Elles ont conservé l'allure primitive de l'antique bijou écossais dans toute sa simplicité, et sont, à ce point du vue, fort intéressantes à étudier.

Les États-Unis font des efforts considérables. Ils veulent arriver à fabriquer aussi bien que nous. Rien ne leur coûte pour cela. Il faut convenir que, si leur bijouterie n'est pas encore bien remarquable, leur orfèvrerie a un très grand et très légitime succès. Ils se sont inspirés des traditions japonaises, peut-être même ont-ils attiré dans leurs ateliers des ouvriers de cette nationalité. Ils ont imité les mélanges de lames d'or, d'argent et de cuivre à l'aide desquels les Japonais produisent des veines dans le métal, ils ont pénétré le secret de leurs alliages métalliques et en ont fait l'application.

Nous avons remarqué un service en argent (1), tout couvert d'un buissonnement de feuillages et de fleurs ciselées, fouillées, détaillées pétale par pétale, d'un aspect très fin, très riche et très chaud; puis une vaisselle (1), dont le fond en argent simule un martelage primitif, sur lequel sont jetés des fruits, des fleurs, des insectes en cuivre et autres alliages fournissant des patines variées. C'est une veritable trouvaille.

Inclinons-nous devant de tels résultats obtenus par des industriels nés d'hier; mais en même temps comprenons bien que, pour conserver notre supériorité, il nous va falloir beaucoup travailler. Il est bien certain que nous avons, dès aujourd'hui, à compter un rival de plus, et un rival doué d'une adresse et d'une intelligence rares, mises au service d'une volonté peu commune.

La même vitrine contenait une reproduction littérale, faite avec grand soin, de bijoux et de débris de bijoux d'or trouvés à Chypre, dans le trésor de Curion. Cette collection excitait l'intérêt et la curiosité des archéologues. Malheureusement la plupart des objets sont tellement déformés que le dessin n'en est pas toujours saisissable. Ils semblent du reste être de provenances originelles variées et d'époques diverses. Mais nous avons cru reconnaître, sur ceux qui sont faits d'une feuille d'or mince, la trace du travail primitif d'ornementation obtenu à l'aide d'un style, dont nous parlons plus haut, et que nous considérons comme le plus ancien mode employé pour décorer les bijoux d'or.

Il nous reste maintenant à examiner les produits français.

(1) Tiffany et Cie.

Les Produits nationaux. — *Classe 24, l'orfèvrerie proprement dite.* — L'ancienne corporation des orfèvres comprenait les orfèvres proprement dits qui fabriquaient la vaisselle religieuse et civile, les bijoutiers ou fabricants de menus objets, et les joailliers qui taillaient et montaient les pierres.

La classification adoptée en France pour la première fois, lors de l'Exposition universelle de 1867, et suivie depuis, a séparé ces industries, qui ont pourtant toutes les raisons de rester ensemble.

Les orfèvres, catégorisés avec le mobilier, font partie du groupe III, classe 24, et leurs confrères, les joailliers-bijoutiers, classés avec le vêtement, sont dans le groupe IV, classe 39.

Nous avons déjà dit que la signification du mot *orfèvre* a changé, et qu'il sert maintenant à désigner particulièrement celui qui fabrique la vaisselle et autres gros objets, qu'ils soient en argent ou en cuivre. En même temps que l'acception du mot a été modifiée, les procédés de fabrication ont aussi subi des transformations. L'outil principal, le premier outil à l'aide duquel cette profession a conquis sa juste célébrité, le marteau, dans le maniement duquel Cellini a dit que les ouvriers français excellaient, n'est, en quelque sorte, plus employé. C'est à peine si l'on trouverait encore à Paris un ouvrier capable de s'en servir habilement. L'art du bosselage est tombé en désuétude, on emploie maintenant le tour pour rétreindre toutes les pièces de vaisselle, et les matrices pour les parties accessoires.

La science et les arts mécaniques ont mis au service de l'industrie des procédés nouveaux qui font subir aux moyens employés dans la fabrication des transformations inévitables. L'orfèvrerie en profite habilement pour augmenter ses ressources. L'or, le fer, le bronze, les nielles, les incrustations, les émaux cloisonnés, les émaux translucides, lui prêtent la magie de leurs tonalités puissantes et de leur éclat. Elle taille le lapis, elle sculpte l'ivoire et les marie au métal. Jamais elle n'a disposé d'un aussi grand nombre de moyens, d'une aussi grande variété de matériaux. Elle en profite pour réaliser toutes les fantaisies imaginables et pour s'inspirer de tous les styles, du byzantin au japonais.

Parmi les bons morceaux d'orfèvrerie qui étaient exposés dans la classe 24, nous nous plaisons à rappeler :

Bellérophon combattant la Chimère, dont il faut admirer le beau mouvement et la ciselure irréprochable (1).

Un surtout de table représentant le triomphe d'Amphitrite (2). Les figures sont dues au talent de Numa Mercier. Un service à café modelé par Carrier-Belleuse, dont chacune des pièces est contournée d'une zone d'enfants spirituellement groupés dans toutes les attitudes (2).

Parmi les pièces où sont employées d'autres matières que l'argent :

Une belle pendule en lapis, aux deux côtés de laquelle sont assises deux grandes figures de femmes, au profil élégant, calme et tranquille (1). Une poignée de claymore dont la coquille en acier, repercée et reprise par un giselet absolument magistral, est un morceau de caractère et de grand style (1). Ces chefs-d'œuvre amènent sous notre plume le nom des frères Fannières, ces artistes convaincus et dévoués à leur art, qui, à la manière des orfèvres

(1) Fannières frères.

(2) Christofle et Cie.

du moyen âge, conçoivent, dessinent, modèlent et cisèlent eux-mêmes les œuvres qu'ils offrent à notre admiration.

Une riche garniture de cheminée, composée de sujets en ivoire, mariés au métal (1). Nous aimons surtout dans les candélabres le joli mouvement des enfants qui supportent la pièce en argent.

Puis des coupes, des jardinières, des objets de toutes sortes en émaux cloisonnés sur cuivre rivalisant avec les plus beaux japonais; des plateaux à incrustations galvanoplastiques, des vases, des coffrets en bronzes patinés et incrustés d'or et d'argent, dont la décoration traitée tantôt en bas-relief, tantôt à plat, est aussi remarquable par l'ingéniosité des compositions que par la réussite dans l'exécution (2).

Comme pour justifier la classification de 1867, l'orfèvrerie a fait des incursions dans le mobilier proprement dit. Elle suit, en cela, l'exemple des orfèvres du XVIe siècle, qui incrustaient l'or, l'argent et les pierres dans l'ébène, le santal, le cèdre, l'ivoire et toutes les substances qui servaient à la confection des cabinets, et qui les décoraient de statuettes, d'ornements, de médaillons et de plaques en or et en argent. Tout le monde se rappelle ce grand cabinet (2) qui occupait le centre du salon de la classe 24, lequel était orné de si jolis émaux de de Courcy, et le meuble à bijoux style Renaissance (2), où l'acier incrusté d'or et les ornementations formées par l'assemblage de métaux divers se mariaient aux ciselures et aux damasquinures. Il y avait encore deux meubles d'encoignure (2)

(1) Froment Meurice fils.
(2) Christofle et Cie.

de style japonais, aux bronzes patinés rehaussés d'or et d'argent, dont les détails fins et amusants avaient un charme infini.

L'orfèvrerie religieuse ne veut pas rester en arrière, elle progresse sans cesse. Qui n'a admiré, en passant dans la grande voie de quinze mètres, le riche autel en bronze doré, style du XVe siècle (1), et le bel ostensoir de Notre-Dame de Lourdes? Il importe de constater une tentative qui, on peut l'espérer, sera couronnée de succès. C'est l'emploi des émaux cloisonnés substitué au défonçage à l'eau-forte, dans les objets d'orfèvrerie d'Église. Ce retour aux procédés anciens est très louable, il devrait être encouragé. Nous avons admiré, dans ce genre de travail, trois pièces d'autel joliment réussies (2). Elles faisaient partie de l'exposition lyonnaise, dont les remarquables produits ont été très goûtés. Nous sommes véritablement heureux de l'occasion qui nous est offerte d'applaudir aux succès de la province. La décentralisation industrielle est une chose désirable. On doit en attendre d'heureux effets, dont le premier sera l'accroissement de nos forces nationales, résultant d'une saine et féconde émulation. Que d'autres villes suivent donc l'exemple de Lyon, et qu'à la prochaine Exposition le jury puisse en avoir un grand nombre à couronner.

La remarquable variété dans la production que nous venons de constater nous démontre la souplesse du génie national français en même temps que sa curiosité, son activité et sa facilité d'assimilation. Quelques esprits bien intentionnés paraissent la redouter. Ils se demandent s'il

(1) Poussielgue-Rusand.
(2) Armand-Caillat de Lyon.

sortira du rapprochement de tous ces éléments disparates un élan déterminé, un style, ou la confusion.

Ces appréhensions découlent d'un excès de sagesse. Quant à nous, qui avons absolument foi en la bonté du dénouement, nous préjugerons de l'avenir, qui nous est caché, par le passé, que nous connaissons.

Nous avons vu successivement les Grecs s'inspirer des Égyptiens, et les Italiens des Grecs. Nos bijoux gallo-romains sont le produit d'un mariage que leur nom seul indique. Le byzantin, ce pastiche de l'art grec, et le roman fournirent de nombreux éléments décoratifs à l'époque carlovingienne, avant que le génie du Nord ne vînt s'épanouir sur notre sol, dans les développements successifs du gothique, développements mêlés aux souvenirs de nos croisades en Orient. Plus tard une recrudescence puissante de l'art païen enfanta la Renaissance, au déclin de laquelle l'influence germanique se fit de nouveau sentir. De ces inspirations, un instant mariées et confondues, est issue la grande et riche ornementation du siècle de Louis XIV. C'est encore à l'influence italo-grecque remise en faveur par la découverte des ruines de Pompéi que nous devons le style Louis XVI. Tous les enfantements sont le résultat d'unions.

Aujourd'hui nous traversons une période transitoire, dont le caractère nécessaire est l'éclectisme. Nous nous souvenons de tout, nous empruntons à tous, même et surtout aux Japonais. Mais les Japonais sont nos émules industriels, comme l'étaient jadis les Allemands et les Italiens, auxquels nous empruntions aussi. Le cercle de nos investigations s'est étendu, voilà ce qu'il importe de constater. Ce ne peut être un danger. Seulement il faut laisser aux éléments divers le temps de dégager leur inconnu; il faut laisser à la gestation dont ils sont l'objet le temps de s'opérer.

Lorsque l'impression de la première heure, qu'il n'est pas étonnant de voir se traduire en des copies presque littérales, aura fait place à un examen plus complet, l'étude dont les produits orientaux sont l'objet pourrait bien avoir comme conséquence de nous faire délaisser, dans une certaine mesure, la symétrie qui forme la base de notre ornementation, et de nous porter davantage à la recherche des effets pittoresques et de l'inattendu. Elle aura inévitablement pour résultats de nous amener à soigner davantage l'exécution des détails, et de nous initier à l'emploi de moyens industriels qui nous sont inconnus ou que nous ne pratiquons qu'imparfaitement.

Suivons donc sans inquiétude cet élan qui ne peut être que fécond, et rendons hommage aux hommes courageux et intelligents qui osent tenter. Nous leur sommes redevables de merveilles, nous leur devons une partie de notre gloire industrielle. Citer la maison Christofle comme une de celles qui tiennent la tête de ce mouvement hardi, c'est rendre justice à qui de droit.

Classe 39. — *Coup d'œil d'ensemble.* — *La joaillerie, les pièces d'art, la bijouterie riche, la bijouterie courante.* — On était frappé, en entrant dans le salon de la classe 39, — joaillerie-bijouterie, — à l'Exposition universelle, de la quantité considérable de spécialités qu'elle révélait, et des richesses énormes qui y étaient accumulées (1). La fabrique de province avait tenu à honneur d'y figurer. Lyon, Tours, Bordeaux, Marseille, Blois, Bourg, les lapidaires

(1) L'estimation précise qui en a été faite a donné le chiffre de 47 millions de francs.

du Jura, y étaient représentés. La chambre syndicale des négociants en diamants y avait fait une intéressante exposition de perles et de pierres précieuses brutes et taillées.

La moitié de la surface totale avait été réservée aux industries du doublé et de l'imitation, au milieu desquelles figuraient le bijou d'acier poli, le bijou de deuil, les imitations de perles et de pierres précieuses, les perles métalliques, le jaïet, etc., etc.

L'autre partie était occupée par le bijou en or et en argent. Certaines vitrines ne contenaient que des nécessaires de poche, d'autres rien que des bagues. Ici ce n'étaient que dés à coudre, là des paquets de chaînes de gilet en argent, plus loin une collection d'ex-voto, ou bien un assortiment de flacons de toutes sortes. Tel ne fabriquait que des boutons de manchettes, tel autre rien que des chapelets. La garniture de livres d'heures, la fabrication des ordres, celle des médailles, celle des chaînes d'or, représentaient autant de spécialités distinctes. Quatre ou cinq vitrines étaient exclusivement remplies de corail taillé et sculpté, amené à toutes les formes. De jolis briquets, des porte-monnaie, des agrafes, des plateaux, des tasses en argent niellé, et en argent rehaussé d'ors de couleur, garnissaient d'autres montres. Puis il y avait les vitrines contenant les apprêts pour la bijouterie (1). Cette industrie, de création relativement récente, est née de la nécessité de produire vite et à bon compte. Elle constitue une spécialité intéressante, qui s'attache à fournir aux fabricants des parties accessoires toutes préparées, telles que chatons estampés de toute forme et de toute gran-

(1) Ferré.

deur, galeries découpées et ajourées, boules creuses sans assemblages, tubes sans soudures, patins de boutons, corps de bague, brisures, etc., etc., qui s'obtiennent mécaniquement. Elle a fait, ces temps derniers, de grands progrès, elle rend beaucoup de services à la bijouterie fine et fausse. Les machines-outils qui sont employées à ces différents travaux sont souvent très ingénieuses.

Au centre du premier salon figuraient les ouvrages en joaillerie et en bijouterie d'art.

Le mot *joaillerie,* pris dans son acception moderne, sert à désigner exclusivement un travail qui a pour objet la représentation de fleurs, de feuillages, de rubans, d'ornements, ou de tout autre objet, obtenue à l'aide de surfaces métalliques entièrement couvertes de diamants juxtaposés, sans que l'or ou l'argent qui les sertit soit apparent nulle part.

Le grand art du joaillier monteur consiste à mettre les brillants en valeur, c'est-à-dire à les disposer de telle sorte qu'ils se fassent valoir les uns les autres. Il doit donc, en concevant le dessin du joyau qu'il veut exécuter, obéir à ce principe.

Sans entrer dans d'infinis détails, on peut établir comme règle générale :

Que les grosses pierres doivent occuper le centre de la pièce ou en être rapprochées, et qu'elles doivent saillir sur les autres;

Qu'il faut éviter les superpositions de plans, parce qu'elles amènent la lourdeur et la confusion;

Qu'il faut, autant que possible, faire entrer dans sa composition des pierres de grosseurs différentes, parce qu'une pièce de joaillerie couverte de diamants tous d'une même grosseur est monotone et insupportable, et que rien n'est joli comme l'opposition que produit un nombre de petites pierres auprès d'une grosse, ce qui indique clairement qu'une partie de l'effet pittoresque d'un joyau peut être tirée rien que de cette combinaison;

Enfin, le joaillier doit, lorsqu'il conçoit l'objet qu'il veut exécuter, en soigner particulièrement la silhouette et s'occuper autant des contours fournis par les vides de son dessin que de son dessin lui-même.

Lorsque le dessin est arrêté, le joaillier en reporte les traits, par une opération de décalque, sur une surface unie de cire noire étendue. C'est sur cette répétition de son dessin qu'il dispose les pierres qu'il veut employer, en les mettant chacune à la place qui lui convient, et en les poussant légèrement contre la cire pour qu'elles y adhèrent. Cette opération de la mise sur cire est des plus importantes. L'aspect que présentera la pièce, une fois terminée, en dépend considérablement. On le comprendra aisément, en se reportant aux principes que nous avons énoncés plus haut. Ces dispositions préparatoires étant achevées, on remet à l'ouvrier qui doit faire l'objet et les pierres sur cire et le dessin.

Celui-ci commence par prendre une feuille d'argent, sur laquelle il trace les contours qu'il doit reproduire, et qu'il découpe ensuite. Cette découpure obtenue, il la double par dessous d'une feuille d'or plus mince qu'il brase ou qu'il soude avec, dans toute son étendue. La doublure d'or est destinée à donner de la résistance à l'argent qui est un métal trop mou. L'ouvrier imprime ensuite à ce morceau d'argent doublé d'or les reliefs et les mouvements convenables, soit à l'aide de la tenaille et du marteau, soit en l'emboutissant, sur un bloc de plomb, à l'aide d'une bouterolle (fig. 303) (1).

Lorsque ce travail est achevé, il fixe sa pièce, dans le ciment, sur une sorte de petit bâton ou de poignée facile à tenir dans la main, et indique sur la surface d'argent, avec une pointe en acier, la place que devra occuper chaque brillant. Puis il fait un trou pour chaque. Les pierres sont ensuite ajustées une à une dans le trou respectif qu'elles occuperont plus tard, et la pièce ainsi préparée est retirée du ciment.

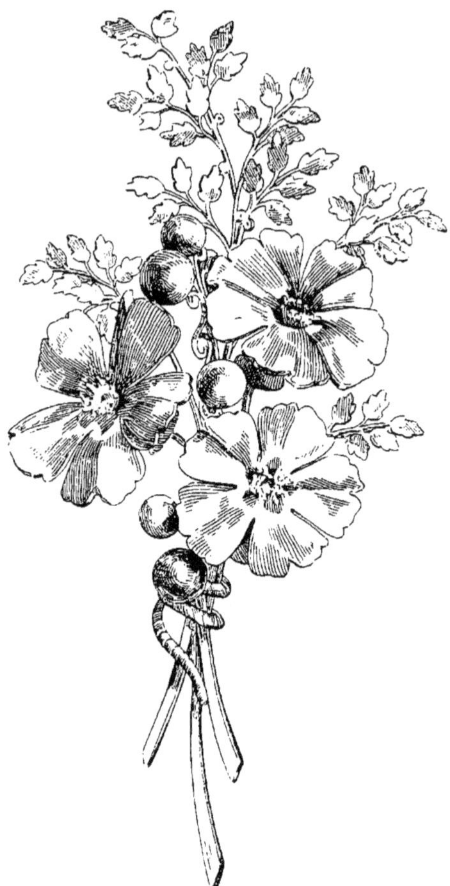

Fig. 303. — Bouquet de Joaillerie en Préparation, par Massin.

Elle présente alors l'aspect d'une écumoire. L'ouvrier la retourne de façon à la tenir à l'envers, et, avec une petite scie très fine, qu'il entre successivement

(1) La bouterolle est une sorte de marteau sans manche arrondi par un bout, en forme de boule et poli. On s'en sert en frappant sur l'autre extrémité avec un marteau. Elle est en acier. Il y en a de toutes grosseurs.

dans chacun des trous, il fait ce qu'on appelle la *mise à jour*. Ce travail n'est autre que la régularisation des cloisons restées entre chaque trou. Il consiste à leur donner une forme symétrique, indépendante de celle que le trou a par dessus. Car, pour faire jouer le brillant, il faut le plus de clarté possible, et la mise à jour est d'autant mieux faite que les cloisons sont devenues plus minces, en conservant toutefois leur solidité. On soude ensuite à la pièce la charnière pour la queue si c'est une broche, ou les anneaux et accessoires que réclame sa destination, et on la remet à la polisseuse.

Celle-ci polit seulement la mise à jour, c'est-à-dire l'intérieur de tous les trous, à l'aide d'une petite masse de fils de chanvre imprégnés de pierre ponce pulvérisée et mêlée à l'huile, puis fait le même travail avec d'autres fils imprégnés de tripoli, et enfin le recommence encore avec des fils couverts de rouge à polir. Cette triple opération terminée, la mise à jour est polie et la pièce est donnée au sertisseur.

Ce dernier la fixe à l'extrémité d'une poignée à ciment, comme a fait l'ouvrier joaillier, afin que, maintenue fermement dans sa main, elle puisse résister à la pression des outils. Il met alors successivement chacun des brillants à sa place, en l'assoyant solidement dans la sertissure. Une fois que les brillants sont posés, ils se touchent tous entre eux si étroitement que l'argent n'apparaît que par petites parties à la jonction de leurs angles. Il utilise ce peu d'argent en en faisant des grains qui servent à assujettir les brillants. Puis il coupe, dans l'argent resté sur les bords, des filets qui en dessinent nettement tous les contours, en les accentuant. La joaillerie, dans cet état, doit être, une seconde fois, livrée à la polisseuse qui en polit les contours extérieurs, les filets coupés et les grains relevés par le sertisseur. Ce genre de serti s'appelle *à filets*.

Lorsque le filet, au lieu de contourner les bords par une ligne droite, fait un petit dessin, le serti s'appelle *festonné*.

Si une partie de la pièce a dû être sertie *à griffes*, l'ouvrier sertisseur, au lieu de réserver l'argent sur les bords pour couper son filet et relever ses grains, l'abat totalement en biseau, en prenant soin toutefois de réserver, en

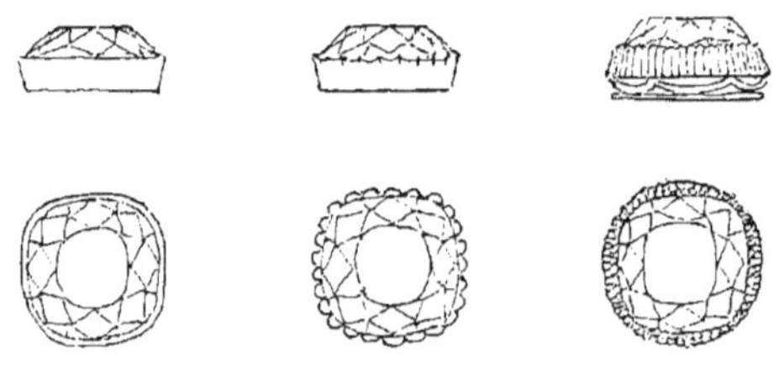

Fig. 304 et 305. Fig. 306 et 307. Fig. 308 et 309.

face de chaque pierre, une ou deux griffes, suivant qu'il est demandé. Ce biseau et les griffes sont ensuite polis.

Le serti à *illusion* est fait de griffes très fines, prises sur pièce, à la lime, par l'ouvrier joaillier, et que le sertisseur rabat ensuite sur les pierres.

Les pierres isolées se montent dans des chatons qui reçoivent une dénomination particulière, suivant la manière dont les pierres y sont tenues.

Il y a :

Le chaton à filets (fig. 304 et 305);

Le chaton gothique ou festonné (fig. 306 et 307);

Le chaton à mille griffes (fig. 308 et 309;

Le chaton découvert à griffes (fig. 310 et 311) qui le plus souvent est à galerie. On appelle galerie une petite dentelure à jour dont on garnit le dessous du chaton, et souvent aussi le dessous des entourages en joaillerie ;

Le chaton à panier (fig. 312 et 313) dont la forme des griffes peut varier à l'infini ;

Enfin, le chaton à illusion (fig. 314 et 315), ainsi appelé parce qu'il est fait de griffes assez légères pour que le diamant semble n'être pas tenu.

L'Exposition de 1878 nous a offert des pièces de joaillerie tellement remarquables que nous n'hésitons pas à affirmer qu'elles dépassent tout ce qui a jamais été fait.

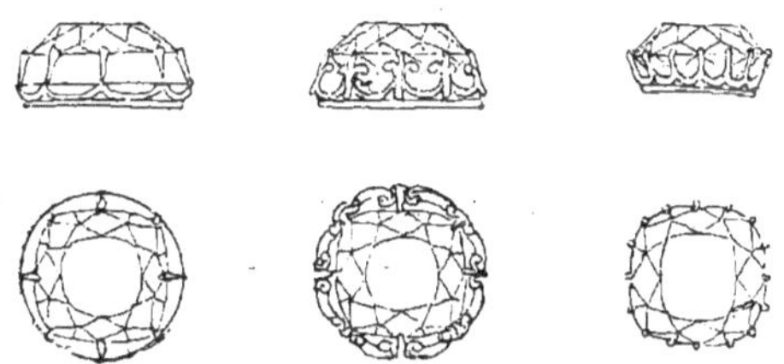

Fig. 310 et 311. Fig. 312 et 313. Fig. 314 et 315.

Un bouquet d'azalées, un camélia, une rose entr'ouverte (1), une touffe de noisetier (2), un chardon (3), des églantines (4), une grappe d'ébénier (5), une tige de ronces (6) et vingt autres motifs gracieux ravis à la nature témoignaient du goût et de l'habileté de nos ouvriers modernes. Entre leurs doigts intelligents, la pierre semble perdre sa rigidité, elle s'assouplit et se prête aux mouvements moelleux, aux inflexions voluptueuses des fleurs naturelles. Lorsqu'ils prennent pour thème des motifs

(1) Massin.
(2) Soufflot.
(3) Boucheron.
(4) Rouvenat et Lourdel.
(5) Marret et Jarry.
(6) Fontenay.

d'ornementation, ils savent, avec un art parfait, tirer parti des oppositions en égayant, par un fin détail, l'aspect un

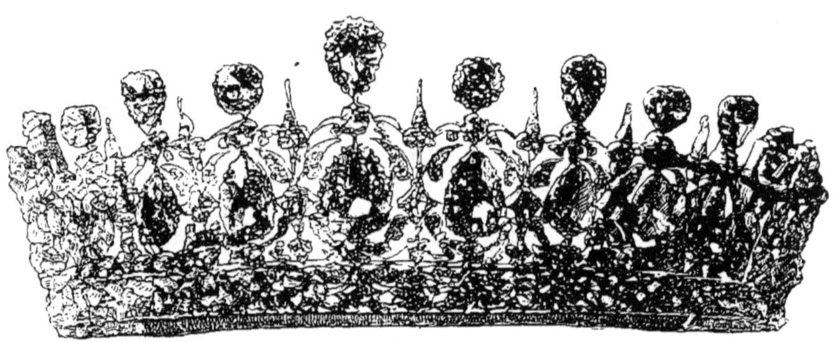

Fig. 316. — Diadème en Brillants par Massin.

peu absolu des grosses pierres. Comme démonstration de ce principe, il faut citer un joli diadème à découpures d'a-

Fig. 317. — Trait du Diadème vu à plat.

rabesques délicatement dessiné (1) (fig. 316 et 317). La joaillerie d'ornementation offrait encore un autre diadème très fin, formé de deux chimères délicatement modelées en

(1) Massin.

petites roses (1) ; un pendant de cou, lyre et laurier, d'un dessin aussi élégant que sévère (1), une tête de hibou (2) dont les yeux vous regardaient si étrangement, un délicat pendant, camée et brillants (3), puis des nœuds, des guipures, des dentelles (2) (6), d'admirables pierres délicieusement montées en bagues (4) etc., etc. Nous ne finirions pas de détailler les jolis objets qui composaient ce remarquable ensemble.

Il faut mentionner l'introduction toute nouvelle dans la joaillerie du tissu métallique souple (2), employé pour figurer le réseau de la dentelle et servant de fonds à des fleurs ou à des arabesques en diamants.

Une innovation, également d'assez fraîche date, est celle qui consiste à figurer les côtes des feuilles par un trait de scie qui en indique le tracé. Ce procédé donne de la légèreté à la pièce et ajoute de l'accentuation au dessin. Il découle de la nécessité, que nous avons déjà signalée, de traiter la joaillerie par découpures.

Ces compositions gracieuses que nous venons d'énumérer, admirablement appropriées aux toilettes de fantaisie de nos élégantes, ont une coquette désinvolture qui, cependant, ne doit pas faire oublier la joaillerie correcte de nos devanciers, car ici, comme dans tous les arts, il y a le classique qu'on peut délaisser un moment, mais qu'on n'a pas le droit d'oublier. Une vitrine nous en fournissait plusieurs spécimens, entre autres deux diadèmes saphirs et brillants (5). Les dessins en étaient simples, les reliefs et

(1) Fouquet.
(2) Massin.
(3) Boucheron.
(4) Téterger Hippolyte.
(5) Bapst.
(6) Rouvenat et Lourdel.

le mouvement presque nuls, l'ensemble sévère et tranquille. En présence de ces qualités, on était tenté de se demander si ce n'est pas en elles que réside le type foncier de cet art, nous le répétons, tout de silhouette et de découpures. Non pas que nous voulions diminuer en rien les sincères témoignages d'admiration que nous ont inspirés les gracieuses créations modernes, auxquelles nous n'entendons pas marchander nos éloges. Mais nous ne pouvons nous empêcher de dire ici que, vue comme elle doit l'être, c'est-à-dire à sa place et complétant une riche toilette, la joaillerie aux lignes correctes, simples et contenues, exhale un parfum de grandeur et de distinction auquel les fantaisies les plus coquettes ne peuvent prétendre.

Après avoir rendu justice à toutes ces merveilleuses choses, qu'il nous soit permis de consigner ici un regret. Nos pères, après qu'ils avaient serti leurs pierres, polissaient les filets et les grains de leurs sertissures. Ce complément de travail donnait à leurs ouvrages un fini et un éclat parfaits. On ne polit plus maintenant la joaillerie, après le serti. La faute en est au courant moderne, qui veut que tout se produise à la vapeur, et qui ne laisse pas aux ouvriers le temps nécessaire à parfaire leur œuvre.

Avant de quitter la joaillerie, et après avoir constaté les progrès énormes qu'elle a faits pendant ces dernières années, nous devons dire que ces progrès sont dus pour une grande part au talent de Massin qui, par son goût et son savoir, a exercé une remarquable influence sur la fabrication générale, et a contribué à la relever de l'état de médiocrité dans lequel elle était momentanément tombée vers l'année 1860.

Les bijoutiers exécutent de grandes pièces, soit en or,

soit en argent, avec et sans émaux, qui rappellent les travaux des orfèvres du XIVe et du XVIe siècle et que nous désignerons sous la dénomination de *pièces d'art.*

Nous citerons dans ce genre :

Un tableau d'or, d'argent, de bronze, de fer damasquiné et d'émail, style hispano-arabe du XIIe siècle (1). Sur le devant un cavalier étend le bras sur la tête d'une femme à genoux qu'il paraît couvrir de sa protection. Ce groupe en ronde-bosse est dû au ciseau savant de Frémiet. L'aspect général du morceau est original et plein de couleur. L'effet en est pittoresque et inattendu, il attire l'attention et la retient. Un autre tableau (1) dont le centre est occupé par un bas-relief repoussé en or fin. Le cadre d'argent, fondu et finement ciselé, exhale une saveur héraldique très attrayante. Les détails nombreux dont il est couvert lui donnent de la richesse sans le charger. Un autre cadre (1) dont le centre est occupé par un bel émail de Claudius Popelin. Un livre d'heures en travaux de filigranes à jour sur fond d'émail, avec inscriptions faites en émaux à deux plans (fig. 318). Une coupe (2) en émaux limousins dus aux pin-

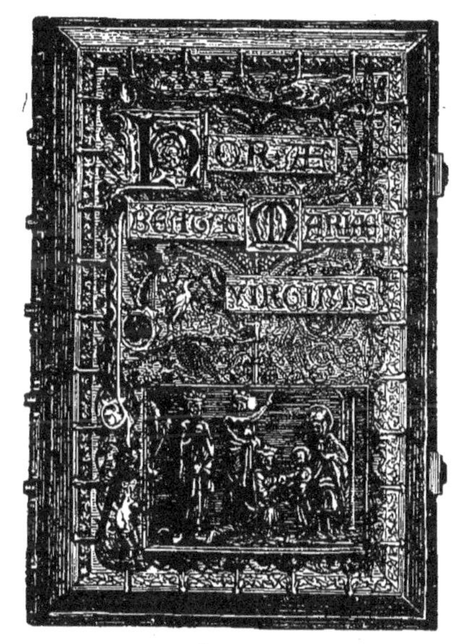

Fig. 318. — Livre d'heures, par Lucien Falize fils. — Appartient à M. Gruel-Engelmann.

(1) Falize fils.
(2) Boucheron.

ceaux de Mayer. Un vase en cristal de roche, en or, argent et émaux, porté par un socle en porphyre que rehaussent des motifs en argent (1). De la panse en cristal partent deux anses terminées en volutes qui montent soutenir le profil du col, et qui sont reliées à deux médaillons d'argent par une frise d'émaux translucides sur or fin, incrustée dans le cristal. Cette pièce est du style de la Renaissance italienne.

Une charmante petite horloge d'ivoire sculpté (5), montée en or et argent dans le style du XIIIe siècle. Un élégant coffret en cristal (2) orné d'entrelacs d'argent émaillé d'un effet très harmonieux.

Un bougeoir (3) fait de rinceaux en or poli, s'enroulant autour d'un plateau en cristal, dont la conception est belle et simple et dont l'exécution est remarquable de pureté.

Un petit brûle-parfums (fig. 319), style Renaissance (4), dont il nous est interdit de faire l'éloge. Le vase, en forme d'œuf, est fait d'une dentelle d'or très fine dont les détails courent sur un fond d'émail gris translucide. Il est décoré de quatre plaquettes d'émail peints par Richet, dont deux représentent les éléments destructifs, la *discorde* et la *volupté,* et deux les principes fécondants, l'*amour* et le *travail,* et porte écrits sur le couvercle les mots *CVRSVS VITÆ*. Il est supporté par des sirènes qui reposent sur un socle octogone en lapis. Dans toutes les parties où il a été possible de le faire, des travaux de filigranes d'une finesse extraordinaire ont été substitués à la ciselure.

Avant de terminer cette énumération incomplète, il im-

(1) Hubert.
(2) Froment Meurice fils.
(3) Boucheron.
(4) Fontenay.
(5) Falize fils.

porte de mentionner des travaux de lapidairerie remarquables, entre autres une grande coupe en jade oriental (1) taillée avec beaucoup d'art.

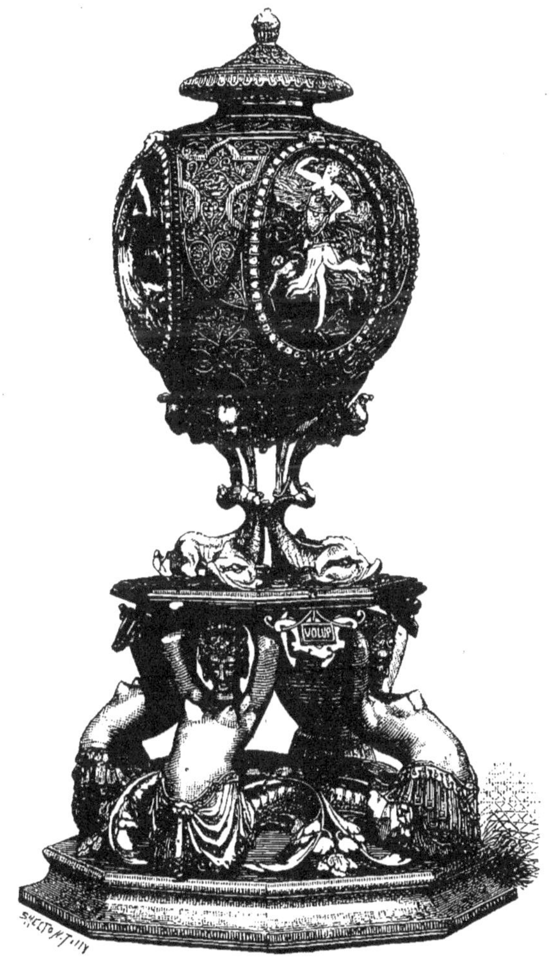

Fig. 319. — Brûle-parfums, par E. Fontenay.

Nous pourrions citer d'autres pièces encore, dans le genre artistique. Celles-ci suffisent à donner la mesure de

(1) Garreaud.

l'adresse et du goût de nos artisans français, et à démontrer qu'en aucun temps la fabrication n'a été plus maîtresse de ses procédés. Les fines ciselures (fig. 320 et 321) dont elles sont couvertes, les belles peintures en émail qui les ornent, les travaux de lapidairerie qui y figurent, peuvent soutenir toute comparaison. Elles font le plus grand honneur à notre époque. Si la mode n'était pas tant à la curiosité, à la collection d'objets cotés et catalogués, si les amateurs recherchaient les choses belles et précieuses sans se préoccuper de leur origine, si, en un mot, ils tournaient les yeux vers le présent, nous sommes convaincus qu'un résultat fécond pourrait être obtenu. Les qualités de nos artistes sont susceptibles des plus grands développements. On peut juger, par les ouvrages que souvent ils ne produisent qu'avec l'aide de leurs seules ressources, de ceux qu'ils feraient, s'ils étaient guidés, soutenus et encouragés.

Nous nous plaisons à citer L. Falize fils, comme un des plus dévoués à ces tentatives de résurrection de la petite orfèvrerie d'art; son goût nourri et épuré par des études consciencieuses, son travail persévérant, l'aident à continuer dignement l'œuvre qu'a laborieusement commencée son père Alexis Falize.

La bijouterie en or se subdivise en une très grande quantité de produits, aussi divers par l'aspect et par le prix que par les procédés qui concourent à leur fabrication. Ils commencent au bijou précieux dont chaque partie a été soigneusement et directement travaillée par la main de l'ouvrier et dont le prix de façon est toujours supérieur à la valeur intrinsèque de l'or qu'il contient, bien que le métal n'y soit pas épargné. Ils continuent en descendant tous les degrés de fabrication chromatiquement gradués, jusqu'à l'autre extrémité de l'échelle, où nous trouvons l'objet dans la fabrication duquel la machine joue le principal rôle. Ici le travail de l'homme n'est plus qu'accessoire, et l'or, bien que parcimonieusement em-

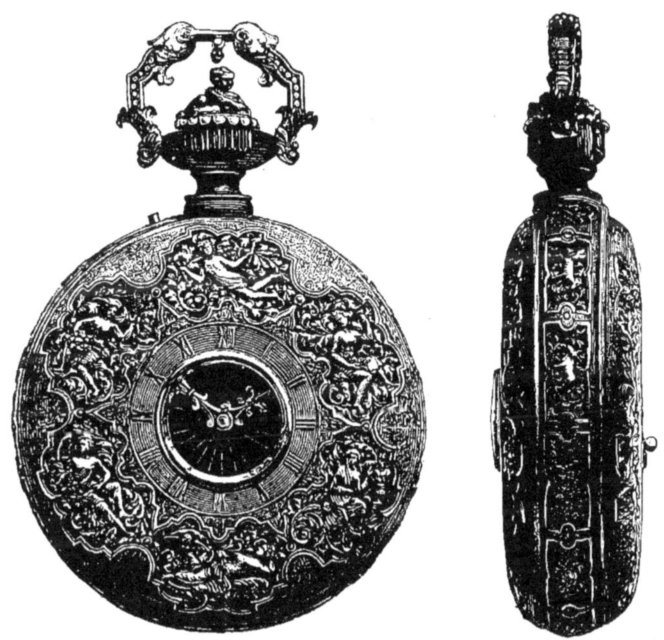

Fig. 320 et 321. — Montre en Acier repercé et ciselé, par Boucheron.

ployé, représente presque toujours une valeur supérieure au prix de la façon.

Cette variété infinie constitue, on peut presque dire, autant de métiers différents dans le métier lui-même, car un ouvrier employé dans un genre est presque toujours inapte à travailler dans un autre. En outre, chaque partie du travail, dans la fabrication d'un bijou, est accomplie par un ouvrier spécialiste. Il y a, outre le bijoutier proprement dit qui donne la forme à la pièce, le modeleur, le mouleur, le graveur, le ciseleur, le guillocheur, l'émailleur, le lapidaire, la reperceuse, la polisseuse et le sertisseur qui concourent chacun dans sa spécialité à sa confection ou à son achèvement.

En présence de cette infinie division du travail, résultat de la lente action des siècles écoulés, il est peut-être intéressant de nous reporter un instant à l'époque la plus reculée que nous connaissions de notre origine industrielle, et qui nous a fait voir un seul homme, — Vulcain, — exerçant dix métiers à la fois.

A la suite du classement par professions, qui a dû mettre un assez long temps à s'accomplir, sont venues les divisions et les sous-divisions en spécialités qui se sont multipliées à l'infini. Dans l'origine un ouvrier faisait plusieurs métiers, aujourd'hui il faut plusieurs ouvriers pour faire un seul métier.

Si nous nous rendons compte de l'énorme développement qu'ont acquis les industries modernes, si nous envisageons la prodigieuse variété de produits dont chacune d'elles a enrichi son répertoire, et si nous rapprochons ces développements considérables des manifestations industrielles relativement bornées, comme variété et comme quantité, de nos devanciers, le fait de la division du travail se trouve naturellement expliqué.

Un jour est venu où la somme de savoir et d'expérience acquise par les générations qui s'étaient succédé est devenue telle que la répartition par spécialités a dû s'opérer d'elle-même graduellement. Nous en sommes arrivés à cet état que l'ouvrier n'a plus à apporter ses soins et son attention que sur un point unique et déterminé de travail, et peut par conséquent amener ce point à un remarquable degré de perfection. Mais ce fait, tout en étant très favorable à la fabrication de produits courants, cesse de devenir un avantage, lorsqu'il s'agit d'ouvrages d'un ordre plus élevé. On peut affirmer que la dénaturation de l'idée première, résultat inévitable de collaborations successives, que le manque d'unité dans l'exécution, en un mot, a fait perdre plus de qualités à certains ouvrages, que ne leur en ont donné les soins apportés à chacune de leurs parties prise isolément.

Voici quelques détails concernant la fabrication de la bijouterie.

Lorsque la pièce qu'on veut exécuter est en ronde-bosse et représente une figurine ou un ornement ayant un caractère absolument artistique, c'est le modeleur qui est chargé d'exécuter le modèle en cire. Ce modèle passe ensuite dans les mains du mouleur, qui en prend l'empreinte extérieure avec de la terre ou du sable à mouler, qu'il emploie à sec et bat sur le modèle jusqu'à ce qu'en ayant épousé tous les contours, elle devienne dure et fasse corps avec elle-même. Le moule se compose presque toujours de plusieurs pièces rapportées, qu'on rassemble et qu'on remet en place lorsque le modèle est retiré, de façon à produire un creux qui lui soit conforme. C'est dans ce creux que sera coulé l'or en fusion.

Si la pièce à mouler est volumineuse, comme il importe d'économiser le métal, à cause de son poids et de son prix, le mouleur fait ce qu'on appelle un noyau.

Le noyau est en terre comme le moule et doit être placé dans le centre du creux, de façon à empêcher l'or en fusion de le remplir en entier. Il suit autant que possible les contours extérieurs de la pièce, mais à distance, et de façon à laisser entre sa surface et le moule la place qui devra être remplie par l'or et qui doit être aussi mince que possible. On obtient par ce moyen une pièce creuse. Nos mouleurs sont d'une grande habileté et poussent très loin cet art précieux de mouler mince et léger.

Quand la pièce est coulée et refroidie, on la donne au ciseleur. Après l'avoir fixée, à l'aide de ciment, sur un bloc de fer rond et pesant appelé boulet, il en répare et en cisèle successivement toutes les faces, en la changeant de place dans son ciment chaque fois qu'il en est besoin.

Lorsque l'objet qu'on veut exécuter est un bijou pur et simple, l'ouvrier reçoit un dessin qui lui en indique la forme et le modelé général. Il découpe, conformément à cette indication, une feuille d'or qu'il a préalablement laminée à l'épaisseur convenable, puis il emboutit cette feuille sur un bloc de plomb, à l'aide de la bouterolle et du marteau, ou la mouvemente à la tenaille, de façon à obtenir l'effet indiqué par le dessin. Si la pièce ne présente pas ainsi une épaisseur ou une solidité suffisantes, il en borde tous les contours d'un fil carré qu'on appelle *bâte* (1). Cette bâte est fixée au corps principal de la pièce au moyen de la soudure. La soudure est faite d'un alliage d'or un peu plus bas et par conséquent plus fusible que l'or à sept cent cinquante millièmes qui est employé pour la fabrication du bijou français. Donc, une fois la bâte attachée à sa place par un fil de fer, il pose, près de l'assemblage, de la soudure coupée en très petites parcelles, qu'il colle à l'aide de borax broyé dans de l'eau. Le borax est surtout destiné à faciliter la fusion de la soudure.

La pièce ainsi préparée est portée au feu d'une lampe,

(1) De *bâtir* sans doute.

dont l'ouvrier dirige la flamme avec un chalumeau dans lequel il souffle, de façon à la chauffer jusqu'à ce que la soudure entre en fusion. Il soude de la même manière toutes les parties complémentaires. On emploie depuis trente ans la flamme du gaz qui a remplacé la lampe à l'huile. La pièce, sous l'action du feu, est devenue noire. On lui rend sa couleur jaune en la faisant bouillir dans un bain d'acide nitrique très étendu d'eau.

Lorsque le bijou doit être décoré d'une ornementation à jour, on le remet au graveur, qui trace avec un burin le dessin qu'on veut obtenir, puis on l'envoie à la reperceuse qui, à l'aide d'une petite scie très fine, découpe tout le fond en respectant les contours, qui sont ensuite repris par le graveur ou le ciseleur.

S'il doit être gravé ou ciselé, il est préalablemeut assujetti sur le boulet, dans le ciment, pour recevoir ce travail.

S'il doit être émaillé, c'est encore le graveur qui, à l'aide d'un burin, trace et enlève dans l'or la place que doit occuper l'émail, — cette opération s'appelle *champlever*, — et prépare dans le *champ* un travail brillant et faceté destiné à jouer sous l'émail et à en augmenter l'éclat. Quelquefois c'est le guillocheur qui moire la surface sur laquelle doit être posé l'émail.

L'émailleur pulvérise son émail pour l'employer. C'est en poudre qu'il le dispose dans les champs préparés par le graveur. Il en obtient la fusion, et par conséquent la couleur et la transparence, en faisant chauffer à rouge la pièce entière dans un moufle. L'émail sort du four glacé et éclatant, mais quelquefois cependant les grandes surfaces sont polies à l'aide de la roue.

La pièce, de retour de l'émail, est grattée par le bijoutier, qui la dépouille ainsi de la calamine produite par le feu du four de l'émailleur, puis remise à la polisseuse qui commence à en unir les surfaces à l'aide d'un petit crayon de pierre. Elle emploie ensuite successivement la pierre ponce écrasée en poudre et mélangée d'huile, puis le tripoli. Elle se sert pour ce travail, suivant la forme et l'étendue de la surface qu'elle doit unir, de petits crayons en bois, de brosses, de fils et de lanière de drap tendues sur une espèce de règle en bois.

Parvenu à cet état, le bijou peut être *avivé* ou *mis en couleur*.

S'il doit rester poli, la polisseuse le frotte une dernière fois, dans toutes ses parties, avec du rouge à polir, et obtient ainsi un grand éclat qui est d'autant plus prisé qu'il est plus noir : c'est l'avivé.

S'il doit, au contraire, présenter la couleur jaune de l'or fin, on procède à la mise en couleur, qui consiste à le baigner dans un mélange de sels et d'acides en ébullition. Au sortir de ce bain, la couleur jaune peut être brillantée ou rester mate selon qu'on le désire. Le brillanté s'obtient en frottant la pièce avec une sorte de pinceau, fait de fils de laiton fins comme des cheveux. Cette opération s'accomplit dans de la bière.

Lorsqu'un bijou doit être orné de pierres, on le remet tout achevé au sertisseur, dont nous avons décrit le travail en parlant de la joaillerie. C'est aussi le sertisseur qui fixe, dans les chatons de bague et dans les cachets, les pierres taillées par le lapidaire, telles que les jaspes, les lapis, les cornalines, etc.

Nous ne pouvons décrire tous les détails de fabrication propres à chaque genre de bijou. Qu'il nous suffise de dire que la belle bijouterie est généralement faite à la main. Dans celle qui se fait en filigranes, les petits fils, les petites cordes, composées de deux fils tordus ensemble, sont contournés et soudés ensuite sur la partie qu'ils doivent orner ; les petits grains sont fondus d'abord, chacun à part, puis posés un à un et soudés de la même manière. Ce travail demande un soin et une adresse extrêmes, car la moindre parcelle de soudure mal dirigée empâte la ténuité des détails et gâte tout l'ouvrage.

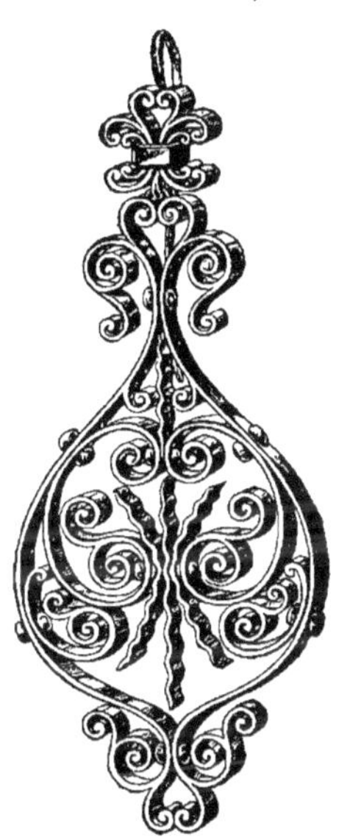

Fig. 322. — Bijou en Enroulements.

Les outils dont les bijoutiers et les joailliers font usage n'ont pas changé depuis de bien longues années. Nous les trouvons figurés, à peu près tels qu'ils sont encore, dans les anciennes estampes qui représentent des intérieurs d'ateliers de bijoutiers.

L'étendue considérable de produits que la bijouterie embrasse à l'exposition forme un des caractères distinctifs de la fabrication parisienne. Nous allons commencer notre examen par la bijouterie riche.

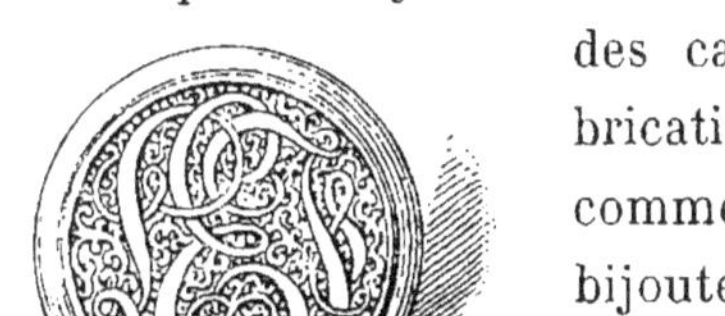

Fig. 323. — Boutons de Manchettes en or repercé.

Plusieurs types nouveaux ont été trouvés dans le cours de ces dernières années.

Le bijou emprunté aux enroulements de fer vénitiens (fig. 322) (1), enroulements faits comme ceux-ci d'un ruban tourné sur lui-même en spi-

(1) Boucheron.

rales, et relié par des attaches qui complètent l'ornementation. Ce bijou s'est fait en or rouge poli.

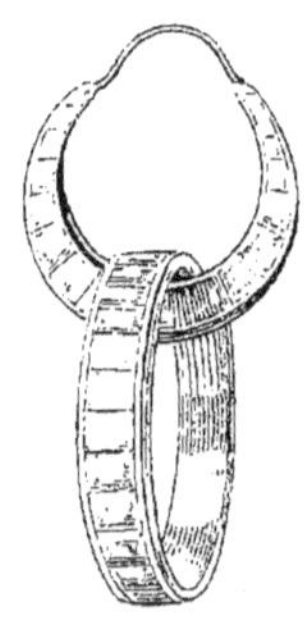

Fig. 324. — Boucle d'oreille en Turquoises taillées.

Le bijou repercé, fabriqué également en or rouge poli (fig. 323). Il présente une surface plane couverte de petits dessins très fins dont les fonds sont criblés à jour. On l'imite maintenant dans le genre plus courant.

Le bijou en émaux cloisonnés d'inspiration japonaise dont les dessins d'Ok-Saï ont fourni les types (1). Les petites cloisons qui forment le dessin sont tournées une à une à la main sur le fond, avant que de recevoir l'émail qui garde le ton mat ordinaire à ce genre de produit. Le bijou fait d'émaux a deux plans (2). Les motifs sont faits en émaux translucides jouant sur paillons et s'enlèvent en relief sur des fonds d'émaux opaques. La couverture de livre dont nous avons donné le dessin plus haut, en est ornée.

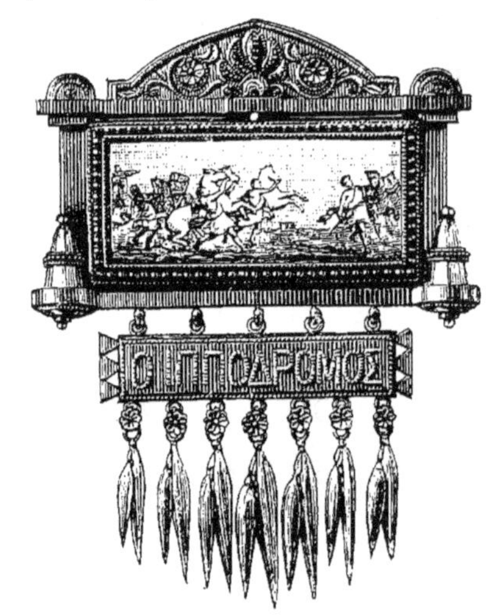

Fig. 325. — Bijou genre étrusque avec Peinture.

Le bijou fait de petites turquoises taillées symétriquement et juxtaserties pour produire des formes et des dessins déterminés (fig. 324). Elles sont souvent rehaussées par des roses.

(1) Falize père.

(2) Falize fils.

Le bijou fait d'une peinture genre étrusque à tons mats (1) sur fond soit bleu, noir ou rouge, représentant un sujet mythologique, dont le cadre et les pendentifs, traités en filigranes, contiennent une ornementation et des attributs en rapport avec le sujet de la peinture centrale (fig. 325).

Le bijou tout or, empruntant aux filigranes ses éléments décoratifs (1) Ce genre a fourni de grandes quantités va-

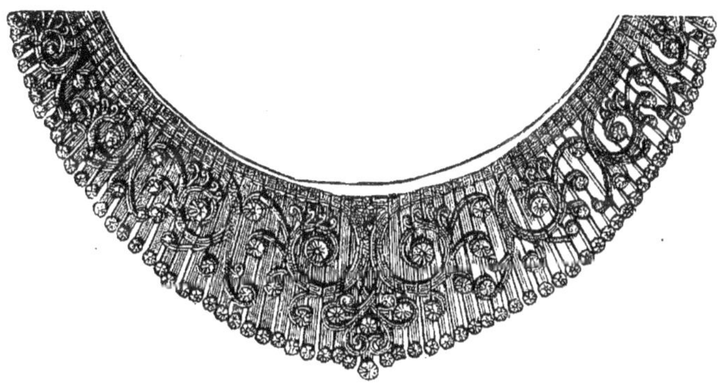

Fig. 326. — Moitié d'un Collier tout or avec applications de Filigranes.

riées de colliers, de bracelets et de demi-parures de création entièrement originale et nouvelle (fig. 326).

L'émail nous a donné :

Ces plaquettes genre Limoges, mais de dimensions réduites, pour centres de broches et de pendants d'oreilles, reproduisant de mignonnes compositions inspirées de la Renaissance. Les petits sujets, traités en bas-relief, sont blancs crémeux sur fond aventurine.

Ces autres plaquettes à fonds rouges ardents (1), décorées de personnages émaillés en bas-relief, et peints avec

(1) Fontenay.

une finesse et une netteté qui n'ont jamais été atteintes à aucune époque.

Les émaux à jour qu'il faut voir du côté opposé à celui qui reçoit la lumière, à la manière des vitraux d'église, dont ils ont l'aspect en petit. Le procédé de fabrication de ces émaux a été récemment retrouvé; nous disons retrouvé, car Cellini a donné la description de pièces ainsi émaillées, qu'il désigne par cette périphrase *en manière de voirrieres* (1).

Ces ingénieuses nouveautés n'ont pas fait délaisser la ciselure, on a pu le voir à l'Exposition.. Il y avait en ce genre des châtelaines, des bracelets, des pendants de cou, des boîtes de montre, des médaillons et d'autres pièces très agréablement conçues et très finement traitées, qui offraient des spécimens remarquables de l'art du ciseleur.

Malheureusement les bijoux qui ne doivent leur prix qu'à la perfection de la main-d'œuvre ne sont pas assez recherchés. Il y a bien quelques amateurs qui les prisent, mais la grande masse des consommateurs préfère acheter des diamants.

La découverte des mines de Kimberley, en mettant le diamant à la portée d'un plus grand nombre de fortunes, n'a pas peu contribué à jeter le public dans cette voie. Sans prétendre désapprouver cette mode, on peut cependant regretter qu'elle tende à se généraliser de plus en plus. Il est vrai que l'éclat du diamant, ce rayon de lumière capté, exerce une attraction instinctive sur tout le monde. Il est encore vrai que le diamant, à part l'écart obligé entre le prix de vente et le prix d'achat, conserve toujours sa valeur, de sorte qu'en l'achetant, on sait qu'on

(1) Comte L. de Laborde. *Glossaire*, p. 275. (*Émail imitant les vitraux.*)

ne dépense pas, mais qu'on immobilise seulement un capital. C'est un placement dont les satisfactions de la vanité servent l'intérêt.

Mais s'ensuit-il que le diamant doive tenir lieu de tout, et n'est-il pas fâcheux, au point de vue des progrès industriels, qu'en général, l'éducation moderne ne développe pas chez nous la connaissance et la juste appréciation des choses, en dehors et au-dessus de leur valeur vénale, ainsi que le goût de ce qui est simplement beau par la forme et par l'exécution?

La bijouterie de consommation courante se présente à notre examen, surtout comme matière commerciale. En ne l'envisageant que sous ce point de vue, elle suffit à nous donner toute satisfaction, car les résultats qu'elle atteint sont considérables. Mais nous sera-t-il permis de risquer cette observation, que le résultat pourrait être tout aussi fécond, plus fécond même, si la plupart des honorables industriels qui la fabriquent apportaient à sa confection un peu plus de souci de la forme et du dessin?

Nous savons que, tout d'abord, ils ne seront pas de notre avis. Nous craignons même de voir la sincérité de notre appréciation soulever, au milieu d'eux, un *tolle* général, car ils nous répondront par cet argument, que leurs modèles sont jugés bons, puisque tous les fabricants étrangers viennent les chercher pour les copier. Ce fait est vrai, nous n'entendons pas le contester.

Le génie français, éminemment léger et changeant, excelle lorsqu'il s'applique à la création de toutes ces fantaisies d'un jour. Sa mobilité l'aide à trouver des variantes infinies, qui échappent à l'esprit plus froid des autres peuples. Mais il est vite satisfait et se laisse aller à fabriquer, sans trop l'approfondir, tout ce que lui fournit son premier jet. Les étrangers viennent puiser chez nous cet élément ondoyant qui leur manque, quant à présent. Est-il bien sage d'en conclure que les modèles que nous leur fournissons sont toujours jolis, ou plutôt que c'est parce qu'ils sont jolis qu'ils les recherchent? Tenons-nous en garde contre le sentiment de quiétude trompeuse qui résulte d'une trop grande confiance en soi. Les Anglais travaillent et étudient, les Américains font des efforts énormes, ils convoitent nos marchés, on doit les craindre. N'oublions pas que toutes les aptitudes humaines se développent par la culture, et que ces choses, que d'autres ne savent pas aujourd'hui faire aussi bien que nous, ils peuvent demain les savoir faire mieux. Ajoutons que, pour acquérir les qualités qui nous manquent, nous ne perdrions ni ne gâterions celles que nous tenons de la nature. Ce serait donc tout bénéfice.

Un des bijoux le plus en vogue, dans ces derniers temps, a été le petit bracelet étroit, dit *porte-bonheur*, qui, par un caprice de la mode, et sans doute aussi par suite du bonheur qu'il se sera porté à lui-même, a été fait en or, puis en diamants et vendu à profusion, après que tout le monde en avait d'abord porté en buffle et en écaille; puis ce bracelet fait d'une spirale souple, sans articulations, qu'on tourne plusieurs fois autour du bras, et qui reprend sa forme par le simple effet du ressort (1).

Les chaînistes ont fabriqué des cordons de gilet dont les mailles sont formées d'un ruban d'or mince et étroit contourné sur champ dans un cadre (fig. 437) (2). L'effet en est simple et de bon goût. Ces objets sont exécutés en cet

(1) Lion.
(2) Filon.

or rouge poli qui est maintenant à la mode en France.

Signalons aussi les produits émaillés sur argent, connus sous le nom de bijoux Bressans (1), dont l'éclat kaléidoscopique séduit le consommateur en vue duquel ils ont été créés. Ils sont relativement distingués et simples. En tout cas ils sont originaux.

La bijouterie en doublé est très en progrès. Elle montre des modèles de bon goût et quelques-uns finement gravés (2). Elle a augmenté, cette année, son répertoire d'un nouveau type qui est le bijou doublé d'or sur argent, et qu'on pourrait appeler le doublé fin (3).

La bijouterie en imitation est aussi très en progrès. Elle

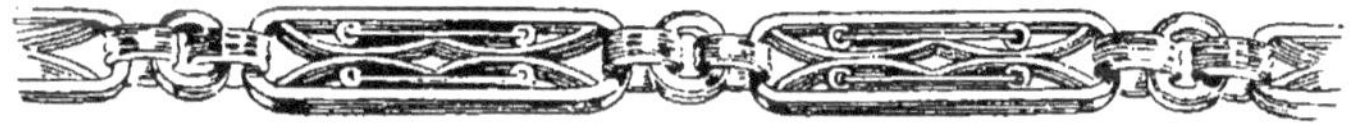

Fig. 327. — Cordon de Gilet en or rouge poli.

recherche le style avec un grand soin et beaucoup d'application. Dans bien des cas, elle se montre supérieure à la bijouterie d'or courante (4). Le bijou de théâtre, qui est une des branches de cette spécialité, formait une exposition très intéressante au point de vue des types divers qu'elle renfermait et de la façon intelligente dont ils étaient rendus (5). La bijouterie en imitation n'emploie guère les procédés mécaniques. Le cuivre est travaillé à la main, par les moyens ordinaires, puis ensuite doré à la pile. Cette opération de la dorure arrive aujourd'hui à des résultats remarquables. L'Exposition offrait des spécimens très

(1) Fornet, de Bourg (Ain).

(2) Murat.

(3) Héricé.

(4) Piel, Michelot de Thiéry et Cie.

(5) Leblanc-Granger.

réussis de dorure par épargne (1). On appelle ainsi l'opération qui consiste à recouvrir d'ors de couleurs variées chacune des parties de la pièce, en épargnant tour à tour chacune des autres parties.

Considérations générales. — Nous terminerons cette étude par un parallèle entre les bijouteries anciennes et la bijouterie moderne. Peut-être sortira-t-il plus d'un enseignement de cette comparaison.

Les qualités qui nous font aimer les bijoux anciens, qu'ils soient égyptiens, grecs, étrusques ou gallo-romains, qu'ils appartiennent au moyen âge ou à la Renaissance, sont à peu près les mêmes dans tous, et peuvent être analysées. La première, c'est la naïveté, la simplicité. Ces avantages, hélas! sont de ceux que l'âge fait perdre aux nations aussi bien qu'aux individus. On peut les étudier, on peut s'en inspirer. Peut-on les reproduire?

La seconde, c'est la beauté du ton de l'or. Celle-ci tient à la nature ou plutôt au titre du métal. A toutes les époques antérieures à la nôtre, l'or était employé, souvent natif, quelquefois fin, toujours d'un titre très élevé. Au lieu d'être revêtu du ton ou de l'éclat éphémère que lui donnent soit le poli, soit l'affinage superficiel obtenu à l'aide de sels en ébullition, il montre le fond même de sa substance. Les frottements et l'usure ne peuvent l'altérer.

La troisième qualité va sembler, tout au moins, singulière quand nous l'aurons indiquée, car elle est le résultat d'imperfections. Cela ressemble à un paradoxe, et pourtant rien n'est plus vrai. Imperfection des moyens, imperfection des outils, quelquefois même imperfection de la main. Toutes ces imperfections, encore augmentées par

(1) C. Hamelin.

la mollesse du métal, impriment à l'œuvre un je ne sais quoi de flou, de gras et d'inarrêté qui nous charme. Cette qualité est celle dont nous avons parlé plus haut, et que recherchent de nos jours les plus habiles ouvriers italiens. Le hasard vient de nous fournir une preuve de la justesse de cette opinion qui, du reste, s'impose pareillement dans d'autres industries que la nôtre. C'est un collier algérien assez connu, qui a été copié à l'aide des moyens mécaniques perfectionnés qui donnent aux différentes parties de l'ouvrage une rectitude parfaite. Cette copie n'a produit qu'une chose sèche, dure, sans charme et sans signification.

La quatrième qualité, — ici nous touchons au point délicat, — c'est la composition. Il faut convenir que les bijoux de création moderne n'ont en général ni le caractère, ni l'ampleur de formes, ni la pureté de lignes, des types qui nous ont été conservés.

Et puis les anciens trouvaient l'harmonie, tandis qu'on pourrait nous accuser de chercher un peu le clinquant. Mais la faute n'en est peut-être pas tout entière aux producteurs. Il faut tenir compte aussi de l'influence énorme qu'exercent sur ces derniers les goûts et les préférences du consommateur.

Examinons les civilisations antiques et leur caractère. Que nos yeux se portent vers les Indes, vers l'Égypte, la Grèce ou l'Étrurie, nous trouvons toujours en face de nous un peuple ayant pratiqué une certaine constance dans ses goûts de costume et d'ameublement.

Nous ne rencontrons chez chacun d'eux qu'un nombre délimité de bijoux, auxquels ils se sont tenus et qu'ils ont perpétués en les perfectionnant. On comprend que, dans ces données, les formes toujours ramenées aux types primitifs ne puissent que s'améliorer. La quantité possible de types naïfs et simples est forcément restreinte. Les caractères qui les distinguent ne peuvent se maintenir sans altération, qu'à la condition expresse que la consommation continue de les accepter, au moins pendant un temps.

Mettons en regard de ce tableau le spectacle de notre civilisation occidentale moderne. Une sorte de divinité fantasque, qui méconnaît les lois du goût et de la raison, qui n'a d'autre règle que son caprice, qui vient on ne sait d'où,

> *La Mode*, puisqu'il faut l'appeler par son nom,

la domine et la surmène.

Une idée, une conception nouvelle vient-elle d'apparaître, elle l'épuise en quelques jours, et vite elle en demande une autre. Cette puissance capricieuse ne s'arrête pas d'ailleurs plus longtomps à une chose bonne qu'à une mauvaise, elle n'a d'égards pour rien. Le beau et le commode lui importent peu.

> Il *lui* faut du nouveau, n'en fût-il plus au monde.

A ce jeu le producteur s'use vite; et, n'ayant pas la possibilité de rester dans une voie déterminée, il erre. Il quitte même volontiers la bonne pour la mauvaise, car il n'est pas longtemps à s'apercevoir que la mauvaise est quelquefois préférée, non parce qu'elle est mauvaise, mais simplement parce qu'elle est la dernière venue.

Aussi que de forces perdues ou gaspillées! et comme on sent bien que notre écrin serait autrement riche, si nous étions d'humeur plus constante, si nous avions un peu d'assiette, de plate-forme, comme on dit aujourd'hui! Nos aïeules se léguaient leurs parures de mère en fille. Chez nous, la plus jolie création devient vieillotte en peu de temps. Ce ne sont plus les bijoux de famille qu'on laisse de côté, ce sont les siens propres qu'on abandonne et qu'on remplace vite pour suivre la mode. Ajoutez à cette course folle du consommateur le désir bien naturel que fait naître chez le fabricant la possibilité qu'il entrevoit de s'enrichir vite en flattant le goût public, et vous arrivez à livrer toutes les clefs de la maison au produit banal et courant que nous voyons étalé partout.

Si nous nous plaçons au point de vue purement mercantile, il est démontré que la versatilité française, étant la cause d'une immense variété dans la production, contribue puissamment à multiplier les affaires, cela est incontestable. Si la bijouterie doit n'avoir pour objet que de fournir à la consommation, sans se préoccuper d'autre chose que de réaliser des bénéfices, elle peut persévérer dans la même voie. Mais si, s'imposant une tâche plus élevée, elle veut prendre en main la direction du goût public, et faire une tentative pour le fixer, il faut qu'elle appelle à son aide une grande volonté et beaucoup de travail.

Le moment semble opportun pour cette entreprise. Le bijou, de patricien qu'il est longtemps resté, tend de plus en plus à se populariser. Chaque jour le cercle de la consommation s'agrandit.

Il faudrait faire, à bon marché, un bijou ayant du caractère. Il est à créer de toutes pièces.

Espérons que cet effort sera tenté, et que, jalouse de soutenir sa vieille réputation, la bijouterie française cessera de s'attarder dans les chemins faciles où sa trop grande quiétude la maintient.

SOCIÉTÉS ET FONDATIONS

Nous donnons ci-dessous la copie d'un tableau qui figurait à l'Exposition de produits de la classe 39.

INSTITUTIONS FONDÉES PAR LES INDUSTRIES

DE LA BIJOUTERIE, DE LA JOAILLERIE ET DE L'ORFÈVRERIE PARISIENNES

1859. — Société des joailliers, bijoutiers, orfèvres, etc. (dite Société des cendres). Pour la réalisation des déchets d'or et d'argent.

1861. — Chambre syndicale de la joaillerie, de la bijouterie et de l'orfèvrerie.

1866. — École professionnelle de dessin pour les apprentis de la joaillerie, de la bijouterie et de l'orfèvrerie.

1869. — Société de l'Orphelinat général de la bijouterie, joaillerie, orfèvrerie et horlogerie.

1873. — Chambre syndicale de la bijouterie en imitation.

1875. — Société d'encouragement aux apprentis, ouvriers et employés, reconnue d'utilité publique.

1875. — La Fraternelle, caisse de retraite approuvée.

1876. — École professionnelle de dessin pour les apprentis de la bijouterie en imitation.

1877. — Chambre syndicale des négociants en diamants et pierres précieuses.

L'usine fondée en l'année 1859, pour le traitement, la fonte et l'essai des déchets d'or et d'argent, est située 39, rue des Francs-Bourgeois. Elle servit de berceau à la plupart des fondations qui suivirent.

La chambre syndicale fonda en 1866 son école professionnelle de dessin et de modelage. Cette école, grâce à un bienveillant concours, eut d'abord sa première installation dans les bâtiments de l'École des Arts et Métiers. Elle dut, après quelques années, prendre un local à sa charge. Elle est actuellement située rue Saint-Martin, n° 339, et reçoit de deux cents à deux cent vingt-cinq élèves, répartis en deux sections, qui viennent alternativement le soir suivre les cours, de deux jours l'un. Des récompenses sont accordées tous les ans aux plus travailleurs et aux plus habiles. Cette distribution donne lieu à une cérémonie dans laquelle la chambre syndicale et la société d'encouragement réunies décernent, en outre, des prix aux lauréats des concours professionnels d'apprentis qui se font chaque année, et des marques de gratitude et de distinction aux ouvriers, ouvrières et employés que leur travail, leur dévouement à leur profession ou leur vertu, ont fait le plus particulièrement remarquer.

Nous n'avons pas à nous étendre sur la nature des services que rendent les sociétés de l'Orphelinat et de la Fraternelle. Leurs noms la font assez connaître.

Ce tableau indique suffisamment les préoccupations et les tendances de notre corporation pour qu'il soit inutile d'insister. Toutes les fondations qu'elle a entreprises sont encore trop jeunes pour avoir une histoire. Nous laissons à d'autres que nous, lorsqu'elles en auront une, le soin de l'écrire, et nous leur souhaitons bonne et longue vie.

Les ouvriers de notre corporation ont, de leur côté, créé deux Sociétés de secours mutuels. La plus ancienne, fondée en l'année 1845, porte le nom de Société Benvenuto-Cellini. L'autre, fondée en 1851, a pris le nom de Société des ouvriers joailliers. Ces deux Sociétés fonctionnent régulièrement; elles rendent de grands services et sont en bon état de prospérité.

STATISTIQUE

La dernière enquête sur les conditions du travail en France, faite par les soins de la chambre de commerce de Paris, donne pour notre corporation les résultats suivants, dans le département de la Seine :

Nombre de fabricants 3.327.	
Nombre d'ouvriers (hommes et garçons) . .	12.827
Nombre d'ouvrières (femmes et filles) . . .	5.654
Nombre total des ouvriers, ouvrières et apprentis..	18.481
dont les salaires annuels représentent une somme de francs	31.174.650

La prospérité toujours croissante de l'industrie du doublé, ainsi que celle de l'imitation, fait qu'on peut, sans être taxé d'exagération, porter aujourd'hui ce chiffre à 20,000 et augmenter proportionnellement le montant des salaires.

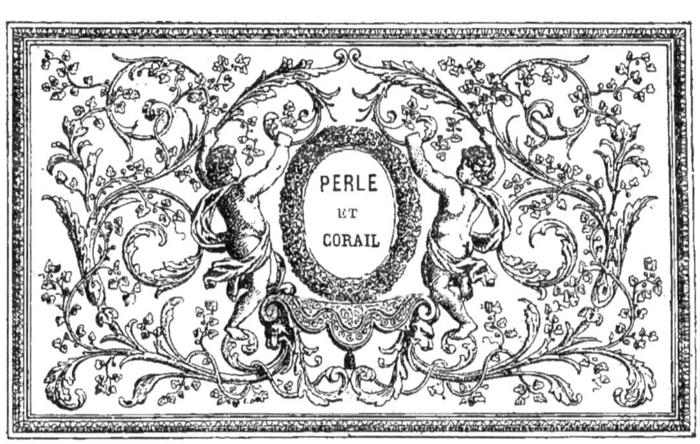
PERLE
ET
CORAIL

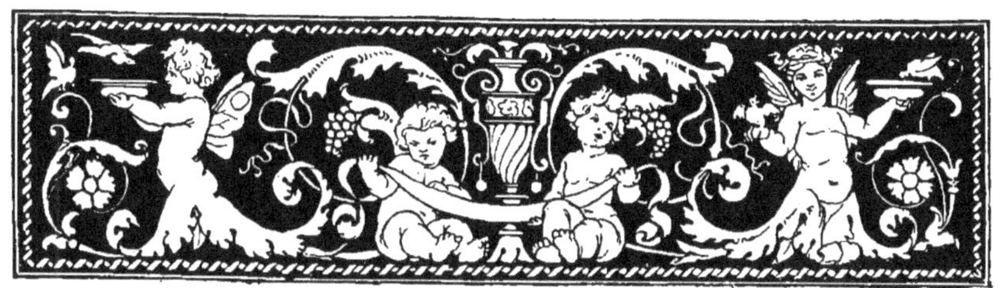

LA PERLE

Histoire naturelle. — La perle est un produit naturel que l'on trouve chez certains mollusques appartenant à la classe des Lamellibranches ou Acéphales, ou bien encore Acéphales-Lamellibranches.

Ces derniers ont été partagés en un certain nombre de familles, et c'est à celle des Malléidés qu'appartient le mollusque célèbre qui fournit surtout la perle.

Cette dénomination d'Acéphales-Lamellibranches indique déjà les principaux caractères de ces mollusques. Ils n'ont pas de tête distincte, et consistent surtout en un appareil digestif, estomac et foie; un cœur, composé d'un seul ventricule; et enfin des branchies, ou organes de la respiration, formés de deux longues lames branchiales de toute la longueur de l'animal.

Non seulement ces êtres n'ont pas de tête, mais il n'existe pas chez eux d'organes du toucher, c'est-à-dire de véritables tentacules. Leur peau s'allonge des deux côtés du corps, et ce manteau les protège, comme la couverture d'un livre protège celui-ci.

Digérer, respirer et se reproduire, voilà toutes les fonctions des Lamellibranches, qui trouvent entre leurs valves solides un abri protecteur dans lequel ils peuvent défier toute hostilité. Ils ont cependant leurs ennemis, qui n'a les siens? et de molles éponges perçant leurs coquilles sont parfois plus redoutables pour eux que les adversaires mieux armés.

La famille des Malléidés comprend un certain nombre de genres, parmi lesquels nous distinguons les genres *Avicula, Perna-Malleus*, etc. Chez les Malléidés, le manteau ouvert se prolonge plus ou moins dans les ailes de la coquille, ailes qui sont si marquées chez les Marteaux. L'animal ne remplit qu'une partie de la coquille ; leur muscle adducteur est unique. Le pied, conique et vermiforme, est ordinairement muni d'un byssus, touffe de filaments agglutinants, destinés à fixer la coquille. C'est ce dernier caractère qui a fait éloigner les *Avicula* des Ostracés, où ils prenaient place autrefois près des huîtres. Le nom d'huître perlière consacrait ce rapprochement, qui n'avait de fondé que certaines analogies de formes entre les coquilles; analogies assez éloignées, surtout quand on comparait leur taille, celle du mollusque producteur de perles étant bien plus considérable.

La Pintadine. — La pintadine, à l'âge de huit ou dix ans, doit avoir atteint tout son développement. Les plus belles ont 15 centimètres de diamètre, et l'épaisseur de la coquille peut avoir 27 millimètres. Les valves sont presque égales, irrégulièrement arrondies. Extérieurement, elles sont feuilletées dans leur jeunesse, d'un vert sombre et rayées de jaune. Dans leur vieillesse, cette surface devient rude et noirâtre. A l'intérieur, elles présentent une blancheur nacrée et brillante, encadrée de noir sur les bords.

La charnière est droite et dépourvue de dents. Elle offre un ligament longitudinal, dont le jeu naturel est de relier les valves l'une à l'autre par la charnière, et de les maintenir entre-bâillées, quand le muscle adducteur n'agit pas sur elles, pour les ramener par sa contraction. Le mollusque n'est pas aussi grand que la coquille, il présente un manteau ouvert qui sécrète et répare celle-ci. Le bord postérieur des valves offre une ouverture qui laisse passer un faisceau de soies ou byssus, analogue à celui des moules, et au moyen duquel la pintadine adhère aux corps solides du fond de la mer. Tel est l'animal qui nous fournit les perles et la nacre, substances d'origine et de matière identique, et dont les formes constituent seules l'inégale valeur.

Valeur. — Les premières sont généralement libres et arrondies; la seconde forme la substance des valves du mollusque, les unes et l'autre ont pour base essentielle du carbonate de chaux, et sont sécrétées par l'animal, qui tapisse lui-même sa maison de cette brillante matière, sur laquelle il peut étendre sa chair délicate, ou dont il enveloppe, pour les rendre moins blessants, les corps étrangers qui s'introduisent dans sa demeure. Étranges précautions, singulière industrie! il lui faut les reflets chatoyants et irisés de la nacre, à ce mollusque qui n'a pas d'yeux; il lui faut ces surfaces douces et polies, à cet être qui paraît presque insensible. Ce calcaire tenu en dissolution dans les eaux de la mer, c'est la matière première que, dans les océans, d'innombrables artistes modèlent et ornent de mille et mille manières. Ils en font ce que l'homme fait d'une argile grossière, un vase vulgaire, ou un chef-d'œuvre de Sèvres. Du test solide, mais sans art, d'une huître, à la porcelaine unie et brillamment peinte d'un turbo, d'un strombe ou d'un cône, il y a toute la distance de la faïence de ménage, aux œuvres de Bernard Palissy. La pintadine perlière s'élève encore plus haut : de ce même calcaire elle fait la nacre et la perle. Elle fait! non, elle ne fait pas. Si vulgaire que ce soit à dire, la pintadine sécrète la nacre et la perle, ni plus ni moins que le colimaçon sécrète sa maison, et la limace, sa bave. L'artiste est plus haut : l'inconscient mollusque est un laboratoire, un mécanisme, qui accomplit les œuvres pour lesquelles il a été organisé, monté. L'homme, en son génie, a essayé d'imiter la perle : il a mis beaucoup d'intelligence, là où le mollusque n'en apporte aucune; beaucoup de calcul, là où l'acéphale n'en apporte aucun; beaucoup de patience, là où l'huître réussit du premier coup. Dans cette voie d'imitation, l'homme n'est parvenu à créer... qu'un objet de pacotille, là où le mollusque a sécrété un chef-d'œuvre.

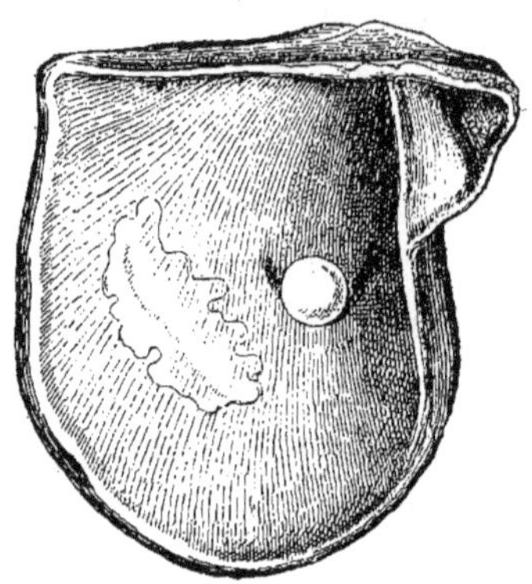

Fig. 331. — Perle libre.

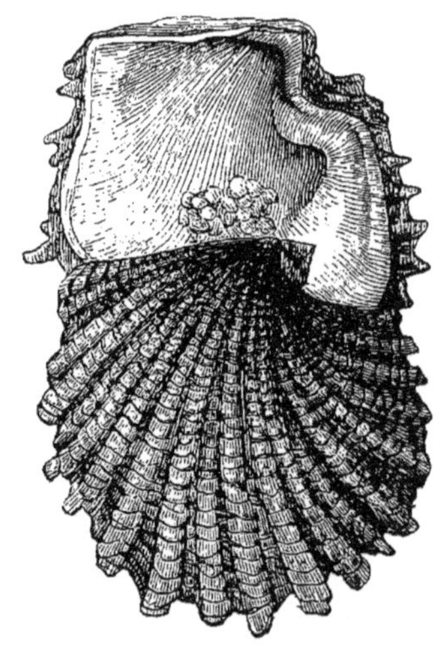

Figure 332.

La perle naît, tantôt libre entre les feuillets du mollusque, tantôt adhérente aux parois internes de la coquille, près du bord antérieur (fig. 331 et 332). Les perles libres sont arrondies, oblongues, ou en poire, quelquefois irrégulières. Les perles adhérentes n'ont pas de forme bien arrêtée, bien qu'elles tendent vers les contours arrondis. Une coupe de la perle (fig. 333) montre que la substance nacrée y est déposée en couches concentriques, lamelleuses, assez tendres. La nacre, surtout la noire, est toujours plus dure et formée de couches rectilignes. C'est là la différence de constitution moléculaire de ces deux substances faites de la même matière. La teinte noire que prennent souvent et les perles et la nacre coïncide également avec une plus grande dureté; mais ici encore la nacre conserve, à ce point de vue, le pas sur la perle. La perle a une transparence, une *eau,* ou un *orient,* comme on dit encore, qui n'appartient pas à la nacre. Celle-ci présente, en revanche, des teintes irisées provenant du jeu de la lumière dans sa structure moléculaire, qui n'appartiennent pas à la perle. La couleur blanche légèrement bleuâtre est la plus ordinaire pour les perles; il en existe cependant, comme nous l'avons dit, de noires, et d'autres teintées de jaune, de bleu, ou de rose.

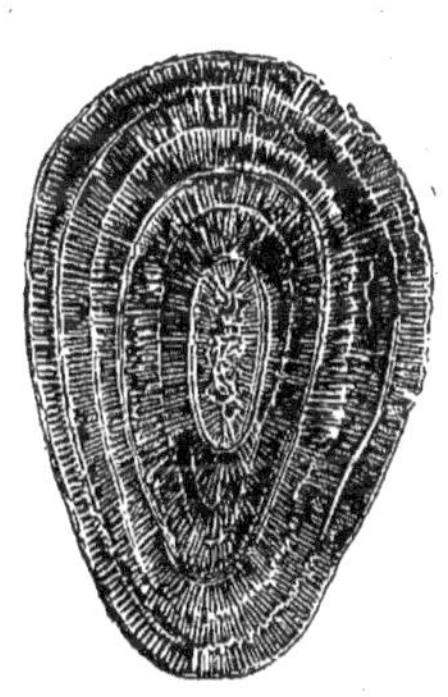

Fig. 333. — Coupe de la Perle.

Variétés de la Perle. — Le nom de perle est souvent modifié pour indiquer les variétés de ces objets précieux. On appelle *parangons* des perles d'une grosseur anormale et qui dépassent celle d'une noix. On nomme *cerises* celles qui ont cette forme et cette taille; *poires*, celles qui en ont la forme sans la taille; elles servent pour les pendants d'oreilles, les broches, les diadèmes; *gouttelettes*, celles qui sont de moyenne taille et bien rondes; *perlettes*, de plus petites encore. Les perles *de compte* se vendent à la pièce; les *semences de perles*, à l'once, ou du moins plusieurs à la fois. La *graine de perle* est la sorte la plus petite et la moins estimée.

Les perles ont quelquefois des formes qui ne se rapportent à rien, qui ne rappellent rien; on les nomme alors *baroques,* ou perles baroques. Quand ces formes extraordinaires ont un certain intérêt et imitent quelque objet, les baroques prennent une grande valeur. On cite, à Dresde, une perle baroque de la grosseur d'un œuf de poule, qui représente un fou de cour du temps de Charles II. Un bijoutier de Paris possédait deux perles ressemblant, l'une à la décoration du Saint-Esprit, l'autre à une tête de chien.

Lorsque les perles adhèrent à la coquille, on peut les enlever, mais elles demeurent irrégulières. Arrondies à un pôle, elles présentent à l'autre une troncature où la substance de la perle est associée à de la nacre. Ces perles, dites verruqueuses, ne sont point rejetées. L'art du joaillier sait en masquer les défauts par maints artifices, en les montant de différentes manières. En unissant, par exemple, deux perles hémisphériques, et dissimulant la jointure sous un équateur d'or, on peut constituer un très joli bijou, une épinglette. L'acheteur y trouvera de l'avantage par la différence de prix, s'il sait reconnaître l'artifice. L'amateur qui, par raison d'économie, achète une de ces perles adhérentes, n'a pas toujours la bonne fortune d'un marchand français qui fit, au Mexique, sans s'en douter, une excellente opération. Il avait acheté une de ces perles adhérentes, et, en la dégageant du culot, il reconnut que la pièce était creuse, et renfermait une perle libre, ronde, du poids de 14 1/4 carats, et d'une eau magnifique. Elle fut vendue 5,000 fr. à Paris, ce fut une bonne affaire.

Production des Perles. — En commençant l'histoire des opinions qui ont eu cours sur la production naturelle des perles, nous avouons n'être pas très disposé à y voir une sécrétion morbide. Au moins au point de vue physiologique, l'huître ne fait, en produisant la perle, rien d'anormal, puisque la nacre de la coquille est formée de la même substance. Elle ne tire de son fond aucune matière nouvelle pour faire la perle, elle y emploie seulement, peut-être au préjudice de sa coquille, une part de l'élément carbonaté qui constitue celle-ci, ou sert même à la réparer. La maladie de l'huître n'est donc qu'une hypersécrétion; c'est sans doute beaucoup, et nous continuons à la plaindre, comme nous plaignons un homme enrhumé du cerveau. Une autre observation à faire, c'est que rien n'est changé dans l'animal qui sécrète ou qui a sécrété la perle. Aucune modification dans la conformation ou dans la nature histologique de ses tissus n'indique une maladie, un trouble organique; la présence seule de la perle est l'indice de quelque chose d'anormal. La perle est sécrétée par les mêmes organes qui sécrètent la nacre dont la coquille est formée; encore une fois, si la pintadine est malade, c'est d'abondance de matière nacrée. Ce serait donc plutôt une pléthore qu'une anémie. Les choses, on le voit, commencent à prendre une tournure moins sombre. La formation perlière va nous apparaître comme une maladie de santé, la perle elle-même comme une utile production, résultat d'une congestion utilement détournée.

Le mollusque de l'huître perlière est enveloppé dans son manteau comme un livre l'est dans sa couverture. C'est par ses ligaments adducteurs et par ce manteau qu'il est en contact avec la coquille. Le muscle adducteur n'a qu'une fonction : ramener les valves; le manteau doit donc pourvoir à la formation du test. C'est lui, en effet, qui sécrète la substance calcaire qui le forme. Il y a deux sortes de perles : les perles adhérentes aux valves et les perles libres. Les premières au moins seront formées comme les valves auxquelles elles sont attachées. En cherchant comment le manteau sécrète les valves, nous apprendrons comment il produit les perles adhérentes, et sans doute aussi les perles libres, qui ont tant d'analogie avec les premières.

Le calcaire est introduit dans le réseau vasculaire qui parcourt le manteau par la communication facile qu'il offre avec le liquide milieu. La matière première des valves et des perles est donc prise en dehors par une disposition organique des plus simples, et peut s'accumuler dans le sang de l'animal et passer dans la masse du tissu sécréteur glandulaire. C'est à la face externe du bord du manteau que se fait cette sécrétion calcaire; un liquide d'un blanc laiteux, riche en sel calcaire, gorge cette partie glanduleuse adaptée à la sécrétion dont nous parlons.

Si nous étudions du dehors vers le dedans une valve de pintadine, nous rencontrerons les couches suivantes : 1° un enduit corné d'un vert sombre, formé de minces lamelles sans éléments figurés; 2° une autre couche formée de nombreuses cellules juxtaposées ayant la forme de colonnes, et microscopiques. Elles sont formées d'une enveloppe cornée et d'un contenu calcaire, et reposent perpendiculairement sur la couche précédente; 3° une troisième et dernière couche, la plus interne. Elle offre une structure lamelleuse, égale, uniformément plissée, ce qui produit le jeu de lumière particulier à la substance nacrée.

Nous touchons ici un point très important de l'histoire de ces belles substances, perle ou nacre. Dans les choses humaines comme dans la nature, l'art peut donner aux substances les plus vulgaires un prix infini. Une coquille sans prix devient entre les mains de l'artiste un incomparable camée, comme, entre les mains de la nature, un peu de carbone ou de calcaire deviennent diamant ou perle. Avec les mêmes éléments deux plantes feront côte à côte l'une un navet et l'autre une rose éclatante. Il en est de même dans la mer : le carbonate de chaux sera moléculairement groupé de façon que la lumière réfléchie par lui prenne un éclat particulier. Le plus beau marbre statuaire, le plus grossier tuffeau, la plus belle perle, le polypier le plus informe, portés à une haute température qui détruit leur arrangement moléculaire, redeviennent matériellement semblables et égaux, c'est-à-dire de la chaux. C'est Brewster qui nous a fait connaître que la nacre doit son éclat chatoyant à sa structure organique, aux inégalités de sa surface. D'après Hessling, ce ne seraient pas des rayures, mais des saillies de lamelles calcaires ondulées en zigzag, imitant le moiré des étoffes, qui produiraient ces effets. Les bords sécrétants du manteau déposent ainsi à la face inférieure de la coquille des terrasses ondulées de sel de chaux, dont les limites restent marquées par de minces filets et apparaissent par transparence. Ainsi, aux différentes époques de la vie du mollusque, le même organe, le manteau, travaille aux divers éléments des valves, faisant, suivant les besoins, des constructions aussi différentes les unes des autres que peuvent l'être les trois couches du test, de la coquille de la pintadine. On demeure surpris de la variété du travail devant la simplicité de l'outil, comme on le serait devant un instrument, une machine, qui ferait à volonté de la toile ou du papier. Ce bord du manteau de l'huître perlière possède des adaptations étonnantes et mystérieuses ; il a les délicatesses de la main humaine, qui peut varier ses œuvres; mais, mieux qu'elle, il fait des chefs-d'œuvre du premier jet sans y avoir été dressé. Ce n'est pas la pensée d'un être sans tête qui le dirige, il a reçu de plus haut l'impulsion qui le fait agir.

Le carbonate de chaux des prismes ou colonnes de la seconde couche n'est pas une cristallisation, ce qui expliquerait tout ; c'est une modalité spéciale de la substance calcaire, qui lui est imposée par les énergies d'un organisme vivant. Voici de quelle façon Hessling explique cette formation : La substance extérieure se coagule en petites tablettes, laissant entre elles des espaces vides : il en résulte des tubes creux; la chaux sécrétée par le manteau vient ensuite peu à peu les remplir. La matière organique est donc associée couche par couche avec la substance calcaire ; aussi, quand on jette dans le feu une valve d'huître perlière, elle se détruit en répandant l'odeur caractéristique des substances animales qui brûlent. Si on enlève le calcaire par un acide étendu, le squelette corné de la coquille ou de la perle subsiste. Cette dernière apparaît alors comme formée de couches concentriques enveloppantes, à la façon des squames d'un bulbe d'oignon.

La couche antérieure revêtue de la couche prismatique ne suffirait pas pour constituer une perle, qui aurait alors une couleur sombre sans reflets. Une couche de nacre sur ces deux premières n'empêcherait pas leur teinte de dominer dans la perle, en raison de sa transparence ; quand plusieurs couches de nacre se succèdent, la perle acquiert de la blancheur, et cette blancheur est surtout éclatante quand la première et la seconde couche font défaut. C'est ce qui a lieu dans les perles formées seulement de couches de nacre, elles sont alors presque transparentes.

Nous avons parlé de perles adhérentes et de perles libres, toutes dues à la sécrétion du mollusque, sécrétion que l'on a considérée comme morbide, et que nous avons cru devoir caractériser de sécrétion morbide salutaire.

En cherchant à quelle occasion certaines pintadines se livrent à cette opération, tandis que d'autres n'y ont pas recours, nous allons peut-être pénétrer un peu plus avant dans ce mystère. On a remarqué que l'animal, quand sa coquille est endommagée, se hâte de la réparer en remplaçant la substance enlevée. Deux raisons sans doute l'y invitent. Tout d'abord, sa coquille est pour le mollusque non pas seulement une demeure, mais une citadelle; quand il y est enfermé, il défie les nombreux ennemis extérieurs qui l'assiègent, et parmi lesquels l'armée des crustacés est au premier rang. Toute brèche faite à son rempart est rapidement bouchée, afin que ni pinces ni suçoirs ne soient introduits par là. Une autre cause incite l'animal à ce travail : sa coquille, brisée sur un point, irrite et blesse ses délicats tissus, habitués à reposer sur le lit moelleux de la nacre. Comment faire disparaître le danger de ces bords mâchés? Ce sera en les revêtant, en les enveloppant d'une couche arrondie et lisse de nacre. Le manteau pourra recouvrir ensuite ces endroits réparés sans se blesser. Ingénieux artifice, qui nous montre dans l'huître un art que nous ne soupçonnions pas, l'art chirurgical. La substance nacrée n'est donc plus un *caput mortuum* inutile, une sécrétion morbide qui ne trouve pas d'emploi. Non seulement cette sécrétion peut sauver l'être d'un excès d'humeurs calcaires, mais elle le sauve de déchirures intestines et de l'invasion extérieure.

La formation des perles libres va peut-être nous éclairer encore davantage. Ces perles, on les trouve dans la chair même de l'animal, et surtout du manteau, siège principal de la sécrétion calcaire. Allons-nous revenir à la maladie perlière, ou à l'hypersécrétion dont nous avons parlé plus haut? C'était en 1830; un naturaliste allemand, Baër, émit l'originale et bien singulière idée que les perles avaient pour noyau un animalcule, un ver. En 1852, longtemps après, on le voit, un physiologiste italien, Philippi, reprit cette idée, et, précisant davantage, affirma que la formation des perles était provoquée par un ver parasite. Le professeur de Turin déclara qu'il avait toujours rencontré, dans les perles nées dans les coquilles de l'Anodonte des cygnes, un distome comme noyau. Dans les petites perles surtout il trouvait toujours cet infiniment petit comme centre de la formation. Kuchenmeister, zoologiste éminent, auquel l'étude des vers intestinaux doit tant de progrès, a étudié aussi cette coquille perlière des étangs (*Elstermuschel*), et, comme Philippi, y a constaté la présence d'un animalcule, le *Limnochares anodontæ*, et non un distome. Les deux observateurs que nous venons de citer, appartenant à des contrées différentes, peuvent bien avoir raison. De même qu'à l'est de la Vistule, le Bothriocéphale ou Tænia large semble avoir le monopole de l'intestin humain, tandis qu'en deçà c'est le *Tænia solium*, de même les Anodontes d'Italie peuvent être hantées par tel parasite, tandis que celles de Saxe auront la clientèle d'une autre espèce.

La sécrétion nacrée, qui nous a paru d'abord constituer une maladie des êtres qui font des perles, n'a plus maintenant pour nous cette signification. Au lieu de les en plaindre, il faut les en féliciter. Et si nous voulions à toute force conserver à la sécrétion calcaire ce nom d'affection morbide, il faudrait dire alors : combien ces huîtres seraient mal portantes si elles n'avaient pas cette maladie ! En considérant désormais de riches pendeloques ornées de perles aux oreilles fines et délicates d'une aristocratique beauté, nous penserons, non plus à une huître malade, mais à une huître sauvée... C'est plus gai.

Il faut tout dire : Hessling, lorsqu'il s'agit de perles, est une grande autorité, car il est l'auteur d'une importante monographie sur ce sujet qu'il reçut mission du roi de Bavière de fouiller avec soin ; Hessling n'a pas rencontré chez tous les mollusques ces vers parasites comme noyau des perles. Il reconnaît y avoir trouvé des corps étrangers divers, grains de sable, matière organique analogue à l'enveloppe extérieure du test, un débris végétal, etc. Qu'importe? ce corps étranger, c'est un ennemi, un danger, comme le parasite. Entraîné dans la circulation par la béance à l'extérieur du système des vaisseaux, ce corpuscule est conduit dans la profondeur des tissus ; s'il y reste, il peut les irriter par ses formes anguleuses, ou par les produits de sa décomposition. Vite une enveloppe calcaire à cet intrus, vite une perle sur ce débris sans valeur !

On comprendra que la beauté d'une perle pourra dépendre de la place où elle prend naissance, et surtout de celle où elle s'achève. Toutes les parties du manteau ne sont pas adaptées à la sécrétion de la nacre fine qui revêt les parois intérieures des valves. Ici se fait la sécrétion des premières et des deuxièmes couches, le calcaire y est associé à des matières colorantes qui nuiraient à la perle. Toutefois l'on comprend qu'une perle, pouvant changer de place, pourra mieux finir qu'elle n'a commencé, et réciproquement moins bien finir qu'elle n'a commencé. C'est une image des vicissitudes humaines, sauf la liberté. Aussi les perles qui finissent mal sont plutôt à plaindre qu'à blâmer.

Production anormale de Perles. — Une pensée vient ici naturellement à l'esprit : c'est la possibilité de réaliser les conditions physiologiques qui donnent naissance à ces précieuses productions, et de forcer les huîtres perlières à travailler : c'est-à-dire à sécréter dans ce but. En Europe, c'est Linné qui le premier aurait eu l'idée de cette singulière opération, et l'aurait appliquée aux moules perlières de son pays. On raconte que, désireux d'en tirer quelque profit, il aurait proposé à son gouvernement de lui vendre son secret ; celui-ci aurait refusé, tout en lui faisant voter une récompense par les États généraux. Le célèbre naturaliste suédois se serait alors adressé à un commerçant de Gottenburg nommé Bayge, et lui aurait cédé sous pli cacheté, moyennant 18,000 écus, sa mystérieuse industrie. Bayge se serait contenté de la jouissance intime de posséder seul ce précieux monopole, sans l'exercer. Ses héritiers, moins sensibles que lui à cette façon de jouir de ce secret, cherchèrent à le revendre. Ils en étaient fiers sans doute.

Mais le moindre ducaton
Serait bien mieux leur affaire.

Ils en demandèrent inutilement 500 écus de banque, aucun amateur ne se présenta.

Les Chinois se livrent en grand à cette industrie, qui exige beaucoup de patience, ce à quoi ils sont très-aptes. On dit qu'ils réussissent dans la fabrication de perles hémisphériques. Un corps étranger est introduit entre les valves de la coquille, et bientôt il est enrobé d'une couche de nacre. Malgré la sphéricité de ce corps étranger, il se recouvre irrégulièrement de la substance calcaire, et présente un point, celui par lequel il touche son support, qui reste mince. Même en choisissant comme on l'a fait quelquefois pour corps étranger une petite boule de nacre polie, on n'arrive jamais par cette imitation à produire de belles perles : forme, coloration, transparence, tout y manque, et jamais un connaisseur ne les confondra avec les perles normalement produites. Dans d'autres circonstances, ce n'est plus un corps étranger libre que l'on glisse dans la coquille : on perce les valves, et on y introduit un fil de fer, ou une pointe. Le mollusque répare la brèche faite à sa maison, et peut-être il en résultera une perle adhérente qui sera plus ou moins régulière. Quand à la précaution de blesser l'animal lui-même, elle est inutile : cette blessure se guérit sans sécrétion nacrée, ou l'animal en meurt. Quand le mollusque enveloppe de nacre une esquille de sa coquille, ou bien un corps étranger, c'est justement parce qu'il craint d'être blessé.

Cette industrie, on le comprendra, ne peut être pratiquée sur les pintadines qui vivent dans les profondeurs des océans, et que l'on placerait difficilement dans des conditions artificielles où elles n'auraient rien à souffrir. On s'adresse à d'autres bivalves producteurs de perles, et qui vivent dans les étangs, comme nous le verrons plus loin. On assure qu'un très grand nombre de Chinois sont occupés à cette industrie. On a vu, dans les différentes expositions d'Europe, ces objets revêtus de matière perlière, et de toutes formes : magots, boules de verre, boules de terre, petites sphères métalliques, chapelets, etc. C'est une sorte de galvanoplastie vivante qui, à défaut de l'utilité, offre au moins un intérêt de curiosité des plus réels.

Pendant une campagne dans les mers de Chine, la frégate française la *Sibylle* put recueillir quelques données sur les procédés employés par les Chinois dans cette industrie. M. Simonet de Maisonneuve, qui commandait ce navire, et M. Barthe, médecin de 1re classe de la marine, s'en occupèrent beaucoup. Le premier recueillit ses renseignements près des Chinois de Hong-Kong et du consul américain, M. Authon; le second près des Chinois et des Anglais de Ning-Po. Le moule ou le mandrin sont fixés à l'aide d'un mastic dans la coquille des Anodontes, dont les valves sont maintenues ouvertes par des coins de bois. Les objets à recouvrir de nacre sont de toute nature : bois, terre, métal. Les Anodontes ainsi pourvues sont maintenues le temps suffisant dans de petits parcs fermés par des clayonnages. Les navigateurs dont nous avons cité les noms, et que nous avons parfaitement connus, disaient avoir vu en Chine des objets de trois centimètres, comme un dragon ailé, qui avaient pu être recouverts de nacre dans une coquille de six centimètres. Notre regretté collègue M. Barthe avait rapporté deux valves d'Anodonte : l'une contenait vingt-neuf perles adhérentes réunies par un fil couvert de nacre, l'autre douze médaillons en trois séries obliques. Ces perles avaient pour noyau une boule de nacre, les médaillons, un moule métallique. Ces valves ont été figurées dans le *Monde de la mer*, sans qu'il y fût question de M. Barthe, déjà victime de ses fatigantes campagnes.

La culture des mollusques qui produisent les perles n'a pour l'humanité qu'un intérêt secondaire. Le commerce et la monture de ces objets précieux ne fait pas vivre un grand nombre d'hommes, et la beauté féminine trouverait ailleurs d'autres ressources pour se parer. Qui sait d'ailleurs quel cas on ferait des perles, si on pouvait les produire plus abondamment que la nature ne le fait? Dans tous les cas, à défaut d'utilité de premier ordre, la multiplication des perles constitue un problème physiologique des plus intéressants. Les savants comme Philippi, Kuchenmeister, qui ont cherché à interpréter le mode de formation de ces concrétions par des animaux parasitaires, ont cru que l'on pourrait trouver, là seulement, le moyen de produire les perles. Entre cette vue et sa réalisation pratique se dressent cependant de nombreuses difficultés ; tous les observateurs qui se sont livrés à l'étude des parasites intestinaux savent combien sont obscures les lois de leur développement et de leurs migrations. Il y a des générations alternantes, il y a des états différents pendant lesquels ces êtres ont des habitats différents. Le ténia du porc passe à l'homme, celui de la souris au chat, celui des poissons aux oiseaux de mer. Il faudrait donc, pour les êtres qui nous occupent, multiplier autour d'eux la production parasitaire pour augmenter la production des perles. On sait par expérience que tel cours d'eau est favorable à la santé des bivalves et, par conséquent, défavorable à la production des perles. Ailleurs, les mêmes animaux sont beaucoup plus fréquemment hantés par ces parasites, ils produisent plus de perles. C'est là qu'il faudrait multiplier non seulement le parasite, mais encore le mollusque qui doit le recevoir. La question, on le voit, est très complexe. La nature, pour le balancement des êtres, a des moyens qui nous sont encore absolument cachés. Nous savons que les contingents des espèces, quand des causes fortuites ne viennent pas les perturber, se maintiennent en face les uns des autres sans pertes ni gains dans la lutte pour l'existence. L'homme trouble souvent ces harmonies. Rien ne nous dit que la multiplication des parasites des mollusques n'amènerait pas l'extinction de ceux-ci. Quant à l'inoculation directe du parasite, il n'y faut pas songer, car nous ne savons pas encore comment et sous quel état il arrive chez le mollusque.

Contrées qui produisent les Perles. Leur pêche. —Ce sont les pintadines, ou coquilles perlières de la mer (see perlen muschel), qui produisent les plus belles perles et le plus de perles. Leur répartition à la surface du globe et dans la profondeur des mers mérite de nous arrêter un instant. Elles ne constituent pas un gîte unique, et il serait difficile de leur fixer une patrie d'origine. On les rencontre dans des localités très éloignées les unes des autres, et sans qu'il existe aucun lien de continuité entre ces divers bancs.

Il faut reconnaître que les mers où on les trouve appartiennent aux régions chaudes du globe, mais il y a d'autres conditions que la température, car tous les lieux analogues sous ce rapport aux gîtes de pintadines n'en renferment pas. Jusqu'ici, aucun essai d'acclimatation n'a été tenté, car ces mollusques sont très difficiles à transporter vivants d'un point sur un autre.

Les agglomérations d'huîtres perlières le plus anciennement connues en Europe sont sans doute celles du golfe Persique, dont les Grecs eurent connaissance. Au temps de Séleucus, roi de Syrie, Métasthène parle des pêches de perles des côtes orientales du golfe Persique.

A partir de 1515 jusqu'au XVIIe siècle, le commerce des perles dans cette région passa aux Portugais, qui s'étaient emparés de quelques îles autour desquelles la pêche fut fructueuse. Plus tard vint la décadence, et les princes riverains succédèrent aux étrangers dans l'exploitation. Les différentes nationalités se rencontrent aux lieux de pêche. Des côtes de Perse, des îles Bahrein, de la côte des Pirates, arrivent sur des barques près de trente mille pêcheurs ou familles de pêcheurs. Il est souvent difficile de mettre d'accord tous ces gens âpres au gain, et les conflits sanglants ne sont pas rares. Tel plongeur qui a échappé aux scies (squales armés) dangereuses de ces mers tombe sous le poignard d'un rival. La pêche est libre, sauf une minime redevance au scheik du port. Non loin de là, près de Kharak, sur la côte persique, on pêche encore les perles à une grande profondeur. Les îles Bahrein sont l'entrepôt de toutes ces pêcheries, dont les perles en majeure partie sont expédiées à Bombay. On estime à une valeur de 350,000 livres sterling les perles qui se vendent par an aux îles Bahrein, par les soins des marchands arabes, indiens et persans.

Des gisements du golfe Persique, en continuant vers l'est, nous atteindrons les bancs célèbres de l'île de Ceylan. On les rencontre sur le rivage occidental, dans la baie de Manaar, puis en descendant vers le sud jusqu'à Négombo et Chilan. L'époque où l'exploitation en fut bien connue en Europe remonte à 1506, date à laquelle les Portugais levèrent, sur le roi de cette belle île, un tribut d'épices et de perles. Ce n'est pas tout. Comme la pêche était libre, les Portugais savaient acheter à bas prix un très grand nombre de ces objets précieux. Dès cette époque, une population mêlée, de près de soixante mille personnes, descendait tous les ans sur les bancs pour la pêche.

Les Hollandais s'emparèrent, en 1640, des provinces portugaises de l'Inde. La pêche des perles, sous leur protection, prit une expansion nouvelle ; elle se faisait tous les trois ans ; on vit jusqu'à deux cent mille individus réunis pour cette grande industrie sur les côtes de Ceylan. Le gouvernement adjugeait tous les ans le privilège de la pêche aux enchères. Vingt jours étaient réservés pour la liberté de la pêche, réserve bien amoindrie, puisque, sur ces vingt jours de travail, les produits de dix jours étaient encore attribués au gouvernement hollandais. Les rajahs, anciens possesseurs de ces contrées, ne virent pas sans déplaisir cette excessive réglementation, toute de privilège pour les étrangers. Ils usèrent de leur influence sur les pêcheurs, et pendant vingt-huit ans, à partir de 1768, ces derniers, se mettant en grève, cessèrent d'accourir sur les rivages de Ceylan. Lorsqu'en 1796 les Anglais devinrent possesseurs des Indes, la pêche recommença. Si les pêcheurs avaient accordé une trêve aux mollusques précieux, ceux-ci en avaient largement profité pour se multiplier : aussi la pêche de 1798 donna-t-elle un bénéfice de 140,000 livres sterling.

Plus loin, vers l'est, sur les rivages de Malacca, sur les côtes de Sumatra et de Java, les pintadines se retrouvent ; mais il n'y a pas de pêcheries régulières.

Aux îles Soulou entre Bornéo et Mindanao, aux îles Arou, possessions hollandaises à l'ouest de la Nouvelle-Guinée, et sur les côtes de la Nouvelle-Guinée elle-même, existent des pêcheries de peu d'importance dont les produits sont absorbés par la Chine, qui fabrique, on le sait, beaucoup d'objets en nacre.

Le Japon, dans ses mers méridionales, possède aussi des huîtres perlières. Avant de franchir le Pacifique, rappelons que beaucoup d'îles de la Polynésie, les îles de la Société, par exemple, ont des pêcheries d'huîtres perlières. De 1847 à 1850 elles eurent une certaine activité.

Tahiti était l'entrepôt de la nacre ; sur la plage, devant les habitations des commerçants, on voyait fréquemment des tas carrés de valves perlières attendant leur embarquement. Ces gisements étaient-ils pauvres en perles ? Toujours est-il que, pendant le laps de temps durant lequel nous avons habité ce pays, nous n'avons jamais entendu parler de quelque trouvaille importante en fait de perles.

Les rivages de l'Amérique, tant ceux du Pacifique que ceux de l'Atlantique, ont des bancs d'huîtres perlières dans les régions chaudes. Au Pérou, les Aztèques avaient organisé des pêcheries sur leurs rivages. Panama, les îles de Cubagna et de Marguerite, Acapulco, Téhuantepec, la Colombie, la Californie, sont exploitées depuis longtemps. Au temps de Charles-Quint, on y récoltait pour quatre millions de perles; maintenant on y ramasse cinq à six millions de livres de nacre et pour un million cinq cents mille francs de perles. Les perles y sont vendues dans le pays. Sur les versants de l'Atlantique on pêche les perles sur les rivages de Cuba et sur les côtes de l'État de New-Jersey. Quelques belles trouvailles avaient illustré ces bancs, sur lesquels aujourd'hui se fait une pêche active. Les plongeurs de la côte du Pacifique sont d'une hardiesse étonnante, Ils plongent sans corde d'appel. Ces malheureux reçoivent cinq centimes par huître perlière, et sont nourris de morue salée ou de bœuf séché au soleil.

Revenons vers le vieux monde. On a signalé, dit-on, les pintadines dans la Méditerranée; elles doivent y être fort rares, et la perle de Cléopâtre n'y fut pas pêchée. Mais tout près de là, dans la mer Rouge, la mère des perles se retrouve en abondance. Dès les Ptolémées, le commerce des perles y était très actif et très lucratif. Tous ces rivages sont plus ou moins fertiles, tant ceux d'Abyssinie et d'Égypte que ceux d'Arabie. Les localités privilégiées sont Dahalak en face de Massana, sur la côte d'Abyssinie; la pêche y est faite par des nègres, de décembre en avril. Aux îles Fassa, sur la côte de Hodeida; au nord-ouest de la

Mecque, près de Dschiddah, on pêche également des perles.

La statistique de la production de la nacre et des perles est assez difficile à faire et ne peut présenter que des résultats très approximatifs. En 1855 les principales places d'Europe reçurent 300,000 quintaux de nacre.

Angleterre	20,000
France	80,000
Hambourg	200,000

Cela représente un horrible massacre, celui de six millions de pintadines. Mais la quantité d'huîtres pêchées approche bien de vingt millions. Sur ce chiffre, quatre millions contiennent des perles. Si l'on ne trouvait qu'une perle par mille coquilles, vingt mille perles seraient pêchées annuellement. Souvent on n'en trouve qu'une par dix mille. Paris a remplacé Amsterdam comme centre commercial des perles ; de 1837 à 1855 cette ville aurait reçu 980,791 grammes de perles valant 18,900,000 francs. L'Angleterre, dans le même laps de temps à peu près, en a reçu pour une somme presque égale. Cela met en moyenne le gramme de perles à 19 francs.

Pêches. — A Ceylan, la pêche est pratiquée par des plongeurs. Ils constituent une sorte de corporation, qui dès la plus tendre enfance se prépare à ce dur métier. Chaque année, avant l'ouverture de la pêche, ils s'y disposent par une diète particulière, et, comme les lutteurs de l'antiquité, par de fréquentes onctions huileuses. Un témoin rapporte que chaque campagne est précédée de pratiques superstitieuses variées. Avant minuit les embarcations mettent à la voile pour se rendre sur les bancs. L'*Adanapar* ou premier pilote les précède, ayant un fanal de signal au grand mât de son embarcation. Vient après celle de l'État, portant le directeur des pêches. En arrivant sur le banc, les embarcations jettent l'ancre pour attendre le jour. Quand le soleil paraît, les embarcations exécutent un mouvement général pour prendre sur le banc la place qui leur est marquée d'avance.

L'équipage de chaque barque comprend un pilote et vingt hommes, dont dix rameurs et dix plongeurs. Un pillalkarras ou charmeur de requins accompagne chaque embarcation. Sa présence est indispensable, et les vieux plongeurs les plus habitués à la rencontre de ces monstres marins n'auraient pas, sans le charmeur, une confiance absolue dans leur agilité. Non seulement des pillalkarras accompagnent les barques sur les bancs pour rassurer plus directement les plongeurs, mais d'autres charmeurs opèrent d'une façon plus générale sur le rivage même, et, du soir au matin prient, conjurent et se tordent, de façon à maintenir sans cesse les requins sous l'influence de leurs sortilèges.

Les dix plongeurs de chaque barque se sont partagés en deux séries, devant successivement opérer. Ils se déshabillent, se bouchent les oreilles avec du coton, et se placent quelquefois une éponge imbibée d'huile sur la bouche. Une corde est attachée autour de leur corps, une lourde pierre à un pied, pour faciliter la descente; avec les orteils de l'autre pied ils saisissent un panier ou un filet. Ils plongent, se bouchant les narines de la main gauche, et tenant de la droite une corde d'appel. Arrivés au fond, ils lâchent la pierre que l'on remonte aussitôt, se jettent rapidement à plat ventre, rampent en étendant les bras, pour arracher et placer dans leur filet le plus de coquilles. Un signal de la corde d'appel indique aux rameurs restés à bord quand il est nécessaire de les remonter. Quand ils remontent ruisselants d'eau, ils respirent plusieurs fois énergiquement et vont silencieusement s'asseoir à leur place. Peut-être ce pauvre pêcheur, à moitié suffoqué, a-t-il rapporté un trésor capable de l'enrichir à jamais s'il lui appartenait, on le saura plus tard. En moyenne les plongeurs ne peuvent rester plus de trente secondes dans l'eau ; quelques-uns, cependant, y passent plus de deux minutes. Un phénomène physiologique les prévient du péril quand ils s'y s'attardent : c'est un bourdonnement d'oreilles très intense.

L'autre série de cinq plongeurs succède à la première, et ainsi de suite jusqu'à ce que la fatigue de ces hommes suspende forcément ce pénible exercice qui ne peut se renouveler plus de vingt fois. Souvent ces malheureux rendent le sang par le nez et par les oreilles. Parfois un rappel subit de la cordelette de sûreté apprend qu'un danger menace le plongeur, et il est arrivé plus d'une fois qu'on ne ramenait plus qu'un cadavre mutilé par les requins. Que de perles ont une tache de sang humain !

Chaque plongeur rapporte de cinquante à quatre-vingts coquilles qui sont déposées au fond de l'embarcation. Quand l'Adanapar a donné le signal, la pêche cesse, tous les engins sont mis en ordre, les plongeurs se rhabillent, et l'on regagne la terre. Tous les hommes sont alors employés au débarquement des pintadines.

Dans son voyage aux provinces méridionales de l'Inde, M. Alfred Grandidier a été témoin de la pêche aux perles, et l'a racontée avec des détails fort curieux. C'est dans le golfe de Manaar, en mars, époque des calmes, que se fait cette exploitation. Trente mille Indiens arrivent sur le rivage, y campent et forment là une ville de huttes de branchages nommée Aripo. De 1834 à 1862, il n'y a eu que quinze pêches. En 1863 il y avait dix-sept ans que l'exploitation était abandonnée, pour cause de mauvaise direction. Les quinze pêches dont nous venons de parler rapportèrent au gouvernement anglais 10,500,000 francs pour une dépense de 1,500,000 francs.

Les inspecteurs font pêcher et ouvrir d'avance dix ou douze milliers d'huîtres pour préjuger l'état des bancs, et la fructuosité de la récolte. Les marchands et les spéculateurs peuvent faire leurs calculs. On fixe ensuite le temps et la durée de la pêche. En 1863, par exemple, le surintendant, après avoir déterminé la partie du banc qu'il fallait exploiter, jugea que deux cents bateaux pêchant pendant douze jours suffiraient. Le nombre des embarcations ayant dépassé ce chiffre, on tira au sort, On divisa la flottille en deux parts égales, distinguées par des couleurs différentes, chacune des escadres pêchait de deux jours l'un. Dix plongeurs, dix monadaks ou aides, le sindal ou capitaine, le todaï ou paria chargé de la propreté, enfin le capitaine, tel est le personnel de chaque bateau. On embarque par paire de plongeurs une pierre cylindrique de 15 kilog. Un brick du gouvernement ancré sur le banc, signale chaque jour l'ouverture et la fermeture de la pêche.

La profondeur des bancs varie de 12 à 20 mètres. Les tamouls sont d'excellents plongeurs qui peuvent plonger jusqu'à quatre-vingts fois de suite, rapportant chaque fois de trente à quarante-cinq huîtres. On a vu, mais exceptionnellement, des bateaux rapporter jusqu'à trente-six mille huîtres. La moyenne est de quatre à huit mille. Au retour chacun porte son butin au kotou, dépôt du gouvernement, et en forme quatre parts égales, dont une, au choix de l'inspecteur, revient au plongeur comme salaire de son travail. Celui-ci, sur son lot, donne le cinquième au tindal, et le tiers du reste comme payement aux deux aides; un jour sur sept de pêche appartient au maître du dhoney. Ces divers lots sont détaillés aux spéculateurs qui n'ont pas les moyens d'acheter un millier d'huîtres au gouvernement. Le gain des plongeurs varie de 6 à 13 francs par jour. Dans le kotou, un casier numéroté appartient à chaque plongeur. C'est à Katecherry que le gouvernement adjuge à l'enchère les huîtres par lots de mille. Les achats se font au comptant : l'inspecteur délivre à l'acheteur le bon du numéro du katou où est le lot adjugé. Les prix du mille varient beaucoup, même dans une seule journée : 150 francs est un prix fréquent. Les huîtres, mises dans des sacs, sont abandonnées au soleil, les mouches y viennent et les vers s'y mettent; en trois ou quatre jours, la chair a disparu. C'est de cet affreux putrilage, de cette pourriture infecte, que sortiront les perles qui feront l'ornement des épidermes satinés et vermeils.

Les miasmes pestilentiels dégagés par cette horrible industrie vont souvent porter la mort dans toute la contrée, et ces perles, conquises parfois au prix du sang d'infortunés pêcheurs, sont encore la source d'épidémies meurtrières qui fauchent ces populations.

Des hommes bien surveillés examinent, poignée par poignée, les résidus de cette fétide opération pour y récolter les perles : chaque poignée passe ainsi sous trois inspections successives.

On emploie divers cribles ou tamis en fil de cuivre, pour trier et classer les perles suivant leur grosseur. Les cribles percés de vingt trous portent le n° 20; ceux qui sont percés de trente, cinquante, quatre-vingt trous, portent les numéros correspondants. Les perles qui ne franchissent pas les orifices du crible, vingt à quatre-vingt, sont de premier ordre ; ce sont les *mell;* celles que laissent passer les cribles de quatre-vingt à huit cents sont de second ordre, les *vadiva;* celles qui passent le crible mille sont de troisième ordre, ou les *tol*, et se vendent à la mesure ou au poids. Les autres sont dites perles vierges (Jungfern perlen) avant d'être percées. On les traverse d'un trou, ce qui est facile en raison de leur peu de dureté; mais cela demande une grande attention pour mettre en relief les beaux côtés de la perle ; les Indiens et les Chinois peuvent percer par jour six cents grosses perles, trois cents petites ; on les enfile avec de la soie blanche ou bleue ; on réunit les rangs par un nœud de ruban bleu ou par un effiloché de soie rouge. On les expédie ainsi par masses de plusieurs rangs. L'acheteur de première main a soin de refaire ces chapelets, et c'est là que toute sa sagacité se révèle, pour les grouper habilement. On a soin de les assortir suivant leur coloration, de façon que deux teintes opposées ne détonnent pas dans la succession des perles. On associe ainsi artistement des perles de valeurs différentes, mais qui, par réflexion, se rehaussent les unes les autres. Le second acheteur a bien soin d'étudier ces perles isolées les unes des autres.

Voici un tableau résumé du prix des perles :

PERLES	LE POIDS × 1	LE POIDS × 1 1/4	LE POIDS × 1 1/2	LE POIDS × 1 3/4	LE POIDS × 2
4 grains.	4	5	6	7	8
5 grains.	5	6,25	7,50	8,75	10
6 grains.	6	7,50	9	10,50	12
7 grains.	7	8,75	10,50	12,25	14
8 grains.	8	10	12	14	16
9 grains.	9	11,25	13,50	15,75	18
10 grains.	10	12,50	15	17,50	20
11 grains.	11	13,75	16,50	19,25	22
12 grains.	12	15	18	21	24
13 grains.	13	16,25	19,50	22,75	26
14 grains.	14	17,50	21	24,25	28

Le prix des perles est assez variable. M. Dieulafait rapporte, d'après M. Em. Harry, que, de 1865 à 1867, il y eut une notable augmentation sur les perles de moins de 14 grains, tandis que, au-dessus, ces perles ne varièrent pas. Ainsi une perle de 10 grains, valant de 202 à 227 fr. en 1865, se vendait de 252 à 277 en 1867. Les perles semences se vendent 120 fr. l'once, elles servent en Espagne pour les ornements d'église. Les baroques valent 300 à 1000 francs le même poids ; on les recherche en Pologne et en Espagne.

En Europe, les perles les plus blanches sont les plus recherchées, ainsi que celles qui ont une teinte bleuie. Les Asiatiques préfèrent les perles jaunies. Celles-ci sont plus durables, surtout quand elles doivent être portées dans les pays chauds sur la peau imprégnée de sueur. Les perles plus foncées, sauf les perles roses, n'ont qu'une valeur d'amateur d'étrangetés.

Leipzig a été longtemps le grand marché des perles ; à la grande foire de ce nom, les marchands de diverses nationalités s'y donnaient rendez-vous. Cette importante réunion est bien tombée aujourd'hui. Les plus belles perles se vendent maintenant à Londres et surtout à Paris, où elles arrivent de tous les points du monde.

Autres mollusques producteurs de Perles. — D'autres bivalves différents de la pintadine peuvent former des perles. On en rencontre quelquefois dans l'huitre commune d'Europe. La pinne marine en donne de roses; l'haliotide, de vertes. D'après M. Lamiral, on aurait trouvé dans la coquille du *grand bénitier* une perle de la grosseur d'un œuf de poule Bantam, sphérique et blanche comme du lait.

La moule commune (*Mytilon edulis*) sur nos côtes d'Europe, et à l'embouchure des rivières, en renferme aussi. Une autre espèce, commune dans les fleuves de l'Europe, l'*Unio margaritifera*, en renferme encore. Ces coquilles sont fréquentes dans le nord de l'Angleterre, et les perles qui en proviennent portent le nom de perles d'Écosse. Les cours d'eau de Pesth, du Tuy, du Don, dans le Cumberland, la rivière de l'Irt dans le pays de Galles, la rivière de Conway; en Irlande, celle de Tyrone et de Donegal ont des moules perlières dont quelques perles ont pu atteindre le prix de 20 livres sterling. Tacite, dans la Vie de C. Julius Agricola (XII), parle des perles d'Angleterre, mais il leur reproche leur couleur terne et plombée, qui tenait, dit-il, à la manière de les récolter, là où le flot a jeté les coquilles qui les renferment. On les recherchait quand même, ce qui faisait dire au grand historien : « Pour moi, je croirais que la qualité manque aux perles plutôt qu'à nous l'avarice. ». Jules César fit orner la cuirasse de Vénus Genitrix de perles de cette origine.

C'est principalement sur les coquilles fluviales perlières que s'est exercée l'industrie chinoise du recouvrement d'objets introduits dans ces bivalves. En 1858, MM. Moquin-Tandon et Jules Cloquet ont lu, sur ce sujet, un intéressant travail à la Société d'acclimatation. Ils rappellent que, en 1849, le Dr Adolphe de Bauran a tenté de nombreuses expériences sur l'*Unio margaritifera*, dans le tor-

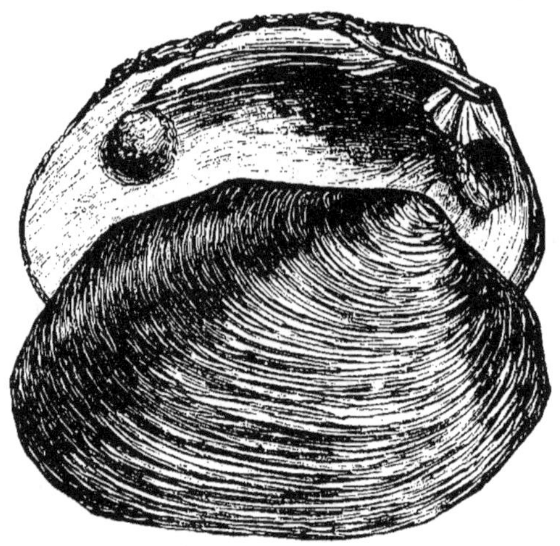

Fig. 334. — Anodonte des Cygnes.

rent du Vianz, près de Rhodez, sans réussir grandement; et qu'eux-mêmes ont échoué avec l'*Unio littoralis*, dans le ruisseau du Touch, près de Toulouse. Les Chinois n'ont pas eu de ces insuccès, et chez eux l'industrie est prospère. Cela tient à ce qu'ils opèrent sur l'Anodonte des cygnes (fig. 334) et dans des cours d'eau où, sans doute, les conditions sont bien meilleures.

Histoire des Perles. — C'est dans l'Inde que les premières perles furent découvertes, aussi sont-elles liées à ses légendes les plus anciennes.

Vichnou, l'une des personnes de la trinité indienne, les aurait empruntées à l'Océan pour en orner sa fille Pandaïa. Les femmes indiennes ne firent pas difficulté pour suivre cet exemple venu de si haut, et, dès les temps les plus reculés, elles firent servir les perles à leur parure. Les rajahs en ornèrent leurs vêtements somptueux, leurs housses splendides, leurs trônes et les murailles de leurs palais ; les perles ruisselaient partout, et, maintenant encore, les voyageurs constatent que la perle est universellement associée à ce faste oriental. Les perles y valaient trois fois leur pesant d'or pur, sauf les cas particuliers, où les plus remarquables dépassaient des milliers de fois cette valeur. Mal percer une perle était considéré comme une faute grave, punissable d'une forte amende : voler des perles, c'était se risquer à perdre la vie.

En Chine, même culte, même admiration pour les perles. On les y regardait même comme choses sacrées, pouvant porter bonheur. Plus de 2,300 ans avant Jésus-Christ, elles étaient admises en payement de l'impôt.

Dans l'Ancien Testament, il est souvent question des perles. Le Livre de Job, les Proverbes de Salomon, en divers passages, montrent en quelle estime on les tenait et quel prix on y attachait. Babyloniens, Mèdes et Persans en firent des objets de grand luxe. Les seigneurs, en Perse, portaient, à l'oreille droite seulement, des pendeloques ornées de perles. A Athènes, les garçons, comme marque de distinction, portaient une perle à l'oreille droite, et les filles, aux deux oreilles. Théophraste parle des perles, et des animaux dans lesquels on les trouve.

Pline fait mention de pendants d'oreilles en or ornés de deux ou trois perles. Ces bijoux portaient le nom de *crotalia*, parce que, en se balançant, ils faisaient entendre un son métallique. Des femmes retrouvées sous les cendres de Pompéi portaient aux oreilles des ornements enrichis par des perles.

Longtemps les Phéniciens, qui parcouraient la Méditerranée et en faisaient le principal commerce, transportèrent les perles chez toutes les nations riveraines. Ces perles, ils les tenaient, par la mer Rouge, des marchands asiatiques qui se trouvaient sur les lieux de production. Quand Rome eut étendu sa puissance sur les peuples barbares, les perles abondèrent dans la capitale où refluaient toutes les richesses du monde. L'austère République n'eut aucune peine à verser dans le luxe des peuples conquis, des dépouilles desquels elle se para complaisamment.

Les Romains donnaient le nom d'*uniones* aux perles sphériques, celui d'*elenchi* aux perles en poire, et aux demi-sphériques l'appellation de *tympania;* enfin les belles perles blanches se nommaient *exulaminati margaritæ*. C'était à l'île d'Épiodore qu'on les perçait. Là encore on fabriquait ces étoffes brodées de perles qui plaisaient tant aux patriciennes.

Pompée, conquérant du Pont et de la Syrie, rapporta des palais de Mithridate une si grande quantité de perles qu'il put en offrir à Jupiter Capitolin une magnifique collection par le nombre et le choix. A son troisième triomphe figurait son portrait en mosaïque de perles, et trente-trois couronnes de perles. Ce splendide étalage accrut encore la passion des Romains pour ces objets précieux. Quand l'Égypte fut conquise, de nouveaux trésors vinrent s'ajouter aux dépouilles des peuples déjà vaincus, et Philo, délégué de l'empereur Claude, y fit d'amples moissons de perles. En vain Sénèque s'éleva contre ce luxe inouï, le siècle suivit son cours, et les grandes dames romaines portèrent des parures dont la valeur des perles dépassait un million de sesterces.

Servilia, mère de Marcus Brutus, reçut de Jules César une perle précieuse, part de butin en Égypte, qui était estimée 1,200,000 fr., ou 6,000,000 de sesterces. Qui ne connaît l'histoire des perles de Cléopâtre, et les folies dont elles furent l'occasion? Dans un festin, pour vaincre Antoine en prodigalité, elle détacha une des deux perles qu'elle portait à ses oreilles, et qui avaient coûté 3,800,000 fr. la fit dissoudre dans le vinaigre, et l'avala. Sans Lucius Plautus, la seconde perle y passait. C'est celle-ci qui devint la propriété de l'empereur Septime-Sévère, lequel en fit un meilleur usage : au lieu de boire cette fortune, ou de la donner à sa femme, il résolut, pour montrer son aversion pour le luxe effréné des perles, et n'ayant pu trouver acquéreur, de la couper en deux et d'en faire des pendants d'oreilles à la Vénus du Panthéon. Les perles avaient toujours été dédiées à Vénus, perle elle-même et née de l'écume des ondes. Une gravure de Triphore, sur sardoine, représentant les noces de Cupidon et de Psyché, le prouve. Les époux sont réunis par un fil de perles à l'aide duquel le dieu Hymen les conduit. Lollia Paulina, femme de Caligula, portait dans une seule parure une valeur de plus de huit millions de francs. « J'ai vu, écrivait Pline, j'ai vu Lollia Paulina toute couverte d'émeraudes et de perles, que leur mélange rendait encore plus brillantes. Sa tête, les tresses et les boucles de ses cheveux, ses oreilles, son cou, ses bras, ses doigts, en étaient chargés. Il y en avait pour 40,000,000 de sesterces, comme elle était en état de le prouver par les quittances, et ces richesses, elle ne les devait pas à la prodigalité de l'empereur : c'était le bien que lui avait laissé son aïeul, c'est-à-dire la dépouille des provinces. Voilà le fruit des concussions; voilà pourquoi Lollius, diffamé dans tout l'Orient pour les présents extorqués aux rois, avala du poison : c'était afin que sa petite-fille se fît voir aux flambeaux avec une parure de 40,000,000 de sesterces. »

Perles célèbres. — Il a été fait souvent des énumérations de perles célèbres par le prix et la grosseur : en voici quelques exemples :

Au XVIIe siècle, le voyageur Tavernier revendit au schah de Perse, pour la somme de 2,700,000 fr. une perle provenant de Califa. La perle de l'iman de Mascate pesait 12 carats 1/16. Elle possédait une transparence telle, qu'on voyait le jour au travers; elle valait plus de 800,000 fr.

La *Peregrina*, achetée en 1579 par Philippe II, roi d'Espagne, pesait 134 carats; elle avait la grosseur d'un œuf de pigeon et la forme d'une poire. Elle provenait de Panama et valait 50,000 ducats.

Georgibus de Calais présenta en 1620 à un autre roi d'Espagne, Philippe IV, et lui vendit pour 80,000 ducats une perle de 126 carats. Au roi lui demandant comment il avait pu risquer sa fortune sur cet objet, le rusé Georgibus répondit : « Je savais qu'il y avait au monde un roi d'Espagne pour me l'acheter. » Cette perle est possédée maintenant par la princesse Youssoupof.

Léon X avait une perle de 350,000 fr.

L'inventaire de 1789 constata pour un million de francs de perles parmi les diamants de la couronne de France. Napoléon Ier prit à Berlin une perle de 180 grains environ. Celle-ci fut montée en 1855 par Lemonnier, et figura à l'Exposition de 1855. Le collier de la future impératrice d'Allemagne, fille de la reine Victoria, contient trente-deux perles, et est estimé 500,000 francs.

Fausses Perles. — C'est à Jacquin, qui vivait en 1680, que l'on attribue généralement l'invention de l'imitation des perles. C'est à Passy que se créa cette industrie nouvelle. Jacquin avait remarqué que les fines écailles des ablettes avaient des reflets analogues à ceux des perles. Il lavait ces poissons de façon à détacher ces écailles, et les réunissait dans un liquide gommeux, nommé essence d'Orient. Il introduisait ensuite cette essence dans de petites boules de verre, la promenait autour des parois intérieures pour les enduire, et, quand la couche était sèche, remplissait la boule de cire.

La fabrication des fausses perles se compose de deux opérations bien distinctes : 1° fabrication des perles de verre, 2° fabrication de l'essence et remplissage. Les perles de verre se font par des émailleurs au moyen de tubes de verre capillaires du nom de *girasol*, tubes que l'émailleur a soin de rendre aussi égaux de diamètre et de tube que possible. L'extrémité du girasol est présentée à la lampe d'émailleur, et l'ouvrier souffle par l'autre, en tournant sans cesse le tube. La perle se renfle régulièrement, deux coups de lime la séparent des portions non renflées du tube, elle est faite. L'important, c'est que les deux trous soient à l'extrémité du même diamètre, sans quoi les colliers de ces fausses perles seraient fort irréguliers. Il importe aussi que les bords des trous soient arrondis pour que la soie des colliers ne soit pas coupée par eux. L'artiste fait à volonté des perles de toutes les dimensions, de toutes les tailles. Il peut même produire des bulles de verre irrégulières qui imiteront les perles dites baroques.

Voici maintenant comment on prépare l'essence d'Orient. C'est, avons-nous dit, la matière argentée et brillante des écailles d'ablettes, tenue en suspension dans un liquide gommeux. Le poisson est écaillé dans l'eau, les écailles lavées avec soin, on les broie ensuite sous l'eau dans un mortier. Les parcelles brillantes sont décantées, lavées à plusieurs reprises. Les eaux de lavage sont additionnées d'ammoniaque pour empêcher la putréfaction. On concentre ainsi la substance chatoyante des écailles d'ablettes, qui est mêlée à un liquide gélatineux. Il faut sept livres d'écailles pour former une livre d'essence.

Les perles de verre sont rangées dans un tamis ou tiroir. On y introduit l'essence à l'aide d'une pipette en verre. L'ouvrier l'étend en roulant la perle entre les doigts, puis en agitant le tamis où elles sont ensuite déposées. Quand l'essence a séché, il faut remplir les perles de cire. On emploie la plus belle cire blanche. On l'introduit fondue dans chaque perle, à l'aide d'une pipette en verre.

Pour les plus petites perles, les choses se font très rapidement, surtout le remplissage de cire, qui se produit en jetant dans un bain de cire fondue ces perles déjà enduites à l'intérieur d'essence d'Orient.

L'industrie des perles fausses est surtout pratiquée à Paris, qui en livre tous les ans à l'exportation pour plus d'un million. Il est souvent difficile de distinguer les belles perles fausses des véritables.

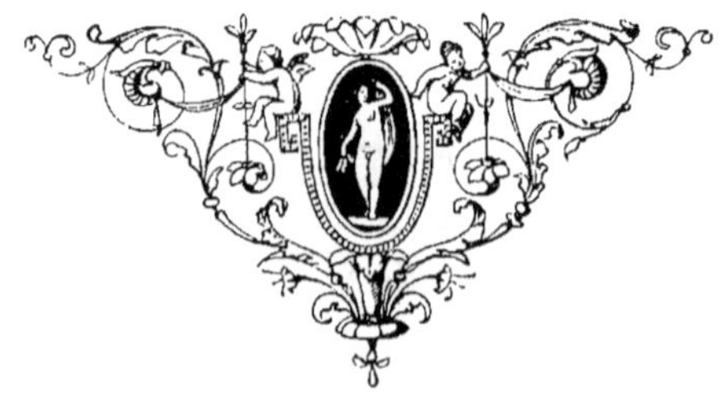

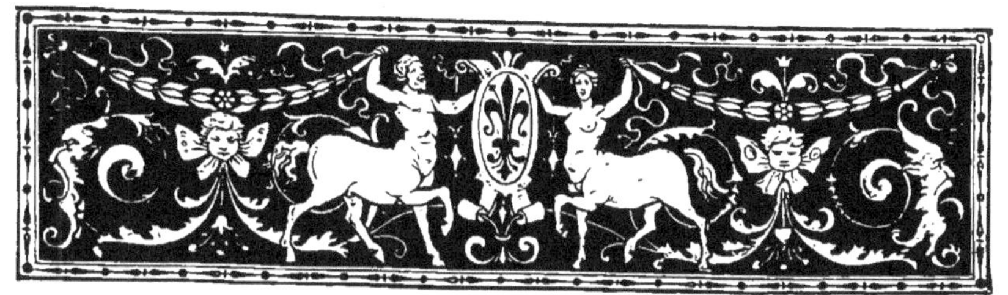

LE CORAIL

La belle substance désignée sous le nom de corail rouge est un produit précieux, à la formation duquel concourent deux grandes puissances de ce monde, la vie et la mer.

Dans le sein des eaux, à des profondeurs allant de trois mètres à trois cents mètres, vivent des zoophytes, ou animaux-plantes, qui ressemblent plus à des arbres qu'à des animaux. Mêlés à des algues, ils constituent des forêts sous-marines, tantôt dressées, tantôt pendantes, abritant dans leurs ramures les formes vivantes les plus variées et les plus étranges.

Les naturalistes, plus attentifs à l'organisation qu'à l'aspect général, les ont divisés en deux sous-classes : les zoanthaires aux tentacules simples et les cténocères aux tentacules bipinnés, c'est-à-dire ressemblant à des plumes légères. Ces derniers ont été partagés en un certain nombre d'ordres, au milieu desquels apparaît celui des gorgonaires, lesquels à leur tour se fractionnent en trois groupes : gorgoniens, isidiens, coralliens.

L'être auquel appartient la substance dont nous faisons l'histoire constitue à lui tout seul cette section naturelle des polypes coralliens, et la remplit de sa remarquable personnalité. C'est le *Corallium rubrum* de Lamarck, qui le distingua des isis, avec lesquels il fut longtemps confondu sous le nom *d'Isis nobilis* (Gmelin).

L'histoire du corail comprend deux études bien distinctes : 1° celle du polype qui le produit ; 2° celle de la substance précieuse que les arts et l'industrie utilisent. Nous adopterons cette division bien naturelle de notre sujet.

Histoire naturelle du Corail. — Les anciens connurent cette substance, dont la beauté leur plaisait, et qu'ils surent adapter à leur parure. Ils n'eurent, sur sa véritable origine et sur sa place dans les œuvres de la création, que des idées très erronées. Théophraste, dans son traité des minéraux, la compte parmi les pierres précieuses, et cependant, comme il soupçonnait sa véritable nature et sa place parmi les créatures vivantes, il la compare au roseau des Indes pétrifié. Orphée, c'est-à-dire le moderne Alexandrin qui prit son nom, plaça aussi le corail parmi les minéraux. Dioscoride et Pline le placèrent parmi les plantes. Ce dernier en faisait une description fantaisiste.

« Le corail, disait-il, a l'aspect d'un arbrisseau à tige verte, à baies blanches et molles, tant qu'il est sous l'eau... et présentant l'aspect et la grandeur des cornouilles. » (Liv. XXXII, XI.) En 1671 un naturaliste italien, loin de prendre les protubérances placées sur les branches pour des baies, déclara que le corail n'était qu'une production minérale. Ong de Poitier, gentilhomme lyonnais, avait cependant, en 1613, constaté dans cette singulière formation une écorce et une sève laiteuse.

En 1700, le botaniste Tournefort rangeait encore le corail dans le règne végétal. Réaumur lui-même considérait la substance dont nous parlons, non pas comme une plante, mais comme une matière minérale, formée dans le tissu de certains végétaux marins.

Personne cependant n'avait vu fleurir cette plante étrange, dont les branches rigides gardaient au fond des eaux une immobilité absolue. Un jour, cependant, une singulière nouvelle se répandit dans les cercles scientifiques : le corail avait fleuri. Un savant bien connu, et de la bonne foi duquel nul ne pouvait douter, le comte de Marsigli, annonça en 1706 avoir vu les fleurs du corail. Dans son grand ouvrage sur la physique de la mer, il décrivit ces fleurs nouvelles « qui rentraient dans leurs tubes dès que la plante était retirée de l'eau et adoptaient en mourant une teinte jaune safrané ». Chose étrange, jusque-là personne n'avait douté de la nature végétale du corail, et quand un savant autorisé vint raconter qu'il avait vu fleurir l'arbre marin, l'incrédulité se fit jour, et cette découverte le fit passer pour un sorcier. Cependant on adopta cette confirmation des idées anciennes, surtout quand on vit Réaumur célébrer la découverte du comte académicien.

La science a parfois des vicissitudes étranges, qui font sentir combien il serait imprudent d'en faire un dogme et de lui conférer le privilège de la certitude absolue. La renommée n'avait pas achevé de porter en tous lieux la gloire de Marsigli, que l'on apprit que les prétendues fleurs du corail, ces fleurs « qui rentraient dans leurs tubes », étaient des animaux, de véritables animaux. N'était-ce pas une véritable révolution, puisque, de par les nouvelles observations, un changement de règne... pour le corail, venait de s'accomplir ? Ce qu'il y eut de piquant dans l'affaire, et peut-être de plus mortifiant pour Marsigli, c'est que ce fut un de ses élèves qui vint renverser la théorie du corail-plante, peu après le jour où elle semblait avoir conquis tous les suffrages.

Jean-André de Peyssonnel, né en 1694 à Marseille, aux bords de cette Méditerranée dont les productions sous-marines occupaient les savants, fut l'auteur de la nouvelle découverte. Simple étudiant en médecine à Paris, il reçut, en 1723, de l'Académie des sciences la mission d'aller étudier le corail sur les rivages qui le produisent. Il commença ses études à Marseille même et dans le voisinage, et les continua sur les côtes de la Barbarie, où le corail se pêchait abondamment.

Peyssonnel se révéla observateur habile et sagace, et, après une série d'observations patientes, il fit justice des fleurs de Marsigli et restitua au corail sa véritable place parmi les animaux. Ainsi le même naturaliste reconnut qu'il s'était trompé avec son maître sur la nature de la prétendue fleur du corail « qui n'était au vrai qu'un insecte semblable à une petite ortie ou poulpe ». Peyssonnel eut le plaisir de voir cette ortie remuer pattes ou pieds, suivant son expression, et de constater, sans nul doute, que ce qu'on avait pris pour le calice d'une fleur, était le corps même de l'animal épanoui en dehors de sa cellule.

Tout devait être bizarre dans cette histoire, dont le corail était l'objet. Autant l'erreur de Marsigli avait produit d'enthousiasme, autant la vérité apportée par Peysonnel rencontrait d'indifférence ou de mauvais vouloir. Réaumur se montra le plus ardent parmi les adversaires, et le grand entomologiste parut surtout choqué de l'expression d'insectes, employée par le savant marseillais pour désigner l'animal du corail. Il se moqua du pauvre Peyssonnel, auquel il adressait ce persiflage : « Je pense comme vous que personne jusqu'à présent ne s'est avisé de regarder le corail comme l'ouvrage d'insectes. On ne peut disputer à cette idée la nouveauté et la singularité... Mais les coraux ne me paraissent jamais pouvoir être construits par des orties ou poulpes, de quelque façon que vous vous y preniez pour les faire travailler ! »

Bernard de Jussieu ne voulut pas non plus se rendre à l'évidence dont Peyssonnel en avait fait les témoins, à Marseille, un grand nombre de personnes. Il semblait que le grand botaniste eût regret de laisser aller au règne animal, c'est-à-dire à un autre domaine que celui qu'il cultivait, la plante marine aux branches rouges.

Des oppositions venant de si haut firent le vide autour de Peyssonnel. Son mémoire, écrit en 1744, resta à l'état de manuscrit et fut conservé au Muséum, où il est encore. L'auteur lui a donné un de ces titres alambiqués et interminables comme on en rédigeait alors, le voici : — « Traité du corail, contenant les nouvelles découvertes qu'on a faites sur le corail, les pores, madrépores, scharrus, lithophytons, éponges, et autres corps et productions que la mer fournit, pour servir à l'Histoire naturelle de la mer, par le sieur de Peyssonnel, escuyer, docteur en médecine. »

Le pauvre escuyer quitta la France peu de temps après, pour aller servir aux Antilles dans le corps des officiers de santé de la marine. Ceux-ci s'honorent d'avoir compté dans leurs rangs l'élève de Marsigli, auquel une justice tardive, mais éclatante, fut rendue.

Réaumur et Bernard de Jussieu, ayant eu connaissance des recherches que Trembley avait exécutées sur l'hydre d'eau douce, et les ayant répétées, reconnurent enfin que les anémones de mer et d'autres formations analogues portaient des êtres semblables à ceux qu'on venait de découvrir chez les hydres. Leur injustice à l'égard de Peyssonnel leur apparut, car ils furent obligés d'admettre ses vues et de proclamer qu'il ne s'était pas trompé.

M. Lacaze-Duthiers fut chargé, en 1860, par le gouvernement français, d'une mission scientifique rappelant celle de Peyssonnel. Il s'agissait encore du corail et de compléter son histoire naturelle, qui, depuis l'*escuyer* marseillais, avait fait peu de progrès. M. Lacaze-Duthiers s'acquitta de sa mission avec un plein succès, et aujourd'hui l'étude du *Corallium rubrum* ne laisse plus rien à désirer. Il a publié un mémoire important auquel de nombreuses planches coloriées, dessinées d'après nature, donnent une grande valeur.

Comme tous les polypes agrégés, le corail rouge est une collection d'individus vivant en commun sur un axe de pierre et unis par un tissu cortical et une circulation commune. Chaque individu, bien qu'ayant une existence indépendante, est ainsi relié aux autres unités de la colonie.

Ce fait avait été ingénieusement mis en évidence par Peyssonnel dans l'une de ses expériences. « Ayant mis, dit-il, le vase plein d'eau où le corail était, près du feu, tous ces petits insectes s'épanouirent. Je poussai le feu et je fis bouillir l'eau, et je les conservai épanouis hors du corail. »

Avec quelle peine et quelle lenteur nous arrachons à la nature ses secrets ! Aussi ne jetons pas la pierre aux âges qui nous ont précédés. Maintenant que la lumière brille, nous nous étonnons de l'obscurité dans laquelle ont été plongés tant de faits que nous pouvons toucher du doigt. C'est à tort, et, dans l'espèce, la nature elle-même ne semblait-elle pas conspirer pour tromper les observateurs ? Le corail a-t-il cessé d'être une chose étonnante et merveilleuse, avec les triples caractères qui en font pour ainsi dire le citoyen de trois royaumes, celui des pierres, celui des plantes, celui des animaux? Où sont les caractères de la vie dans cette matière rouge et dure, qu'il faut arracher aux roches sous marines, et que l'on peut briser et réduire en poudre? Où sont les caractères de l'animal dans ces axes branchus et rameux solidement fixés que recouvre une écorce, du tissu de laquelle on voit s'épanouir des corolles à huit pétales frangés? Où est la plante dans ces arborisations rigides, couvertes d'une peau molle, putrescible, et dont les prétendues fleurs, semées de la base au sommet, sans ordre, sortent et rentrent en agitant leurs bras? Où est le minéral dans cette production dont les diverses parties sont différenciées, dépendantes les unes des autres et douées du pouvoir de se multiplier? Parlant des polypes analogues au corail, « ils ont l'air, disait Michelet, de s'ingénier pour être plantes et ressembler aux végétaux ». C'est vrai, et le naturaliste philosophe montrait la solidité, la quasi-éternité de leurs axes, et l'analogie de leurs hôtes avec une marguerite pâle et rose!

Toute vie vient d'un œuf, disait Harvey, *omne vivum ab ovo*. Le corail n'échappe pas à cette loi, et cet arbre de pierre, soudé fortement aux roches dont il semble une production, ou plutôt une continuation, a eu un véritable œuf pour origine, pour point de départ.

A l'aurore de son existence le corail subit déjà la loi qui pèsera sur lui. L'œuf, au lieu d'être libre, est fixé par un pédicule long et grêle dans la cavité digestive de la mère, et fait saillie à l'extérieur des lames minces qui tapissent cette cavité. Il se détache par la rupture de ce pédoncule, et tombe dans la cavité digestive où va se faire son incubation. Les sucs qui, dans cette poche, digèrent l'aliment, respecteront cet œuf doué de vie (fig. 337).

L'œuf devient larve et est pondu par la bouche du polype mère. Le corail est donc vivipare, et la nature a compensé par ce moyen ce qui manquait à ce singulier animal pour prendre soin de son œuf. L'œuf, en devenant larve, s'allonge et se couvre de cils vibratiles qui serviront à la locomotion (fig. 338). Qui pourrait soupçonner dans ce petit ver mollasse, blanchâtre, demi-transparent, nageant en tous sens avec agilité, l'immobile arbrisseau marin à l'axe calcaire, résistant et solide? Qui pourrait croire que c'est cet organisme chétif, sans yeux et sans bras, qui va construire des arborisations qui pourront durer des siècles, et qui sécrétera cette admirable substance à laquelle un joallier donnera mille formes élégantes? Qu'est-ce donc que cette vie inconsciente, renfermée dans cette larve obscure, et contenant en puissance un édifice organique si différent d'elle et voué à l'immobilité?

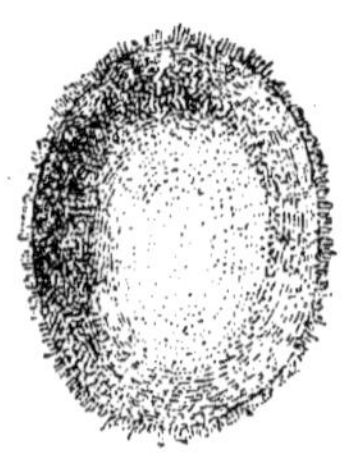
Fig. 337. — Œuf de Corail.

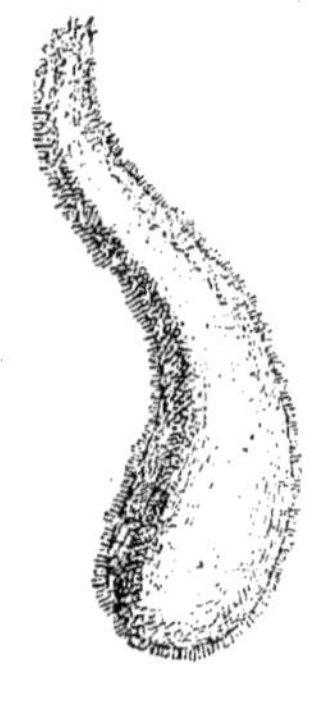
Fig. 338. — Larve de Corail.

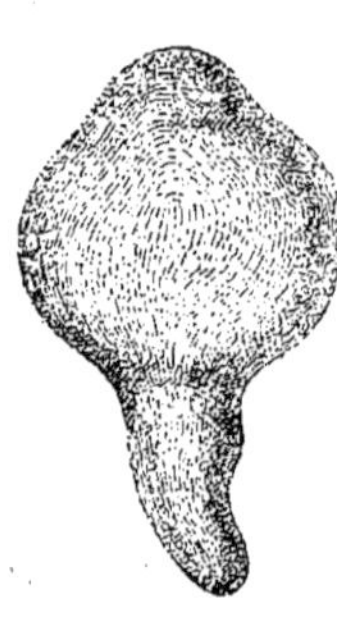
Fig. 339. — Larve modifiée.

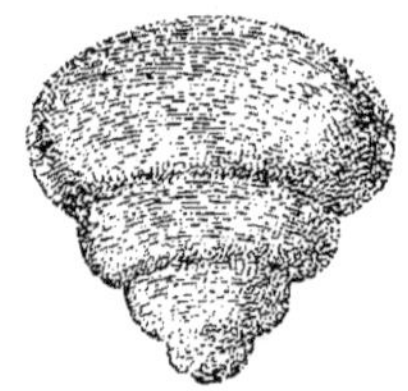
Fig. 340. — Larve modifiée.

On dirait qu'elle a hâte de jouir de sa liberté d'un jour, et qu'elle prévoit que bientôt elle sera rivée à la roche dure. Ces larves vont et viennent, savent s'éviter; elles montent et descendent, portant en avant leur grosse extrémité opposée à leur bouche. Ont-elles un sens pour ne pas se heurter, en manquent-elles pour aller se butter à chaque instant contre les obstacles? Pendant ces voyages la larve du corail se modifie et passe par différentes formes représentées par les fig. 339 et 340.

Il arrive un instant où cette larve étourdie va donner contre un obstacle et y adhère définitivement. Ce moment marque la naissance d'un monde, une colonie est fondée. La larve modifie immédiatement sa forme et ses proportions : l'organisme devient plus large que long et comme discoïde. La portion amincie qui portait la bouche rentre dans le disque et s'entoure d'un bourrelet supérieur et circulaire, sous lequel apparaissent d'abord huit mamelons, rudiments de huit tentacules en couronne, frangés sur leur bord (fig. 341).

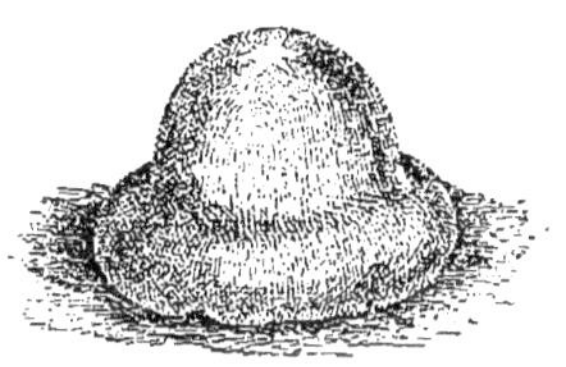
Fig. 341. — Larve fixée.

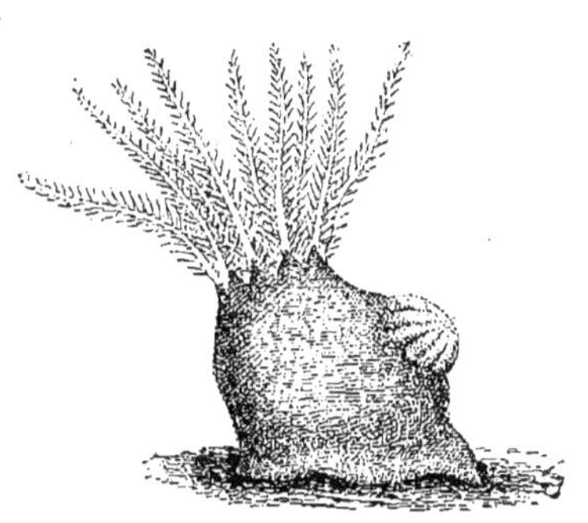
Fig. 342 — Premier bourgeon.

L'être qui vient de prendre ainsi naissance se trouve bientôt achevé. C'est un être simple, c'est une individualité bien arrêtée dans sa forme et dans sa structure. Elle atteint bientôt l'âge adulte, et pourrait dans sa cavité stomacale produire un œuf semblable à celui dont elle sort, et se multiplier. Mais un nouvel étonnement va nous être offert. Cet organisme va se multiplier, va grandir et s'accroître, mais ce sera dans un autre mode, et qui rappelle celui que beaucoup de plantes emploient. Le jeune corail va se multiplier par bourgeonnement. La figure 342 représente un individu simple qui s'est déjà donné un compagnon : c'est le bourgeon rudiment du second polype de la colonie. Le corail ne cessera plus désormais de soustraire à l'eau de la mer les éléments de son axe solide, et de le couvrir, à mesure qu'il s'allonge, de nouveaux polypes. C'est ainsi que se forme l'arbre (fig. 343).

Une branche de cet arbre vivant se compose de deux parties bien distinctes : l'une interne, l'axe solide ou polypier; l'autre externe, semblable à une écorce, tissu véritablement vivant, dans lequel sont plongés les polypes qui constituent la colonie.

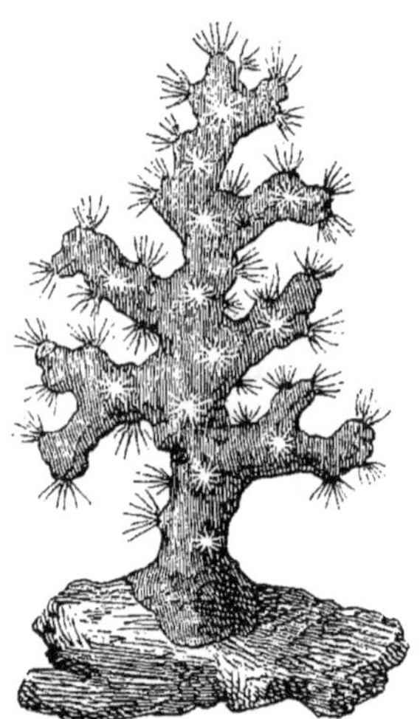

Fig. 343. — Corail adulte.

Le corail vivant présente deux aspects bien différents, qui correspondent à l'état de construction des polypes, ou à leur épanouissement. Quand la colonie se sent menacée, les polypes rentrent dans le tissu cortical qui ne présente plus au dehors que des mamelons arrondis et étoilés de huit plis à leur sommet. C'est là l'état de siège de l'être multiple dont nous faisons l'histoire, comme la fermeture des valves est l'état de siège de l'huître, comme la rentrée dans sa coquille est l'état de siège du colimaçon. Viennent les heures de paix et de sécurité, le pore autour duquel rayonnent les plis du mamelon s'entr'ouvre, et l'on assiste à cette merveilleuse floraison qui avait séduit Marsigli. C'est la sortie du polype de sa retraite.

Il sort d'un calice rosé formé de huit dentelures arrondies, et qui couronnent le mamelon; il s'allonge lentement en un tube mince et délicat, presque cylindrique, que termine un disque qui porte une collerette de huit tentacules horizontaux, munis latéralement de barbules nombreuses et élégantes. Le nombre de huit tentacules est invariable, et ce fait aurait dû donner à réfléchir à Marsigli, quand il prit ces organes pour les pétales d'une corolle. Le nombre de huit est en effet fort rare dans les divisions des corolles, où l'on trouve surtout les chiffres 3 et 5 et leurs multiples

Au centre de cette couronne de tentacules, se trouve l'unique orifice par lequel l'estomac du polype communique avec l'extérieur. Il est permis d'hésiter sur le nom qui lui convient. Se basant sans doute sur ce fait que cet orifice présente une fente à deux lèvres, les physiologistes lui donnent le nom de bouche; c'est d'ailleurs comme bouche qu'il a dû fonctionner la première fois.

De cette bouche part un œsophage qui aboutit dans la cavité générale du corps, au milieu de laquelle il est maintenu en place par huit plis qui alternent avec les huit tentacules. Ces huit plis forment donc huit loges rayonnantes de la périphérie vers ce centre.

Les tentacules, doués d'une extrême sensibilité, se roulent en volute quand on les irrite ; ils sont destinés à prévenir l'animal des dangers extérieurs et à déterminer par leur agitation le mouvement de l'eau. Sans doute ils saisissent les petites proies qui servent de nourriture à chaque polype, et les introduisent dans l'estomac. Triste existence que celle de ces êtres immobilisés, auxquels le hasard des courants procure les hasards de la fourchette :

Car quoi! rien d'assuré, point de franche lippée.

Heureusement qu'il suffit que quelques-uns dans la colonie dînent ou déjeunent, pour que les autres soient satisfaits; il n'en est pas ainsi parmi nous, et nos estomacs n'ont pas le désintéressement de ceux des polypes : le bon dîner des uns ne remplit pas le ventre des autres. Demandons à la structure de l'écorce qui enveloppe le polypier le secret de cette fraternité digestive.

Cette écorce est, avons-nous dit, la partie vivante du corail; elle est molle, charnue, épaisse, facile à enlever, elle est transparente et contractile, et formée d'un tissu cellulaire général, superposé à un tissu vasculaire (fig. 344).

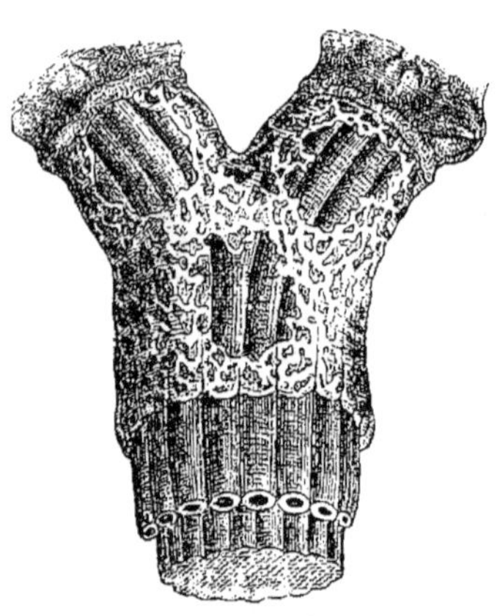

Fig. 344. — Écorce du Corail.

Ce tissu vasculaire présente des vaisseaux cylindriques réguliers, couchés parallèlement sur la longueur de l'axe pierreux. Cette assise vasculaire est recouverte d'un réseau de vaisseaux très irréguliers, anastomosés, qui parcourent toute l'écorce; ils servent de trait d'union entre les tubes réguliers et les polypes, avec les cavités desquels ils sont en communication.

Pour que tous les polypes puissent bénéficier des bonnes aubaines de ceux qui sont favorisés par la fortune... des courants, il faut bien que les sucs nourriciers élaborés puissent passer des uns aux autres. Les vaisseaux réguliers les reçoivent du réseau irrégulier, qui communique directement avec les estomacs, et les répartissent ensuite équitablement dans tout l'ensemble de la colonie, afin que chaque polype puisse recevoir une part égale de cette sève nourrissante.

Le liquide contenu dans ces vaisseaux, chyle ou sang, est blanc comme du lait. Il se mélange à l'eau et s'écoule quand on blesse l'écorce, ou quand on brise une des branches du corail. Là où l'écorce manque, l'axe pierreux cesse de croître; là aussi, le bourgeonnement ne se fait plus.

Ce bourgeonnement, nous l'avons déjà dit, augmente le nombre des individus de la colonie, et n'en crée pas une nouvelle comme l'œuf. Il y a donc dans le corail, comme dans les plantes, deux modes de reproduction, reproduction par œuf ou semence, reproduction par bourgeons. Dans l'écorce du corail, comme dans l'écorce des arbres, ces germes se développent, grandissent et bientôt se trahissent au dehors.

Dans le corail dont on explore un lambeau d'écorce à l'aide du microscope, on aperçoit de petits points blancs, offrant un petit trou autour duquel rayonnent huit plis disposés régulièrement; ils grossissent assez lentement, et font saillie à la surface ; une branche de corail présente ainsi des générations diverses de jeunes et de vieux polypes. Il y a encore bien des mystères à éclaircir dans ces colonies vivantes. Quelle est la durée de la colonie? Quelle est la durée des individus? Elle doit avoir une limite physiologique, elle en a une dans mille circonstances. Quand un choc détache une de ces branches de l'arbre marin, elle tombe au fond de l'eau sur le sol; le mouvement des eaux l'y roule et bientôt la tendre écorce est détruite, et avec elle la vie. Il faut au corail l'onde pure, il ne se développe jamais dans les eaux troubles; et presque toujours il croît de haut en bas, et comme suspendu à la voûte des anfractuosités ou des cavernes sous-marines. Toute branche détachée est donc une branche perdue, et nous ne voyons pas comme chez les arbres, qui sont aussi des polypiers aériens, de rameaux détachés prendre bouture.

Il est un élément de l'écorce dont nous n'avons pas parlé : ce sont les spicules. Ces organes sont des concrétions calcaires hérissées de pointes irrégulièrement placées, irrégulièrement taillées. Ces spicules, qui ont à peu près la couleur du corail lui-même, sont régulièrement répandus dans la partie corticale vivante (fig. 345).

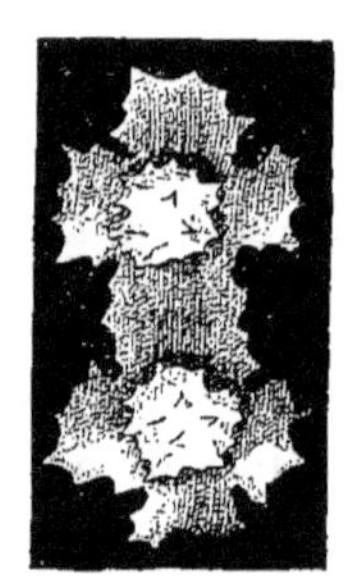

Fig. 345. — Spicules du Corail.

La plupart des invertébrés qui vivent dans la mer ont besoin du carbonate calcaire qui y est tenu en dissolution. Les mollusques le lui empruntent pour bâtir la maison fermée dans laquelle ils se retirent, ou les boucliers qui les protègent. Les polypiers, et parmi eux le corail, ont reçu le pouvoir d'arracher aux flots la même substance pour en construire leurs élégantes arborisations. Chez les mollusques, l'animal vit dans sa sécrétion calcaire; chez le corail, l'être vivant habite sur cette sécrétion; chez les premiers, l'inorganique enveloppe l'être organisé; chez le second, l'être organisé enveloppe l'élément inorganique, et lui demande, non plus un abri protecteur, mais une surface solide, croissant à mesure que le nombre des polypes augmente.

Il y a là un fait étrange sans doute, mais bien commun dans la nature, où nous voyons la vie s'emparer des matières et leur donner des formes immuables en obéissant à une loi supérieure. Le corail rouge est une machine vivante, qui fait du corail comme une machine fait des épingles; et, si l'on doit s'étonner de quelque chose, ce n'est pas que cette machine fasse du corail, mais qu'elle s'entretienne, se répare et se perpétue indéfiniment, ne faisant toujours que du corail.

L'axe de pierre est cylindrique, cannelé parallèlement à la longueur et déprimé çà et là aux places occupées par les polypes; le centre est irrégulier, mais autour de ce noyau l'on constate que des couches festonnées à leur circonférence se sont successivement déposées, s'emboîtant les unes les autres. Du centre à la circonférence, rayonnent des bandes plus rouges, alternant avec des bandes claires. Les premiers doivent leur augmentation de teinte à la présence de corpuscules couverts d'aspérités, et fortement teintés en rouge. Nous comprenons cette structure, ce revêtement successif de couches concentriques. Sans doute c'est dans la zone corticale que s'élaborent ces zones pierreuses, et d'une façon inconsciente; on ne sait pas encore comment se produisent les bifurcations de l'arbre (fig. 346).

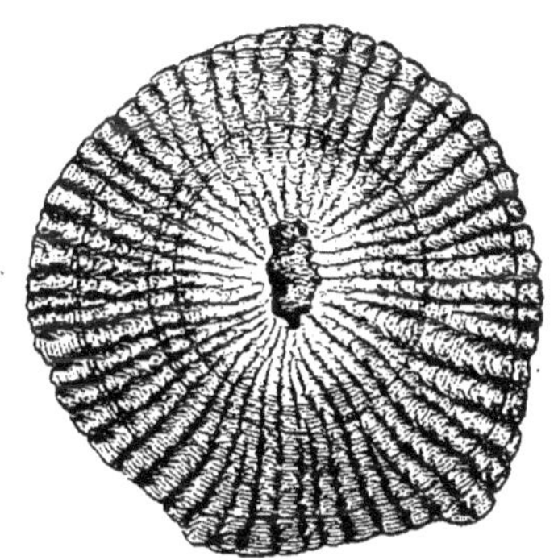

Fig. 346. — Structure de l'axe du Corail.

Les polypes de la colonie sont comme les animaux, mâles ou femelles; ils sont tous mâles ou tous femelles sur le même pied de corail, ou bien les deux sexes sont réunis, non pas dans le même polype, mais sur le même axe.

On distingue aisément les polypes femelles, car on peut souvent apercevoir par transparence, dans leur cavité, les larves qui y subissent une sorte d'incubation.

Nous voilà revenus à notre point de départ, la larve, qui reproduira l'individu sans modification. Le bourgeonnement seul pourrait transmettre les variations si on pouvait, comme chez les plantes, séparer un rameau de la plante mère et le bouturer; cela n'est pas faisable chez le corail, et sa culture n'est pas possible.

Pêche du Corail. — Jusqu'à présent la patrie du corail semble très localisée et la Méditerranée paraît être son bassin favori. On l'a cependant rencontré dans la mer Rouge, et sans doute il habite aussi les mers de l'Inde. Il vit à des profondeurs et à des expositions qui varient avec les lieux, sur nos rivages méditerranéens de France; son exposition favorite est le midi, il est rare à l'est et à l'ouest, et manque à l'exposition nord. Dans le détroit de Messine il préfère l'orient, il est rare à l'ouest, et manque encore au nord. Sur les côtes d'Afrique il est moins difficile sur l'exposition, bien qu'il affecte les expositions sud-est ou sud-ouest. Quant à la profondeur, elle varie entre 3 mètres et 300 mètres. Les pêcheurs, qui ne perdent pas leur temps à le chercher là où il est encore rare, ne commencent à le chercher qu'à trois ou quatre lieues au large, depuis la profondeur de 30 mètres jusqu'à celle de 300.

La pêche du corail se fait de deux manières. Quand le précieux polypier n'est pas à une grande profondeur, des plongeurs peuvent aller le chercher : c'est ce qui a lieu sur les côtes des Pyrénées-Orientales. Quand il ne croît que par de grandes profondeurs, il faut d'autres moyens que nous allons décrire.

Cette pêche offre de grandes difficultés et ne ressemble en rien aux autres pêches. On a affaire à des êtres immobiles, que l'on doit aller chercher là où ils sont, car aucun appât ne saurait les séduire. A l'heure actuelle, cette exploitation se fait par des pêcheurs italiens sur les côtes de France, d'Italie et d'Afrique. Gênes, Livourne, Naples, Torre del Greco, et quelques villes de Sicile, sont les ports principaux d'armement; de solides barques de six à seize tonneaux bien taillées pour la marche, et n'ayant d'autres voiles qu'un foc et une voile latine, servent à cette industrie de la mer. Elles sont montées par six ou douze hommes d'équipage, suivant la force du navire; à l'avant est une sphère sur laquelle est peinte l'image du Christ, de la Vierge, ou d'un saint, ou simplement une *Panagia* avec une branche d'olivier desséchée. Le patron ou poupier loge à l'avant, et tout l'arrière est réservé à la pêche et au logement de l'équipage; les soutes à eau et à biscuit sont au milieu de la felouque.

On donne le nom d'engin ou de salabre à l'ensemble des pièces qui servent à la pêche ; cet outil est formé d'une croix de bois constituée par deux barres de 2 mètres de longueur. solidement réunies par leur milieu. Pour que cette croix puisse couler, elle est lestée par un lingot de plomb, ou par une grosse pierre; à chaque bras est fixée une corde de 7 à 8 mètres de long, à laquelle sont attachés des paquets de filets construits avec une grosse ficelle à peine tordue, et réunis supérieurement, de façon à former ce qu'en terme de marine on nomme des fauberts, lesquels servent à bord des navires à essuyer le pont mouillé; au-dessous de la croix pend une cinquième corde plus longue que les autres, et sur laquelle sont aussi attachés un certain nombre de fauberts, on la nomme *queue du purgatoire*. Telle est l'économie de l'*engin*, il porte ainsi une trentaine de fauberts qui en constituent l'élément essentiel. Dans l'eau ces paquets de cordes s'étendent, se brouillent, vont et viennent; ce sont eux qui accrochent les branches de corail, les cassent et les arrachent dans le mouvement du bateau.

Le corail est localisé et forme des bancs. Les *poupiers* ou patrons ont un flair extraordinaire pour deviner à de grandes profondeurs, d'après des indices très légers, l'état du fond et la présence des bancs. Ils savent retrouver avec sûreté ceux qu'ils ont exploité les années précédentes. Quand le patron juge le moment favorable, il fait lancer l'engin à l'eau. Les fauberts s'étendent dans toutes les directions et accrochent tous les corps qu'ils rencontrent. On ralentit alors la vitesse du navire, la corde qui retient l'engin s'enroule sur le cabestan. Le patron en suit les mouvements, et, assis sur le plat-bord, il juge aisément de la tension de cette amarre qui passe sur sa cuisse recouverte d'un épais tablier de cuir. Quand il sent que l'engin mord suffisamment, il fait filer l'amarre; celle-ci se raidit, on sent que l'engin arrache quelque chose, et l'on avance ainsi saccade par saccade; de temps en temps, on fait jouer le cabestan. Quand la résistance est trop forte, on relâche de nouveau l'outil; quand cette manœuvre a été répétée un certain nombre de fois, on juge que la *queue du purgatoire* et les quatre autres ont fait leur récolte. On remonte à bord l'étrange mécanique. Souvent elle a de la peine à déraper du fond, et cette partie du travail demande un labeur très pénible. Il faut voir ces malheureux corailleurs ruisselants de sueur sous un soleil ardent, se suspendant aux barres du cabestan. Le matelot qui dirige l'enroulement de l'amarre, chante, pour les exciter et harmoniser leurs efforts, quelque mélopée des rivages d'Italie, à la gloire de la madone, d'un saint vénéré du pays ou de Garibaldi. Que de fois la *queue du purgatoire* remontant à bord sans rien ramener, transforme ce métier en enfer!

Ce travail est si pénible que ces hommes sont obligés de réparer sans cesse leurs forces épuisées ; ils mangent toute la journée, et les distributions de biscuit sont continuelles ; il en est ainsi des coups que le patron ne leur ménage généralement pas, et qu'ils semblent supporter avec une grande philosophie.

Quand l'engin est hissé à bord, la tâche n'est pas finie ; il faut arracher le corail, et mille autres produits du fond de la mer, aux bras tordus et mouillés des fauberts ; il faut réparer ou remplacer ces derniers, qui durent peu de temps. La journée de ces malheureux est de dix-huit heures. Ils ont droit au biscuit et à l'eau à discrétion ; le soir, ils ont un repas de macaroni ; deux fois par an, à la Fête-Dieu et à l'Assomption, on leur donne du vin et de la viande. Les meilleurs d'entre eux reçoivent de quatre à six cents francs pour la campagne des six mois d'été ; les autres ont une solde de moitié inférieure, augmentée, par-ci par-là, de quelques menus morceaux soustraits à la vigilance du patron. On dit dans les ports qui expédient à la pêche du corail, qu'il faut être voleur ou assassin pour faire pareil métier. Au moins, dit M. Lacaze-Duthiers, beaucoup d'entre eux ne sont pas sans avoir eu des démêlés avec la justice.

Commencée au printemps, la pêche se termine en automne, quand les vents frais de la côte d'Afrique viennent la rendre dangereuse. Mais pendant ce laps de temps les corallines ont besoin de se ravitailler et de vendre leurs produits, car dans cette industrie les avances ne sont pas considérables ; tous les mois, plus souvent quelquefois. les fruits de la pêche sont livrés à la Calle, à Bône ou à Gênes. Le corail pêché sur les côtes d'Espagne, et même sur les côtes de France, moins beau que celui d'Algérie, est même transporté souvent sur ces premiers marchés, où il est entreposé et dont il revient comme corail de Barbarie.

Dans le commerce on distingue plusieurs sortes de corail.

1° Le corail noir : c'est du corail rouge brisé et tombé dans la vase, dont les émanations sulfureuses ont transformé en sulfure de fer noir l'oxyde qui le teintait en rouge ; ce corail, qu'il ne faut pas confondre avec un autre corail noir de consistance cornée, qui constitue l'axe des antipathes, se vend de 12 à 15 francs le kilogramme, et sert à la fabrication des bijoux de deuil.

2° Le corail blanc, sorte peu estimée et qui ne diffère du vrai corail que par une sorte d'albinisme.

3° Le corail mort ou pourri, valant de 5 à 20 francs le kilogramme : c'est du corail qui a cessé d'être vivant, et dont l'écorce a été remplacée par des dépôts calcaires de flustres, de bryozoaires, etc.

4° Corail en caisse, valant de 45 à 70 francs le kilogramme : c'est le même corail, le corail brisé, dont les fragments plus ou moins menus ne peuvent être utilisés que pour des parures de peu de valeur.

5° Corail de choix : c'est la sorte supérieure, composée des beaux rameaux ; le prix varie de 400 à 500 francs le kilogramme.

La teinte elle-même du corail établit des variétés commerciales, que l'on désigne sous les noms originaux de 1° écume de sang, 2° fleur de sang, 3° premier sang, 4° second sang.

La valeur change aussi avec la forme; les rameaux grêles et buissonneux, comme les présente le corail de France et d'Espagne, étant difficiles à débiter, offrent un grand déchet, et ne conviennent pas pour les fortes pièces. Une autre circonstance atténue sa valeur : c'est quand le corail est percé. L'on s'étonnera qu'une substance aussi dure puisse être perforée. Les balles de plomb le sont bien par des larves. Ici ce sont des annélides qui font ce travail, et le croirait-on? certaines espèces d'éponges. Fiez-vous donc aux éponges après cela!...

Histoire de l'Exploitation du Corail. — La Société d'acclimatation de France a publié, en 1869, un document fort intéressant sur la pêche du corail et sur son importance maritime et commerciale. Il contient des détails peu connus sur la part que notre pays a prise à différentes époques à cette exploitation, dont les eaux françaises depuis la conquête de l'Algérie sont le siège principal.

Vers le milieu du XVIe siècle (1561), deux négociants de Marseille fondèrent une compagnie pour pêcher le corail. Par l'entremise du gouvernement elle obtint, moyennant redevances, le privilège exclusif de pêcher le corail le long des côtes des régences de Tunis, d'Alger et du Maroc.

Dirigée par deux hommes énergiques, Linche et Didier, cette compagnie, qui semblait devancer de trois siècles notre domination sur la côte d'Afrique, y fit flotter du moins le pavillon français pour se protéger contre les nombreux pirates de ces côtes inhospitalières; elle fit construire, près de Bône, un fort qui porta le nom de bastion de France. La compagnie elle-même, qui fut bientôt prospère, prit le nom de cette citadelle, qui, deux ans après sa fondation, abritait déjà une colonie de huit cents habitants.

Soixante-neuf ans après, en 1628, Samson Napollon augmenta la prospérité de la colonie; mais à sa mort, en 1633, les affaires déclinèrent. D'après J. Julliany la pêche, à cette époque, se faisait seulement d'avril en juin. Les bénéfices de la *Compagnie du bastion de France* tentèrent d'autres associations de ce genre, qui furent d'ailleurs encouragées par les rois Louis XIII et Louis XIV.

Une société par actions, dite *Compagnie* royale d'Afrique, se fonda en 1719, et eut pour directeurs MM. Rémusat et Garambais, de Marseille, favorisés par Louis XV ; la société prospéra. Jacques Savary des Bruslons, inspecteur général du roi, nous apprend, dans un rapport officiel, que cette compagnie exploitait non seulement les côtes de France et d'Algérie, mais qu'elle ouvrait elle-même son corail dans ses fabriques de Marseille et de Cassis. D'avril à la fin d'août, elle pêcha une fois, dans une seule campagne, 76,000 livres de corail. On avait employé huit cents personnes; c'était une valeur pour ce temps de 1,125,000 francs. Le prix brut de la pêche payé aux corailleurs était de 58 sous la livre, soit . . . . . 235,335 fr.
Et le corail ouvré à Marseille était revendu
à raison de 5 francs l'once, soit. . . . . 5,815,625 fr.
laissant un bénéfice de main-d'œuvre de. . 4,690,625 fr.

Ce qui prouve que la Compagnie royale d'Afrique demeura pendant longtemps prospère, c'est ce qu'écrivait de Versailles, le 14 mai 1786, le maréchal de Castries, ministre des finances, à propos du bilan de la Compagnie pour 1785, bilan dont voici les principaux traits :

Avoir de la Société.	3,478,122 fr.
Créances douteuses et navires. .	875,330
Avoir réel	2,602,792

Ce qui représentait plus du double de son capital originaire.

La contrebande du corail avait, pensait-on, diminué les revenus et les bénéfices.

La Révolution française, qui n'eut pas toujours la main heureuse en fait de prospérité commerciale, supprima tout simplement cette compagnie; et c'est ainsi que cette source de prospérité, cette pépinière de marins, qu'avaient encouragés les rois, s'en fut aux Napolitains et aux Toscans, qui y ont puisé, et y puisent encore, dit le document que nous résumons, d'abondantes ressources.

Depuis lors, les divers gouvernements ont cherché à relever les ruines, et à reconquérir cette industrie qui aurait dû rester française, et qui aurait dû le redevenir depuis que notre pavillon flotte sur la terre d'Afrique. En 1855, le maréchal Vaillant, ministre de la guerre, s'adressa à la Société d'acclimatation de France pour appeler son attention sur l'industrie du corail. Cette compagnie, qui a déjà rendu, dans la sphère de l'utile, tant de services au pays, adressa deux rapports au ministre. Le premier, signalant à l'attention du gouvernement l'insuffisance de nos connaissances sur l'histoire naturelle du corail, eut l'heureux résultat de provoquer la mission en Algérie de M. H. Lacaze-Duthiers. La science y gagna un savant mémoire, modèle du genre, qui rendit à cette portion des sciences naturelles, qui s'occupe des choses de la mer, les plus grands services. L'industrie y gagna également des notions précises sur les conditions dans lesquelles se fait, de nos jours, la pêche du corail.

Le second rapport de la Société d'acclimatation (1857), signé de M. Focillon, fit ressortir la possibilité d'employer les bateaux sous-marins de l'invention de MM. Lamiral et Payerne. M. Focillon insistait aussi sur les résultats que donnerait, pour la reproduction du corail, un système de pêche moins sauvage que celui employé jusqu'ici.

Sur la proposition de M. de Chasseloup-Laubat, ministre

de la marine, une décision impériale, du 25 juin 1864, fut prise. Nous y lisons ces mots :

« La pêche du corail sur les côtes d'Afrique, représentant une valeur annuelle de cinq à six millions de francs, et n'occupant pas moins de deux cent quarante bateaux montés par deux mille marins, se fait exclusivement par des étrangers. C'est là un état de choses regrettable, et, s'il n'appartient pas au département de la marine de déterminer toutes les conditions qu'il peut être nécessaire d'offrir aux hommes qui se livrent à la pêche du corail, pour les fixer sur les côtes d'Algérie, du moins est-ce pour lui un devoir de proposer à Votre Majesté les mesures qui peuvent favoriser un pareil résultat, et encourager nos nationaux à prendre part à une industrie dont ils doivent retirer d'importants bénéfices. »

Vient à la suite la décision qui, considérant les marins de nos possessions d'Afrique livrés à la pêche du corail comme en cours de voyage, les déclare exempts des levées.

D'après J. Julliany, de 1810 à 1820, l'industrie du corail fut très prospère à Marseille ; quatorze fabriques y préparaient et y taillaient le corail. Mais, la pêche ayant été accaparée par les Italiens, la fabrication ne tarda pas à se transporter dans ce pays, où elle est moins chère que chez nous, et l'on y compte plus de quatre-vingts fabriques, tandis que Marseille n'en a plus que deux.

Les exploitations de France ont été :

en 1838 de 1,087 kil.
en 1839 de 1,566 kil.
en 1840 de 1,424 kil.

En 1853, sur deux cent onze bateaux pêchant sur les côtes

d'Afrique, dix-neuf étaient français, et, d'après des documents publiés par le ministère de la guerre, les côtes d'Algérie fournirent cette année 38,000 kil. de corail, qui, vendus 60 fr. le kil. aux fabricants de Naples, représentaient 2,148,000 fr. Plusieurs bateaux firent un bénéfice de 16 à 22,000 fr. Sur la côte ouest les corailleurs espagnols firent de très bonnes pêches, de 350 à 400 kilog. par coralline.

Le Sénégal et les autres pays d'Afrique offrent les principaux débouchés à cette fabrication. De Marseille, il en a été exporté, en 1841, pour le Sénégal, 673 kil., d'après les documents de la douane seulement.

Le corail brut mis en consommation à Marseille s'est élevé :

en 1839 à 4,752 kil.
en 1840 à 4,354 kil.
en 1841 à 5,885 kil.

dont :

1,097	kil. venaient	d'Espagne
1,297	—	des États-Unis
1,705	—	des Deux-Siciles
1,404	—	de Toscane
234	—	d'Algérie
137	—	de pêche française

D'après les renseignements recueillis par M. Lacaze-Duthiers, un grand bateau monté par douze hommes doit, dans sa saison, pêcher 250 kil. de corail pour faire ses frais, et, si la pêche s'élève à 300 kil., elle est fructueuse, et laisse un bénéfice d'environ 3,000 francs.

Le savant naturaliste reconnaît qu'il est souvent difficile de savoir exactement le montant des pêches, les patrons craignant, en montrant leurs bonnes fortunes, d'exciter la jalousie de leurs rivaux.

Le nombre des corailleurs étrangers irait toujours en augmentant, d'après M. Lacaze-Duthiers, et, si l'on voit peu de Français s'y livrer, cela tient à ce que les Italiens et les Espagnols sont plus durs à ces fatigues, plus sobres, et se contentent d'un faible salaire.

Que faire en présence de cette concurrence ? Rendre la pêche plus productive et moins pénible, tel est l'avis de M. Lacaze-Duthiers. On pensait dès cette époque à l'emploi des scaphandres, et M. Martin, des Martigues, put recueillir avec six scaphandres, en un an, près du cap Couronne, pour plus de 100,000 francs de corail. Cette pêche fut opérée par trois bateaux, montés chacun par trois plongeurs scaphandreurs, un patron et quatre hommes d'équipage. Chaque plongeur récoltait dans les premiers temps 8 à 10 kilogrammes de corail par jour. On comprend qu'à de grandes profondeurs l'usage même du scaphandre, si perfectionné qu'il ait été, devient extrêmement dangereux.

Nous trouvons des documents commerciaux plus récents et plus précis dans les Annales du commerce extérieur publiées par le gouvernement en juillet 1866, sous le n° 1664. Ils ont été fournis par le consulat de France à Livourne.

D'après ces documents, les bateaux corailleurs se répartissent ainsi :

Torre del Greco	300
Livourne	60
Ligurie et Sardaigne	100
Total	460 bateaux.

Quatre mille marins montent cette flotte, dont la valeur

matérielle est de 1,700,000 francs, et dont les frais d'armement représentent une somme de 1,544,000 fr. Les salaires s'élèvent à deux millions de franes par an, et les frais de nourriture à 3,200 francs par bateau. On estime que, pour faire face aux dépenses d'armement, chaque bateau doit en moyenne pêcher 200 kilog. de corail, qui, vendus à 60 francs le kilogramme, donnent un total de 12,000 fr. Afin que l'armateur, outre les déboursés, puisse retirer de la pêche un gain rémunérateur, il faut, sans exagération, évaluer à 160,000 kilog. la quantité de corail introduite par an en Italie, quantité qui représente une valeur de 9,600,000 francs.

On travaille ces coraux dans cinquante-neuf ateliers employant environ six mille personnes des deux sexes. Ces ateliers se répartissent ainsi : vingt-quatre à Torre del Greco, quinze à Livourne, vingt à Gênes. Le commerce du corail rapporte à l'Italie douze à quinze millions de francs par an.

En 1866 les produits de la pêche du corail sur la côte de l'Algérie furent supérieurs à ceux de l'année précédente. De nouveaux bancs découverts dans les parages du cap de Fer et de Rizerte semblaient devoir imprimer à cette industrie une activité nouvelle.

Les ateliers où l'on travaille le corail lui donnent certaines formes habituelles qui sont utilisées ensuite, c'est-à-dire montées par les bijoutiers. Olives, perles de toutes tailles, unies ou à facettes, camées dégrossis, baguettes, cylindres, sculptures diverses, telles sont les formes les plus usuelles. Paris monte beaucoup de corail, et fait quelques beaux camées.

Les Arabes excellent dans la monture des colliers et des bracelets. Alger en exporte beaucoup. A l'Exposition de

1830, un jeu d'échecs représentant les croisés et les Sarrasins fut estimé 10,000 francs.

Le travail du corail s'effectue de la manière suivante : Dégrossi à la lime, on lui donne les facettes polies qu'il doit présenter en l'usant sur des disques horizontaux tournants, analogues à ceux qui sont employés dans diverses industries pour tailler les pierres fines, les cristaux et le verre. L'intermédiaire est une pâte faite avec de l'eau et de la poudre d'émeri de plus en plus fine. Les perles à facettes se font assez promptement, on partage les rameaux en fragments d'égales longueurs. Ces fragments sont percés d'un trou, et celui-ci sert à saisir la pièce. Elle est d'abord usée grossièrement sur une meule pour l'arrondir, puis finement polie: enfin un habile ouvrier la couvre en très peu de temps de facettes régulières, en les présentant à la meule tournante. Nous avons vu, à Torre del Greco, des ateliers où se font de petits camées que l'on monte ensuite en bracelets. Ce sont de pauvres gens, gagnant peu de chose, qui se livrent à cette industrie, à laquelle ils apportent une rapidité de main-d'œuvre étonnante.

TABLE ALPHABÉTIQUE

DES MATIÈRES ET DES FIGURES